2012 中国通信统计年度报告

Annual Report of China's Communication Industry Statistics in 2012

中华人民共和国工业和信息化部 编

人民邮电出版社
北京

图书在版编目（CIP）数据

2012中国通信统计年度报告 / 中华人民共和国工业和信息化部编. -- 北京 : 人民邮电出版社, 2013.8
ISBN 978-7-115-33205-9

Ⅰ. ①2… Ⅱ. ①中… Ⅲ. ①邮电业－经济统计－研究报告－中国－2012 Ⅳ. ①F632

中国版本图书馆CIP数据核字(2013)第222307号

内 容 提 要

本书主要包括综述、统计数据和附录三个部分：综述部分包括中国基础电信业和增值电信业 2012 年发展综述、中国互联网 2012 年发展综述、基础电信企业 2012 年发展综述和 2012 年通信行业景气监测分析报告等专题分析报告；统计数据部分包括公用通信网统计信息、增值电信业务统计信息、专用通信网统计信息、互联网统计信息和国际电信统计信息五部分内容；附录部分包括统计指标解释以及《中华人民共和国 2012 年国民经济和社会发展统计公报》。

本书适合国内外基础电信企业、增值电信企业、电信设备制造企业、电信建设企业以及与电信相关的政府机关、非政府组织、投资机构、科研单位、大专院校、咨询机构等单位参考使用。

◆ 编　　　中华人民共和国工业和信息化部
责任编辑　梁　凝　杨　帆
责任印制　杨林杰

◆ 人民邮电出版社出版发行　　北京市崇文区夕照寺街 14 号
邮编　100061　　电子邮件　315@ptpress.com.cn
网址　http://www.ptpress.com.cn
北京中新伟业印刷有限公司印刷

◆ 开本：787×1092　1/16　　彩插：8
印张：17.75　　2013 年 8 月第 1 版
字数：431 千字　　2013 年 8 月北京第 1 次印刷

定价：368.00 元

读者服务热线：(010)67132786　印装质量热线：(010)67129223
反盗版热线：(010)67171154

编写说明

一、《2012中国通信统计年度报告》（以下简称“本报告”）通过大量翔实的统计数据、图表和分析报告，全面、系统地阐述了2012年中国通信业所取得的成就、经济运行分析论述、存在的问题和发展趋势。

二、本报告分为综述（统计分析）、统计数据和附录三个部分内容：综述部分包括2012年中国基础电信业发展综述、中国增值电信业发展综述、中国互联网发展综述、基础电信企业发展综述和《通信行业景气监测分析报告》、《2012年互联网信息服务收入前百家企业发展报告》等专题分析报告；统计数据部分包括公用通信网统计信息、增值电信业务统计信息、专用通信网统计信息、互联网统计信息和国际电信统计信息五部分内容；附录部分包括《中华人民共和国2012年国民经济和社会发展统计公报》及统计指标解释。

三、本报告中所引用的全国通信业统计数据为决算数据，不包括港、澳、台地区。

四、本报告在编写过程中得到了部内相关司局、各省（自治区、直辖市）通信管理局、各基础电信运营企业、部电信研究院、部信息中心以及有关专家的大力支持，在此一并表示感谢！

五、由于编辑水平有限，文中难免存在疏漏之处，请各位读者谅解。具体由我局负责解释。

工业和信息化部运行监测协调局

二〇一三年七月

电信业务收入与国内生产总值（GDP）增速比较

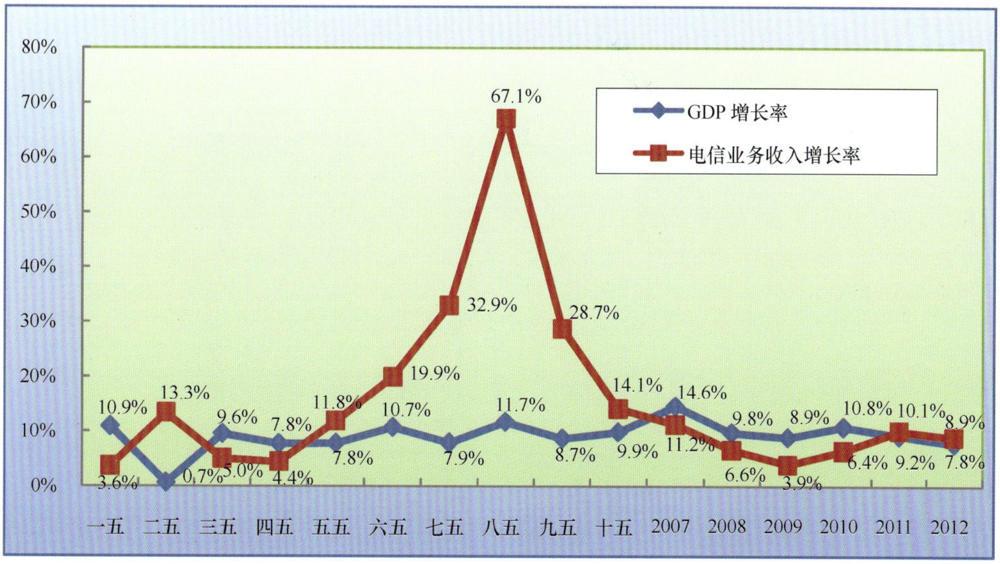

注：根据国家统计局编制的《中国统计摘要（2013）》，对以前年度的 GDP 增长率进行调整。

2008—2012 年电信业务收入和固定资产投资情况

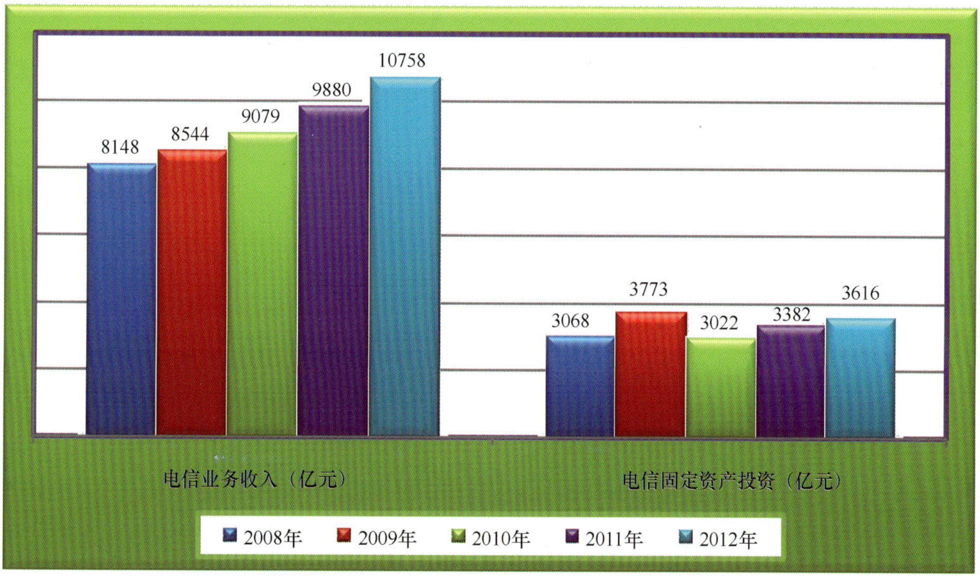

主要年份电信业务收入和投资东、中、西部所占比重

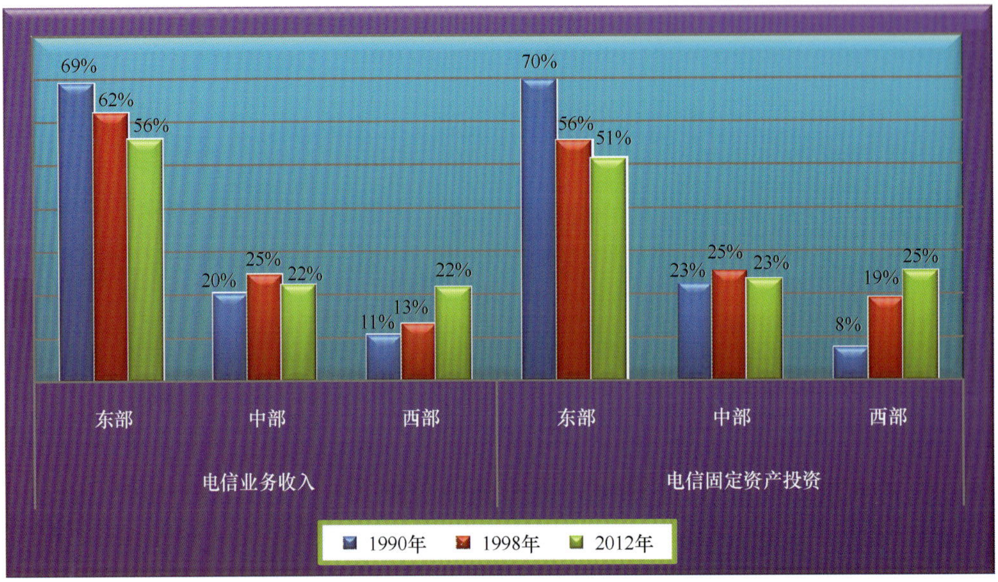

2011—2012年电信投资结构比较

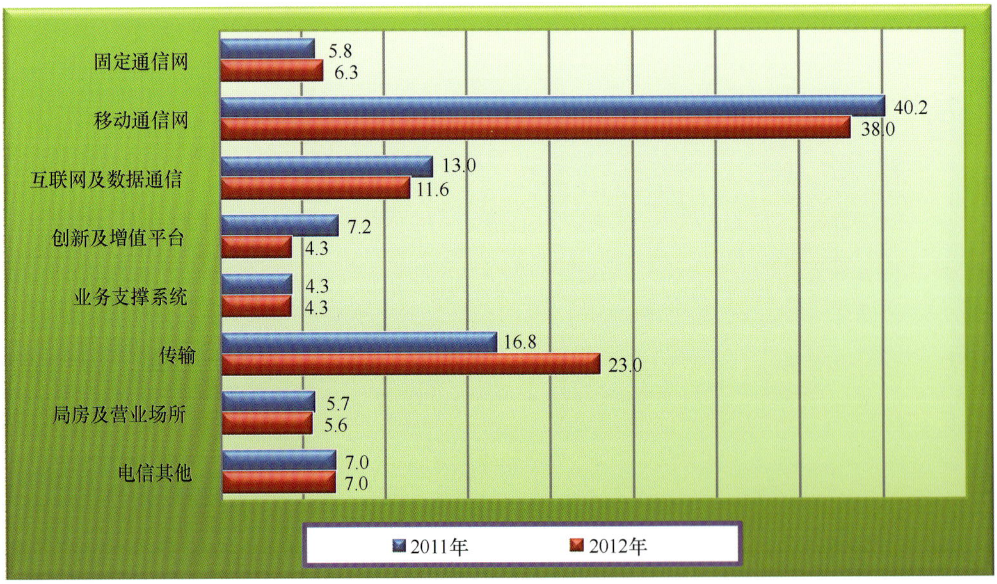

2009—2012 年电信收入结构（固定和移动）

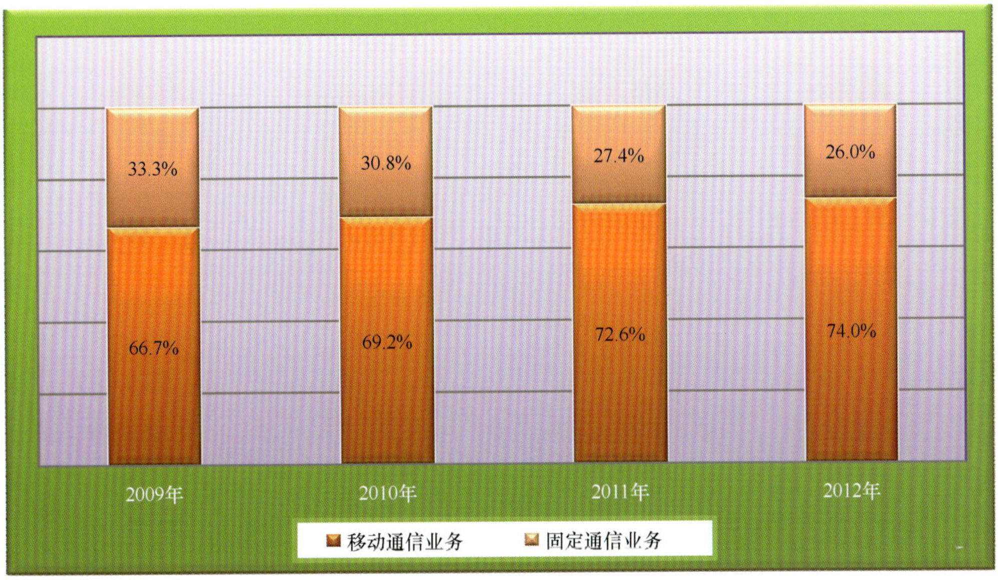

2009—2012 年电信收入结构（话音和非话音）

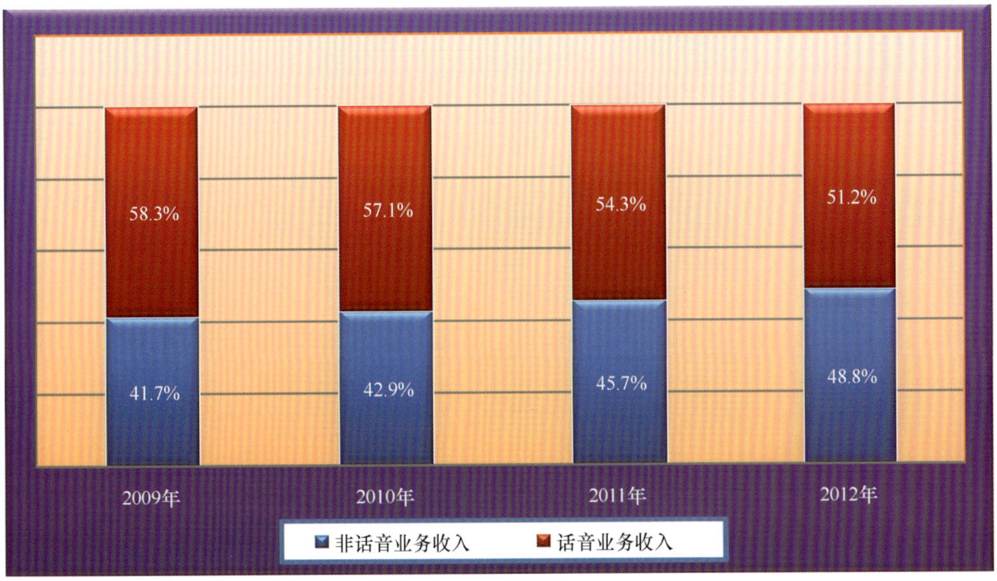

2008—2012 年电信运营企业收入结构

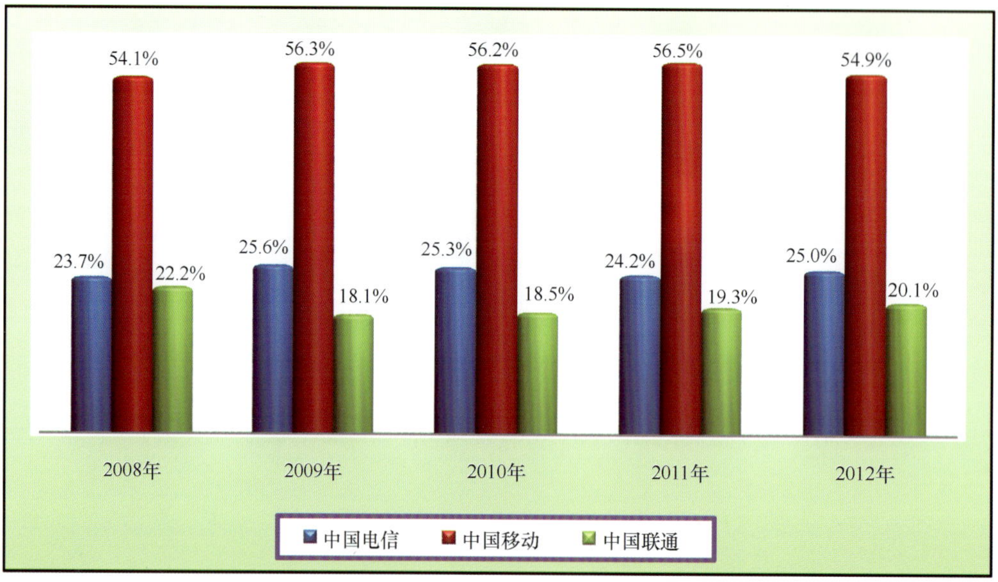

2008—2012 年电信运营企业投资结构

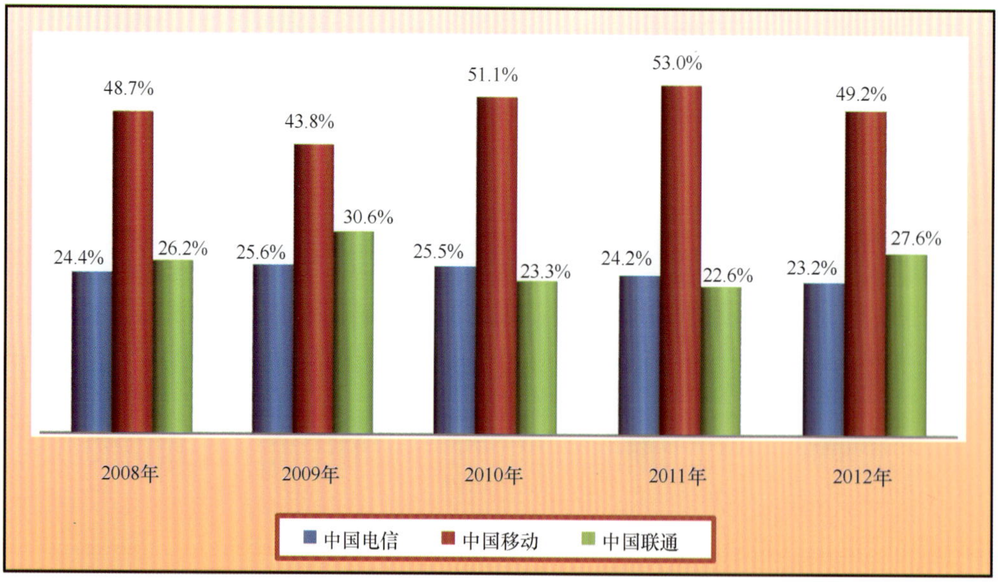

1949—2012 年固定电话、移动电话用户发展情况

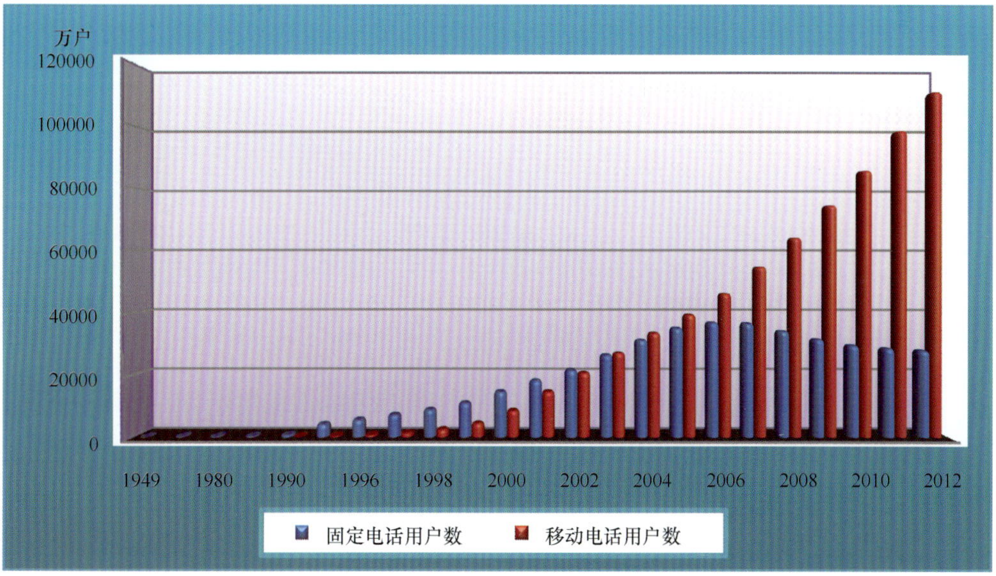

1949—2012 年固定电话、移动电话普及率

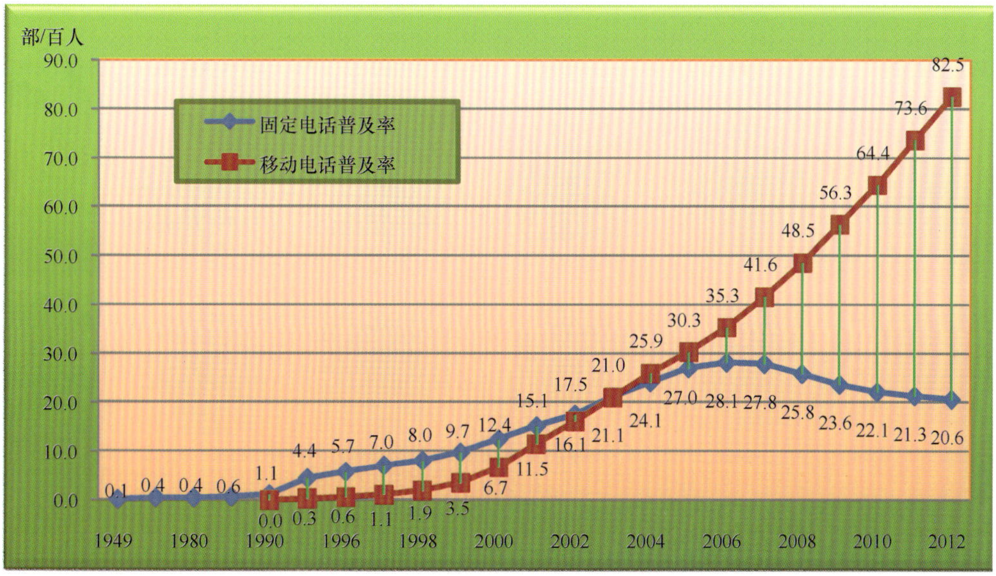

2008—2012 年全国增值电信企业主要指标发展情况

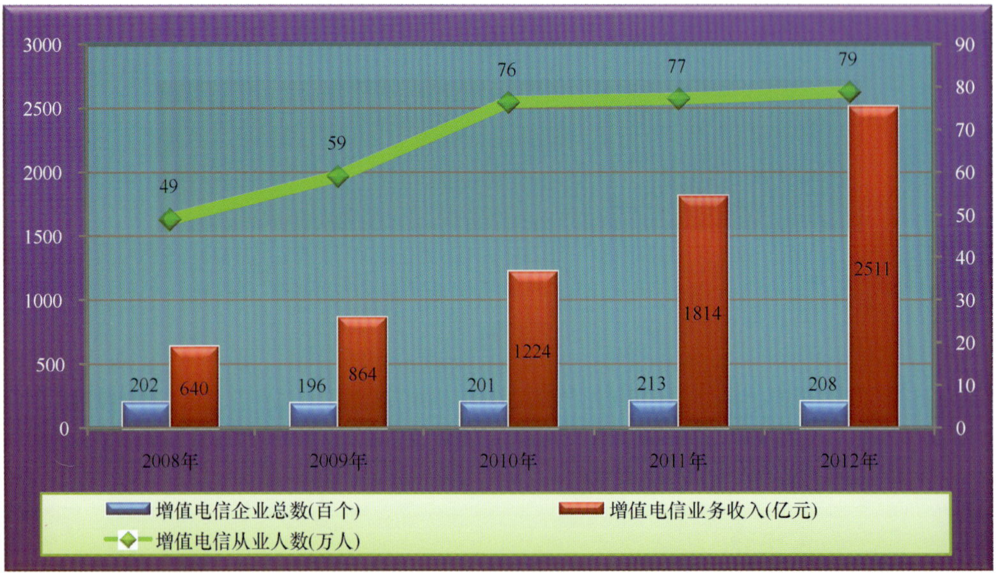

2012 年全国增值电信企业收入构成情况

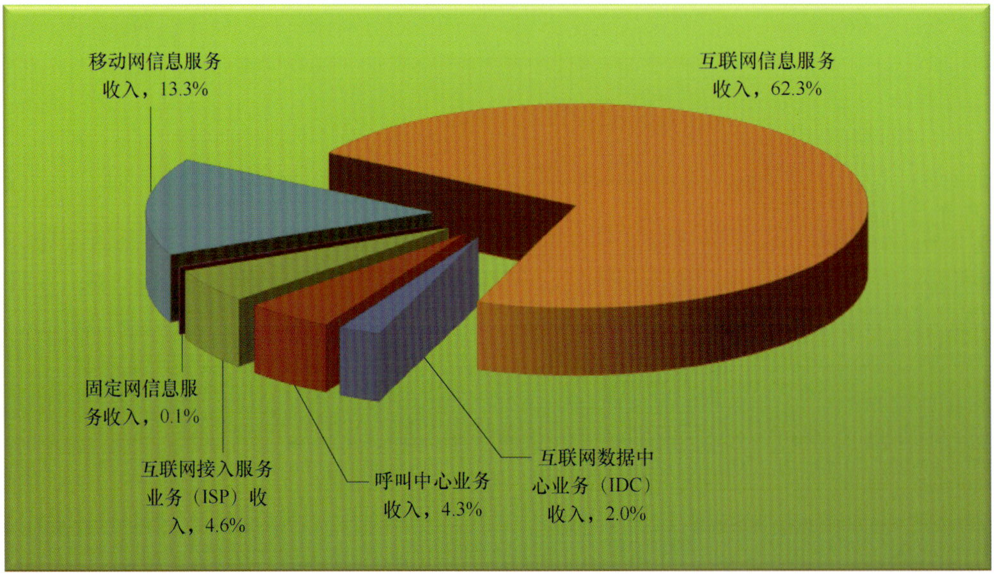

2000—2012 年互联网网民数和普及率

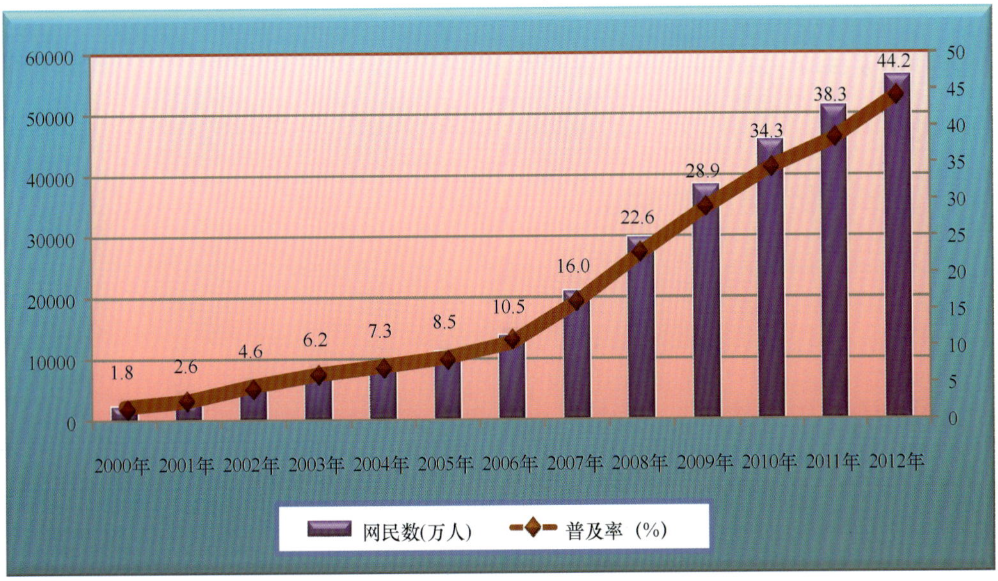

注：本图数据由中国互联网络信息中心（CNNIC）提供。

2012 年各省（自治区、直辖市）互联网网民数和普及率

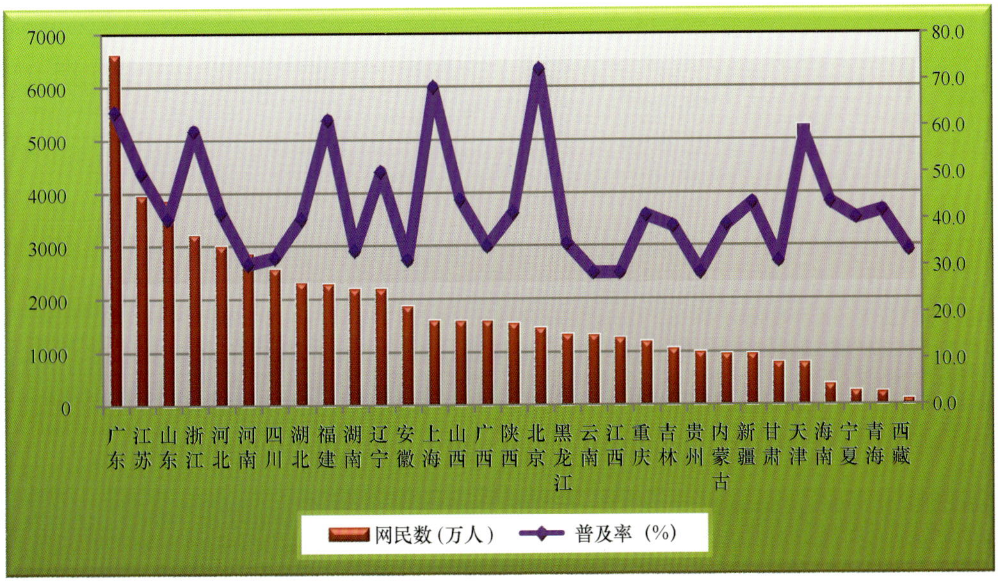

注：本图数据由中国互联网络信息中心（CNNIC）提供。

2008—2012年全球（固定）电话主线、蜂窝移动电话用户、互联网网民数

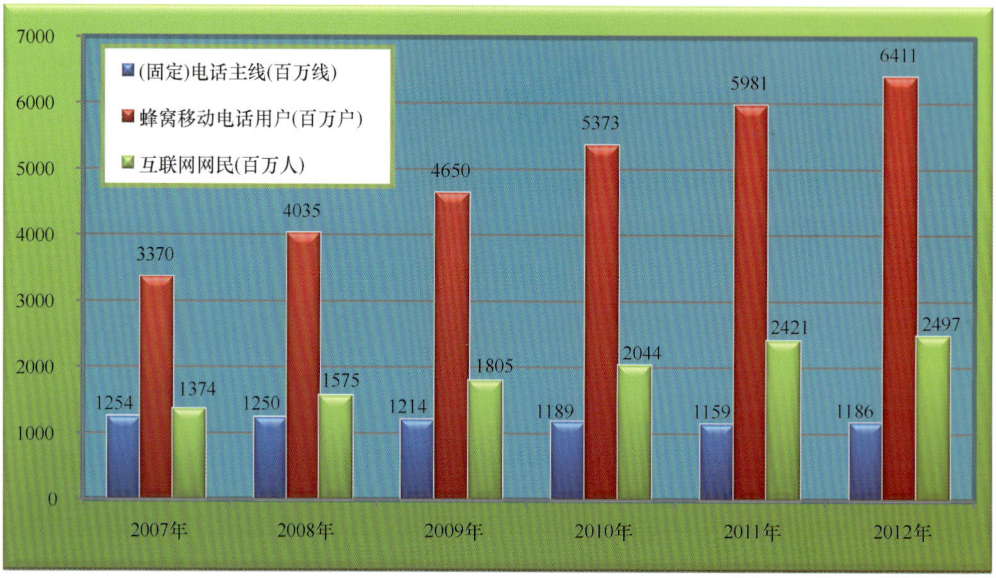

2008—2012年全球每百人（固定）电话主线、蜂窝移动电话用户、互联网网民

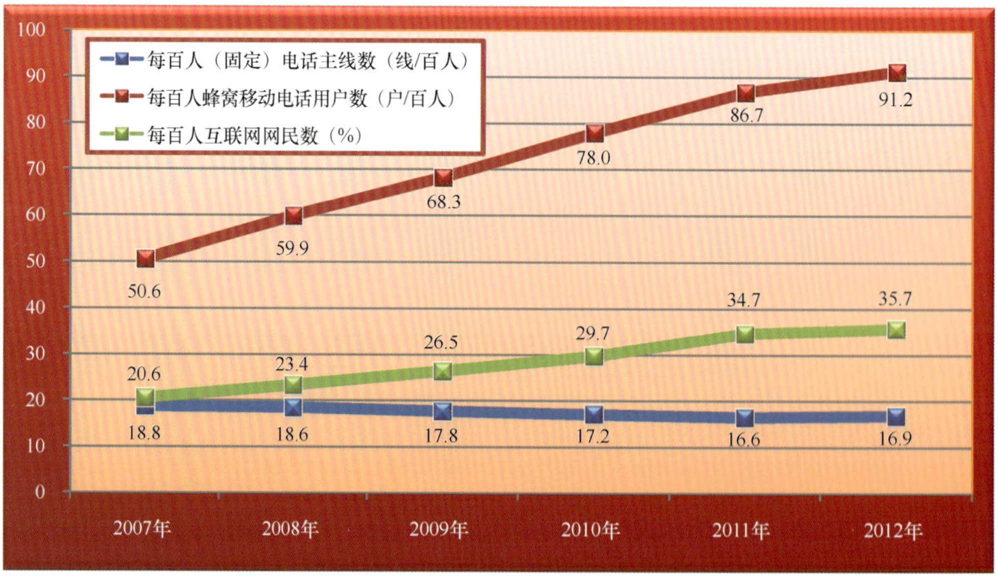

目　录

第一部分　综　述

第二部分　统 计 数 据

第三部分　附　　录

第一部分　综　述

中国电信业 2012 年发展综述

中国基础电信业2012年发展综述

一、综述

（一）电信业发展主要指标

2012 年，全国电信业务总量累计完成 12982.4 亿元，同比增长 10.7%；电信业务收入累计完成 10758.3 亿元，同比增长 8.9%；完成固定资产投资 3616.2 亿元，同比增长 6.9%。

全年累计净增电话用户 11895.7 万户，总数达到 13.9 亿户。其中，移动电话用户累计净增 12590.2 万户，总数达到 11.1 亿户，普及率为 82.5 部/百人，3G 用户净增 10438 万户，年净增量首次突破 1 亿户，在移动电话用户总体中的渗透率达 20.9%。固定电话用户累计减少 694.5 万户，总数降至 2.78 亿户，普及率为 20.6 部/百人。互联网网民规模达 5.64 亿人，在总人口中的比重达 42.1%[1]，其中手机网民占到网民总数的 74.5%，比上年提高 5.2 个百分点。基础电信运营企业互联网宽带接入用户全年净增 2518.1 万户，总数达 1.75 亿户。

全国光缆线路长度增加 267.4 万公里，达到 1479.3 万公里。局用交换机容量净增 320.9 万门，达到 43749.3 万门。移动电话交换机容量增加 12387.8 万户，达到 184023.8 万户。互联网宽带接入端口增加 8869 万个，达到 32108.4 万个。国际互联网出口带宽增至 1899792Mbit/s [2]，同比增长 36.7%。

（二）电信业发展主要特点

1. 基础电信收入突破万亿，支撑经济社会发展作用增强

经济贡献稳中有升，基础战略作用日趋突出。2012 年我国基础电信业收入保持了高于同期 GDP 增速的增长态势，全年收入达 10758.3 亿元，同比增长 8.9%。电信资费综合价格水平持续下降，市场结构逐步优化，3G、宽带网络和服务广泛应用于经济社会的多个领域环节，有效推动了国民经济和社会信息化发展。基于信息通信网络的新型经济迅速崛起，成为国民经济新的增长点。

---

[1] 互联网网民数据来源：中国互联网络发展状况统计报告（2013.1）CNNIC。
[2] 数据来源：中国互联网络发展状况统计报告（2013.1），CNNIC。

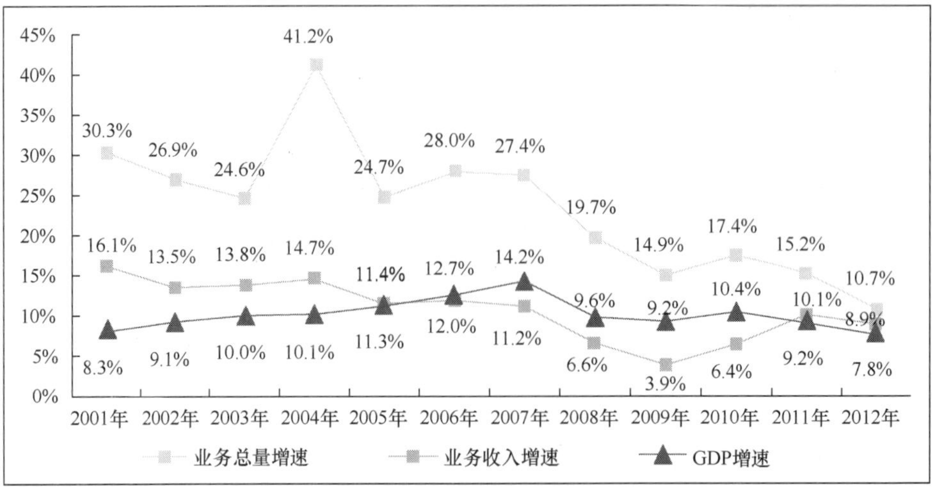

图 1　2001—2012 年电信业务总量及业务收入增长情况

智慧城市建设落地实施，农村信息服务水平不断提升。2012 年，我国智慧城市已经从理论探索、概念规划逐步进入落地实施和起步建设阶段，已有 95%的副省级以上城市、76%的地级以上城市，总计约 220 多个城市提出或在建智慧城市。部分经济基础较好、信息化水平较高的城市已开展总体或子领域的顶层设计，加大力度推动城市信息资源整合共享，分批次、有重点地实施智慧民生、智慧管理、智慧经济等重点领域的应用项目。2012 年，我国农村信息通信基础设施建设持续推进，全年新增 1.1 万个自然村通电话，1.9 万个行政村通宽带，20 户以上自然村通电话比例从年初的 94.7%提高到 95.2%，行政村通宽带比例从年初的 84%提高到 87.9%。农村综合信息服务体系逐步建成，全年新增 2005 个乡镇实施信息下乡活动，开展信息下乡活动的乡镇占比达到 82%，新建村信息服务点 29622 个，建立农村信息服务站的行政村占比达到 98%。

通信网络与信息安全工作有序展开，为保障国家安全和社会稳定作出贡献。2012 年，全行业认真贯彻落实中央、国务院有关部署，圆满完成了十八大通信保障相关工作任务。制定和落实工作方案，构建高效顺畅的应急保障指挥体系，网络运行保障能力持续提升。加强重大活动无线电管控，指导相关省（市）无线电管理机构圆满完成上海合作组织峰会、第三届亚洲沙滩运动会、第七届全国农运会等重大活动的无线电安全保障工作。加强标准管理和协调，研究提出移动互联网和智能终端网络信息安全标准体系框架，组织制订互联网站、IDC、ISP 安全防护实施指南。有效推进和落实企业网络信息安全管理责任，会同国资委制定《关于开展基础电信企业网络信息安全责任考核工作的指导意见》。

2. 3G、宽带成为行业亮点，推动网络用户收入持续提升

有线、无线宽带网络基础设施能力大幅提高。2012 年，在“宽带普及提速工程”的推动下，光纤宽带网络保持快速发展。光缆纤芯总长度近 3 亿公里，同比增长 22.5%。大容量波分复用设备在城域网部署规模持续扩大，大多数城市建设了 OTN 骨干传输网。随着接入网光纤化的发展，接入网光缆线路长度和纤芯长度的增长速度均超过 30%，FTTH 覆盖家庭近 9500

万户，城市地区 20M 及以上接入带宽覆盖占比达到 51%，农村地区 4M 及以上接入带宽覆盖占比达到 81%。无线宽带网络覆盖的广度和深度继续扩大。3G 基站达 82 万个，占全部基站比例近 40%，已覆盖全国所有城市及 88%的乡镇，3G 网络服务质量大幅度提升。WLAN 网络热点覆盖继续推进，在高校、机场、车站、会展中心、商务写字楼、商务街区酒店等热点地区和公共场所覆盖比例大幅提升，覆盖深度持续增强。

3G、宽带用户收入保持快速增长。2012 年，移动电话用户总体增长趋缓，但 3G 用户保持加速增长态势，年新增用户规模突破 1 个亿，是拉动移动电话总用户增长的主要力量。3G 业务收入迅猛增长，全年累计突破 1000 亿元，增速高达 89.9%。固定宽带接入用户增长虽有趋缓迹象，但仍维持在年新增 2500 万户以上的较高水平，其中速率在 2M 和 8M 之间的宽带用户增长 16.6%至 13719 万户，速率在 8M 以上的宽带用户增长 93.7%至 2802 万户，用户接入带宽增长显著。宽带收入同比增长 11.7%，增速较上年有所下降，但仍占到了固定通信业务收入增量的 124%，是拉动固网收入增长的最主要力量。

TD-LTE 扩大规模试验。2012 年 7 月，TD-LTE 开始第二阶段的扩大规模试验，从整体测试情况看，TD-LTE 技术、产品、组网性能和产业链支撑能力等方面已逐步成熟，总体接近 LTE FDD 同期商用水平。LTE 频谱规划发布，2.6GHz 频段全部 190MHz 频率资源规划为 TDD 频谱。TD-LTE 全球发展倡议（GTI）已吸引全球 50 多家运营商加入，已有 33 个 TD-LTE 试验网或商用网，其中日本、沙特、澳大利亚、印度、俄罗斯等国家的 9 家运营商已商用。

3. 新兴信息消费增长迅猛，行业已步入移动互联网时代

移动互联网高速发展，基础电信运营企业管道化态势更趋明显。2012 年，移动互联网继续呈现迅猛增长态势，智能手机全年出货量达到 2.58 亿部，市场份额跃升至 53%，超过功能机成为手机市场主流。手机上网比例超过台式电脑上网比例，移动互联网用户规模达到 7.6 亿，在移动电话用户中的渗透率已达 68.7%。传统互联网应用加速向移动平台迁移，在移动 VoIP、微信、iMessage 等 OTT 应用的合力挤压下，基础电信运营企业传统的话音、短信等业务及收入流失加剧，短信收入首次出现负增长。移动 IM、移动视频业务等快速增长，移动网络资源大量消耗，流量收入不匹配加剧，促使基础运营企业加快智能管道发展。

物联网进入实际应用阶段。2012 年，各部门继续积极推进物联网技术在各领域的试点示范应用，在某些市场基础较好、产业链较为完善的领域，形成了一系列物联网典型应用，车联网、智能交通、智能家居、智能电网、感知矿山等蓬勃发展，物联网市场规模约为 3650 亿元，同比增长 38.6%。我国主导的“物联网概述”标准成为全球标准。

云计算开始大量落地。2012 年，云计算产业园区、云 IDC 等项目先后启动，国家各部委在重大专项、科技支撑、973 项目、863 项目中对云计算给予了大力支持，地方政府也积极响应云计算部署，目前全国已有数十个城市将云计算确定为重点发展的新兴产业。云计算服务市场规模已超过 300 亿元。

4. 基础电信企业加快转型，移动数据成为第一增长引擎

移动数据取代移动话音成为最主要的收入增长动力。2012 年，移动数据及互联网收入同

比增长 56%，对行业收入增长的贡献从去年的 34.6%猛增至 51.9%，成为行业收入增长的第一引擎。移动话音的贡献率从去年的 39%降到 26.3%，降幅显著，在收入拉动方面下降到第二位。

非话业务收入占据将近半壁江山。2012 年，移动数据等"流量"型业务在互联网应用的拉动下迅速增长，深刻改变了电信业的收入结构。非话业务收入全年累计达到 5251 亿元，在行业整体收入中的比重升至 48.8%，增速高于行业整体收入增速 6.7 个百分点。行业转型步伐不断加快，行业发展对话音业务的依赖持续减弱。

5. 基础电信投资持续回升，利润空间面临互联网业挤压

固定资产投资规模逼近历史高位。随着 3G 和宽带网络建设力度的加大，2012 年我国基础电信固定资产投资规模继续回升，逼近 2009 年的历史高位。全年总投资 3616.2 亿元，同比增长 6.9%，其中，传输投资同比增长 46.5%，为投资增幅最大的领域。投资收入比依然高达 33.6%，比全球平均水平高出 12 个百分点。

盈利能力下滑，远落后于互联网企业。2012 年，基础电信业收入增速虽然达到 8.9%，但与互联网服务业相比远远落后，收入排名前十的互联网企业收入增速达到 50%，产业价值正加速从传统电信业向互联网业转移。在收入增长乏力和投资高企的双重挤压下，基础电信业的盈利空间日渐狭窄，2012 年行业利润率为 16.7%，较上年下降了 0.2 个百分点，净利润率为 11.6%，连续 4 年处于下滑态势，远低于腾讯、百度等互联网领军企业 30%以上的净利润率。

6. 企业力量对比日趋均衡，基础运营市场总体格局优化

中国移动净增用户占比首次低于 50%，收入市场份额出现下滑。2012 年，中国移动的用户领先优势继续下降，在 3G 净增用户、3G 总用户、移动电话净增用户、移动电话总用户市场所占份额均出现不同程度的缩减，其中，移动电话净增用户份额首次跌破 50%，为 48.1%。用户市场的竞争不力也波及到了收入市场，2012 年，中国移动的收入市场份额为 54.9%，在经过前两年的勉力维持后出现了明显下滑，同比下降 1.5 个百分点。

3G 推动中国联通用户份额快速增长，收入市场份额稳步上升。与中国移动相对应的是，中国联通在 3G 网络和终端上的优势迅速转换成用户市场竞争优势，2012 年在 3G、移动电话净增和存量用户市场上的份额均出现不同程度的上升，份额提升幅度为三大运营企业之首。在用户强劲增长的支撑下，中国联通的收入市场份额稳步上升至 20%，较去年增加 0.8 个百分点。

中国电信调整用户竞争策略，经营效益明显提升。作为移动电话市场的新进入者，中国电信在经过两年的用户拼抢之后，2012 年适时调整竞争策略，3G 及移动净增用户市场份额分别下降了 0.6 个和 3.0 个百分点。与此同时，中国电信进一步巩固了自己在固定宽带接入市场的用户优势，整体经营效益明显改善，收入市场份额扭转连续两年的下降态势，大幅上升 0.8 个百分点，达到 25.0%。

移动用户、业务收入市场集中度明显下降，宽带用户市场集中度继续上升。2012 年，电话用户、业务收入市场格局较 2011 年均不同程度地改善，其中移动电话用户市场集中度下降最为显著，带动收入市场集中度明显下降。固定互联网宽带接入用户市场集中度继续上升，中国电信在固定宽带市场的主导地位进一步巩固。

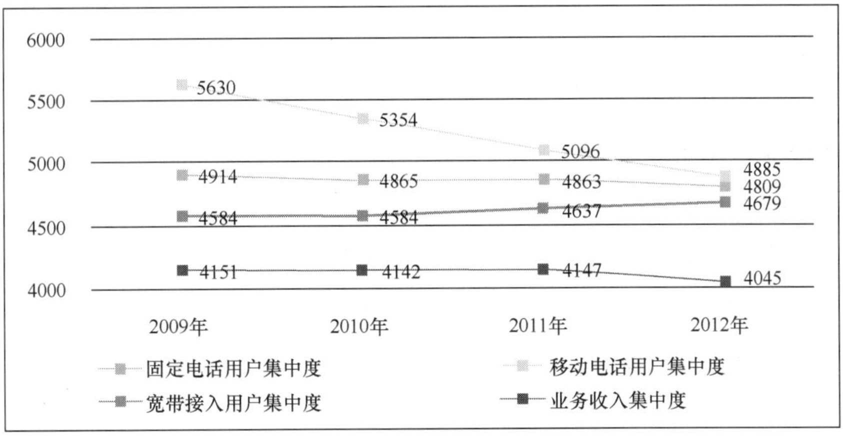

图 2　2009—2012 年我国基础电信市场集中度情况

7. 政策适应市场变化调整，通信监管在多领域取得进展

引导民间资本进入电信业，市场开放取得积极进展。2012 年工业和信息化部贯彻落实国务院 13 号文件《国务院关于鼓励和引导民间投资健康发展的若干意见》的精神，研究出台了《工业和信息化部关于鼓励和引导民间资本进一步进入电信业的实施意见》，提出了鼓励民间资本进一步进入电信业的八个重点领域，引导民间资本通过多种方式进入电信业，积极拓宽民间资本的投资渠道和参与范围，鼓励民营电信企业“走出去”，积极参与国际竞争，得到了社会各界的广泛关注和积极响应。2012 年年底完成移动通信转售业务试点方案征求意见稿，并于 2013 年 1 月 8 日发布。

加强和改进互联网管理工作。2012 年，工业和信息化部进一步加强了互联网基础管理工作，修订完成了《互联网域名管理办法》，大力推进域名、IP 地址实名，开展提高网站备案率和备案信息准确率专项行动。积极推进互联网基础资源规划制订工作，发布了《电信网码号资源和互联网域名、IP 地址资源“十二五”规划》。规范互联网企业市场竞争行为，指导中国互联网协会制订了自律公约。强化移动智能终端管理，完成了移动智能终端信息安全相关标准的研究起草工作，移动智能终端安全评测实验室建设取得显著进展，对 2000 多款终端进行了安全评测，已具备每日在线监测 2 万个应用程序的技术能力。

强化电信市场竞争行为监管。2012 年，深化电信体制改革相关政策措施进一步落实，三网融合第一阶段试点地区双向进入业务许可已经发放，第二阶段试点工作正式启动；天津、海南移动用户号码网间携带试验取得积极进展。市场准入工作有序推进，颁发了《关于进一步规范互联网数据中心（IDC）业务和互联网接入服务（ISP）业务市场准入工作的实施方案》，恢复 IDC、ISP 牌照申请，鼓励符合条件的企业，特别是民营企业进入 IDC 和 ISP 领域。规范市场竞争行为成效明显，针对校园市场秩序问题组织专项巡查，有效遏制恶性竞争事件频发的势头；开展端口类垃圾短信专项治理工作。六部委联合开展了纠正通信领域侵害消费者权益专项行动，电信服务质量总体良好。

二、电信业对国民经济贡献分析

（一）电信业增加值平稳增长，对国民经济直接贡献仍然较高

2012 年，我国电信业累计完成增加值 5709 亿元，同比增长 5.1%，占同期 GDP 的比重为 1.1%。电信增加值占 GDP 比重反映了电信业对国民经济的直接贡献率。从数据上看，2004 年起，电信增加值占 GDP 比重持续下降，2012 年相比 2011 年又微降了 0.05 个百分点，但与国民经济 396 个行业的平均贡献率 0.25%相比，电信业对国民经济的直接贡献率仍然较高。

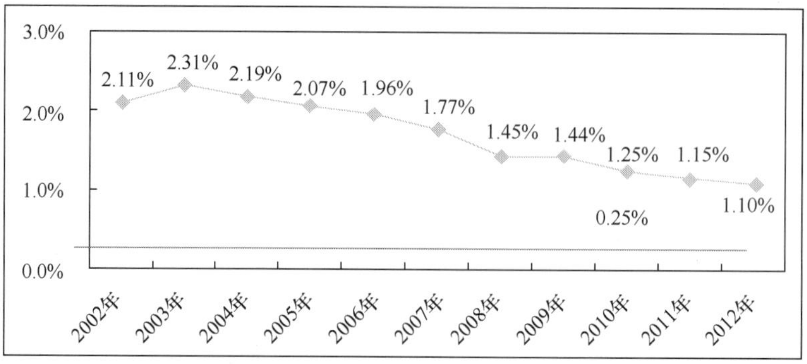

图 3　2002—2012 年电信增加值占 GDP 比重[3]

（二）新领域的带动作用增强，行业对国民经济的间接贡献持续提升

2012 年，宽带、3G 等电信业新领域的发展有力带动了相关产业投资、消费、就业，对经济发展的倍增作用越来越突出。据测算，全年基础电信业固定资产投资完成 3616 亿元，拉动互联网接入和互联网信息服务消费 4500 亿元，电子商务交易额 7 万亿元，网购交易额超过 1.2 万亿元，智能终端出货量 2.24 亿部；直接带动增加就业岗位 126 万个，间接拉动增加就业岗位 273 万个。

依据由菲德模型建立的电信业对国民经济贡献的宏观计量模型可计算得出：在其他条件不变的情况下，电信业每增加 1 个单位的产出，国民经济最终将增加 2.32 单位的产出。随着电信业产出的不断增长，电信业对国民经济的间接贡献也呈持续扩大态势。

表 1　　电信业增加值对 GDP 的倍增作用计算表

年　　份	2006 年	2007 年	2008 年	2009 年	2010 年	2011 年	2012 年
电信业增加值（亿元）	4235	4704	4729	4900	4963	5434	5709
带动 GDP（亿元）	9825	10913	10971	11368	11514	12606	13245

[3] 2001—2010 年 GDP 取自《中国统计年鉴》，2011 年、2012 年 GDP 取自全国年度统计公报。

（三）通信服务价格继续下降，促进社会信息消费快速增长

2012 年我国电信综合资费延续下降趋势，同比下降 1.9%。电信综合资费的下降，一方面对 CPI 形成下拉作用，根据国家统计局现行 CPI 核算体系中对交通通信类权重的取定，可进一步测算出通信服务在 CPI 指数中的权重约为 3.55%，据此推算 2012 年电信综合资费的下降带动 CPI 下降了 0.07 个百分点。另一方面，基础电信业为国民经济各部门和社会公众提供公共网络基础设施、基本话音和数据通信服务，基础电信资费的持续下降带动了信息消费领域整体门槛的降低，有利于各类信息消费的普及和增长，以及国民经济和社会信息化水平的提升。

表 2　通信服务价格下降对 CPI 的下拉作用计算表[4]

年　份	2008 年	2009 年	2010 年	2011 年	2012 年
电信综合价格水平下降	8.0%	9.5%	9.3%	4.8%	1.9%
对 CPI 的影响	−0.53%	−0.32%	−0.46%	−0.17%	−0.07%

三、基础电信业务发展分析

（一）电话用户发展情况

1. 电话用户规模持续增长，移动电话用户占比达八成

2012 年，全国电话用户连续第四年加速增长，全年净增 11895.7 万户，总数达到 13.9 亿户，增速为 9.4%。其中，移动电话用户总数 11.1 亿户，移动电话普及率达到 82.5 部/百人，比上年底提高 8.9 个百分点；固定电话用户总数 2.78 亿户，比上年底减少 694.5 万户，固定电话普及率降低至 20.6 部/百人。移动电话用户在电话用户总数中所占比重达到 80%。

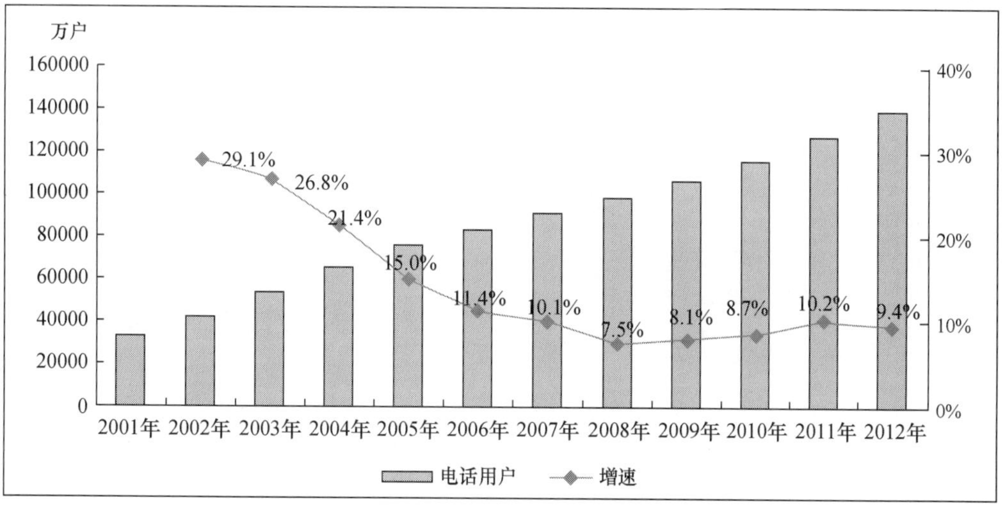

图 4　2001—2012 年电话用户发展情况

4 关于电信综合价格水平，2008—2009 年数据取自工业和信息化部网站，2010—2012 年取自工业和信息化部统计报表；同期 CPI 数据取自国家统计局公布数据。

2. 3G 用户呈现加速增长态势，成为移动电话用户增长的主要力量

2012 年，全国移动电话用户净增 12590.2 万户，用户增量较上年持平略低。3G 用户净增 10438.0 万户，占移动电话用户总增量的 82.9%。3G 用户总数达到 23280.3 万户，在移动用户整体中的渗透率达 20.9%。其中，TD 用户净增 3665.4 万户，累计达到 8786.6 万户，在 3G 增量、总量市场中的份额为 37.7%和 35.1%，分别比去年下降了 2.2 个和 2.4 个百分点。

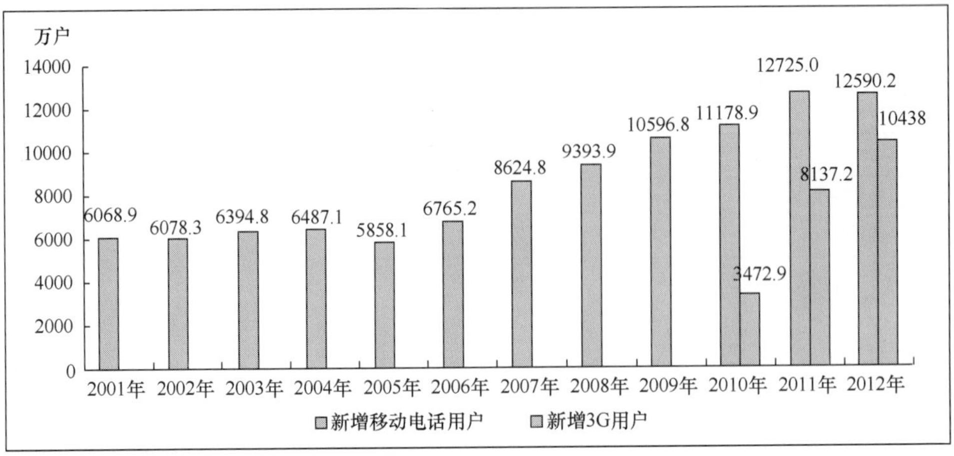

图 5　2001—2012 年新增移动电话用户

3. 固定电话用户规模持续下降，无线市话用户退网减缓

2012 年，全国固定电话用户减少 694.5 万户，共计 2.78 亿户。其中，城市电话用户减少 228.3 万户，达到 18893.4 万户；农村电话用户减少 466.2 万户，达到 8921.9 万户。传统固定电话用户减少 134.2 万户，达到 26590.4 万户，无线市话用户降幅继续缩窄，全年减少 560.3 万户，达到 1224.9 万户，在固定电话用户中所占比重从上年底的 6.3%下降到 4.4%。

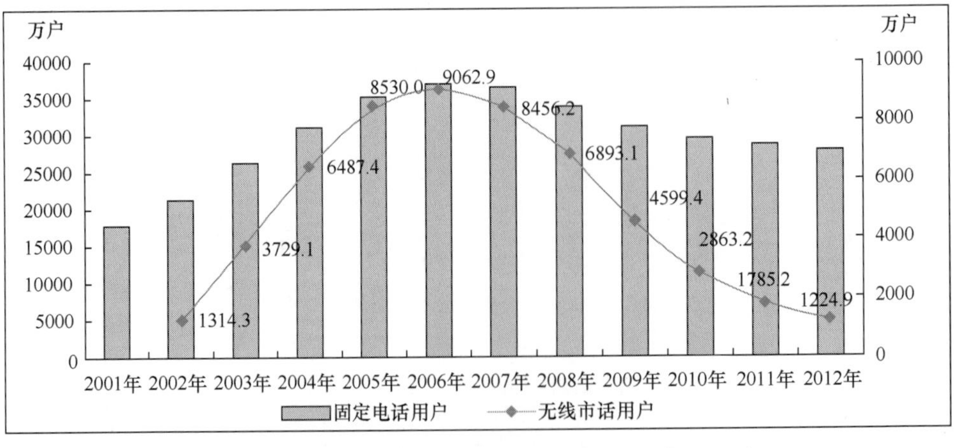

图 6　2001—2012 年固定电话用户和无线市话用户

（二）通话量发展情况

1. 通话总时长仍然保持上升，但增长速度下降明显

2012 年，全行业总通话量（含固定、移动、IP）累计达到 60367 亿分钟，较上年增长 7.0%，为近十年来增速的最低水平。

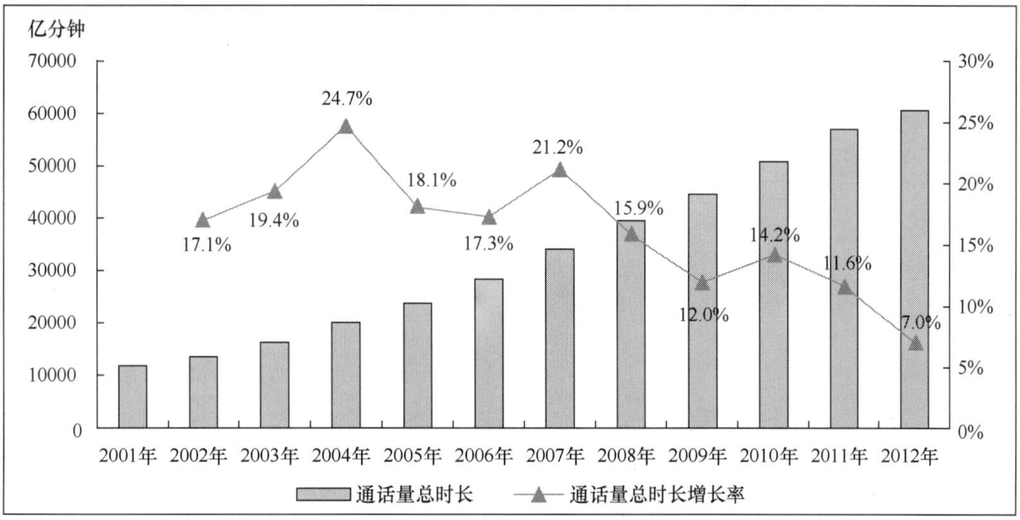

图 7　2001—2012 年通话量增长情况

2. 移动通话量增速大幅下滑，固定电话通话量持续萎缩

2012 年，全国移动电话通话时长累计达到 55444.9 亿分钟，同比增长 9.9%，增速降幅较 2011 年有所扩大，十年来移动通话时长增速首次低于 10%。固定电话通话量继续大幅下降，本地电话通话时长累计达到 3577.7 亿分钟，同比下降 18.2%；固定长途电话通话时长累计达到 700.7 亿分钟，同比下降 15.4%。移动通话量在总体通话量中的占比继续上升，由 2011 年的 89.5%升至 2012 年的 91.8%。

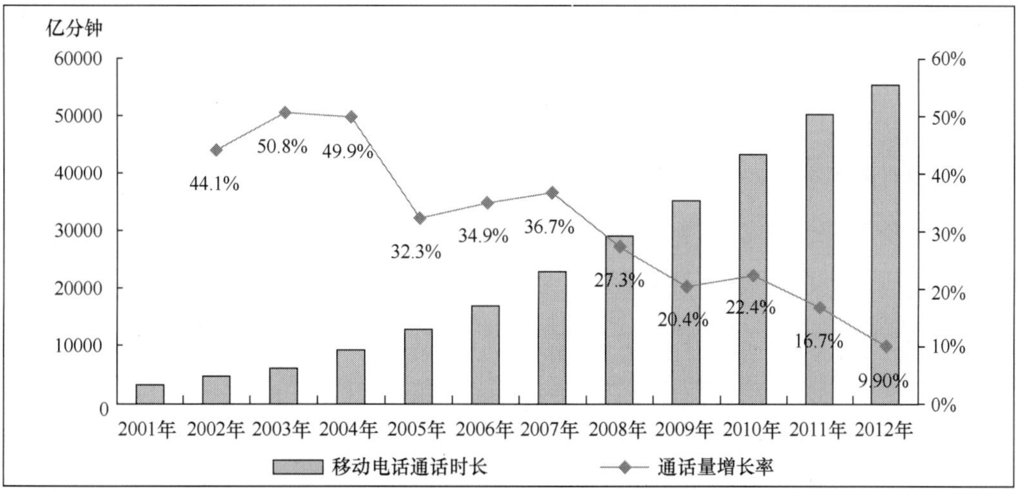

图 8　2001—2012 年移动电话通话时长增长情况

3. 移动电话 MOU 首次下降，固定电话 MOU 持续减少

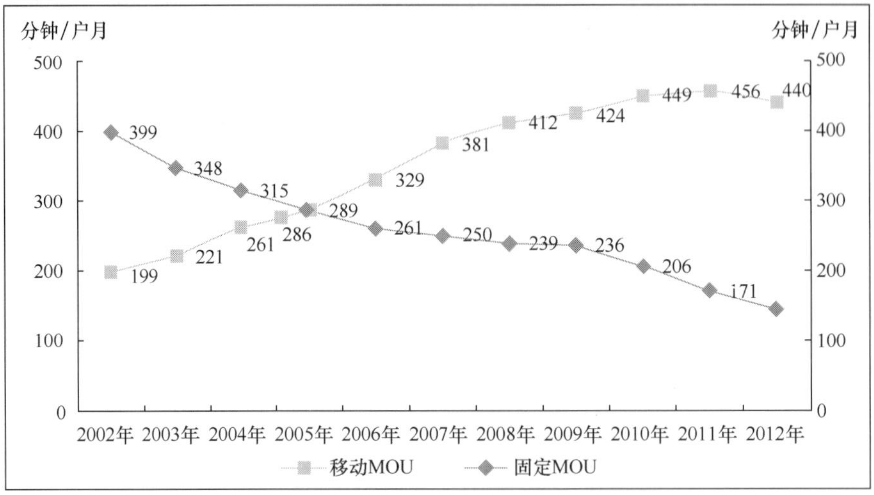

图 9　2002—2012 年移动与固定电话 MOU

2012 年，移动电话每用户每月通话时长为 440 分钟，首次出现下降，降幅达到 3.5%。固定电话每用户每月通话时长继续减少，2012 年为 146 分钟，降幅与上年基本持平。由于移动互联网类通信业务替代、多卡用户比例上升等多因素综合作用，单用户话务量的减少、运营企业从话音经营向流量经营的转变将是大势所趋。

（三）互联网接入业务发展情况[5]

1. 宽带接入用户增长趋缓，移动互联网用户持续快速增长

2012 年，基础电信企业的互联网宽带接入用户净增 2518.1 万户，增幅与去年持平略有下降，宽带接入用户总数达到 17518.3 万户，同比增长 16.8%。移动互联网用户保持快速增长态势，全年净增 13004.1 万户，净增用户规模较 2011 年有所扩大，移动互联网用户规模已达 7.6 亿户。

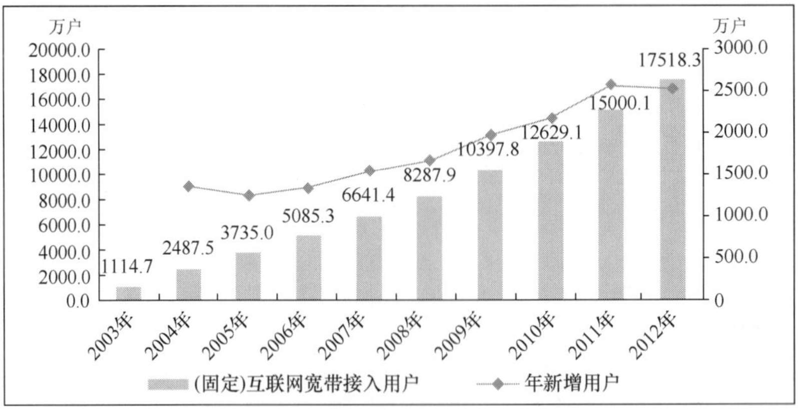

图 10　2003—2012 年（固定）互联网宽带接入用户发展情况

[5] 本节中除“互联网接入用户、移动互联网流量”外，其余数据均来源于 CNNIC“中国互联网络发展状况统计报告（2013.1）”。

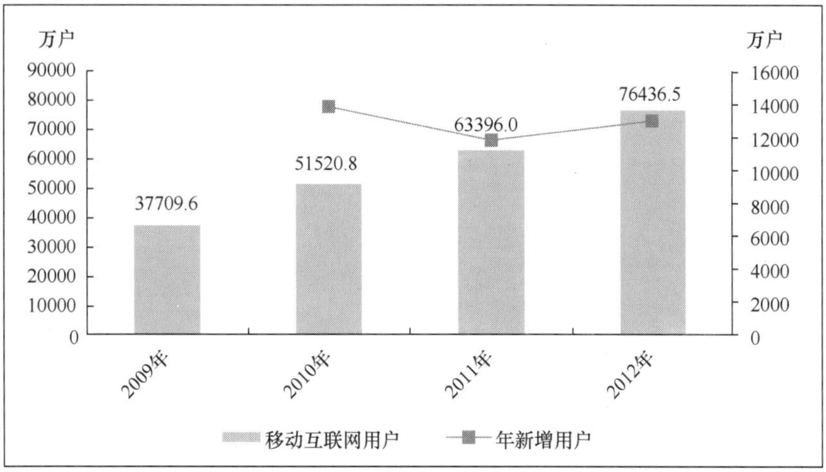

图 11 2009—2012 年移动互联网用户发展情况

2. 互联网网民规模持续扩大，互联网普及率持续提升

2012 年，我国互联网网民数净增 5090 万人，累计达到 5.64 亿人，同比增长 9.9%，网民规模增长持续扩大。互联网普及率达到 42.1%，同比提高 3.8 个百分点。

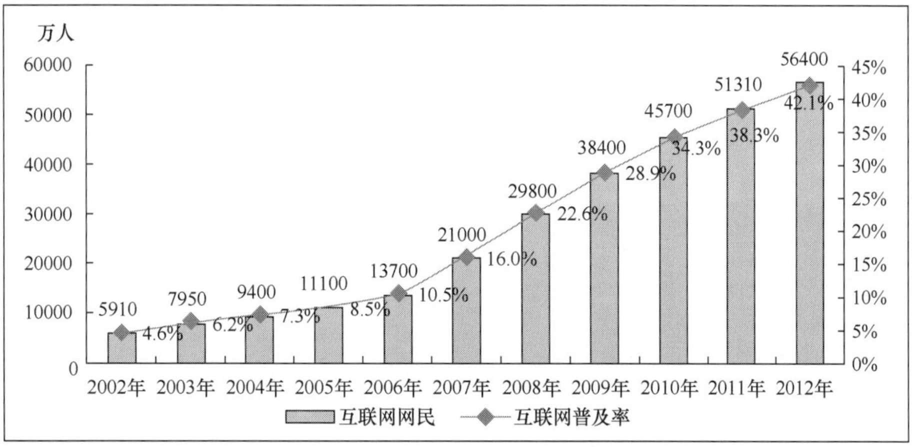

图 12 2002—2012 年互联网网民人数及普及率发展情况

3. 手机网民增势良好，重点应用渗透率持续上升

2012 年，我国手机网民规模达到 4.2 亿人，较上年增加了 6440 万人，网民中使用手机上网的用户占比由上年底的 69.3%提升至 74.5%。其中手机微博成为连续两年来使用率涨幅最高的手机应用，2012 年底，手机微博用户规模已达到 2.0 亿，高达 65.6%的微博用户使用手机终端访问微博。此外，网络购物、在线支付等电子商务类手机应用目前渗透率虽然相对较低，但整体使用率和增长率看涨，未来预计有较大的增长空间。

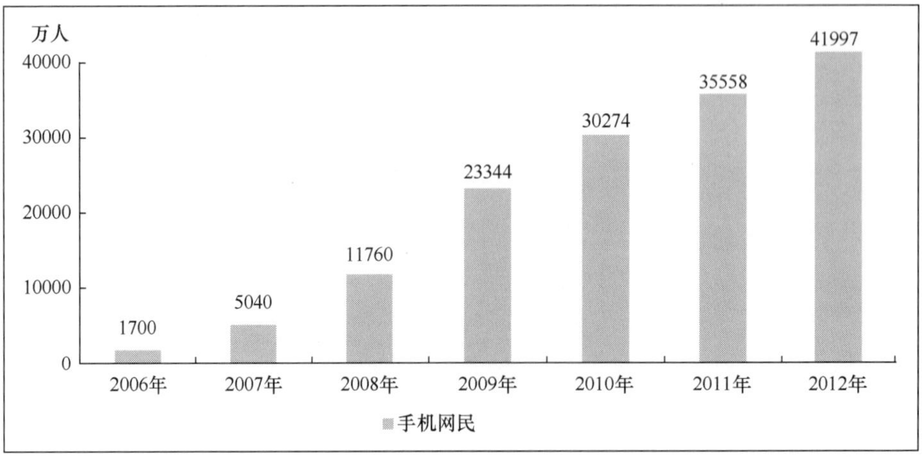

图 13　2006—2012 年手机网民人数增长情况

4. 移动互联网流量增长迅猛，人均流量使用量加速上升

2012 年，移动互联网流量保持迅猛增长态势，全年累计达到 87926.1 万 GB，同比增长 62.6%，增速较上年上升了 27.2 个百分点。人均移动互联网流量由 2011 年的每人每月 80.3MB 增加到 107.3MB，同比增长 33.6%，增速远高于上年的 5.1%，用户的移动互联网流量消费潜力正不断地显现出来。

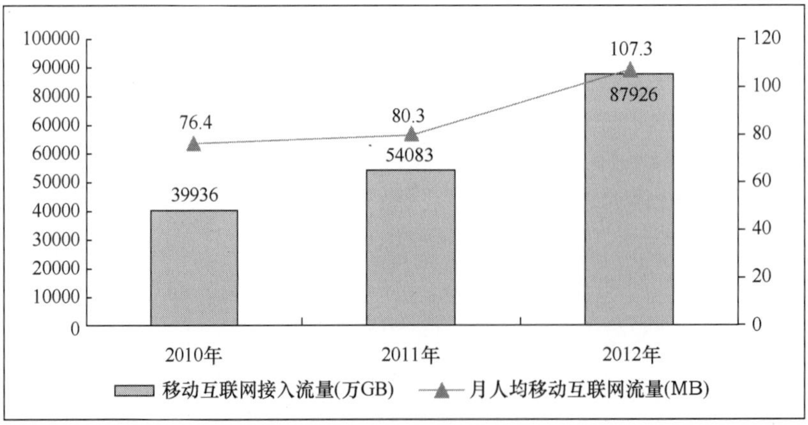

图 14　2010—2012 年我国移动互联网流量发展情况

5. IPv6 地址大幅增长，规模商用试点在即

2012 年，我国 IPv4 地址总数基本保持不变，数量累计达到 3.31 亿；IPv6 地址达到 12535 块/32，较上年大幅增长 33.4%，位列世界第三位。根据 2012 年 3 月七部委联合下发的《下一代互联网“十二五”发展建议意见的通知》，我国在 2013 年年底前将逐步开展 IPv6 的小规模商用试点，形成商业模式和技术演进路线，为全面部署 IPv6 做准备。充沛的地址资源是这一过程得以顺利实施的基础。

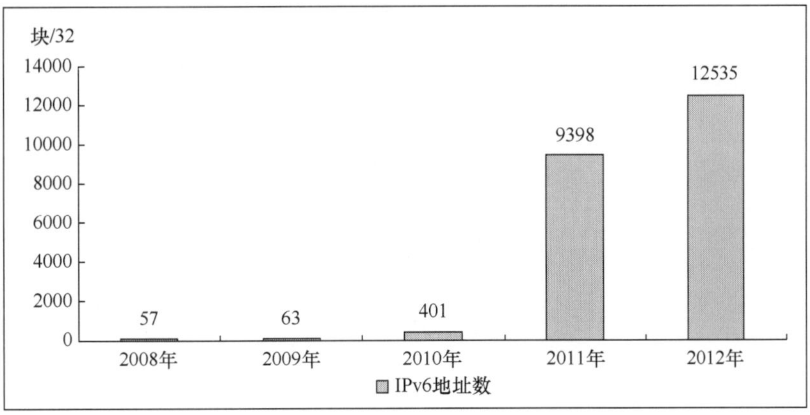

图 15　2008—2012 年我国 IPv6 地址数量发展情况

（四）增值业务发展情况

1. 增值业务收入增速低于电信业务收入增速，收入占比略有下降

2012 年，基础企业增值业务收入规模 2164 亿元，增速为 6.2%，增速低于电信业务收入增速 2.7 个百分点。由于基础企业数据及互联网业务收入快速增长、增值业务收入增速放缓，基础企业增值业务收入占电信业务收入的比重较 2011 年下降 0.9 个百分点，为 20.1%。

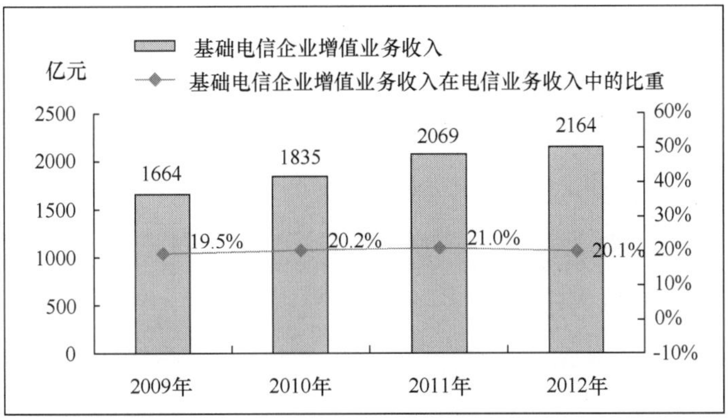

图 16　2009—2012 年基础企业的增值业务收入发展情况

2. 移动增值业务收入增速放缓，固定增值业务收入增速持续下滑

2012 年，基础企业的移动增值业务收入增速放缓，增速较 2011 年下降 5 个百分点，为 6.4%，规模达到 1902 亿元。固定增值业务收入增速持续下滑，增速较 2011 年下降 4.6 个百分点，为 4.5%，规模达到 262 亿元。

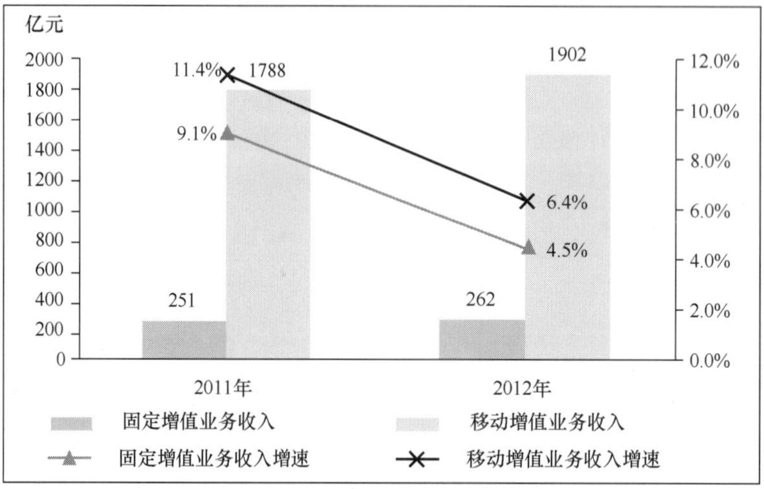

图 17　2011—2012 年基础企业的固定和移动增值业务收入

3. 移动短信收入首现负增长，新兴移动增值业务收入规模持续扩大

2012 年，受到 OTT 业务快速发展的影响，由移动用户主动发起的点对点短信量加剧下滑，全年累计 5000 亿条，同比下降 6.9%，降幅同比扩大了 5.4 个百分点。在基础企业移动增值业务中，移动短信业务收入下滑趋势加剧，收入规模同比减少 8.8 亿元，移动短信收入首现负增长。以手机电视等为代表的新兴移动增值业务收入规模在持续扩大，手机电视业务收入同比增长了 122.3%。2012 年，在基础企业移动增值业务中，非移动短信业务收入规模达 1271 亿元，在移动增值业务中所占比重由 2011 年的 64%上升到 67%。

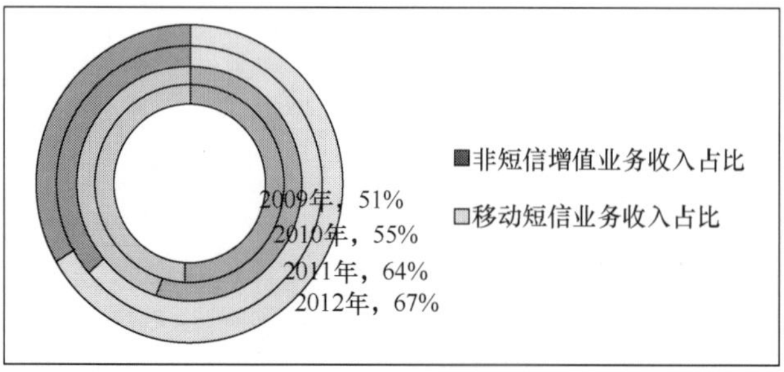

图 18　2009—2012 年基础企业的非短信增值业务在移动增值业务中的比重

四、电信网络能力分析

（一）固定及移动电话网规模分析

1. 固定电话网容量止降回升，移动电话网扩容增速放缓

2012 年，局用交换机容量止降回升，增速由负转正，全年增长 0.7%，达到 43749.3 万门。其中，接入网设备容量大幅增长，增速较上年提升了 18.3 个百分点。移动电话网扩容速度放

缓，移动交换机容量同比增长 7.2%，较上年增速下降了 7.0 个百分点，达到 18.4 亿户。

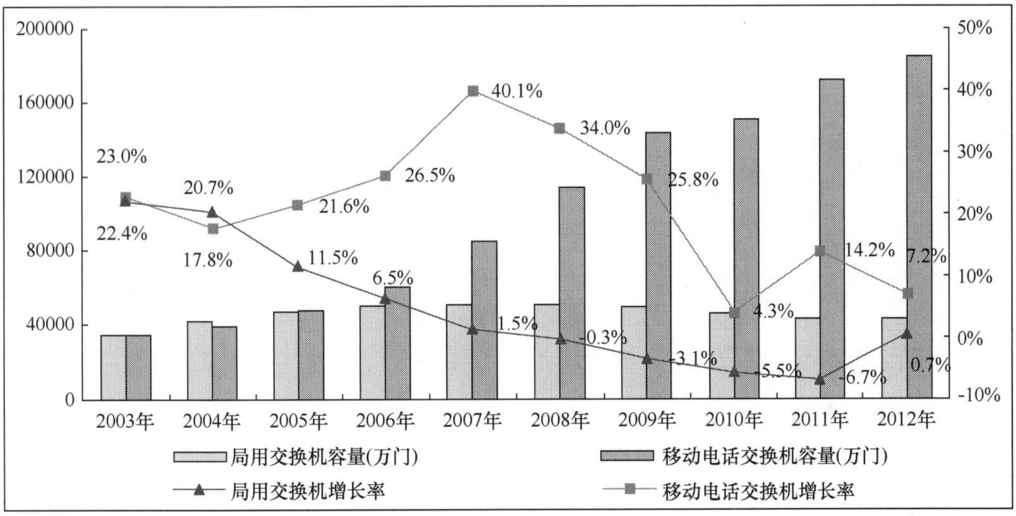

图 19　2003—2012 年局用及移动电话交换机容量

2. 局用交换机实装率小幅下降，移动电话交换机实装率稳步上升

设备利用率方面，2012 年，局用交换机实装率降至 63.6%，同比下降 2.0 个百分点。移动电话交换机实装率升至 60.4%，同比上升 2.9 个百分点。

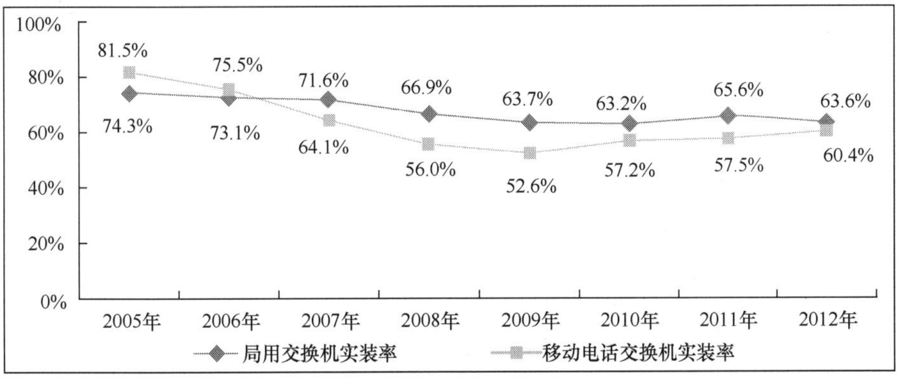

图 20　2005—2012 年局用及移动电话交换机实装率

（二）数据通信网规模分析

1. 互联网规模跃上 3 亿新台阶，高速率宽带接入能力显著提升

2012 年，在“宽带中国普及提速工程”的推动下，互联网规模和能力显著提升。互联网宽带接入端口数量迅速攀升至 32108.4 万个，增速达到 38.2%，刷新了 2005 年以来的最高增速。同时，高速率宽带接入能力显著提高。2012 年，我国 FTTH 已经覆盖 9500 个家庭，城市地区 20M 及以上接入带宽覆盖比例达到 51%，农村地区 4M 及以上带宽覆盖比例达到 81%。

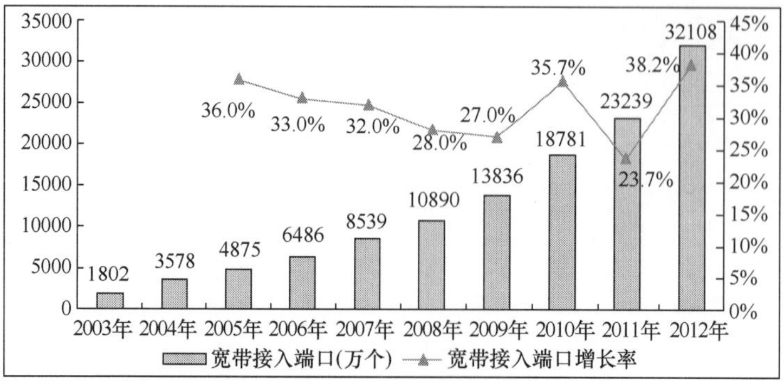

图 21　2003—2012 年宽带接入网端口数量

2. 国际出口带宽大幅增长，总量接近两百万兆

2012 年，我国国际出口带宽大幅增长，年底达到 1899792Mbit/s，年增长率为 36.7%，较去年增长了 10.3 个百分点。

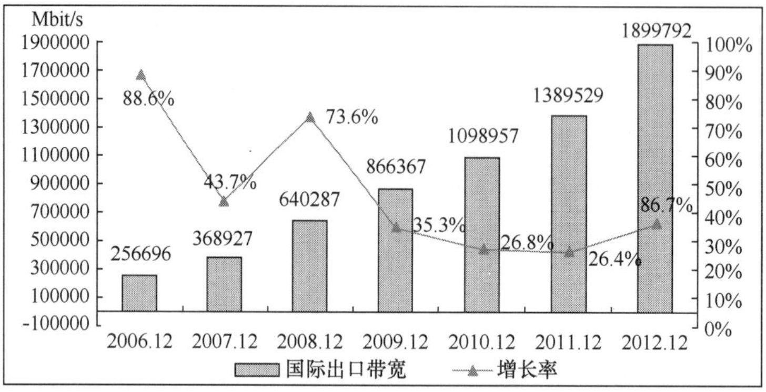

图 22　2006—2012 年国际出口带宽及增长率

（三）传输网规模分析

1. 光缆线路总长度保持快速增势，传输网规模达新高

2012 年，全国新建光缆线路 267.4 万公里，光缆线路总长度达到 1479.3 万公里，同比增长 22.1%，与近 4 年增速基本持平，保持快速增长态势。

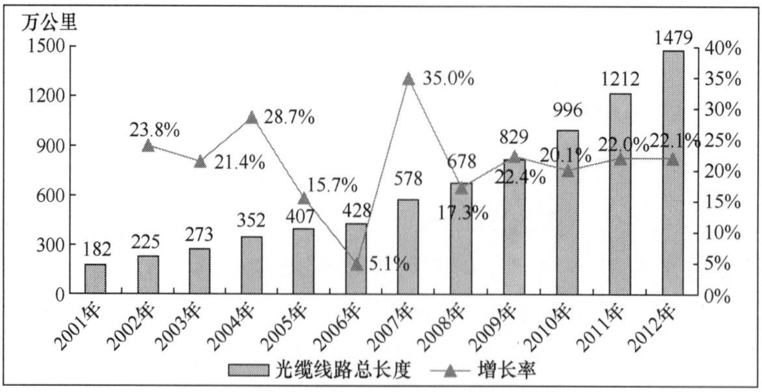

图 23　2001—2012 年光缆线路总长度

2. 接入网光缆和本地中继光缆保持快增长，长途光缆小幅扩容

2012 年，全国新建光缆仍以接入网光缆和本地中继光缆为主。在新建光缆线路中，接入网光缆、本地网中继光缆和长途光缆线路所占比重分别为 59.3%、39.8%和 1.0%。总地来看，接入网光缆和本地中继光缆保持快增长，分别同比增长 31.0%和 17.2%，新建接入网光缆和本地中继光缆长度分别为 158.5 万公里和 106.4 万公里；长途光缆保持小幅扩容，同比增长 3.1%，新建长途光缆长度 2.6 万公里。

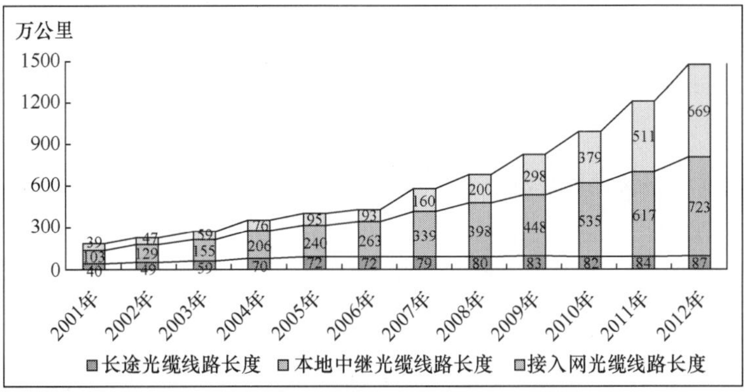

图 24　2001—2012 年各种光缆线路长度

（四）3G 网络规模分析

1. 3G 网络建设保持快速发展，3G 基站比重已近四成

2012 年，电信企业加快了 3G 网络建设，全年新增 3G 基站 18.8 万个，3G 基站累计达 82.0 万个，较去年增长 29.7%，占到全部移动基站的 39.7%。

2. 3G 网络覆盖和优化持续推进，网络运行效率和质量持续提升

2012 年，3G 网络覆盖的广度和深度继续扩大，已覆盖全国所有城市及 88%的乡镇。农村地区网络覆盖力度明显增强，城市地区室内覆盖成为重点建设内容，WLAN 网络热点覆盖继续推进，3G 网络服务质量大幅度提升。

五、电信固定资产投资分析

（一）电信业投资概况

1. 固定资产投资规模接近历史高位，增速回落

伴随我国电信行业增速回升，加之 3G 和宽带网络建设拉动，2012 年电信业固定资产投资规模接近 2009 年的历史高位，投资总额达 3616.2 亿元，同比增长 6.9%，但增速与去年相比回落 5 个百分点。

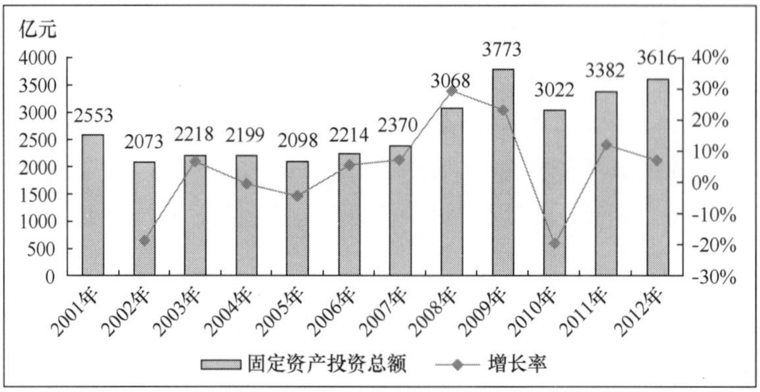

图 25　2001—2012 年电信投资总额及增长率

2. 投资重点集中于移动和宽带，传输投资增幅最大

2012 年，移动和宽带投资分别占到固定资产投资的 38.0%和 34.5%，是投资的重点。其中，移动投资为 1375.5 亿元，同比增长 1.2%，投资增速回落 6.2 个百分点；3G 占移动投资的 69.4%，投资额为 954.9 亿元，同比增长 10.9%。在宽带提速工程的带动下，宽带投资同比增长 24.2%，达到 1248.0 亿元。传输投资占宽带投资的 66.5%，投资额为 830.1 亿元，其投资增幅最大，同比增长 46.5%，较上年增速提升了 23.9 个百分点。

（二）电信业投资效果分析

1. 投资适应业务发展需要，支撑行业转型升级

2012 年，3G 用户实现高速增长，移动和宽带用户规模再创新高。3G 用户新增 1.04 亿，占新增移动用户的 82.9%，呈现 81.3%的高速增长，在此情况下，移动用户突破 11 亿大关，全年新增移动用户 1.26 亿户，普及率已达 82.5%。另外，全年新增宽带接入用户 2518.1 万户，宽带接入用户已超过 1.75 亿，普及率升至 13.0%。与之相对应，2012 年，互联网宽带接入设备和光缆、移动电话交换机依然是通信业投资的重点，光缆线路长度、互联网宽带接入端口、移动电话交换机容量持续较快增长。通信业投资有效匹配业务发展需要。

表 3　　2012 年通信业主要通信能力指标增长情况

指 标 名 称	单位	2012 年年末达到	比上年末净增	比上年末增长
光缆线路长度	公里	**14793300**	**2673998**	**22.1%**
其中：长途光缆线路长度	公里	868175	25834	3.1%
局用交换机容量	万门	**43749.3**	**320.9**	**0.7%**
其中：接入网设备容量	万门	23371.5	2376.4	11.3%
移动电话交换机容量	万户	**184023.8**	**12387.8**	**7.2%**
互联网宽带接入端口	万个	**32108.4**	**8869.0**	**38.2%**

2. 投资收入比微幅下降，全行业投资效益有所改善

从投入产出水平来看，2012 年我国电信行业固定资产投资收入比为 33.6%，较去年下降

了 0.6 个百分点，行业整体投资效益有所改善，这主要得益于固定资产投资增速回落且低于电信业收入 8.9%的增长。

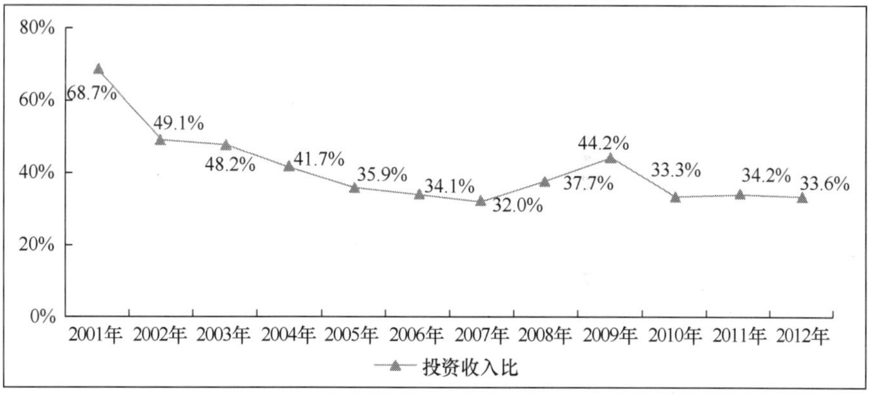

图 26　2001—2012 年电信投资收入比

六、电信业经营效益分析

（一）收入增长情况

1. 全行业保持平稳增长，电信业务收入突破万亿

2012 年，电信业务收入达到 10758.3 亿元，同比增长 8.9%，高于同期 GDP 增速 1.1 个百分点。电信业务总量达到 12982.4 亿元，同比增长 10.7%。

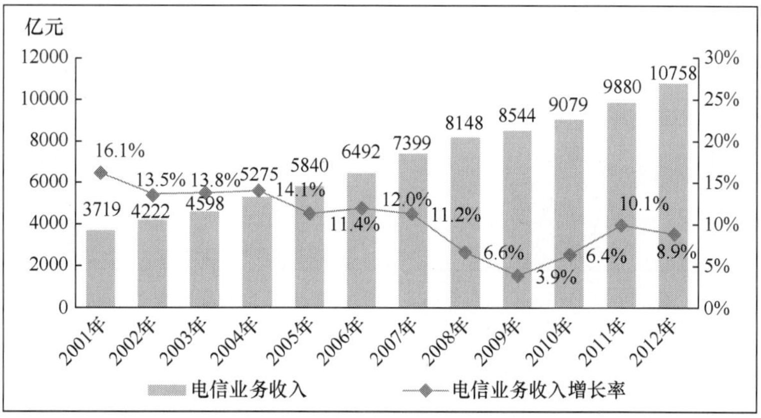

图 27　2001—2012 年电信业务收入

2. 移动数据和互联网业务快速发展，非话收入比重逼近 50%

2012 年，非话音业务收入同比增长 15.6%，达到 5251.3 亿元，在电信业务收入中的占比由 2011 年的 45.7%上升到 48.8%，行业转型战略已现积极成效。其中，数据和互联网业务是推动非话音业务收入快速增长的引擎。2012 年，移动数据及互联网业务收入为 1272.1 亿元，

同比增长 56%，其对业务收入贡献率和非话音业务收入增长贡献率分别为 51.9%和 64.6%。固定数据及互联网业务收入 1384.3 亿元，同比增长 11.3%，其对非话音业务收入贡献率为 19.9%。

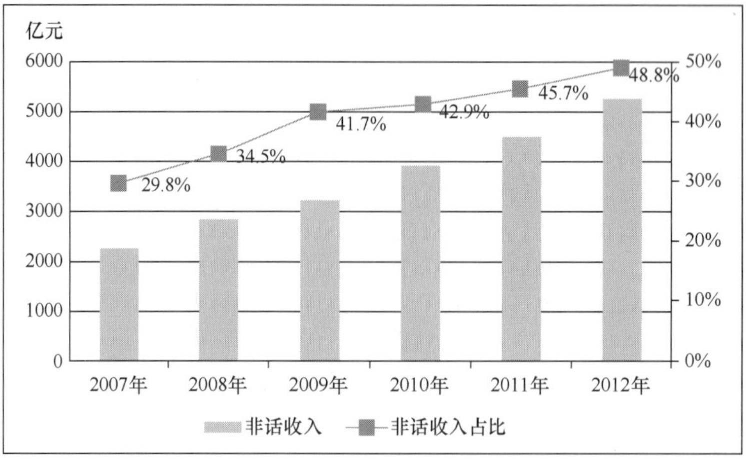

图 28　2007—2012 年非话业务收入占比情况

3. 固定、移动和宽带 ARPU 值保持下滑，每用户创收能力下降

2012 年，固定电话用户话音、移动电话用户话音和互联网宽带接入用户 ARPU 值（户月均收入贡献值）加速下滑，分别降至 20.3 元、38.3 元和 59.6 元，同比下降 8.1%、7.7%和 3.9%。

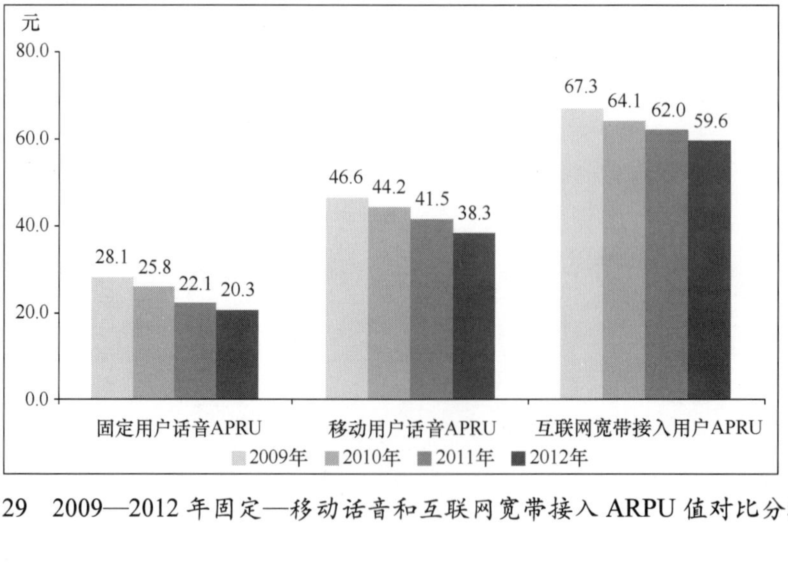

图 29　2009—2012 年固定—移动话音和互联网宽带接入 ARPU 值对比分析

（二）利润增长情况

1. 电信业务成本费用较快增长，行业利润增速回落

2012 年，电信行业成本费用保持较快增长，其中，电信业务成本、营业费用和管理费用分别较上年提高了 7.4%、16.6%和 8.4%。在此情况下，2012 年的电信行业利润总额保持稳定增长，较上年增长 7.8%，但增速回落 6.2 个百分点。

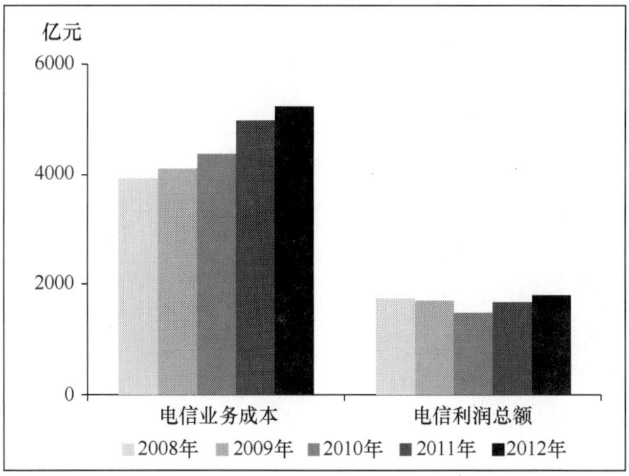

图 30 2008—2012 年电信行业成本费用和行业利润总额

2. 行业利润率微幅下降，近三年看基本持平

2012 年，电信行业利润总额增速回落影响了行业利润率的增长，电信行业利润率较 2011 年下降了 0.2 个百分点，尽管如此，电信行业利润率仍维持在 16%以上。

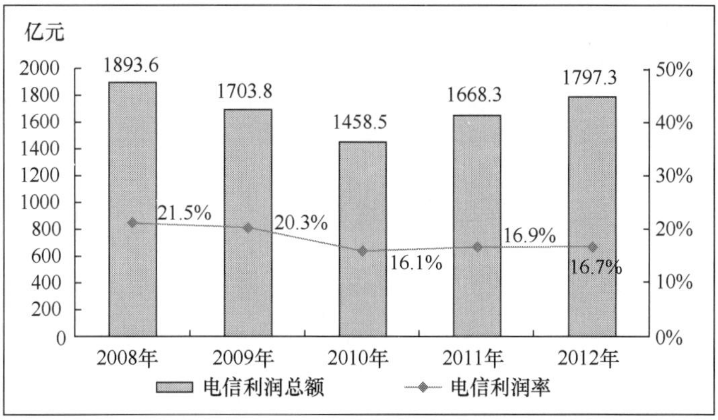

图 31 2008—2012 年电信利润总额电信利润率

七、电信业地域发展差异分析

（一）城乡差异分析

1. 农村移动电话普及率增幅低于城市，城乡差距略有扩大

2012 年，城市移动电话普及率增速与 2011 年基本持平，涨幅为 9.7 部/百人，达到 110.4 部/百人。农村移动电话普及率增速放缓，涨幅同比下降 9.1 部/百人，为 8.9 部/百人，达到 53.2 部/百人。城乡移动电话普及率差距较 2011 年扩大 0.8 部/百人，达到 57.1 部/百人。

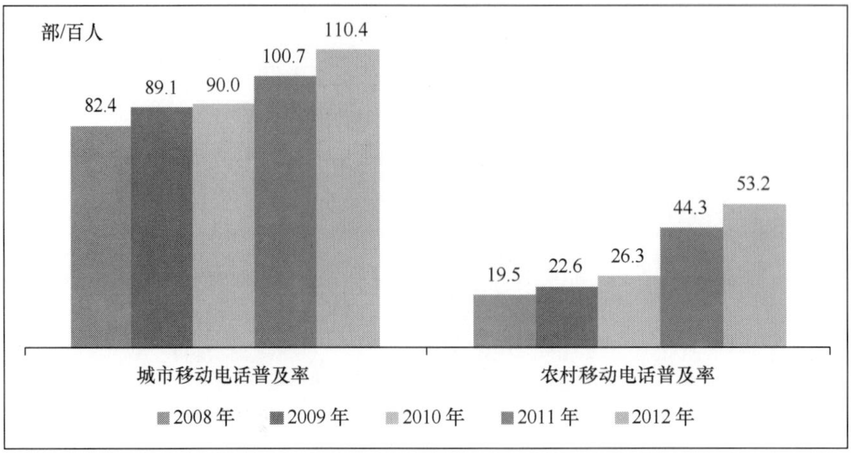

图 32 2008—2012 年城市、农村移动电话普及情况分析

2. 城市固定电话普及率继续下降，城乡差距持续缩小

2012 年，城市固定电话普及率进一步下滑，较 2011 年下降 1.2 部/百人。农村固定电话普及率小幅下滑，较 2011 年下降 0.4 部/百人。城乡固定电话普及率差距持续缩小，由 2011 年的 13.4 部/百人缩窄至 12.6 部/百人。

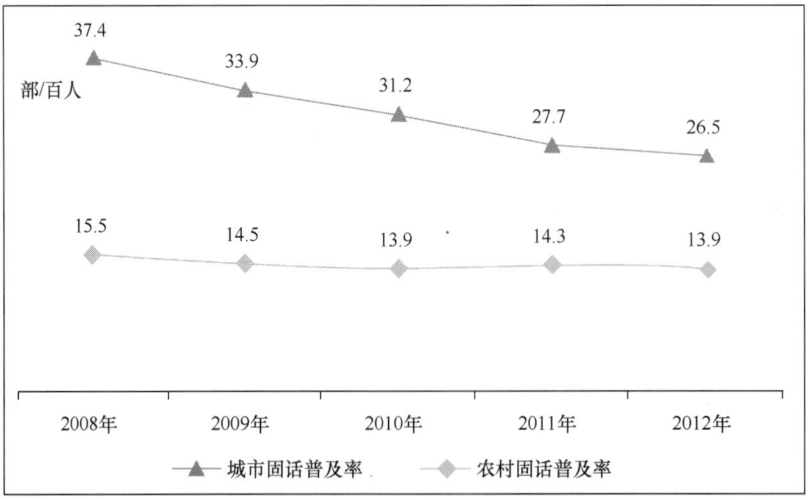

图 33 2008—2012 年城乡固定电话普及率

3. 城乡互联网普及率持续提高，农村互联网普及率增长快于城市

2012 年，城市互联网普及率增速持续提高，较 2011 年增加 2.4 个百分点，达到 59.1%。农村互联网普及率快速提升，较 2011 年增加 3.5 个百分点，达到 23.7%。城乡互联网普及率差距进一步缩小，由 2011 年相差 36.5 个百分点下降为相差 35.4 个百分点。

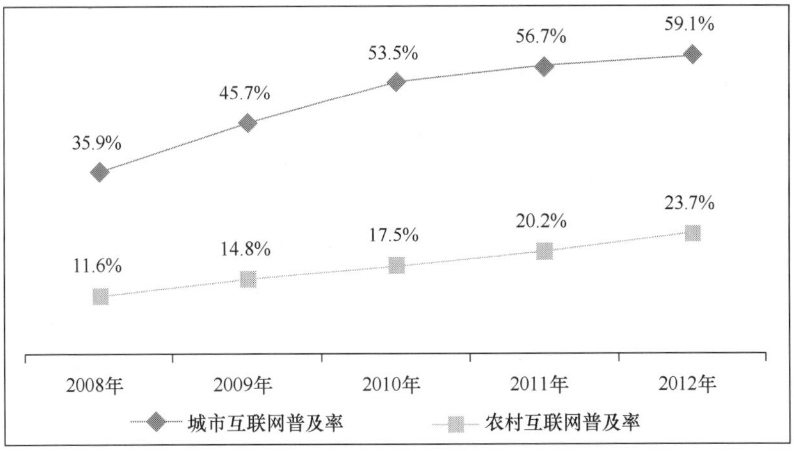

图 34　2008—2012 年城乡互联网普及率

4. 农村基础设施覆盖不断扩大，通信服务向均等化推进

基础设施覆盖面进一步扩大。大力推进农村宽带设施建设，让宽带进入更多的行政村，全年新增通宽带行政村 1.9 万个，行政村通宽带比例从 84%提高到 87.9%，继续解决边远地区尤其是西部和民族地区农牧民打电话问题，全年新增 1.1 万个自然村通电话，全国 20 户以上自然村通电话比例从 94.7%提高到 95.2%。

信息下乡活动持续推进。全年新增 2005 个乡镇实施信息下乡活动，新建乡信息服务站 2050 个、乡级网上信息库 9940 个、村信息服务点 29622 个、村级网上信息栏目 66780 个，全国开展信息下乡活动的乡镇占比已达 82%。农村地区教育、医疗、社会保障、劳动就业、社区服务等领域信息化水平不断提升。

配合宽带普及提速工程实施，推进通信服务均等化。随着“农村宽带入乡进村”和“公益机构接入普及”计划的组织开展，进一步加强信息扶贫、信息助学以及信息助残的力度，工业和信息化部会同教育部、扶贫办、残联等部门，结合通信村村通工程，为 100 所全国集中连片特困地区中小学和 100 所残疾人特殊教育学校免费建成宽带设施，开通宽带上网，已开通宽带并提速到 4M 以上，同时提供三年免费上网。

（二）地域差异分析

1. 东部固定电话用户降幅放缓，固定电话用户占比持续上升

2012 年，东、中、西部固定电话用户持续呈现负增长趋势，但中、西部固定电话用户增速的降幅明显高于东部，东部用户占比持续提高，较 2011 年上升 0.6 个百分点，达到 54.2%，中、西部用户占比分别下降 0.6 个百分点和 0.1 个百分点。

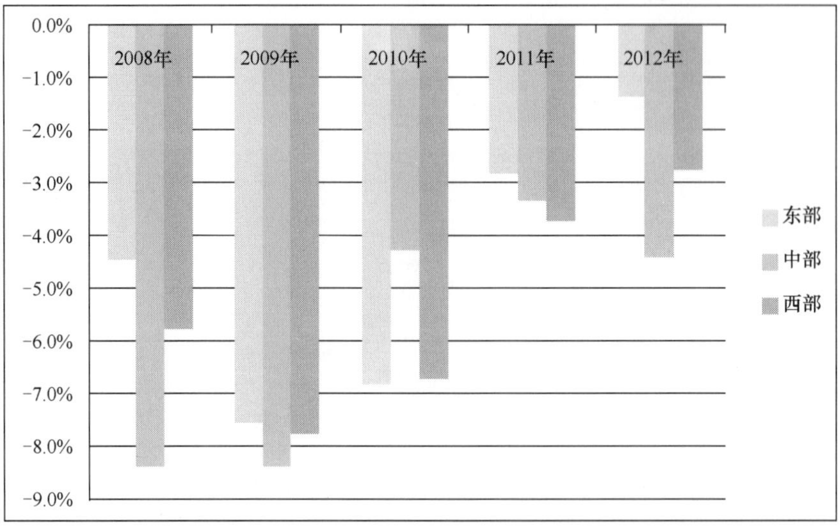

图 35　2008—2012 年东、中、西部地区固定电话用户增长率

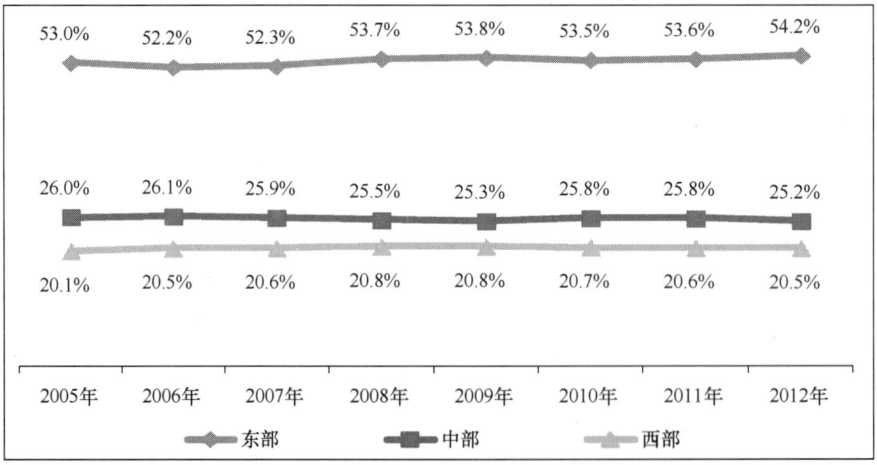

图 36　2005—2012 年东、中、西部地区固定电话用户比重

2. 中西部移动电话增速快于东部，但普及率与东部仍有较大差距

2012 年，东、中、西部移动电话用户增速均呈现放缓态势，但中西部用户增速仍高于东部。东部移动电话用户占比持续下降，同比下降 0.2 个百分点，占比为 50.4%，中西部用户占比均提高了 0.1 个百分点。

在移动用户增长带动全国移动电话普及率持续上升的过程中，东部移动电话普及率上升要快于中西部。2012 年，东部移动电话普及率率先突破 100 部/百人，较 2011 年提高 9.5 部/百人，中西部移动电话普及率分别提高 7.7 部/百人和 8.4 部/百人。中西部与东部移动电话普及率的差距扩大到 27.7 部/百人和 34.0 部/百人。

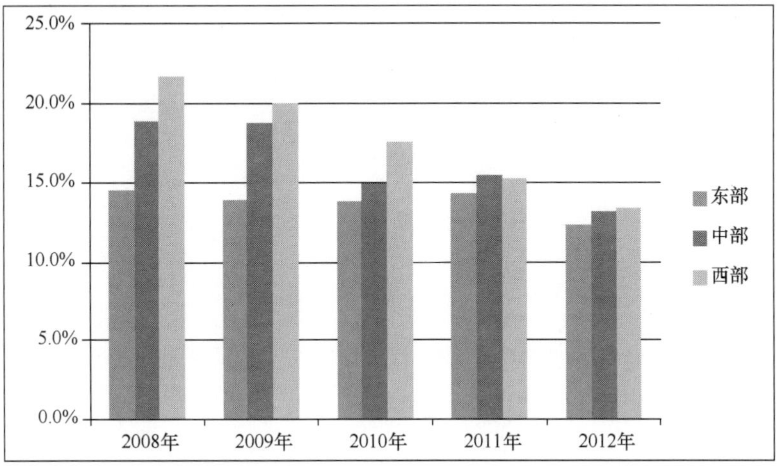

图 37　2008—2012 年东、中、西部地区移动电话用户增长率

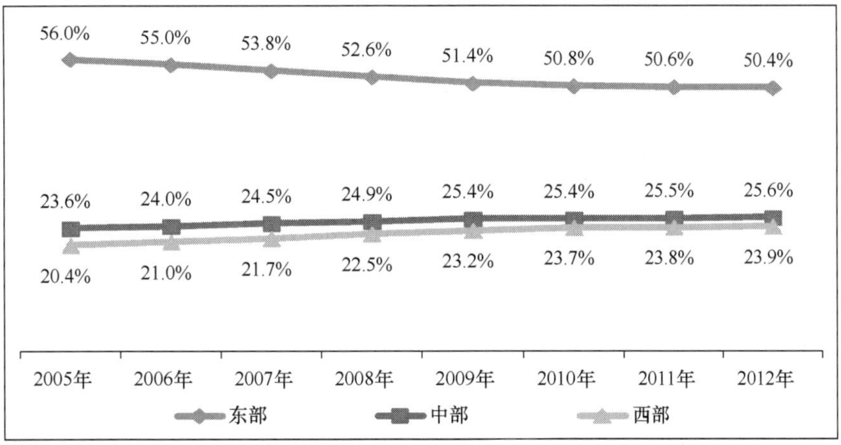

图 38　2005—2012 年东、中、西部地区移动电话用户比重

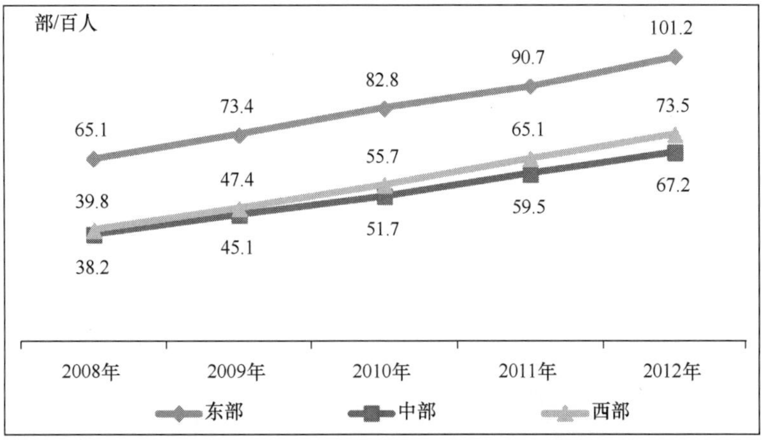

图 39　2008—2012 年东、中、西部地区移动电话普及率

3. 东部收入和投资占比不断下降，与中西部差距有所缩小

2012 年，东部省份实现电信业务收入 6186.0 亿元，占全国电信业务收入比重为 56.1%，

同比下降 0.8 个百分点。东部与中西部收入占比差距分别为 33.8%、34.5%，较 2011 年分别下降 0.9 个百分点、1.5 个百分点。

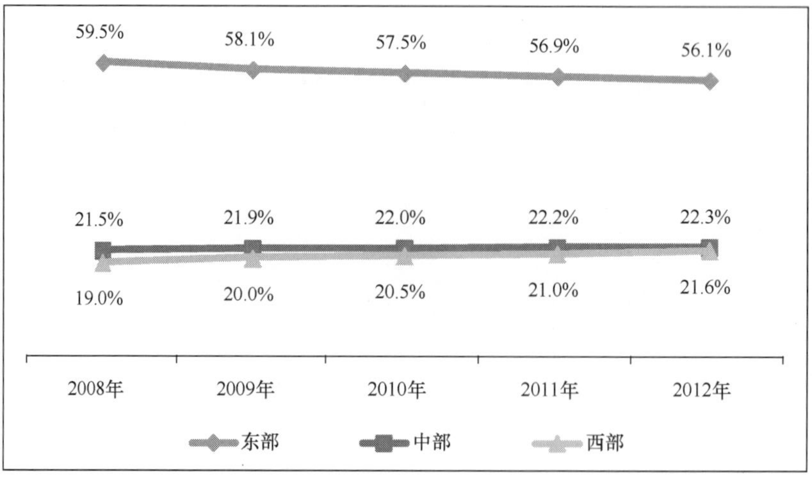

图 40　2008—2012 年东、中、西部地区电信业务收入所占比重

2012 年，东部地区完成电信固定资产投资 1752.1 亿元，占全国固定资产投资的比重为 49.4%，较 2011 年下降 2 个百分点。东部与中部投资占比差距为 23.7%，较 2011 年下降 4.3 个百分点，东部与西部投资占比差距为 24.5%，较 2011 年分别下降 1.7 个百分点。

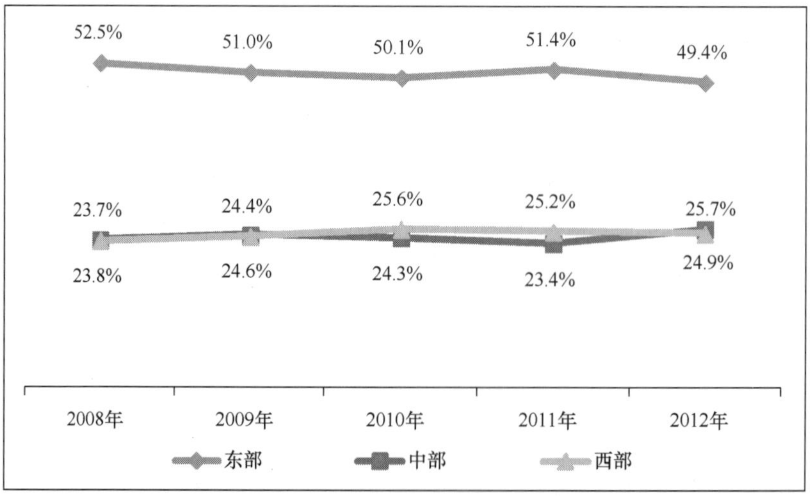

图 41　2008—2012 年东、中、西部地区电信固定资产投资比重

4. 东部和西部投资收入比下降，中部投资收入比略有回升

2012 年，东、中、西部投资收入比走势出现新变化。近几年来，投资收入比持续下降的中部出现了回升，由 2011 年的 34.8%上升至 37.0%。西部地区持续回落，东部较 2011 年也出现小幅下降。东部投资收入比下降 1.5 个百分点，由 2011 年的 29.8%下降到 28.3%；西部投资收入比下降 2.6 个百分点，为 37.1%。

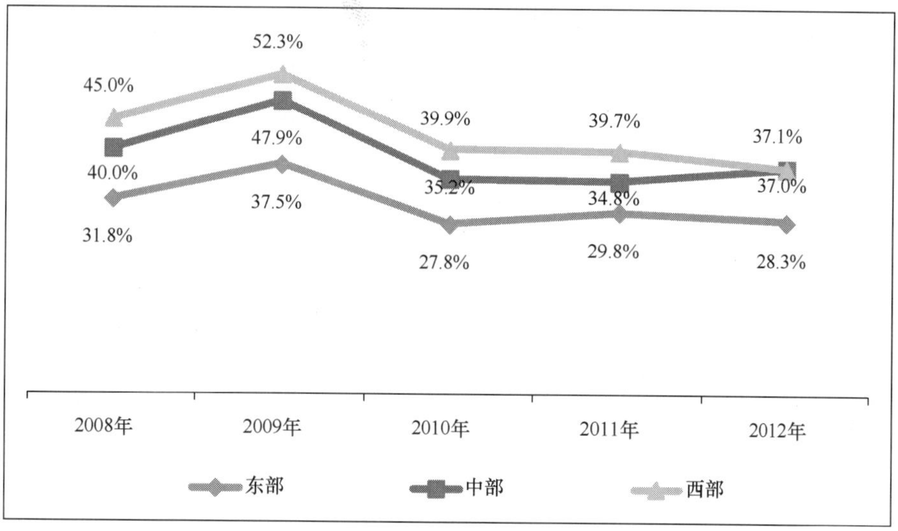

图 42　2008—2012 年东、中、西部地区电信投资收入比

八、各省电信业发展情况对比分析

（一）各省电信业务发展情况对比

1. 各省电话普及率差异度略有上升

2012 年，除天津、江苏固定电话普及率略有上升，山西、吉林较 2011 年持平，其他省份均有不同程度的下降。其中，安徽降幅最大，固定电话普及率降幅 2.6 个百分点。由于各省固定电话普及率增长幅度不同，各省固定电话普及率差异度略有上升，从 2011 年的 0.3812 上升到了 0.3855。

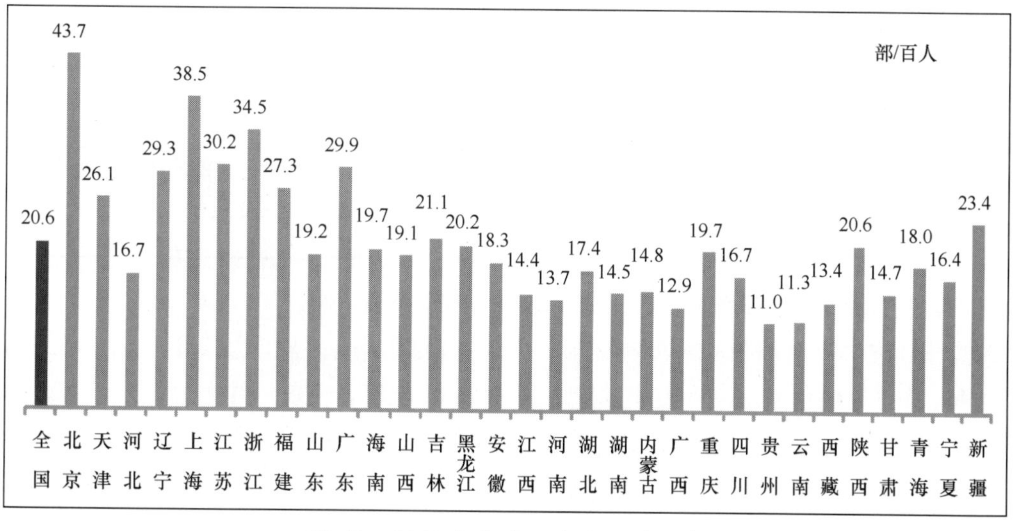

图 43　2012 年各省固定电话普及率

表 4　　2012 年各省固定电话普及率分层情况

普及率水平	省　　份
>40 部/百人	北京
30～40 部/百人	上海、浙江、江苏
20～30 部/百人	福建、天津、新疆、吉林、陕西、黑龙江、广东、辽宁
10～20 部/百人	山东、重庆、山西、青海、湖北、河北、四川、宁夏、甘肃、湖南、内蒙古、江西、河南、广西、西藏、云南、贵州、安徽、海南

2012 年，除天津、山东 2 个省份移动电话普及率小幅提升，涨幅分别为 2.3 个百分点、4.6 个百分点，其他省份增长幅度均在 5 个百分点以上，其中北京涨幅最高，为 25.5 个百分点。由于各省移动电话普及率增长幅度不同，省间差异度有所上升，从 2011 年的 0.2577 上升到 0.2664。

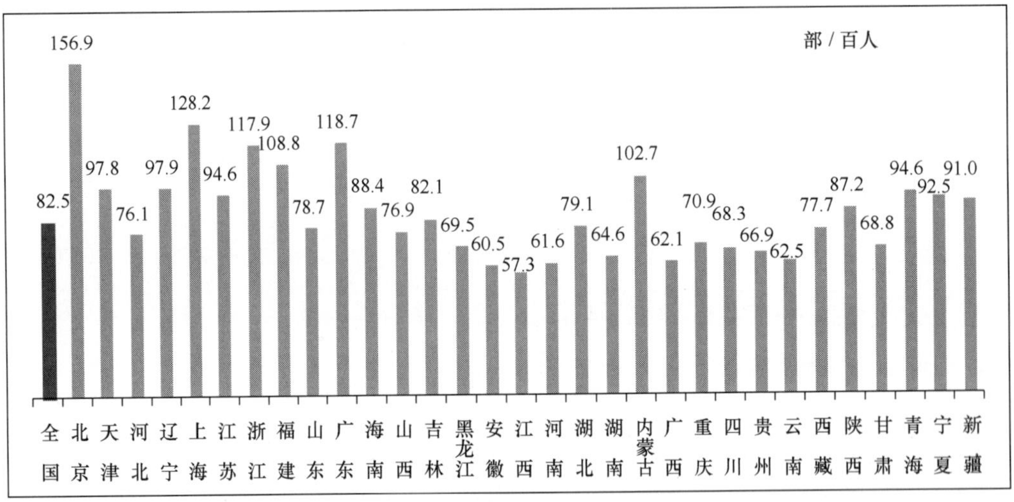

图 44　2012 年各省移动电话普及率

表 5　　2012 年各省移动电话普及率分层情况

普及率水平	省　　份
>100 部/百人	北京、上海、浙江、广东、福建、内蒙古
80～100 部/百人	天津、辽宁、江苏、海南、吉林、山西、宁夏、青海、新疆
60～80 部/百人	河北、山东、山西、黑龙江、安徽、河南、湖南、湖北、广西、重庆、四川、贵州、云南、西藏、甘肃
40～60 部/百人	江西

2. 各省互联网普及率普遍提高，省间差异度持续缩小

2012 年，各省互联网普及率普遍提高，省间差异度缩小，差异度从 2011 年的 0.3250 减小到 0.2846。东部各省份互联网普及率领跑全国，北京、上海、广东、福建、浙江、天津、辽宁、江苏 8 个省份互联网普及率超过 50%。中西部互联网普及率落后的省份，2012 年的互联网网民增长率均实现了两位数的增长，除江西、贵州、云南 3 个省份外，都已经步入互联网普及率超过 30%的行列。

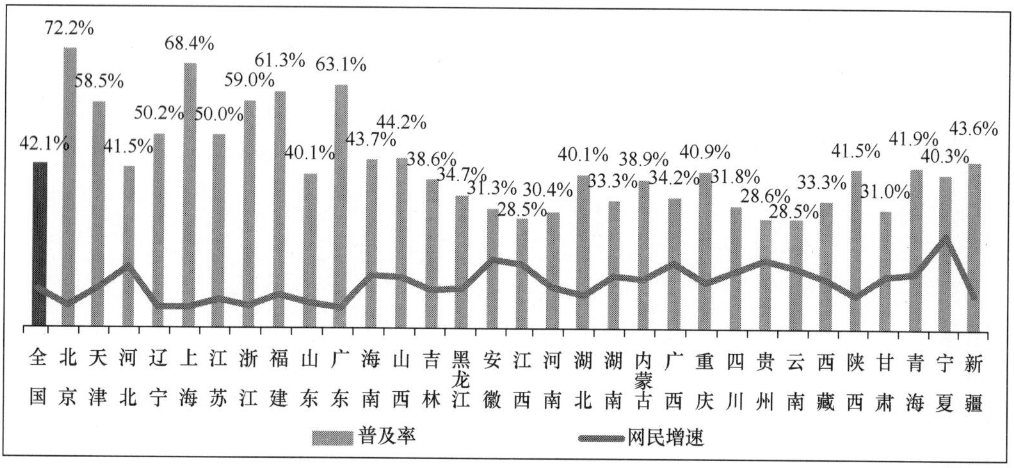

图 45　2012 年各省互联网普及率

表 6　2012 年各省互联网普及率分层情况

普及率水平	省　份
>50%	北京、上海、广东、福建、浙江、天津、辽宁、江苏
40%～50%	河北、山东、海南、山西、湖北、重庆、山西、青海、宁夏、新疆
30%～40%	吉林、黑龙江、安徽、河南、湖南、内蒙古、广西、四川、西藏、甘肃
20%～30%	江西、贵州、云南

（二）各省电信业经济贡献和投资效益对比

1. 各省电信业对当地经济的直接贡献率持续下降

2012 年，各省电信业对当地经济的贡献率相差不大，电信增加值占 GDP 的比重均在 0.63%～1.53%之间，且普遍较 2011 年有所下降，其中北京、广东、上海、海南、贵州、云南、西藏、甘肃、新疆 9 省、市、自治区的贡献率高于全国的平均水平。

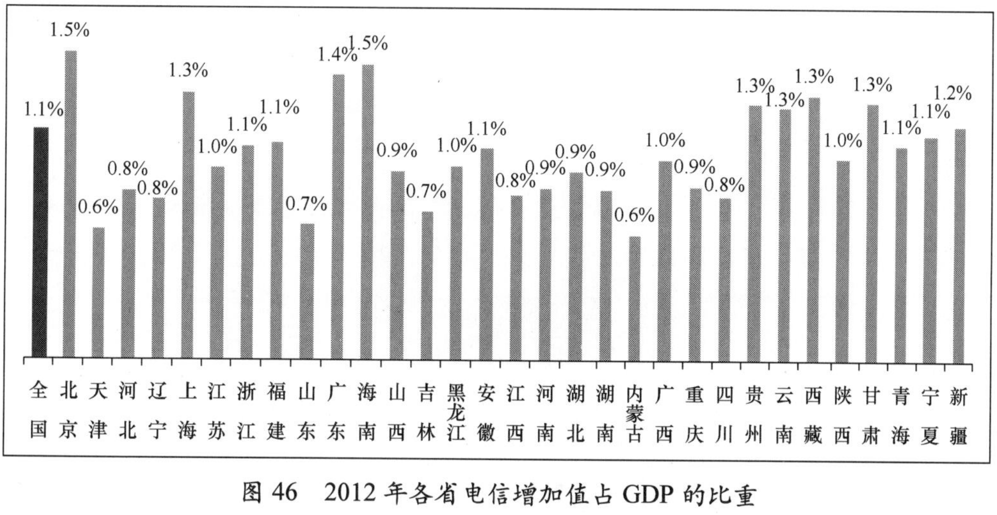

图 46　2012 年各省电信增加值占 GDP 的比重

2. 各省电信业投资收入比总体持续下降

电信固定资产投资占电信业务收入的比例体现了电信投资力度和投入产出水平。总体来看，2012 年各省投资收入比总体上持续下降，较 2011 年下降 0.6 个百分点。31 个省、市、自治区中有 18 个投资收入比出现了下降。大部分西部省份投资收入比依然维持在较高水平，江西、西藏、青海 3 个省份投资收入比超过 50%。

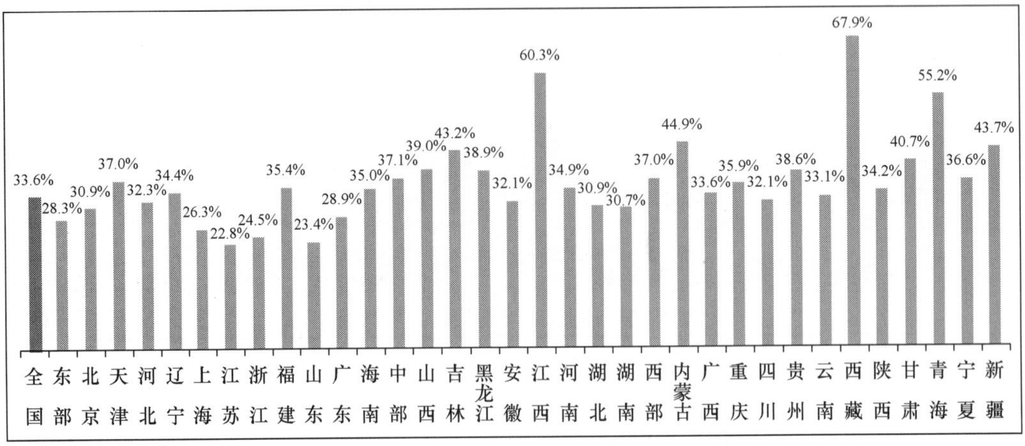

图 47　2012 年各省投资收入比

九、基础电信企业发展情况对比分析

（一）用户发展对比分析

1. 电话用户集中度持续下降，市场格局不断改善

总体来看，2012 年，中国移动的电话用户市场份额略有下降，降幅为 0.2 个百分点，达到 53.4%。中国电信的电话用户市场份额持续下降，降幅为 0.6 个百分点，达到 22.8%。中国联通的电话用户市场份额持续上升，涨幅为 0.8 个百分点，达到 23.8%，自 2008 年电信重组以来首次超越中国电信的电话用户市场份额。

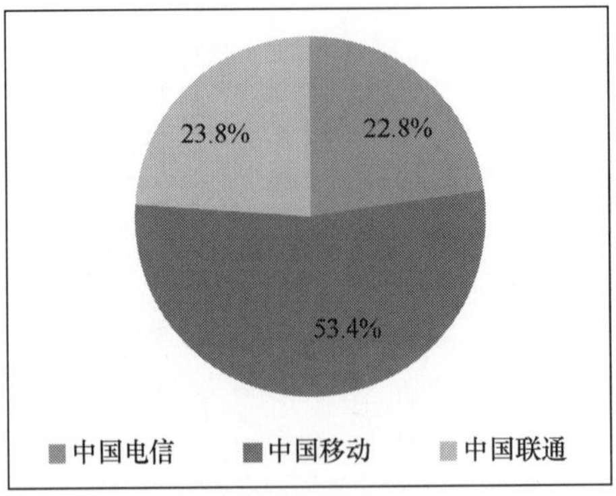

图 48　2012 年基础电信企业电话用户市场份额

从增量市场来看，中国移动的增量优势持续缩小，中国电信的增量市场份额出现下降趋势，中国联通的增量市场份额持续上升。2012 年，中国移动、中国电信的增量市场份额分别下降了 4.1 个百分点、4.4 个百分点，中国联通的增量市场份额增加了 8.5 个百分点。

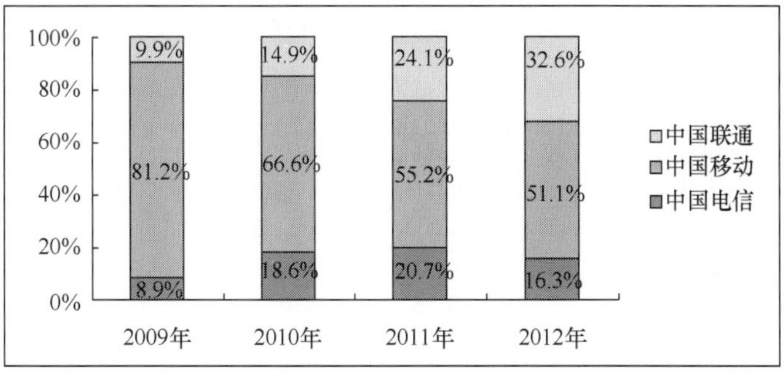

图 49 2009—2012 年基础电信企业电话用户增量份额

从移动电话市场来看，中国移动的市场份额持续下降，中国电信、中国联通的市场份额持续上升。2012 年，中国移动的市场份额下降 2.2 个百分点，中国电信、中国联通分别上升 0.9 个百分点，1.3 个百分点。

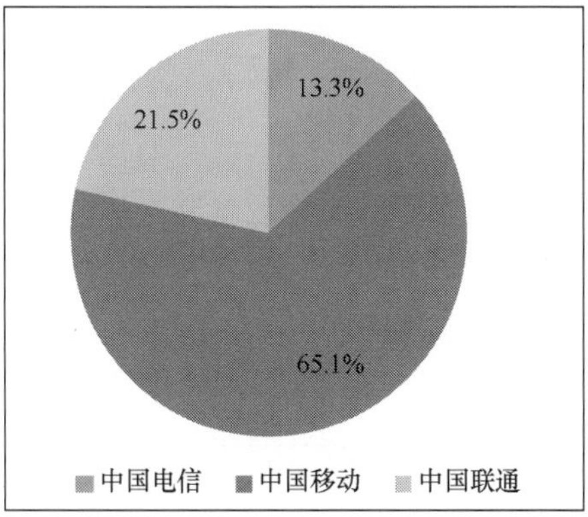

图 50 2012 年基础电信企业移动电话用户市场份额

2012 年，固定电话和移动电话用户集中度持续下降，运营商用户格局得到了持续改善。

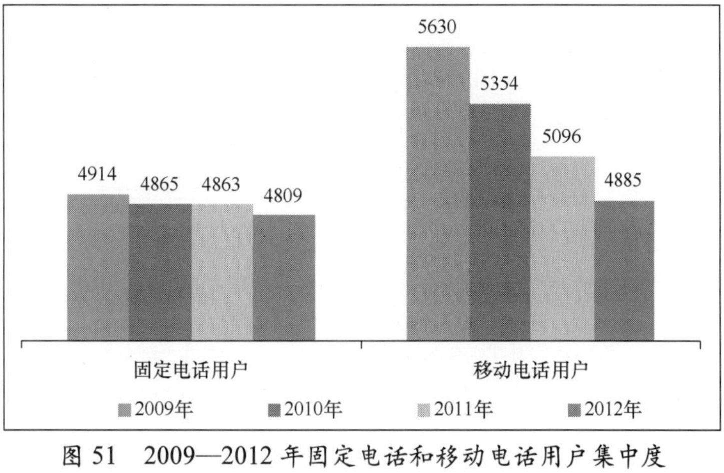

图 51 2009—2012 年固定电话和移动电话用户集中度

2. 宽带用户市场集中度略有提升，主导运营商的优势明显

2012 年，中国电信的宽带用户市场份额持续上升，涨幅为 0.8 个百分点，达到 57.6%，中国联通的宽带用户市场份额小幅下滑，降幅为 0.6 个百分点，达到 36.5%，中国移动的宽带用户市场份额持续下降，降幅为 0.1 个百分点，达到 6.0%。相对中国移动，中国电信和中国联通依然具有非常大的市场优势，市场集中度由 2011 年的 4640 上升到 4679。

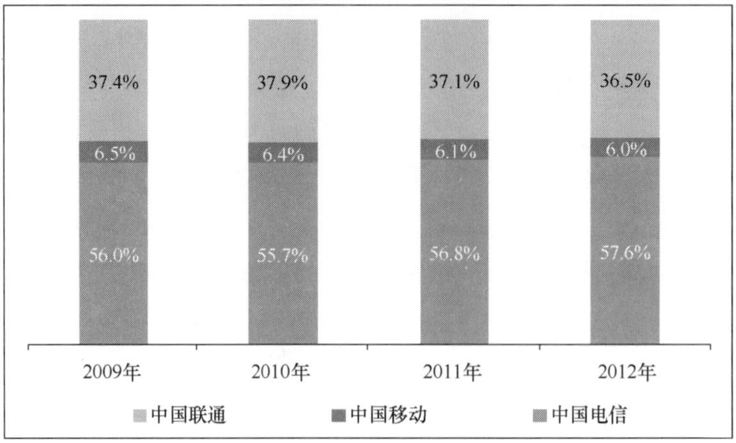

图 52　2009—2012 年基础电信企业宽带接入市场份额

3. 运营商 3G 移动用户份额差异持续缩小，市场更趋均衡

2012 年，三大运营商 3G 移动用户快速增长。中国联通 3G 移动用户增速最高，同比增长 91.1%，用户规模达到 7645.6 万。中国电信 3G 移动用户同比增长 84.1%，用户规模达到 6848.2 万。中国移动 3G 移动用户同比增长 71.6%，用户规模达到 8786.6 万。

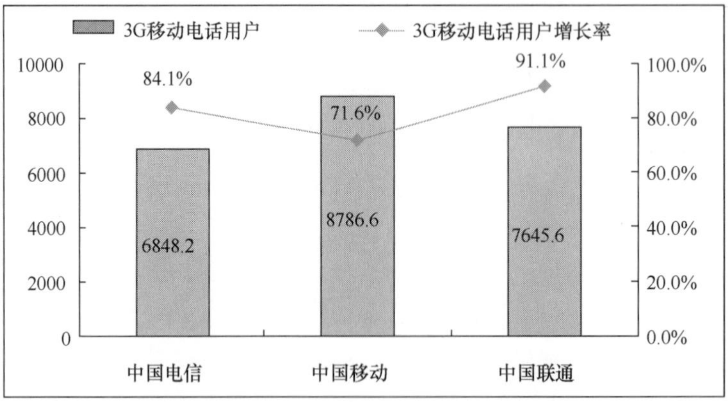

图 53　2012 年基础电信企业 3G 移动电话用户规模及增长率

2012 年，中国移动 3G 用户市场占有率持续下降，同比下降 2.1 个百分点，达到 37.7%，中国电信和中国联通 3G 用户市场占有率持续上升，涨幅分别为 0.5 个百分点、1.7 个百分点，分别达到 29.4%、32.8%。

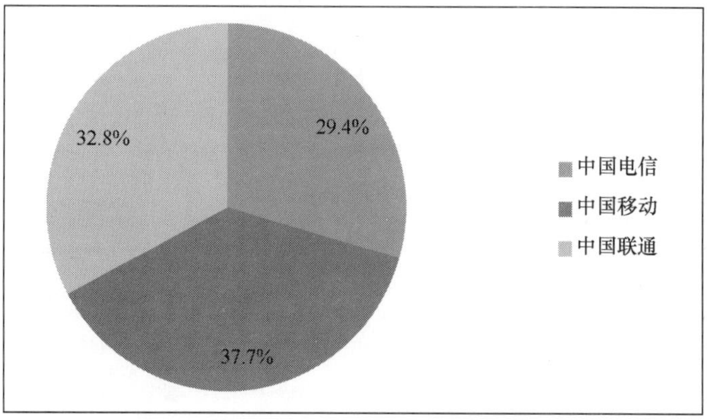

图 54　2012 年基础电信企业 3G 移动电话用户市场份额

（二）经营效益对比分析

1. 业务收入市场集中度有所下降，市场份额继续向均衡化调整

2012 年，中国电信收入市场份额有所上升，较 2011 年增长 0.8 个百分点，达到 25.0%。中国联通收入市场份额不断提升，较 2011 年增长 0.8 个百分点。中国移动收入市场份额持续下滑，较 2011 年下降 1.6 个百分点。市场集中度有所下降，从 2011 年的 4147 下降到 4045。

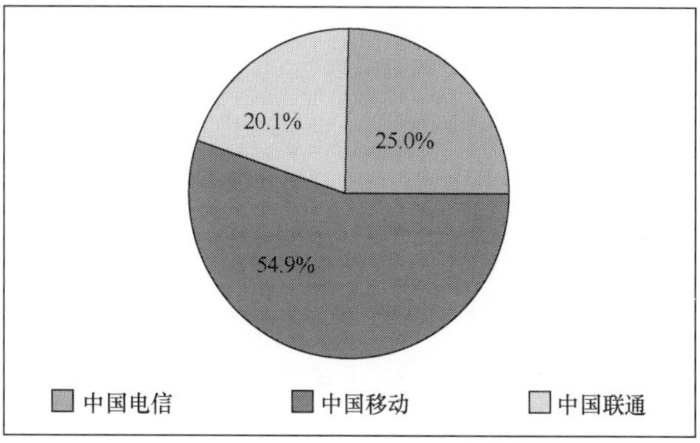

图 55　2012 年基础电信企业收入市场份额

2. 企业利润份额仍然较为集中，但行业利润市场集中度下降

2012 年，中国电信、中国移动和中国联通分别实现电信利润总额 159 亿元、1562.2 亿元和 76.1 亿元，中国移动仍占据明显优势。全年中国移动的利润份额达到 86.9%，比 2011 年下降 3.0 个百分点，电信利润市场份额的市场集中度由 2011 年的 8146 下降到 7651。

3. 主要业务 ARPU 值持续下降，运营商间下降幅度差异较大

移动电话用户的话音 ARPU 方面，中国移动话音 ARPU 依然明显高于中国电信和中国联通。2012 年，中国电信移动话音 ARPU 值与 2011 年基本持平，中国移动和中国联通移动话音 ARPU 值持续下降，降幅分别为 3.6 元/月户、1.5 元/月户。

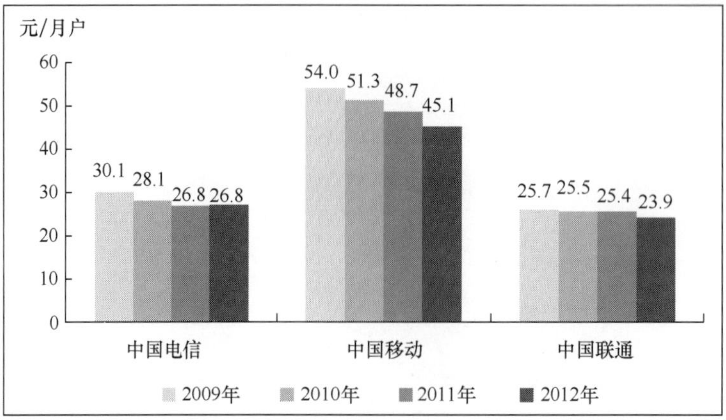

图 56　2009—2012 年基础电信企业移动话音 ARPU 值对比分析

互联网宽带接入用户的 ARPU 值方面，三家运营商都有一定程度的下降。2012 年，中国电信宽带 ARPU 值持续下滑，较 2011 年下降 10.7 元/月户，但仍明显高于中国移动和中国联通，占有显著优势。中国移动和中国联通宽带 ARPU 值较 2011 年分别下降 3.7 元/月户、2.7 元/月户。

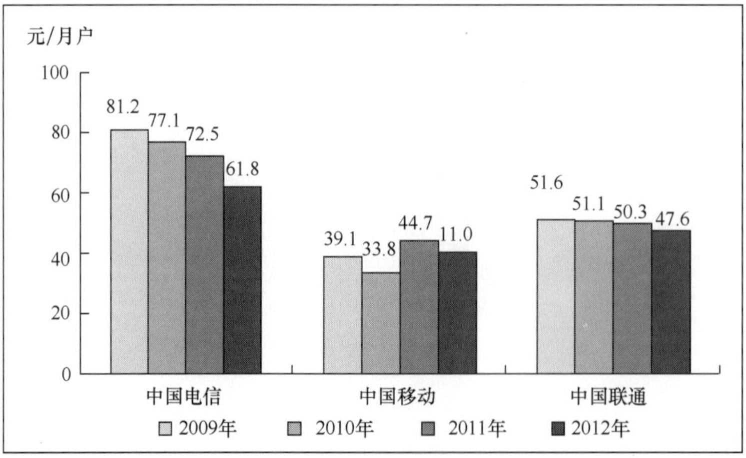

图 57　2009—2012 年基础电信企业宽带 ARPU 值对比分析

中国增值电信业2012年发展综述

一、综述

（一）增值电信业发展主要指标

2012 年，全国增值电信业务（不含基础电信企业，下同）收入累计完成 2510.7 亿元，同比增长 38.4%，其中，跨地区增值电信业务收入累计完成 422.7 亿元，省内增值电信业务收入累计完成 2088 亿元。增值电信企业数量达到 20815 个，同比下降 2.2%，其中，跨地区增值电信企业数量达到 1970 个，省内增值电信企业数量达到 18845 个。

（二）增值电信业发展主要特点

1. 增值电信业务增长迅猛，支撑经济社会发展作用进一步增强

在我国经济增长下行趋势明显的背景下，我国增值电信业务仍然显示出良好的增长势头。增值电信业务收入连续 5 年保持 30%以上的增长速度，2012 年达到 38%，增长速度超过同期 GDP 增长速度 30 个百分点。在拉动经济增长、推动经济结构转型升级和支撑经济社会发展中的作用进一步增强。

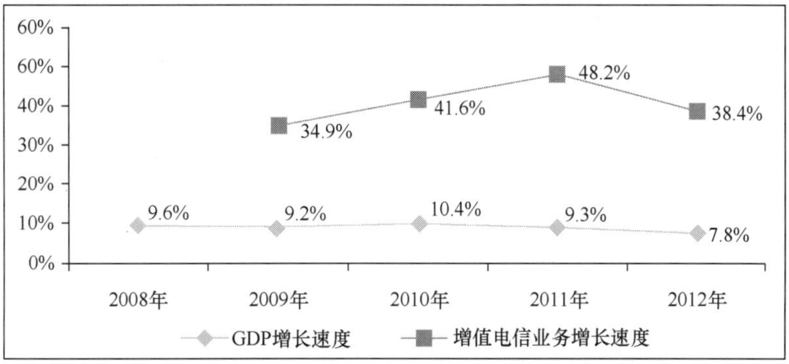

图 1　增值电信业务增长速度与 GDP 增长速度对比

2. 增值电信企业收入行业贡献稳步上升

2012 年，增值电信企业电信业收入占电信业务收入的比重约为 19%，比 2011 年提高 1.4

个百分点，在整个电信业新增的 1580 亿元收入中，增值企业收入拉动了 44%，比 2011 年提高 2 个百分点，对电信业贡献稳步上升，成为拉动行业增长的主要推动力量。

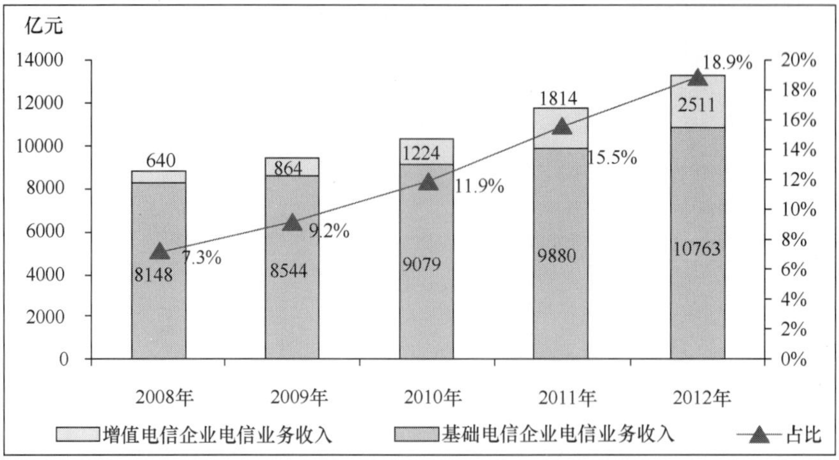

图 2　增值电信企业电信业务收入占电信业务收入比重

3. 互联网主导地位持续增强

2012 年，互联网信息服务、互联网接入服务与互联网数据中心业务三项互联网业务合计达到 1725 亿元，同比增长 37.6%，占当年增值电信业务收入的比重达到 68.7%。其中，互联网信息服务业收入达到 1565 亿元，同比增长 38.8%，占当年增值电信业务收入的比重达到 62.3%。互联网业务在增值电信业务中的主导地位持续增强，成为驱动增值电信业务快速增长的重要力量。

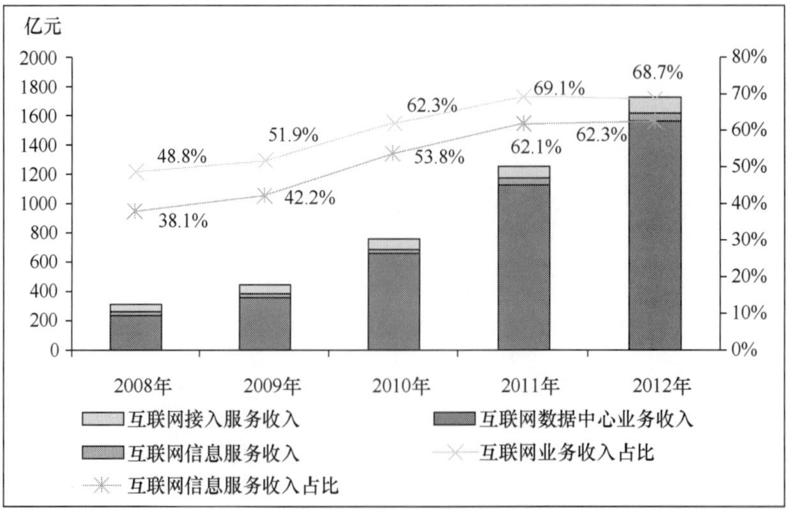

图 3　互联网信息服务收入占增值电信业务收入比重

4. 各业务市场集中度较高

目前各主要业务领域均有数百家甚至上千家企业参与角逐，但市场集中态势明显。2012 年，互联网信息服务（ICP）领域，排名前 10 的企业收入份额占该业务收入的 80%；互联网数据中心业务（IDC）领域，排名前 10 的企业收入份额占到该业务领域收入的 84%。从细分业务市场情况看，百度、阿里巴巴在搜索引擎、电子商务领域的市场份额分别达 80%、77%，腾讯 QQ、360 安全卫士、优酷土豆在即时通信、安全软件、在线视频市场占有率分别达 76%、83%、60%。

5. 互联网行业管理不断强化，市场发展环境趋于良好

健全完善法律法规政策环境。为进一步依法规范互联网信息服务活动，促进互联网信息服务健康有序发展，工业和信息化部配合修订了《互联网信息服务管理办法》，主导修订了《互联网域名管理办法》。2012 年 12 月底，全国人大审议通过了《关于加强网络信息保护的决定》，在信息保护、垃圾短消息、网络身份管理、部门监管等方面对网络信息保护提出了具体要求和规范。在此基础上，工业和信息化部制定并出台了《电信和互联网用户个人信息保护规定》、《电话用户真实身份信息登记规定》，进一步明确了我国互联网企业在网络信息安全方面的管理责任和义务。

引导民间资本进一步进入电信业，市场开放取得积极进展。根据《国务院关于鼓励和引导民间投资健康发展的若干意见》，工业和信息化部研究出台了《工业和信息化部关于鼓励和引导民间资本进一步进入电信业的实施意见》和《移动通信转售业务试点方案（征求意见稿）》，进一步落实“鼓励民间资本参与电信建设；鼓励民间资本以参股方式进入基础电信运营市场”，支持民间资本开展增值电信业务。

此外，相关监管政策的不断完善也将为增值电信业务发展提供有力保障。随着新技术新业务的发展，重新修订的《电信业务分类目录》已开始征求意见，并将云计算、移动应用商店等新兴业务纳入其中，监管政策将逐渐明朗。此外，工业和信息化部出台了《关于进一步规范互联网数据中心（IDC）业务和互联网接入服务（ISP）业务市场准入工作的实施方案》，重新开放两类业务的审批工作，明确企业信息安全责任，规范了互联网接入市场秩序。

二、增值电信业务发展分析

（一）增值业务收入持续增长，增速有所放缓

近 5 年来，增值电信业务市场规模持续增长，2012 年增值电信业务收入达到 2511 亿元。与此同时，增值业务的增长速度有所放缓，2012 年增速为 38.4%，比 2011 年下降了约 10 个百分点。

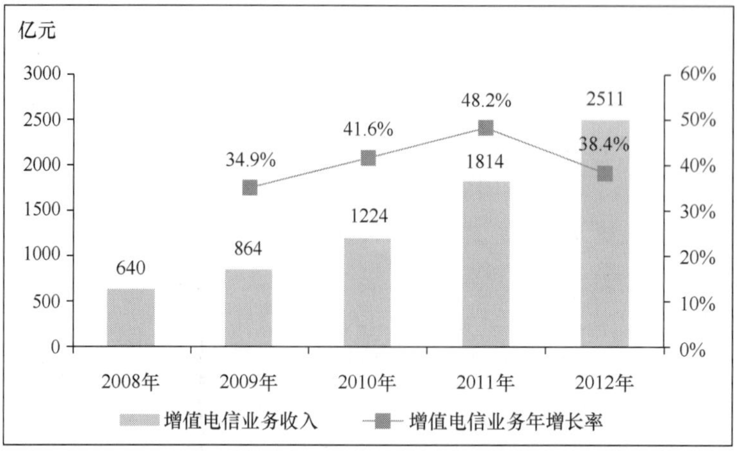

图 4 2008—2012 年增值电信业务市场规模及其增长率

（二）经营主体数量有所减少，省内经营主体数量明显下降

2012 年增值电信业务市场经营主体数量有所减少，除三家基础电信企业以外，增值电信企业数量为 20815 家，较上年减少了 476 家。其中，跨地区增值电信业务经营主体 1970 家，较上年减少了 139 家；省内增值电信业务经营主体 18845 家，较上年减少了 337 家。

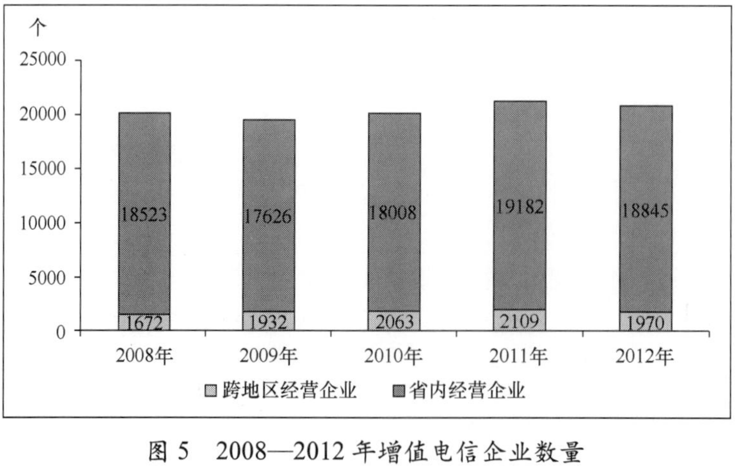

图 5 2008—2012 年增值电信企业数量

（三）互联网信息服务收入持续猛增，收入占比进一步提高

2012 年，仅增值电信企业提供的互联网信息服务收入规模就达到 1564.9 亿元，同比增长了 38.9%，在增值业务总收入中的占比提高到 71.9%，上升了 9.8 个百分点。互联网始终是增值业务市场中增长最快、影响最广的业务领域，互联网业务取代话音业务占据通信行业价值主导地位的情况更加明显。

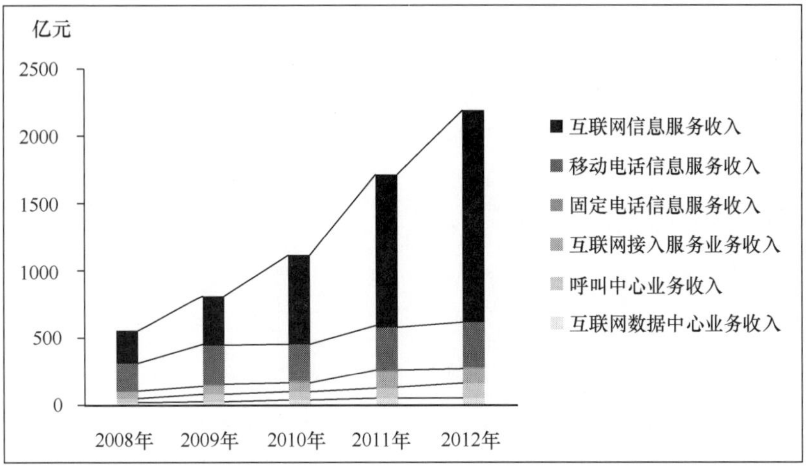

图 6　2008—2012 年增值电信企业收入变化

（四）增值电信企业从业人数有所增加，增长率持续偏低

2012 年，我国增值电信企业从业人数持续增长，增加了 1.63 万人，达到 78.83 万人，但增值电信企业从业人数增长率仅为 2.1%，连续第二年处于较低水平。

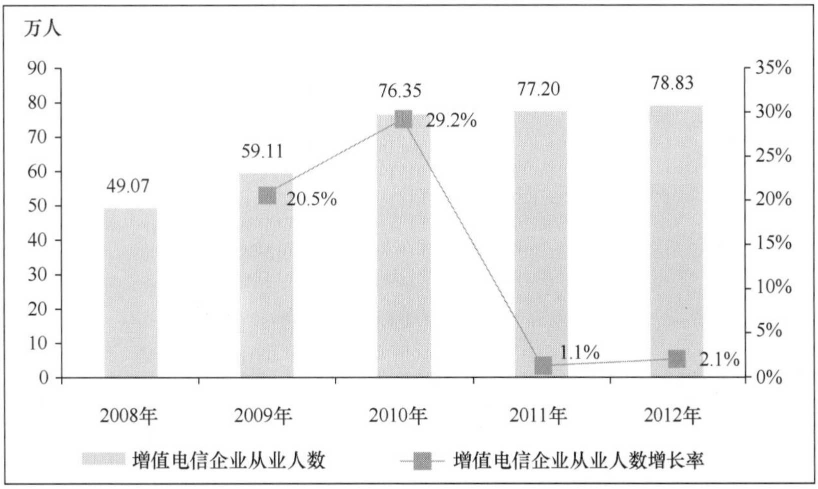

图 7　2008—2012 年增值电信企业从业人数及其增长率

（五）互联网网民数增长放缓，互联网普及率提升减慢

2012 年，我国互联网网民数净增 5300 万人，累计达到 5.64 亿人，同比增长 9.9%，互联网网民的增长速度放缓。互联网普及率达到 42.1%，比上年提高 3.8 个百分点，普及率的增长速度也有所减缓。

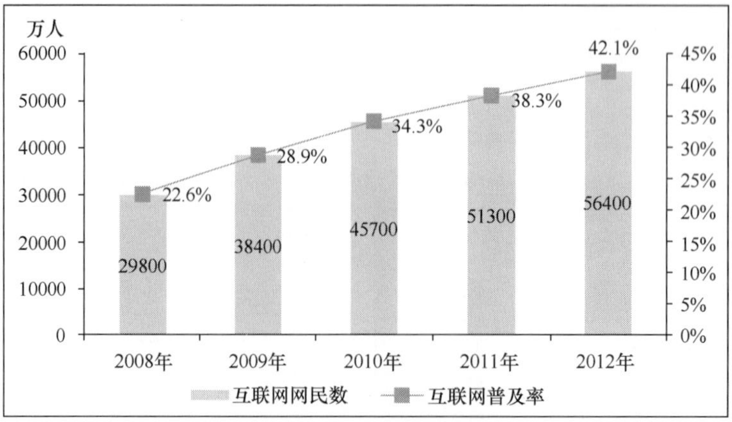

图 8　2008—2012 年互联网网民数及普及率发展情况

（六）互联网领军企业市值攀升，全球影响力不断扩大

我国互联网上市企业市值持续攀升，所有互联网上市公司市值总和达到 9675 亿元人民币。其中，腾讯、百度、网易、新浪、奇虎 360、携程、优酷 7 家公司的市值进入全球互联网公司市值排名前 30 位。市值的全面提升，使我国互联网企业在全球互联网领域的影响力不断扩大。

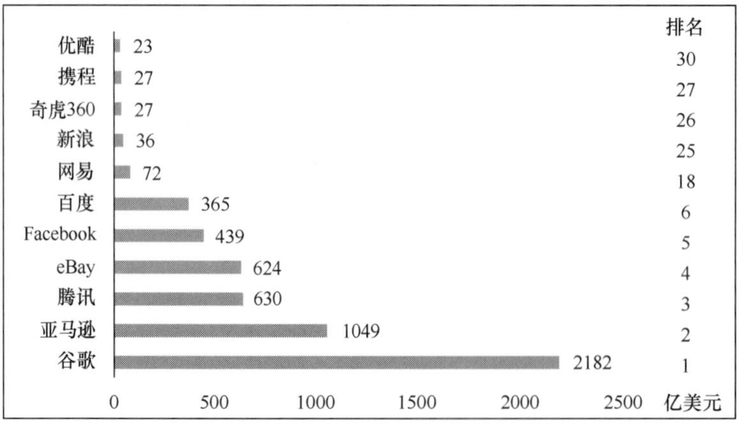

图 9　2012 年全球互联网部分企业排名（数据来源：上市公司）

三、增值电信业地域发展差异分析

（一）东、中、西部增值电信企业数量对比

东部增值电信企业拥有量与中西部差距进一步加大，国内增值电信企业向东部集中趋势持续加强。2012 年，全国省内增值电信企业数量达到 18845 个，其中，东部 11 省增值电信企业数量达到 14160 个，较上年增加 739 个，占全国增值电信企业总数的 75.1%，比 2011 年占比增长 5.1 个百分点；中部 8 省增值电信企业数量为 2313 个，较上年减少 832 个，占全国总数

的 12.3%，比 2011 年占比降低 4.1 个百分点；西部 12 省增值电信企业数量为 2372 个，较上年减少 244 个，占全国总数的 12.6%，比 2011 年占比降低 1 个百分点。

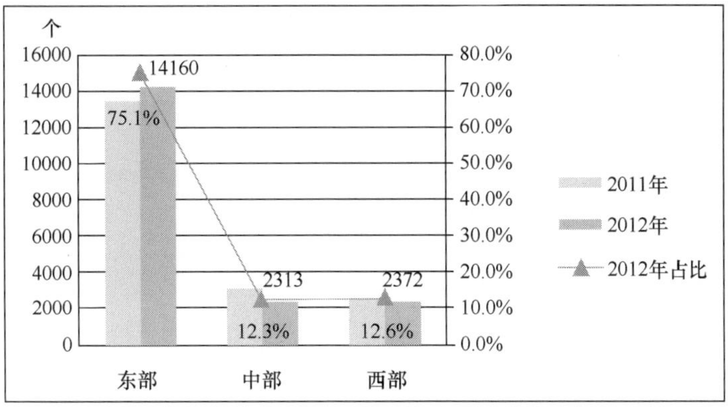

图 10　2011—2012 年东、中、西部增值电信企业数量情况

（二）东、中、西部增值电信企业收入对比

东、中、西部增值电信业务收入均有所增加，东部增幅最大。2012 年，省内增值电信业务收入共计 2088 亿元，其中，东部 11 省增值电信业务收入达到 1937 亿元，同比增长 41.3%，占省内增值电信业务收入的 92.8%；中部 8 省增值电信业务收入约为 60 亿元，同比增长 18.5%，占省内增值电信业务收入的 2.9%；西部 12 省增值电信业务收入达到 91 亿元，同比增长 14.4%，占省内增值电信业务收入的 4.3%。

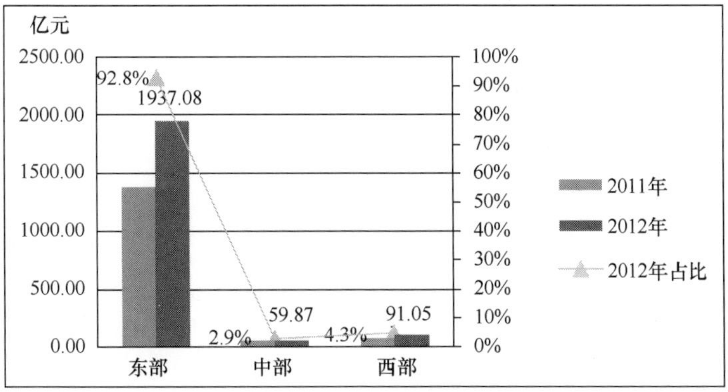

图 11　2011—2012 年东、中、西部增值电信企业收入情况

（三）东、中、西部增值电信企业从业人数对比

2012 年，省内增值电信企业从业人员共计 62.4 万人，其中，东部 11 省增值电信企业从业人员约 51 万人，同比增长 1.2%，占省内增值电信企业从业人员总数的 81.6%；中部 8 省增值电信企业从业人员达到 5.3 万人，同比减少 13%，占全国增值电信企业从业人员总数的 8.6%；西部 12 省增值电信企业从业人员达到 6.1 万人，同比增长 7.4%，占全国增值电信企业从业人

员总数的 9.8%。

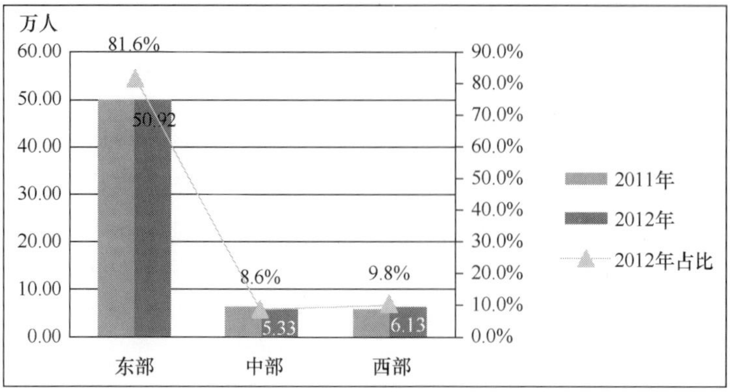

图 12　2011—2012 年东、中、西部增值电信企业从业人员情况

（四）东、中、西部增值电信企业投资收益对比

2012 年省内增值电信企业投资收益合计 285.3 亿元，其中，东部 11 省增值电信企业投资收益达到 210 亿元，占省内增值电信企业投资收益的 73.6%；中部 8 省增值电信企业投资收益为 15.3 亿元，占全国增值电信企业投资收益的 5.4%；西部 12 省增值电信企业投资收益约为 60 亿元，占全国增值电信企业投资收益的 21%。

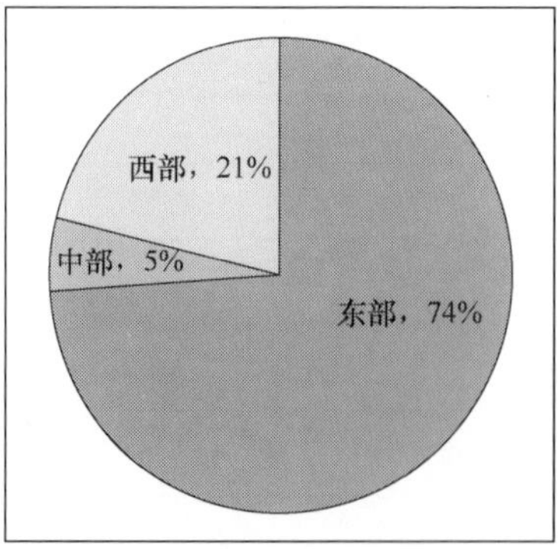

图 13　2011—2012 年东、中、西部增值电信企业投资收益情况

四、各省增值电信业发展情况对比分析

（一）各省增值电信企业数量差距较大，地域集聚态势明显

我国增值电信企业分布不均现象依然突出，地域集聚态势明显。我国增值电信企业主要集中在北京、广东、浙江、江苏 4 个省份，2012 年 4 个省份的增值电信企业数量共计 10724 家，占省内增值电信企业总数的 57%。其中，北京、广东的增值电信企业数量分别达到 5015 家与 3100 家，占省内增值电信企业总数的比重分别达到 46.7%与 29%。2012 年，各省增值电信企

业增长率参差不齐，北京、四川、河北的增长率上升较快，均超过 20%。

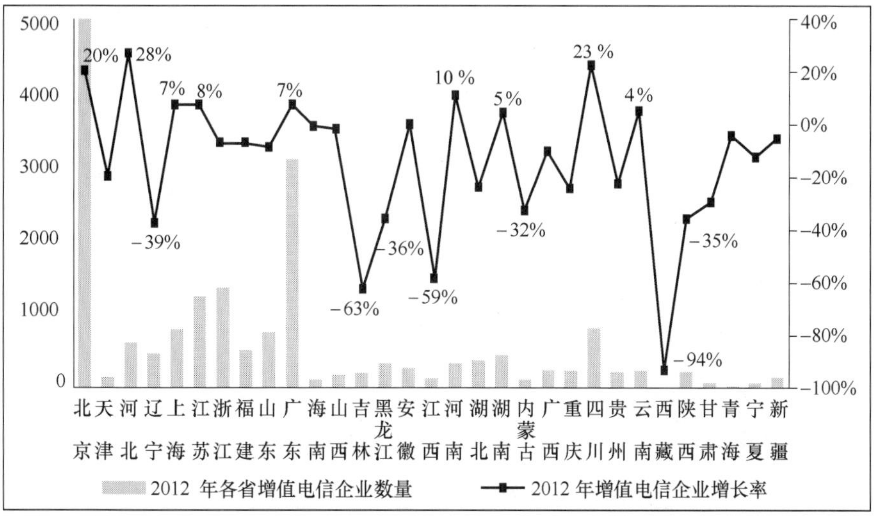

图 14　2012 年各省增值电信企业数量及其增长率

（二）各省增值电信业务营业收入呈两极分化态势

2012 年，各省增值电信业务收入普遍有所提升，各省间差距依然显著。广东、北京、上海、浙江的营业收入超过 100 亿元，吉林、浙江、重庆、天津、北京、广东的增值电信业务营业收入大幅增长。

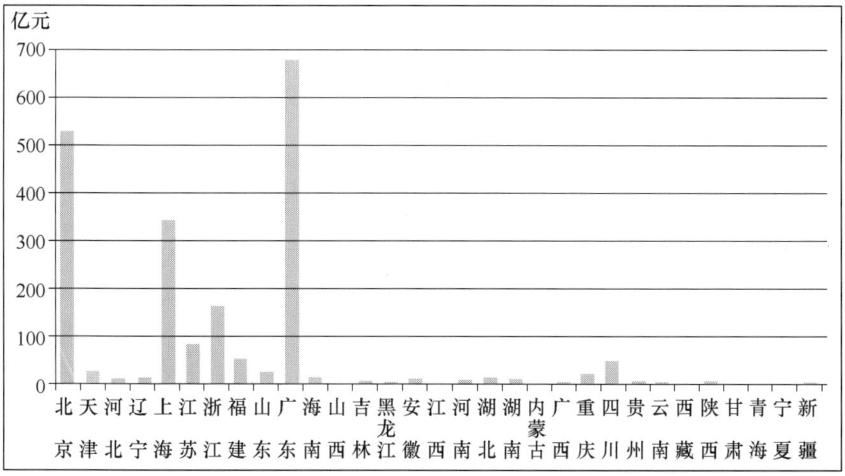

图 15　2012 年各省增值电信业务营业收入

（三）增值电信企业投资收益只在少数省份效果明显

2012 年，各省增值电信企业投资收益差距显著。北京、内蒙古、江苏、广东、山东、上海、江苏的增值电信企业投资收益超过 10 亿元，吉林、新疆的增值电信企业投资收益为负值。

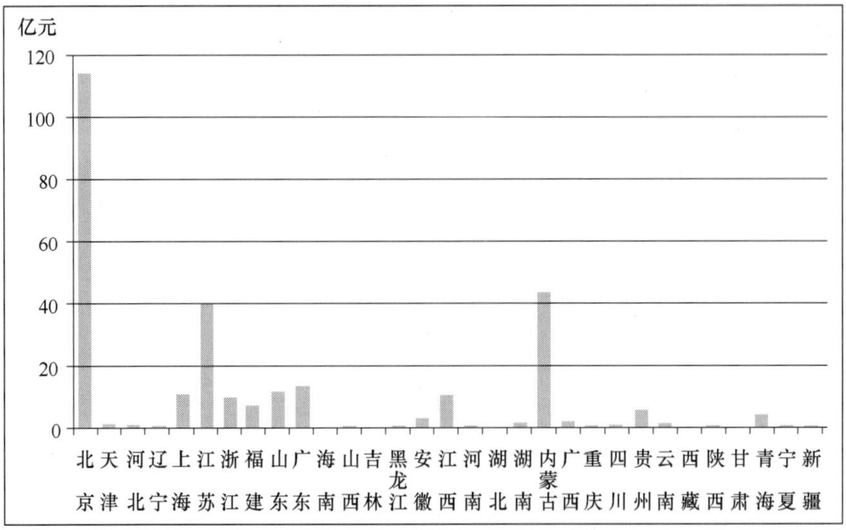

图 16　2012 年各省增值电信企业投资收益

（四）各省增值电信业从业人数差距较大，差异度减小

2012 年，各省增值电信业从业人数差距较大，北京、广东两地增值电信业从业人数超过 10 万人，各省差异度微幅减小。2012 年，各省增值电信业从业人数增长率存在显著差异，山东、河北、吉林、江苏、重庆的增长率上升较快，超过 30%，西藏、黑龙江、上海的增长率大幅下滑。

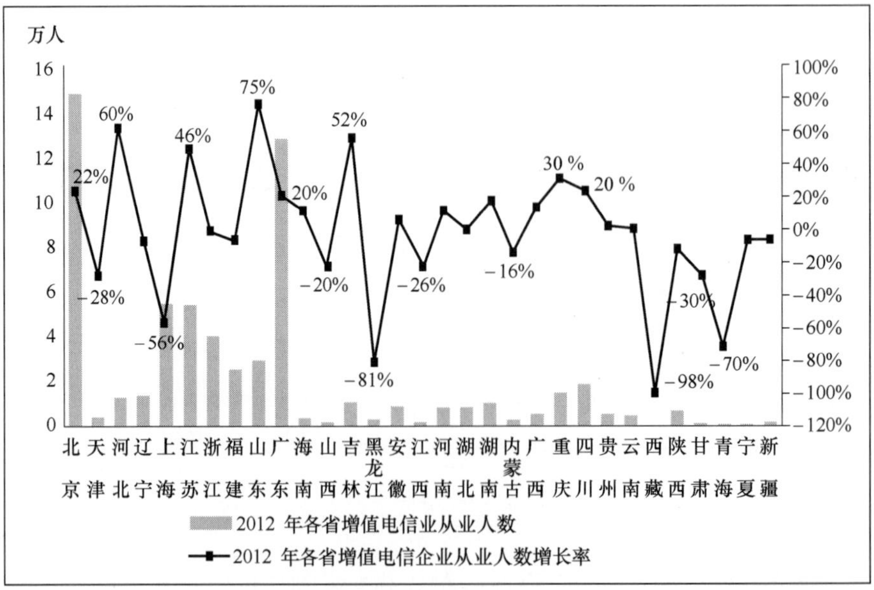

图 17　2012 年各省增值电信业从业人数及其增长率

中国互联网2012年发展综述

一、我国互联网发展概况

我国网民数量继续保持快速增长趋势。根据中国互联网络信息中心（CNNIC）2013 年 1 月 15 日发布的《第 31 次中国互联网络发展状况统计报告》显示，截至 2012 年年末，我国网民规模达到 5.64 亿，较上年末增加 5090 万人。我国互联网普及率攀升至 42.1%，较 2011 年提高 3.8 个百分点。手机网民较传统网民数增幅更大，成为拉动我国总体网民规模攀升的主要动力。截至 2012 年年末，手机网民规模达 4.2 亿，较上年末增加 6440 万人，手机网民在总体网民中的比例从上年末的 69.3%提升至 74.5%。

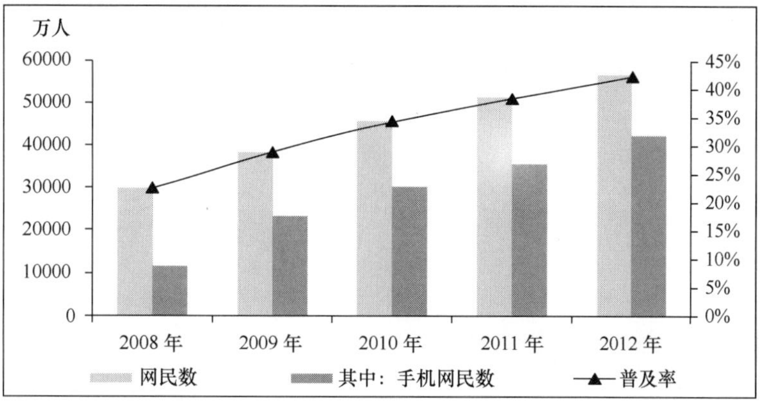

图 1　2008—2012 年我国互联网网民数及互联网普及率

（数据来源：CNNIC 中国互联网网络发展状况统计报告）

在互联网基础资源方面，截至 2012 年末，我国 IPv4 地址数量已达到 3.31 亿，拥有 IPv6 地址 12535 块/32，比上年增长 33.4%，IPv6 的发展既有效解决了 IPv4 时代地址资源枯竭问题，而且在支撑物联网、云计算等新兴互联网产业发展方面起到了积极作用。我国在加大互联网领域的安全治理力度后，网站的整体质量得以提高，网站数量已连续两年稳步回升，达到 268.1 万个。域名总数上升至 1341.2 万个，较上年增长 73%，其中，.COM 域名数量为 483.5 万个，占我国域总数的比例由上年的 47.0%下降至 36%；.CN 域名为 750.8 万个，占比由上年的 45.5%上升至 56%。网页数量规模达到 1227 亿个，比上年增长 41.7%。许多网站为了提升搜索引擎友好性，一方面动态内容静态化，另一方面大量动态页面存在暗网中，使得中国静态和动态网页的比例从上年末的 2∶1 上升至 1∶1。互联网上的内容更为丰富，平均网站的网页数达到 4.58 万个，较上年增长 21.4%。

在互联网基础设施建设方面，2012 年，全国光缆线路长度净增 267 万公里，达到 1479 万公里。基础电信企业互联网宽带接入端口净增 8869 万个，达到 32108 万个。我国国际出口带宽达到 1899792Mbit/s，年增长 36.7%。围绕社会主义新农村建设和城乡统筹发展战略目标，从“两个促进”（促进基础设施建设、促进便农信息服务）、“三项任务”（行政村宽带、自然村通电话、信息下乡）着手，持续实施通信村村通工程。在全国已实现行政村通电话、乡镇通宽带的基础上，继续推进行政村通宽带，全年新增 1.9 万个行政村通宽带，比例从 84%提高到 87.9%。在自然村通电话方面，全年新增 1.1 万个偏远自然村（20 户以上）开通电话，全国通电话自然村比例从 94.7%提高到 95.2%。在信息下乡方面，全年新增 2005 个乡镇实施信息下乡活动，新建乡信息服务站 2050 个、村信息服务站 29622 个、乡级网上信息库 9940 个、村级网上信息栏目 66780 个。

2012 年，网络基础设施运行总体平稳。国家信息安全漏洞共享平台(CNVD)向基础电信运营企业通报其所属信息系统或设备的漏洞风险 339 个，针对网络基础设施的探测、渗透和攻击事件时有发生。网络钓鱼日渐猖獗，严重影响在线金融服务和电子商务的发展。2012 年，CNCERT 共监测发现针对我国境内网站的钓鱼页面 22308 个，接收到网络钓鱼类事件投诉 9463 起，约占总接收事件数量的一半。我国境内日均发生攻击流量超过 1G 的较大规模拒绝服务攻击事件 1022 起，约为上年的 3 倍。常见虚假源地址攻击事件所占比例由上年的 70%下降至 49%。我国面临的境外攻击威胁依然严重，从控制服务器数量、控制我国境内主机的数量、钓鱼网站托管地来看，美国均居首位。“匿名者”等黑客组织多次声称或实施针对我国政府网站的网络攻击。

二、我国互联网发展主要特点

（一）网民规模稳定增长，普及率明显提升

近 5 年以来，我国的互联网网民以 17.3%的平均增长速度增加了 2.66 亿人，占全球总增长量的 28.3%。互联网普及率从 2008 年的 22.6%升至 42.1%，提升了 19.5 个百分点。2012 年，增长势头不减，中国网民规模达到 5.64 亿人，占全球近四成，全年新增网民 5090 万人，占全球 22.7%。中国手机网民规模达到 4.2 亿，同比增长 18.1%。互联网普及率较上年末提升了 3.8 个百分点，达到 42.1%。

网民结构中 10～19 岁群体占比较上年下降 2.6 个百分点，10 岁以下群体占比持平，其他各年龄群体占比均呈不同程度的上升。高中和大专以上学历人群中互联网普及率已经到了较高水平，尤其是大专以上学历人群上网比例接近饱和，网民的增长动力来自低学历人群，2012

年年末网民中小学及以下人群占比提升至 10.9%。

（二）网站规模进入新的增长周期，IPv6 快速发展

截至 2012 年年末，我国网站规模达到 268.1 万，较上年末增长 16.8%，进入一个新的增长周期。国家顶级域名.CN 的注册量翻番增长，达到 750.8 万个，较上年末增长 112.8%。网站规模的扩大，得益于传统企业对互联网建设的重视和应用推进，泡沫被挤压、水分被蒸发之后的回升。

我国拥有 IPv4 地址数量基本上停止增长，规模为 3.31 亿个。IPv6 作为下一代互联网的发展起点，承担了充盈地址资源的重要角色。目前拥有地址 12535 块/32，较上年末增长 33.4%，位列世界第三。

（三）互联网应用拓展迅速，团购及手机端电子商务大幅上涨

2012 年，即时通信成为网民的第一大上网应用，包括网络购物、网上支付、网上银行、旅行预订在内的电子商务类持续稳步发展。2012 年年末，我国拥有即时通信用户 4.68 亿人，其中网络购物用户规模达到 2.42 亿人，占即时通信用户规模的 52%，网络购物使用率提升至 42.9%，较上年末提高 5.1 个百分点，网购用户增长 5100 万人，增长率为 26.7%，增长速度快于上年 5.9 个百分点。使用网上支付的用户规模达到 2.21 亿人，占即时通信用户规模的 47%，使用率提升至 39.1%，较上年末提升 6.6 个百分点。手机在线支付用户达到 5531 万人，年增长 80.9%，占手机网民的 13.2%，提升了 4.6 百分点。网民使用旅行预订服务持续升温，用户达到 1.12 亿人，较上年末增长 166.2%，占网民比例的 19.8%。其中，9%网上预订机票，14%网上预订火车票，7.2%网上预订酒店，5.4%网上预订旅行行程。

我国团购用户数达到 8327 万人，较上年末增长 28.8%，使用率为 14.8%，较上年末上升 2.2 个百分点。团购服务作为一种消费模式在用户端已经扎根，并在电子商务、旅行预订市场结出了硕果。手机团购依然是重要的增长领域，手机团购用户增长 88.8%，用户规模为 1947 万人。

网络音乐、网络文学等娱乐应用的用户规模增长均超过 10%，网络游戏增长下滑，仅为 3.5%。网络音乐用户规模达到 4.36 亿人，网民使用率为 77.3%。网络文学用户规模达 2.33 亿人，使用率为 41.4%。网络游戏用户规模达到 3.36 亿，网民使用率为 59.5%。网络视频行业保持上年的发展势头，用户规模达到 3.72 亿人，使用率提升至 65.9%，网民数比重排搜索引擎、网络音乐、博客/个人空间后第四大应用。网络视频企业继续强化网站内容建设，影视剧等长视频内容进一步丰富，台网联动合作形式多样，节目内容的传播范围和影响力扩大，部分优质内容已经能够输出到电视频道，并逐步形成网站特色，形成推动网络视频用户规模稳健提升的动力。

（四）网民获取信息及交流方式发生转变，传统方式有所冷落

截至 2012 年年末，我国微博用户规模为 3.09 亿人，较上年末增长 23.5%。微博用户占网民比例提升了 6 个百分点，达到 54.7%。微博已经成为我国网民使用的主流应用，正在重塑社会舆论生产和传播机制，无论是普通用户，还是意见领袖和传统媒体，其获取新闻、传播新闻、发表意见、制造舆论的途径都不同程度地转向微博平台。

"社交化"正在全面融合到各类互联网应用中。我国使用社交网站的用户规模为 2.75 亿，较上年末提高 12.6%。网民中社交网站用户比例较上年略有提升，达到 48.8%。2012 年许多热门移动应用都具备社交功能，如图片社交、私密社交、购物分享等新应用，搜索、网购、媒体等互联网应用正在融合社交因素，尤其在移动互联网领域，由于手机天生的通信功能，促进互联网企业的创新服务和盈利模式。进入衰退期的传统的实名制社交网站也不断增加平台功能，将业务发展重点转向移动终端。

获取信息及沟通类应用的使用率升降不均。社交网站使用率从上年的 47.6%升至 48.8%；搜索引擎从 79.4%升至 80.0%；博客/个人空间从 62.1%升至 66.1%；电子邮件使用率从上年的 47.9%降至 44.5%；论坛/BBS 则由 28.2%降至 26.5%。

（五）政府和高校网站易被黑客入侵，形势不容乐观

CNCERT 在《2012 年中国互联网网络安全报告》中指出，我国成为国际网络攻击的主要受害国。2012 年年末，75.6%的国内网站存在高危安全漏洞，39.6%的网站存在大量高危安全漏洞。超过 97%的国内用户选择使用免费的国产安全软件，由于免费安全软件的快速普及，木马病毒对个人电脑的攻击变得越来越困难。一些黑客开始转向攻击安全性较低的网站，2012 年网站被拖库、网页被篡改、用户信息被泄漏的事件频频曝光。360 网站卫士服务拦截漏洞攻击的数据统计显示，遭黑客攻击量排名前两位的安全漏洞分别是跨站脚本漏洞和 SQL 注入漏洞，两个漏洞的攻击量之和占到网站卫士拦截漏洞攻击总量的 96.6%，构成当前国内网站安全的主要威胁。从国内各类网站安全性测评平均成绩来看，政府网站的成绩排名垫底，平均得分仅为 35 分（百分制），高校网站平均得分为 37 分，意味着政府和高校网站非常容易被黑客入侵、篡改数据和窃取资料，这两类网站往往存有大量的敏感数据和个人信息，直接威胁着公共安全的多个方面。目前威胁国际互联网安全的钓鱼网站，在全球的攻击目标公司统计前 5 位包括淘宝、阿里巴巴、中国工商银行、加拿大帝国商业银行（中国区业务）和中央电视台。

三、我国互联网发展趋势分析

（一）网民规模增长趋缓，网民结构向后接受者扩展

自 2006 年以来，我国互联网普及率平均每年提升 5 个百分点。目前网民规模是 6 年前的 4 倍，近几年增长势头有所趋缓，将进入发展相对缓慢的平台期。随着电信资费逐步下降，运

营商提供部分免费服务，原有手机用户捆绑新兴业务功能，使互联网接入和使用门槛逐步降低，鼓励高龄人群等新技术的晚期接受者尝试使用互联网工具，将是下一阶段推动我国网民规模进一步扩大的重要条件。

2012 年网民中的 10～19 岁人群比例从上年末的 26.7%下降至 24.0%，这与我国该年龄段整体人口总数下降相关。此外，网民中 40 岁以上各年龄段人群占比均有不同程度的提升，增长空间相对较大，将成为下一阶段网民增长的主要群体。

（二）宽带中国战略启动，互联网基础资源将加速发展

工业和信息化部对“宽带中国”战略内涵解释为三个方面：一是加快宽带网络和信息服务普及，具体包括宽带普遍服务、信息服务延伸，推进国家基本公共服务均等化；二是统筹信息网络发展布局和演进升级，具体技术包括光纤宽带、3G/LTE/4G 技术、下一代互联网技术、云计算 IDC 等；三是深化信息通信技术和服务应用推广和融合创新，具体包括移动互联网、电子商务、云计算服务、三网融合/智能电视/互联网视频等。

“2013 宽带中国专项行动”包括“城市宽带提速计划”、“农村宽带普及计划”、“农村校通宽带计划”、“应用创新推广计划”、“宽带体验提升计划”、“宽带产品研发计划”6 个行动计划。

我国扩大内需、优化消费环境已列入 2013 年发展目标。继而将出台加强商贸流通、宽带网络等消费基础设施建设，激励发展电子商务、网络购物等新型消费业态，实施信用消费等一系列促进政策。已明确以“建光网、提速度、促普及、扩应用、降资费、惠民生”为宽带普及提速工程的总目标。宽带战略已经成为当前中国信息化建设的重中之重，已上升至国家战略的层面。随着政府和运营商开展宽带战略，加快推进 3G 和光纤宽带网络发展，扩大覆盖范围，宽带化进程将全面提速。域名、网站也将走出发展低谷期，未来将呈现快速发展态势。

2012 年 3 月七部委联合下发了《下一代互联网“十二五”发展建议意见的通知》，从 IPv6 小规模商用试点起步，逐步充盈地址资源，打好支撑物联网、云计算等新兴互联网产业发展的基础，为今后连年的互联网大规模部署和商用建立扎实的基础。

（三）手机网民超过 PC 网民，移动互联网将加深手机融合应用

2012 年，使用台式电脑上网的网民比例为 70.6%，比上年末降低 2.8 个百分点，微博、微信等新兴业务被广大手机用户接受，推动手机网民比例从 69.3%跃升至 74.5%，首次超过台式电脑网民比例。由于智能手机普及、手机上网资费下降、手机互联网应用丰富化等因素，手机网民规模将继续保持快速增长，未来手机网民会大大超越电脑网民。

“大数据时代”来临，全社会信息量的庞大需求促使信息技术应用高速发展，为众多互联网上下游企业带来发展机遇。“大数据”信息涵盖网络视频、社交网站、电子商务、游戏广告等互联网增值业务，以港美上市的 31 家互联网企业为例，2012 年收入平均增长速度为 38.3%。移动互联网将加深手机融合应用，社交关系、位置信息将作为基础信息融入到更多手机上网应用中，使其更加智能化、个性化，并通过移动网络及多终端接入方便用户随时随地使用，为用

户提供更加精准、更加贴心的服务。

（四）电子商务日趋成熟，带动相关产业发展

随着我国电子商务市场交易额规模持续快速的增长，预计未来 3～5 年内电子商务市场的这种增长态势仍将维持。近两年来政府对电子商务的重视程度日益加大，相继出台了多项支持鼓励政策，会对电子商务市场未来的发展起到极大的助推作用。随着电子商务配套服务体系（物流、支付、客服等）的建立完善，未来电子商务市场将逐渐走向稳健和成熟。

移动电子商务在未来的快速发展中将至少带动软件开发、信息服务业、终端服务业三大产业发展，我国必定顺应世界性手机智能化的发展潮流，移动信息将成为移动电子商务的主要应用。移动互联网将在未来极大地推动国民经济发展。2013 年 7 月 2 日国务院常务会议政策部署中明确，“十二五”后三年信息消费规模年均增长 20%，由此预计，2015 年我国信息消费规模将超过 3.2 万亿元，带动相关行业新增产出超过 1.2 万亿元，其中基于互联网的新型信息消费规模将达到 2.4 万亿元，年均增长 30%以上。基于电子商务、云计算等信息平台的消费快速增长，网络零售有望带动新增消费 1.2 万亿元。电子商务交易额将超过 18 万亿元，网络零售交易额将突破 3 万亿元。

（五）中、小企业互联网接入水平存在较大的提升空间

我国宽带的实际速率与国外先进水平相差很大。中、小企业的电子商务应用水平相对较低。截至 2012 年年末，在线销售比例为 25.3%，在线采购比例为 26.5%。中、小企业的固定宽带普及率为 71.0%。新西兰在线销售企业比例以 51.9%排全球首位；瑞士在线采购企业比例以 75%排全球首位。2011 年年末，芬兰的企业互联网宽带普及率就以高达 98.7%位居全球之首。中、小企业互联网接入水平在“量”与“质”方面均有较大的提升空间。

未来，我国将进一步推动互联网对企业的发展，2012 年 8 月工业和信息化部下发了《关于鼓励和引导民间资本进一步进入电信业的实施意见》，将扶持民营资本实质性进入基础电信领域，增添电信市场竞争活力。“移动转售”试点方案尽管存在“政策红利”利好和“隐性门槛”（技术、资金和行业垄断）两种可能，但是机遇寄予准备好的企业。通信业“十二五”有关互联网基础设施建设规划，将最大限度地为中、小企业互联网应用发展铺平道路，清除障碍。

（六）监视互联网安全动向，防御网络安全隐患

据国家互联网应急中心 CNCERT 分析，随着我国互联网新技术、新应用的快速发展，网络安全形势将更加复杂，需要 2013 年及未来重点关注：（1）网站中集中存储的用户信息将成为黑客窃取的重点。黑客会窃取和研究安全性差的社交网站、论坛等网站存储的用户信息，攻击网上交易等重要系统，可能导致更严重的财产损失。（2）针对网上银行、证券机构和第三方支付的攻击将急剧增加。针对金融机构的恶意程序将更加专业化、复杂化，可能集网络钓鱼、网银恶意程序和信息窃取等多种攻击方式为一体，实施更具威胁的攻击。（3）具有极强隐蔽性

和针对性的 APT 攻击将更加盛行，网络窃密风险加大。美国等西方发达国家已将 APT 攻击列入国家网络安全防御战略的重要环节。2012 年 APT 攻击将更加系统化和成熟化，针对重要和敏感信息的窃取，可能构成对我国政府、企业等重要部门的严重威胁。(4) 随着 ICANN 正式启动新通用顶级域名（gTLD）业务，将给域名滥用者或欺诈者带来更大的操作空间。(5) 随着宽带中国战略开始实施，国家下一代互联网启动商用试点，以及无线城市的大规模推进和云计算大范围投入应用，IPv6 网络安全、无线网安全和云计算系统及数据安全等方面问题将会出现。

四、国际互联网发展情况

据国际互联网数据统计机构 Internet World Stats 发布的数据显示，截至 2012 年 3 月 31 日，全球网民数量达 24.97 亿，互联网普及率达到 35.7%。其中，亚洲网民数量最多，达到 11.33 亿，占全球网民总数的 45.4%；第二名为美洲，网民数量达 5.42 亿，占全球网民的 21.7%；欧洲位列第三，网民数量达 4.43 亿，占全球网民的 17.7%。

在网民规模增长方面，非洲、阿拉伯国家增长较快，增长率分别达到 18.4%、15.3%。欧洲增长速度仅为 3.6%，但其互联网普及率属全球最高，达到 71.2%。

域名注册是目前全球增长速度最快的几个领域之一，年平均增长率为 11%，年平均增长 2300 万个，截至 2012 年 3 月末，全球总的注册域名数已超过 2.33 亿个，2012 年第 1 季度全球新增 700 多万个域名。

表 1　　全球互联网网民变化情况

单位：百万人

地　　区	2007 年	2011 年	2012 年	比上年增长%	五年平均增长速度%
互联网网民数	1374	2273	2497	9.87	12.69
其中：非洲	29	101	120	18.40	32.84
阿拉伯国家	48	107	124	15.33	20.89
亚太地区	508	999	1133	13.42	17.41
独联体国家	47	114	130	13.64	22.50
欧洲	340	428	443	3.62	5.46
美洲	385	502	542	8.06	7.08

在互联网普及率方面，虽然亚洲网民数量最多，但与发达国家相比互联网普及率处于较低水平，仅为 28.8%，仅高于非洲。互联网普及率的世界平均水平为 35.7%，我国高于世界平均水平。

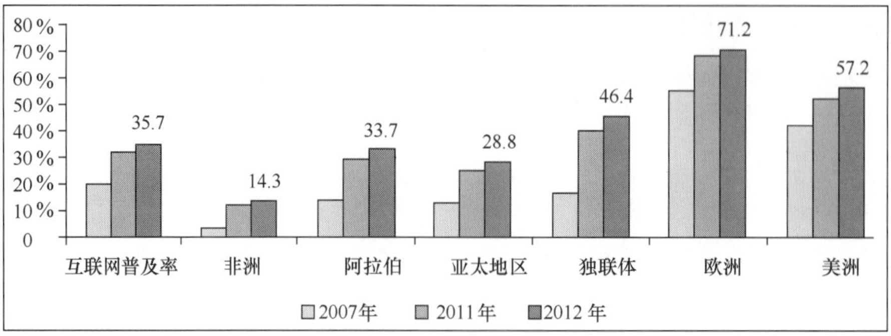

图 2　全球互联网普及率变化情况

在互联网应用方面，各种各样的创新型应用不断出现，满足人们不同的需求，各国在网络购物、数字音乐等应用方面均表现出色。目前，手机几乎可以做一切上网可以做的事情，全球12%的互联网流量来自于手机，智能手机可看图片和视频，看电影和视频的高峰时间段集中在晚上。手机购物、社交、拍照——手机已经开始向电子商务平台贡献显著的流量。全球在线支付平台手机端的交易量激增。全球宽带用户已经超过 5.9 亿。美国的市场研究机构 Point Topic 公司预测报告称，到 2013 年年末，全球宽带用户将达到 6.8 亿，2008—2013 年全球互联网宽带用户增长率为每年 10.8%，尽管比 2004—2008 年的 27.7%的综合年增长率低，但也是相当快地增长，主要原因是发达国家的宽带用户已呈现饱和，增长有限。而发展中国家的中国及印度宽带用户数量已度过了爆炸性增长阶段，未来 5 年将进入平稳增长阶段。

据法国电子商务协会（FEVAD）2012 年 3 季度预测调查报告，2012 年法国电子商务的销售额将增长近 20%，达 450 亿欧元。圣诞节前夕的高峰阶段在线销售预计将增长 18%，达 90 亿欧元。法国超过 560 家远程销售公司经营着 800 家电子商务网站。尽管法国消费者支出整体下降，网上销售额增长 21%，其增长受在线购物者数量、在线交易数量双因素驱动。法国电子商务领域的竞争也持续升级，活跃网站数量增长 20%，2012 年年末将超过 12 万家。移动商务业务（通过移动设备，如智能手机和平板电脑进行销售）在法国快速发展，年均增长率超 150%。服装和时装销售增长 13%。在电子产品整体零售下降的大背景下，在线高科技产品和电子产品销售增长 7%。在线 B2B 销售增长 3%，数码产品市场旅游销售增长 6%。

据美国科技博客网站Business Insider CEO Henry Blodget发布的一组2012年美国互联网产业现状及其未来趋势分析报告显示，美国互联网商业化已有 20 年历史，共获得了 20 多亿使用人口。20 年间，互联网使用人口在世界总人口比例一路攀升，已占据了世界人口的 1/3。美国“新”媒体的市值高出传统媒体 3 倍，苹果、谷歌、亚马逊和脸谱网（Facebook）等巨头在新旧新媒体业多起掌控作用。最大几家媒体超过 1/3 的广告投入都在线上，线上数字广告占媒体总广告（包括线上和线下）收入的 20%。美国广告收入中以电视广告领衔，在线广告排其后，平媒正在被摧毁，尤其报纸收入已大幅度缩减。视频业务一路飙升，付费电视的订阅数量在减少。谷歌在线广告具有绝对优势，Fcebook 也在不断增加上升空间，其数字广告早已超过 AOL、微软和雅虎。除了谷歌、Facebook 等少数新兴公司在赚钱之外，传统门户网站无一例外，都在亏钱，广告增长趋向扁平化。新兴公司 YouTube、Hulu、Glam、Twitter、Demad 等在瓜分门户的市场份额。美国人在社交媒体多于在门户的停留时间。美国电子商务在不断增长，纯电商企业近几年发展相当迅速。2012 年美国移动互联网发展成为亮点，智能手机销量高于 PC 销量，PC 销量增长甚至停滞，平板电脑销量也将会超越 PC 销量，未来将是移动的时代。美国手机增长率在达到 50%后有所放缓，已过增长的高峰期，未使用智能手机的大多是老人和贫困人口，也不会为智能手机的增长带来多大空间。Square（美国一家移动支付公司）每天能够产生超过 1600 万美元的在线交易。Instagram 在 2 年内获得超过 1 亿用户，带动更多网络使用量及更多的应用，其中手机占网络使用量的 7/24。手机用户在大量地消费内容，手机因屏幕小等因素其营收能力不及电脑，2012 年美国移动广告收入 12.5 亿美元。谷歌在移动广告市场占主导，原生移动广告已出现，如 Twitter 和 Facebook 时间轴上的广告（包括推广广告）、地理位置广告以及可共享广告，应用的下载量在激增。苹果 APP Store 将在 2013 年年末达到 450 亿的下载量，但是移动应用营收因免费增值模式而增长有限。智能手机游戏平台，手机操作系统形成 Android 和 iOS 两家独大局面。平板市场基本被苹果占据，手机利润被苹果和三星刮分。

表 2　　全球及欧洲社交电视市场规模变化　　单位：亿美元

	2012 年	2017 年预计	年均复合增长率
全球	1511.4	2564.4	11.2%
欧洲	554.8	777.4	7.0%

据市场研究公司 MarketsandMarkets 报告称，预计 2017 年全球社交电视市场规模将增长至 2564.4 亿美元，年均复合增长率为 11.2%。欧洲是目前全球上最大的社交电视市场，预计 2017 年市场规模增至 777.4 亿美元，年均复合增长率低于全球市场平均增速 4.2 个百分点。社交电视生态链中的厂商呈现多样性特点，社交电视产业乐意进行试验，电视广播公司与社交网络公司存在合作关系。部分电视广播公司在自身平台中整合了社交电视，许多电视广播公司将 Twitter 整合在社交电视平台，改进用户体验，提高用户的参与度。BBC（英国广播公司）、CNN（美国有线电视新闻网）等电视广播公司与 Facebook 等社交网络签订了合作协议，社交网络公司积极涉足社交电视领域。社交电视是电视和社交媒体的融合，厂商开发新颖的媒体格式，推动付费交易的发展。Hearst、时代华纳、BSkyB 和 Google 等媒体和科技公司给予数家社交电视创业公司巨额投资。

附：我国互联网相关组织介绍

（一）国家互联网应急中心

国家互联网应急中心（全称为国家计算机网络应急技术处理协调中心，英文缩写为CNCERT或CNCERT/CC）成立于1999年9月，是工业和信息化部领导下的国家级网络安全应急机构，致力于建设国家级的网络安全监测中心、预警中心和应急中心，以支撑政府主管部门履行网络安全相关的社会管理和公共服务职能，支持基础信息网络的安全防护和安全运行，支援重要信息系统的网络安全监测、预警和处置。

2003年，CNCERT在全国31个省成立分中心，完成了跨网络、跨系统、跨地域的公共互联网网络安全应急技术支撑体系建设，形成了全国性的互联网网络安全信息共享、技术协同能力。目前，CNCERT 作为国家公共互联网网络安全应急体系的核心技术协调机构，在协调国内网络安全应急组织（CERT）共同处理公共互联网网络安全事件方面发挥着重要作用。

CNCERT的业务能力主要包括：依托“863-917网络安全监测系统”实现网络安全事件的监测发现，“863-917 网络安全监测系统”已具备对安全漏洞、恶意代码、网页篡改、网页挂马、拒绝服务攻击、域名劫持、路由劫持等各种网络威胁或攻击；依托对丰富数据资源的综合分析和多渠道的信息获取实现网络安全威胁的分析预警、网络安全事件的情况通报、宏观网络安全状况的态势分析等，并承担通信行业互联网网络安全信息通报工作；依托与运营商、域名注册商、安全服务厂商等相关部门的快速工作机制和涉及国计民生的重要信息系统部门及执法机关密切合作机制实现网络安全事件的快速处置。同时，CNCERT 作为国际著名网络安全合作组织FIRST和APCERT的重要成员，与多个世界著名的网络安全机构和各个国家级应急组织建立了网络安全事件处理合作机制，面向国内外用户手中的网络安全事件报告，掌握和处置突发重大网络安全事件。

（二）中国互联网协会

中国互联网协会于2001年5月25日成立，由从事互联网行业的网络运营商、服务提供商、设备制造商、系统集成商以及科研、教育机构等70多家互联网从业机构共同发起成立。协会现有会员单位400余家，下设12个工作委员会，现任理事长为原中国科学院副院长、原中国科学技术协会副主席胡启恒院士。

中国互联网协会的宗旨是遵守国家宪法、法律和法规，遵守社会道德风尚；坚持以创新的思维、协作的文化、开放的平台、有效的服务的指导思想，为会员的需要服务、为行业发展服务、为政府决策服务。自成立以来，中国互联网协会通过开展行业自律、举办年度中国互联网大会、开展反垃圾邮件和抵制恶意软件工作、开展互联网公益活动和“信息无障碍”活动等各项工作，为建设人人受益的互联网做出了不懈努力。

中国互联网协会的基本任务包括：(1) 团结互联网行业相关企业、事业单位和社会团体，向政府主管部门反映会员和业界的愿望及合理要求，向会员宣传国家相关政策、法律、法规；(2) 制订并实施互联网行业规范和自律公约，协调会员之间的关系，促进会员之间的沟通与协作，充分发挥行业自律作用，维护国家信息安全，维护行业整体利益和用户利益，促进行业服务质量的提高；(3) 开展我国互联网行业发展状况的调查与研究工作，促进互联网的发展和普及应用，向政府有关部门提出行业发展的政策建议；(4) 组织开展有益于互联网发展的研讨、论坛等活动，促进互联网行业内的交流与合作，发挥互联网对我国社会、经济、文化发展的积极作用；(5) 积极开展国际交流与合作，组织国内互联网相关企事业单位参与国际互联网有关组织的活动，在国际互联网事务中发挥积极作用；(6) 办好协会网站、刊物，组织编撰出版中国互联网发展状况年度报告，为业界提供互联网信息服务等。

（三）中国互联网络信息中心

中国互联网络信息中心（China Internet Network Information Center，CNNIC）是于1997年6月3日组建的互联网管理和服务机构，作为中国信息社会基础设施的建设者和运行者，CNNIC以“为我国互联网络用户提供服务，促进我国互联网络健康、有序发展”为宗旨，负责管理维护我国互联网地址系统，引领我国互联网地址行业发展，权威发布我国互联网统计信息，代表中国参与国际互联网社群。

CNNIC的主要职责包括以下几方面。(1) 互联网地址资源注册管理：负责运行和管理国家顶级域名.CN、中文域名系统、通用网址系统及无线网址系统，为全球用户提供不间断的域名注册、域名解析和Whois查询服务。CNNIC是亚太互联网络信息中心（APNIC）的国家级IP地址注册机构成员（NIR）。同时，以CNNIC为召集单位的IP地址分配联盟负责为我国的网络服务提供商和网络用户提供IP地址和AS号码的分配管理。(2) 互联网调查与相关信息服务：负责开展中国互联网络发展状况等多项互联网络统计调查工作，描绘中国互联网络的宏观发展状况，记录其发展脉络。(3) 目录数据库服务：负责建立并维护全国最高层次的网络目录数据库，提供对域名、IP地址、自治系统号等方面信息的查询服务。(4) 互联网寻址技术研发：跟踪国际互联网技术的最新发展，承担相关研发工作和国家有关科研项目。(5) 国际交流与政策调研。

基础电信企业 2012 年发展综述

中国电信集团公司2012年发展综述*

中国电信集团公司

中国电信股份有限公司（“中国电信”或“本公司”，与其附属公司合称“本集团”）是全业务综合信息服务提供商，也是全球最大的固定电话、CDMA移动网络及宽带互联网运营商，在中国提供固定通信业务、移动通信业务等基础电信业务，以及互联网接入服务业务、信息服务业务等增值电信业务，于2012年底本公司拥有约1.63亿固定电话用户、约9000万有线宽带用户及约1.61亿移动电话用户。本公司发行的H股及美国存托股份分别在香港联合交易所有限公司和纽约证券交易所挂牌上市。

一、财务重点

	2010[5]（重列）	2011[5]（重列）	2012
经营收入（人民币百万元）	219897	245068	283073
租赁费前EBITDA[1]（人民币百万元）	88988	94371	96387
租赁费后EBITDA[1]（人民币百万元）	75668	75360	70841
净利润[2]（人民币百万元）	15339	16500	14925[3]
资本开支（人民币百万元）	43037	49551	53731
债务权益比[4]	29.9%	20.3%	37.7%
每股净利润（人民币元）	0.1895	0.2039	0.1844
每股股息（港元）	0.085	0.085	0.085
每股净资产[4]（人民币元）	3.035	3.165	3.275

[1] 租赁费前EBITDA为扣除CDMA网络容量租赁费前的金额。租赁费后EBITDA为扣除CDMA网络容量租赁费后的金额。

[2] 净利润为本公司股东应占利润。

[3] 本集团利用引入iPhone机会扩大高端用户市场，适当加大营销投入，以促进移动业务有效益规模发展，对本公司短期利润带来压力，但预计对本公司的长期持续增长和价值创造将发挥重要的促进作用。

[4] 权益及净资产为本公司股东应占权益。

[5] 以前年度的部份数字因收购数字集群业务而相应追溯调整并重列。

* 内容全部选自2012年中国电信集团公司上市财报。

经营收入
(人民币百万元)

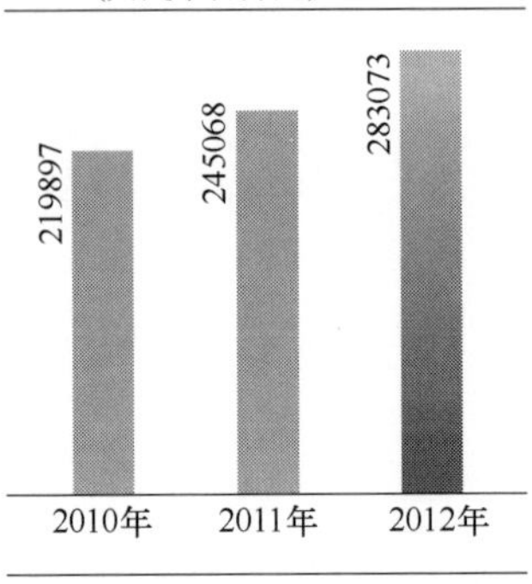

租赁费前EBITDA
(人民币百万元)

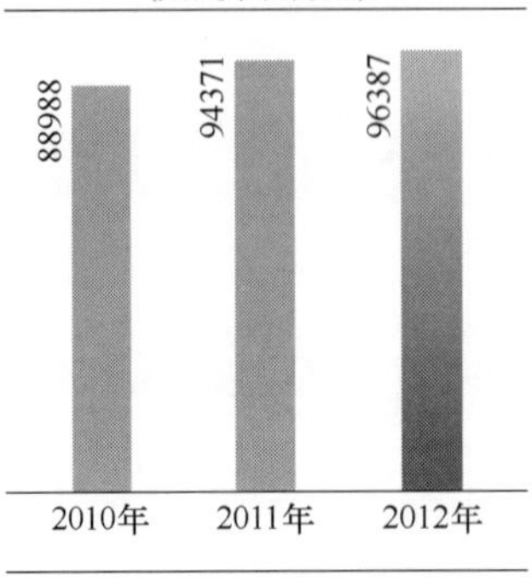

净利润
(人民币百万元)

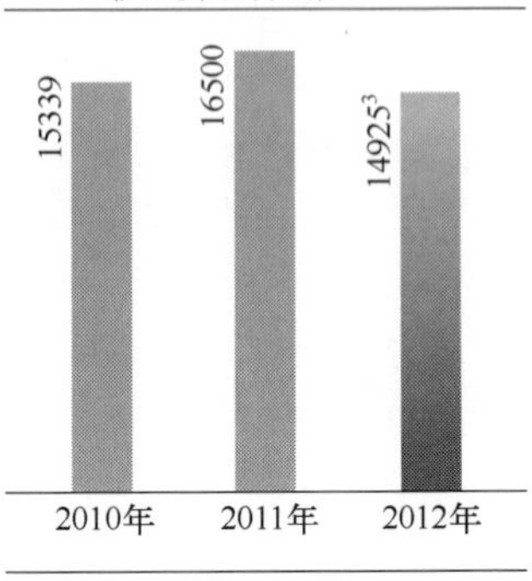

每股股息
(港元)

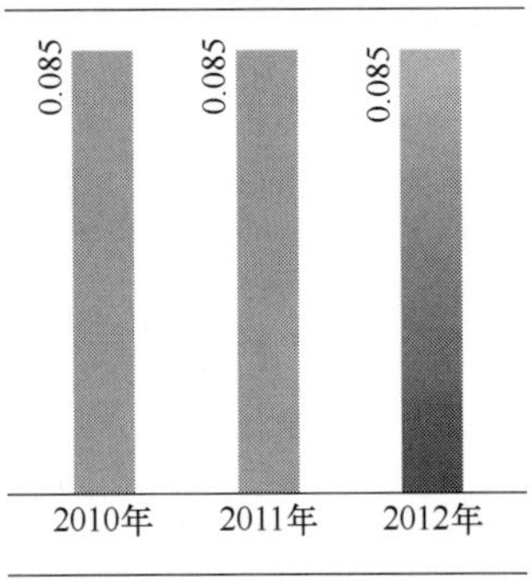

每股净资产
(人民币元)

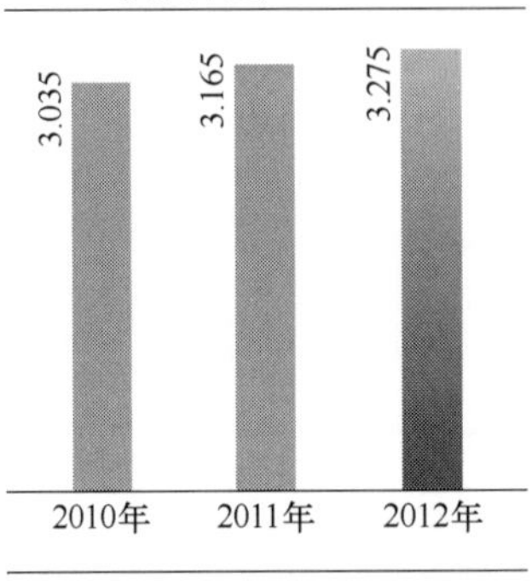

二、业务概览

下表列示 2010 年、2011 年及 2012 年主要经营数据：

	单位	2010 年	2011 年	2012 年	2012 年较 2011 年的变化率
移动用户数	百万户	90.52	126.47	160.62	27.0%
其中：3G 用户数	百万户	12.29	36.29	69.05	90.3%
有线宽带用户数	百万户	63.48	76.81	90.12	17.3%
固定电话用户数	百万户	175.05	169.59	163.00	−3.9%
移动语音通话总分钟数	百万分钟	295885	407765	509229	24.9%
移动短信条数	百万条	33116	49941	55789	11.7%
移动彩铃用户数	百万户	54.15	75.38	92.19	22.3%
固定电话本地语音通话总次数	百万次	251425	206371	172175	−16.6%
固定电话来显用户数	百万户	118.99	115.58	109.93	−4.9%

2012 年，面对宏观经济增长放缓、行业市场竞争加剧等外部环境，公司紧抓移动互联网快速发展机遇，坚持 3G 智能机引领和单产品与融合并举，推动移动业务快速发展，巩固宽带业务竞争优势，释放固网语音经营风险。同时积极推进政企行业应用和公众内容服务业务创新，流量经营初显成效，业务结构进一步优化。

（一）主要业务表现

1. 经营收入快速增长，收入增幅超越行业平均水平，业务结构持续改善

2012 年，公司实现经营收入人民币 2830.73 亿元，增长率 15.5%；扣除移动终端销售收入后的经营收入为人民币 2583.16 亿元，年增长率为 11.8%。在移动和宽带业务的拉动下，公司业务收入结构得到进一步优化，移动业务收入占比从上年的 33.7%，提升至 41.6%，移动和宽带业务收入占比超过 65%。

2. 移动业务保持快速增长，用户规模扩大的同时用户价值提升明显

2012 年公司按照终端引领、应用推动、融合产品与集约单产品并举的思路，通过聚焦 3G 智能终端、整合 3G 应用辅导流程、强化渠道协同等措施，持续扩大 3G 用户规模。同时，公司以行业信息化应用为抓手，在政企市场主推高端合约机和双模智能机，规模拓展中高端用户。移动用户规模达到 16062 万户，净增 3415 万户；移动服务收入达到人民币 928.03 亿元，同比增长 36.0%；移动用户 ARPU 为人民币 53.9 元，同比增长 2.8%。

3. 固网业务收入企稳回升，宽带业务继续保持市场领先地位，固网语音风险进一步释放

2012 年公司继续强化固移融合优势，加大自主融合业务推广力度，稳定固网存量用户规模。固网业务收入达到人民币 1652.47 亿元，收入从 2011 年下降 2.2%成功扭转为 2012 年提升 1.8%。

在宽带业务上，公司通过深入实施“宽带中国 · 光网城市”工程，在公众市场推进“点亮光小区”活动，在政企市场加快宽带接入网络光纤化改造步伐，巩固了宽带业务竞争优势。2012 年有线宽带用户达到 9012 万户，净增 1331 万户；有线宽带接入收入实现人民币 667.38 亿元，收入增长 9.8%。

在固网增值及综合信息服务业务发展上，公司充分利用物联网、云计算等技术，为客户提供融合解决方案。同时，加快 ICT、IDC、iTV 业务发展，为客户提供便捷、丰富、差异化、高性价比的综合信息服务。固网增值及综合信息服务业务实现收入人民币 306.81 亿元，同比增长 3.0%。

2012 年公司固网语音业务占公司总体经营收入比重进一步降低，经营风险已进一步释放。2012 年固网语音业务实现收入人民币 433.35 亿元，占经营收入的比例为 15.3%，较去年下降 5 个百分点。

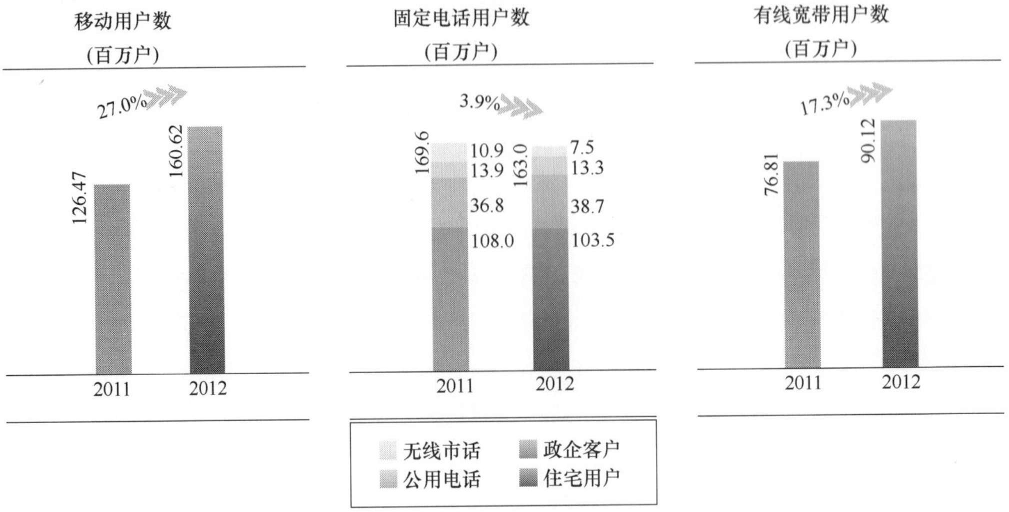

（二）业务经营策略

2012 年，公司坚持贯彻“创新和服务双领先推动规模发展”的经营思路，深入实施规模经营和流量经营两大策略，落实“终端引领发展、优化渠道布局、加大集约营销、推进流量经营”等经营举措：

第一，坚持智能终端引领，推动移动业务量质共同提升。

2012 年公司坚持集约营销、重点突破的终端销售策略，建立终端直供、零售、服务的集约化管理体系，从终端产品、营销、服务、管理、合作和 IT 支持等方面系统化提升终端管理整体竞争力，终端销量大幅提高，带动移动用户规模发展和结构持续改善。同时，大力推动自主融合业务发展，充分发挥 3G 智能机和光宽带融合竞争优势，有效提升客户价值。2012 年 3G 终端在售机型达到约 860 款，智能手机在售机型近 380 款。3G 智能机用户在移动用户中的渗透率约 34%，较上年末提升超过 20 个百分点。光纤宽带用户规模达到约 1500 万户，高带宽（4Mbps 及以上带宽）用户占比达 73%，较 2012 年年初提升 23 个百分点。

第二，优化渠道布局，强化渠道协同，提升渠道效能。

公司高度重视社会开放渠道销售能力提升，采取深化终端直供、加强零售激励、提升终端性价比等措施，提高社会渠道销售积极性，并取得显着成效。2012 年社会渠道发展移动用户占比持续提升达到 64%。同时，公司继续深化自营厅卖场化改造，通过销售流程优化和销售模式创新，自营厅销售效率和销售能力显着提升。2012 年，卖场化改造厅内终端年销量同比提升 35%。电子渠道功能从服务向销售转型，实现电子商务基本功能，运营水平不断提高，自助服务能力日臻完善、便捷。2012 年电子渠道累计完成交易额人民币 443.90 亿元，年度同比增长 139%，累计发展用户 168 万户。

第三，不断加大集约营销力度，提升发展效率。

2012 年公司优化品牌体系，以天翼为统领，推出天翼飞 young、天翼 e 家、天翼领航等客产品牌；强化产品集约，大力推广天翼飞 young、乐享 3G 和天翼云卡等集约单产品；全网统一开展 iPhone 和千元大屏机集约销售活动；统一服务标准和规范，实施宽带“装得放心、用得开心、修得省心、续得舒心、宽带宽心”五心服务和 3G“满翼”服务，提升客户服务满意度。政企市场上，坚持聚焦重点的标准信息化应用产品，统一规范、统一平台，推动实现规模复制推广。2012 年集约单产品占移动新发展用户比例达到约 42%，天翼云卡日均销量达到 3 万张，政企行业应用拉动移动用户超过 1000 万户，占移动净增用户比接近 30%。

第四，深化体验营销，推动流量经营再上新台阶。

公司紧抓移动互联网蓬勃发展带来的市场机遇，积极培育拓展新兴业务，探索公司制和灵活的激励机制，加快基地等新兴业务公司化和股权化改造步伐，打造具有市场竞争力的专业化公司，促进新兴业务快速发展。在加大自有业务发展同时，公司通过加大与主流应用提供商的合作，加强社会热门应用合作引入，做大做强内容。通过积极推动物联网、云计算等新技术新业务应用实践，提升综合信息服务能力，抢占移动互联网领域发展先机，稳步推进移动互联网流量经营。2012 年，手机上网流量收入达到人民币 121.63 亿元，同比增长达到 137%；3G 手机月户均流量由去年 106MB 提升到 134MB，增长 26%，流量价值贡献初步显现，已成为拉动收入增长的重要因素之一。

（三）网络及运营支撑

2012 年，公司继续坚持有效益投资原则，控制投资总量，优化投资结构，实施差异化投资策略，支撑重点业务快速规模发展，资源利用效率和投资效益得到提高。

持续推进光网城市工程。为巩固宽带网络优势，满足宽带互联网业务的迫切需求，2012 年，公司继续实施“宽带中国 · 光网城市”工程，在城市地区规模推进 FTTH 的建设，提升网络核心竞争能力。2012 年全年宽带互联网投资为人民币 359.46 亿元，投资比重达到 66.9%。新增宽带接入端口 4000 万个，FTTX 端口占所有宽带端口比例达到 63%，较去年底提升 12 个百分点；南方城市 20Mbps 线路带宽覆盖率为 82%，较去年底提升 11 个百分点。

稳妥推进 WiFi 的投资建设，不断提高 WiFi 网络对公共热点区域的网络覆盖，实现对无线数据流量的有效分流和对有线宽带的较好延伸。2012 年 WiFi 投资完成人民币 13.60 亿元，新建接入点（AP）数量约 28 万个。

持续做好承载网络的能力扩容、优化和升级工作。强化 IP 网络与传输网络协同，并积极开展下一代互联网、高性能传输网等试点，做好网络与技术演进的储备。

加大平台整合力度和信息服务拓展。在巩固网络基础能力的同时，公司以提升运营效率为出发点，积极推进平台资源整合，并借助云计算技术的规模应用，加快建设云数据中心与云资源池，将新建平台纳入资源池管理，提升平台的集约运营和支撑能力；同时，积极拓展信息服务的深度和广度，以“智能城市”及“智慧农业”等为切入点推动综合信息服务应用。增值及综合信息服务投资人民币 70.39 亿元。

2012 年公司 IT 支撑能力显着提升，以支撑集约化营销和精确化管理。我们整合业务、网络、终端等数据，建成全网数据共享服务中心；实现 IDC 等业务全网端到端业务管理和自动开通功能。

（四）2013 年发展措施和重点

2013 年，3G 智能终端的普及和云计算的应用将推动移动互联网高速发展，同时，行业内部对存量市场的竞争将更加激烈。公司将坚持“创新和服务双领先推动规模和效益双提升”经营主线，持续推进规模经营和流量经营，实现企业价值与客户价值共同提升。

2013 年，我们将进一步强化客户细分，扩大移动用户市场份额，坚持量质并重，大力拓展重点业务和重点市场，提升企业效益。推进光宽带渗透，巩固宽带市场领先地位，按照高端高质量，低端更实惠的思路，完成差异化宽带销售品体系。以智能城市为抓手，优化行业应用产品、推进产品标准化、规范化，促进行业应用规模发展。深化流量经营，持续增强终端、内容应用、网络、IT 支撑、营销、服务等基础能力，推动流量规模和价值双提升。持续提高渠道销售能力，在巩固网点覆盖率的同时着力扩大 CDMA 终端销售份额。我们也将深入推进集约经营，强化网络优化和运行维护工作，打造创新型、差异化的服务竞争优势，稳步推进向移动互联网经营模式转变。

三、管理层对财务状况和经营成果的讨论与分析

（一）概要

2012 年，本集团进一步深化战略转型，围绕“创新和服务双领先推动规模发展”这条主线，坚持规模经营与流量经营，着力提升创新、服务、集约、运营四大能力，公司整体运营情况良好，收入增长好于预期，业务结构持续优化。2012 年，本集团的经营收入为人民币 2830.73 亿元，较 2011 年增长 15.5%[1]；经营费用为人民币 2618.87 亿元，较 2011 年增长 18.5%；本公司股东应占利润为人民币 149.25 亿元，每股基本净利润为人民币 0.18 元；EBITDA[2]为人民币 963.87 亿元，EBITDA 率[3]为 37.3%。

[1] 2012 年本集团收购了号百控股的数字集群业务，作为共同控制下企业合并，以前年度比较数字已予重列。

[2] EBITDA 计算方法为经营收入扣除经营成本加上折旧及摊销费和 CDMA 网络容量租赁费。由于电信业是资本密集型产业，资本开支、债务水平和财务费用可能对具有类似经营成果的公司净利润产生重大影响。因此，我们认为，对于像我们这样的电信公司而言，EBITDA 有助于对公司经营成果的分析。虽然 EBITDA 在世界各地的电信业被广泛地用作为反映经营业绩、借债能力和流动性的指标，但是按公认会计原则，它不作为衡量经营业绩和流动性的尺度，也不代表经营活动产生的净现金流量。此外，我们的 EBITDA 也不一定与其他公司的类似指标具有可比性。

[3] EBITDA 率计算方法为 EBITDA 除以不含移动终端销售收入的经营收入。

（二）经营收入

2012 年，本集团紧抓发展机遇，全业务发展良好，移动业务快速增长，固网业务企稳回升，经营收入实现两位数增长，收入结构不断优化。2012 年经营收入为人民币 2830.73 亿元，较 2011 年增长 15.5%。其中：移动业务收入为人民币 1178.26 亿元，较 2011 年增长 42.5%；固网业务收入为人民币 1652.47 亿元，较 2011 年增长 1.8%。移动服务收入[1]、有线宽带收入、固网增值与综合信息服务收入合计占收比达到 67.2%，比上年提高 2.4 个百分点。

下表列示 2011 年和 2012 年本集团各项经营收入的金额和他们的变化率：

（除百分比数字外，单位皆为人民币百万元）	分别截止至各年度 12 月 31 日		
	2012 年	2011 年（重列）	变化率
固网语音	43335	49764	(12.9%)
移动语音	49166	38628	27.3%
互联网	87660	74992	16.9%
增值服务	31104	25554	21.7%
综合信息应用服务	23174	20473	13.2%
基础数据及网元出租	15710	14273	10.1%
其他	32924	21286	54.7%
一次性初装费收入	—	98	(100.0%)
经营收入合计	283073	245068	15.5%

1. 固网语音

本集团通过融合套餐和固网包月等措施减缓了固网语音的流失，其负拉动作用明显减弱，固网语音的经营风险进一步释放。2012 年，固网语音业务收入为人民币 433.35 亿元，较 2011 年的人民币 497.64 亿元下降 12.9%，占经营收入的比重为 15.3%。

2. 移动语音

2012 年，本集团快速拓展移动用户规模，移动业务继续保持高速发展，移动语音收入达到人民币 491.66 亿元，较 2011 年的人民币 386.28 亿元增长 27.3%，占经营收入的比重为 17.4%。2012 年移动用户净增 3415 万户，达到 1.61 亿户。

3. 互联网

2012 年，互联网接入业务收入为人民币 876.60 亿元，较 2011 年的人民币 749.92 亿元增长 16.9%，占经营收入的比重为 31.0%。一方面，本集团深入推进“宽带中国 · 光网城市”工程，以“点亮光小区”活动为抓手，促进宽带业务的快速发展，截至 2012 年底，本集团有线宽带用户达到 9012 万户，有线宽带接入收入为人民币 667.38 亿元，较 2011 年增长 9.8%；另一方面，本集团充分发挥 3G 网络和服务优势，注重流量经营，移动互联网接入收入为人民币

[1] 移动服务收入为移动业务收入扣除移动其他业务收入，其中 2012 年移动其他业务收入为人民币 250.23 亿元。

198.80 亿元，较 2011 年增长 49.5%。

4. 增值服务

2012 年，增值服务收入为人民币 311.04 亿元，较 2011 年的人民币 255.54 亿元增长 21.7%，占经营收入的比重为 11.0%。增长主要是随着移动用户的快速增长，移动增值服务，如短信及彩信、爱音乐、来电显示等业务高速发展，移动增值服务收入为人民币 168.48 亿元，较 2011 年增长 39.6%。由于数据中心和互联网电视（iTV）内容及应用业务的快速发展弥补了小灵通增值业务的流失，固网增值业务收入同比增长 5.7%。

5. 综合信息应用服务

2012 年，综合信息应用服务收入为人民币 231.74 亿元，较 2011 年的人民币 204.73 亿元增长 13.2%，占经营收入的比重为 8.2%。增长主要得益于 IT 服务及应用、号百信息服务等业务的快速发展。移动综合信息应用服务收入为人民币 67.49 亿元，较 2011 年增长 61.8%。

6. 基础数据及网元出租

2012 年，基础数据及网元出租业务收入为人民币 157.10 亿元，较 2011 年的人民币 142.73 亿元增长 10.1%，占经营收入的比重为 5.5%。由于政企客户信息化的需求不断增加，国内电路出租收入、IP-VPN 业务收入、光纤管道出租收入等增长较快。移动基础数据及网元出租业务收入为人民币 1.60 亿元。

7. 其他

2012 年，其他业务收入为人民币 329.24 亿元，较 2011 年的人民币 212.86 亿元增长 54.7%，占经营收入的比重为 11.6%。随着移动用户规模的扩大，本集团进一步加大移动终端设备特别是 3G 智能手机的采购和销售力度，移动终端设备销售收入为人民币 247.57 亿元，较 2011 年增长 77.7%。

（三）经营费用

本集团抓住引入 iPhone 发展机遇，在合理统筹资源的同时，适度增加成本投入，进一步推动高端市场整体突破，促进未来可持续发展。2012 年，本集团的经营费用为人民币 2618.87 亿元，较 2011 年增长 18.5%，经营费用占经营收入的比重为 92.5%，较 2011 年上升 2.3 个百分点。

下表列示 2011 年和 2012 年本集团各项经营费用的金额和他们的变化率：

（除百分比数字外，单位皆为人民币百万元）	分别截止至各年度 12 月 31 日		
	2012 年	2011 年（重列）	变化率
折旧及摊销	49655	51233	(3.1%)
网络运营及支撑成本	66003	52925	24.7%
销售、一般及管理费用	63076	48746	29.4%
人工成本	42812	39167	9.3%
其他经营费用	40341	28870	39.7%
经营费用合计	261887	220941	18.5%

1. 折旧及摊销

2012年，折旧及摊销为人民币496.55亿元，较2011年的人民币512.33亿元下降3.1%，占经营收入的比重为17.5%。下降主要得益于本集团持续加强资本支出管控。

2. 网络运营及支撑成本

2012年，网络运营及支撑成本为人民币660.03亿元，较2011年的人民币529.25亿元增长24.7%，占经营收入的比重为23.3%。增长的原因是CDMA网络容量租赁费以及运营维护费随着业务的发展而相应增加。2012年CDMA网络容量租赁费为人民币255.46亿元，较2011年增长34.4%。

3. 销售、一般及管理费用

2012年，销售、一般及管理费用为人民币630.76亿元，较2011年的人民币487.46亿元增长29.4%，占经营收入的比重为22.3%。增长的主要原因是本集团利用引入iPhone机遇，扩大高端用户市场，适当增加了营销投入。其中广告及宣传费用为人民币349.01亿元，较2011年增长26.9%；第三方佣金及服务支出为人民币195.37亿元，较2011年增长36.0%。2012年，面对激烈的移动业务竞争，本集团增加了广告及宣传费用中的免费或低价提供给客户的终端设备成本投入，2012年为人民币217.54亿元，较2011年增长39.1%。同时，本集团继续加强一般及管理费用的管控，一般及管理费用较上年同期增长15.0%，略低于同期收入增长幅度。

4. 人工成本

2012年，人工成本为人民币428.12亿元，较2011年的人民币391.67亿元增长9.3%，占经营收入的比重为15.1%，占收比较2011年下降0.9个百分点。本集团加强人工成本管控，人工成本增幅低于同期收入增幅。同时，本集团适当加大了对高端人才以及基层员工的激励力度。

5. 其他经营费用

2012年，其他经营费用为人民币403.41亿元，较2011年的人民币288.70亿元增长39.7%，占经营收入的比重为14.3%。增长的主要原因是本集团增加了对移动终端的销售。移动终端设备销售支出为人民币230.99亿元，同比增长79.5%。

（四）财务成本净额

2012年，本集团财务成本净额为人民币15.64亿元，较2011年的人民币22.54亿元下降30.6%，其中净利息支出减少人民币5.56亿元，减少的原因为本集团偿还了部份付息债。2012年汇兑净损失为人民币0.01亿元。2011年汇兑净收益为人民币0.51亿元。汇兑净损益变动主要是人民币对欧元汇率贬值所致。

（五）盈利水平

1. 所得税

本集团的法定所得税率为25%。2012年，本集团所得税费用为人民币47.53亿元，实际税率为 24.0%。本集团实际税率与法定税率存在差异的主要原因是部分子公司和处于西部地区的部分分公司享受税收优惠政策，执行的税率低于法定税率。

2. 本公司股东应占利润

2012 年，本公司股东应占利润为人民币 149.25 亿元，较 2011 年的人民币 165.00 亿元下降 9.5%。下降的原因是本集团紧抓规模发展机遇，适当增加了成本投入。

（六）收购移动网络

为实现移动业务一体化运营，提升公司未来盈利能力，本公司与其控股股东中国电信集团公司于 2012 年 8 月 22 日签订了收购协议，收购中国电信集团公司通过网络资产分公司所持有位于中国 30 个省、直辖市及自治区的若干 CDMA 网络资产及相关负债（“移动网络收购”），该收购于 2012 年 12 月 31 日完成。根据收购协议，最终对价约为人民币 872.10 亿元，其中资产约为人民币 1197.15 亿元，相关负债约为人民币 325.05 亿元。最终对价中首期对价人民币 255.00 亿元已于 2013 年 1 月支付完毕，递延对价约为人民币 617.10 亿元将于交割日之后满 5 周年当日或之前支付，首年年利率为 4.83%。由于本次交易为资产收购，因此有关资产及相关负债在交割日按收购价格入账。

（七）资本支出及现金流量

1. 资本支出

为巩固宽带网络优势，提升网络核心竞争能力，2012 年，本集团继续加大宽带网络建设投入；同时注重优化投资结构，重点保障高增长型业务投资，严格控制传统固网投资。2012 年本集团资本支出为人民币 537.31 亿元，较 2011 年的人民币 495.51 亿元增长 8.4%。

2. 现金流量

2012 年，本集团的现金及现金等价物净增加为人民币 26.13 亿元，2011 年的现金及现金等价物净增加为人民币 16.49 亿元。

下表列示 2011 年和 2012 年本集团的现金流情况：

（人民币百万元）	分别截止至各年度 12 月 31 日	
	2012 年	2011 年（重列）
经营活动产生的现金流量净额	70667	73009
投资活动所用的现金流量净额	(48252)	(43637)
融资活动所用的现金流量净额	(19802)	(27723)
现金及现金等价物净增加	2613	1649

2012 年，经营活动产生的净现金流入为人民币 706.67 亿元，较 2011 年的人民币 730.09 亿元减少人民币 23.42 亿元。

2012 年，投资活动所用的净现金流出为人民币 482.52 亿元，较 2011 年的人民币 436.37

亿元增加人民币 46.15 亿元。现金净流出增加的主要原因是本集团资本性支出较 2011 年有所增加。

2012 年，融资活动所用的净现金流出为人民币 198.02 亿元，较 2011 年的人民币 277.23 亿元减少人民币 79.21 亿元。现金净流出减少主要原因是本集团 2012 年偿还银行及其他贷款较 2011 年有所减少。

3. 营运资金

2012 年底，本集团的营运资金（即总流动资产减总流动负债）为短缺人民币 1282.51 亿元，比 2011 年短缺人民币 676.81 亿元增加人民币 605.70 亿元，短缺增加主要是移动网络收购增加应付款项约人民币 580.05 亿元（包括首期对价人民币 255.00 亿元及相关负债人民币 325.05 亿元）。截至 2012 年 12 月 31 日，本集团未动用信贷额度为人民币 1631.30 亿元（2011 年：人民币 1189.70 亿元）。2012 年底，本集团拥有的现金及现金等价物为人民币 299.82 亿元，其中人民币现金及现金等价物占 97.6%（2011 年：94.4%）。

（八）资产负债情况

2012 年，本集团收购移动网络后，财务水平继续保持稳健。截至 2012 年底，本集团的总资产由 2011 年底的人民币 4191.51 亿元增长至人民币 5450.72 亿元；总债务由 2011 年底的人民币 521.03 亿元增长至人民币 998.08 亿元。本集团总债务对总资产的比例由 2011 年底的 12.4% 增加至 2012 年底的 18.3%，主要原因是移动网络收购产生的递延对价。

1. 债务

本集团于 2011 年底和 2012 年底的债务分析如下：

（人民币百万元）	分别截止至各年度 12 月 31 日	
	2012 年	2011 年
短期贷款	6523	9187
一年内到期的长期贷款	10212	11766
长期贷款及应付款 （不包括一年内到期的部分）	83070	31150
融资租赁应付款	3	—
总债务	99808	52103

2012 年底，本集团的总债务为人民币 998.08 亿元，较 2011 年底增加了人民币 477.05 亿元，增加的主要原因是移动网络收购产生的递延对价。本集团的总债务中，人民币贷款、美元贷款、日元贷款、欧元贷款分别占 98.9%（2011 年：94.7%）、0.6%（2011 年：1.3%）、0%（2011 年：3.1%）和 0.5%（2011 年：0.9%）。债务中固定利率贷款占 37.5%（2011 年：96.3%），其余为浮动利率贷款。

于 2012 年 12 月 31 日，本集团并无抵押任何资产作债务之抵押品（2011 年：无）。

本集团大部分业务获得的收入和支付的费用都以人民币进行交易，因此本集团并无任何外汇波动引致的重大风险。

（九）合约承诺

（人民币百万元）	各期间到期应付款项						
	总额	2013年1月1日—2013年12月31日内	2014年1月1日—2014年12月31日内	2015年1月1日—2015年12月31日内	2016年1月1日—2016年12月31日内	2017年1月1日—2017年12月31日内	其后
短期贷款	6652	6652	—	—	—	—	—
长期贷款及应付款	110705	14571	23997	3075	3074	65292	696
融资租赁应付款	3	—	2	1	—	—	—
经营性租赁承诺	6919	2119	1195	877	686	553	1489
资本承诺	7103	7103	—	—	—	—	—
合约承诺总额	131382	30445	25194	3953	3760	65845	2185

注：短期贷款、长期贷款及应付款和融资租赁应付款包括已确认及未确认的应付利息，上述列示金额并未折现。

附：上市公司主要报表

1. 财务概要

于 2012 年 12 月 31 日

(除每股数字外，以百万元列示)

	2012 年 人民币	2011 年 人民币 （重列）	2010 年 人民币 （重列）	2009 年 人民币 （重列）	2008 年 人民币 （重列）
经营成果					
固网语音	43335	49764	62498	78432	96258
移动语音	49166	38628	28906	20027	3955
互联网	87660	74992	63985	51567	40727
基础数据及网元出租	15710	14273	12389	11499	10231
增值业务、综合信息应用服务及其他	87202	67313	51622	46728	33374
一次性初装费收入	—	98	497	1151	2022
经营收入	283073	245068	219897	209404	186567
折旧及摊销	49655	51233	52224	52806	54513
网络运营及支撑成本	66003	52925	47445	43733	60445
销售、一般及管理费用	63076	48746	42136	40512	27507
人工成本	42812	39167	35537	32869	28957
其他经营费用	40341	28870	19111	17453	10800
经营费用	261887	220941	196453	187373	182222
经营收益	21186	24127	23444	22031	4345
财务成本净额	(1564)	(2254)	(3600)	(4375)	(5076)
投资收益	93	40	328	791	5
应占联营公司的收益	78	99	131	101	112
税前利润/（亏损）	19793	22012	20303	18548	(614)
所得税	(4753)	(5416)	(4846)	(4382)	983
本年利润	15040	16596	15457	14166	369
本年其他综合收益					
可供出售股权证券公允价值的变动	(228)	(205)	132	538	(92)
可供出售股权证券公允价值的变动的递延税项	57	51	(48)	(120)	23
换算中国大陆境外附属公司财务报表的汇兑差额	(3)	(103)	(48)	(2)	(83)
应占联营公司的其他综合收益	—	—	(25)	—	—
税后的本年其他综合收益	(174)	(257)	11	416	(152)
本年综合收益合计	14866	16339	15468	14582	217
股东应占利润					
本公司股东应占利润	14925	16500	15339	13962	274
非控制性权益股东应占利润	115	96	118	204	95
本年利润	15040	16596	15457	14166	369

续表

	2012 年 人民币	2011 年 人民币 （重列）	2010 年 人民币 （重列）	2009 年 人民币 （重列）	2008 年 人民币 （重列）
股东应占综合收益					
本公司股东应占综合收益	14751	16243	15350	14303	122
非控制性权益股东应占综合收益	115	96	118	279	95
本年综合收益合计	14866	16339	15468	14582	217
每股基本净利润	0.18	0.20	0.19	0.17	0.003
财务状况					
物业、厂房及设备净额	373743	268904	272514	283594	296436
在建工程	32484	18448	14445	11567	13622
其他非流动资产	73635	72218	78366	83908	88598
现金及银行存款	32712	29176	27792	35246	28263
其他流动资产	32498	30405	27458	25700	27250
资产合计	545072	419151	420575	440015	454169
流动负债	193461	127262	126932	143492	176801
非流动负债	85581	34979	47482	59323	47770
负债合计	279042	162241	174414	202815	224571
本公司股东应占权益	265069	256122	245665	236352	228119
非控制性权益	961	788	496	848	1479
权益合计	266030	256910	246161	237200	229598
负债及权益合计	545072	419151	420575	440015	454169

2. 合并财务状况表

于 2012 年 12 月 31 日

（以百万元列示）

	2012 年 12 月 31 日 人民币	2011 年 12 月 31 日 人民币（重列）	2011 年 1 月 1 日 人民币（重列）
资产			
非流动资产			
物业、厂房及设备净额	373743	268904	272514
在建工程	32484	18448	14445
预付土地租赁费	25759	26280	27078
商誉	29918	29918	29920
无形资产	9214	7715	9968
所拥有联营公司的权益	1016	985	1123
投资	616	648	854
递延税项资产	2922	3070	5024
其他资产	4190	3602	4399

续表

	2012 年 12 月 31 日 人民币	2011 年 12 月 31 日 人民币（重列）	2011 年 1 月 1 日 人民币（重列）
非流动资产合计	479862	359570	365325
流动资产			
存货	5928	4843	3174
应收所得税	1505	2425	1882
应收账款净额	18768	18471	17328
预付款及其他流动资产	6297	4666	5074
原限期为三个月以上的定期存款	2730	1804	1968
现金及现金等价物	29982	27372	25824
流动资产合计	65210	59581	55250
资产合计	545072	419151	420575
负债及权益			
流动负债			
短期贷款	6523	9187	20675
一年内到期的长期贷款	10212	11766	10352
应付账款	68844	44359	40041
预提费用及其他应付款	105736	59375	52892
应付所得税	492	482	327
一年内摊销的递延收入	1654	2093	2645
流动负债合计	193461	127262	126932
净流动负债	(128251)	(67681)	(71682)
资产合计扣除流动负债	351611	291889	293643
非流动负债			
长期贷款及应付款	83070	31150	42549
融资租赁应付款	3	—	—
递延收入	1791	2712	3558
递延税项负债	717	1117	1375
非流动负债合计	85581	34979	47482
负债合计	279042	162241	174414
权益			
股本	80932	80932	80932
储备	184137	175190	164733
本公司股东应占权益合计	265069	256122	245665
非控制性权益	961	788	496
权益合计	266030	256910	246161
负债及权益合计	545072	419151	420575

3. 财务状况表

于 2012 年 12 月 31 日

（以百万元列示）

	2012 年 12 月 31 日 人民币	2011 年 12 月 31 日 人民币	2011 年 1 月 1 日 人民币
资产			
非流动资产			
物业、厂房及设备净额	371738	266848	271077
在建工程	32080	18174	14243
预付土地租赁费	25742	26262	27072
商誉	29877	29877	29877
无形资产	8962	7534	9852
对附属公司的投资	6078	6178	5272
对联营公司的投资	564	619	777
投资	612	644	849
递延税项资产	2716	2945	4923
其他资产	4078	3546	4367
非流动资产合计	482447	362627	368309
流动资产			
存货	3183	2364	2000
应收所得税	1494	2375	1878
应收账款净额	17789	17114	15923
预付款及其他流动资产	5135	4172	4720
原限期为三个月以上的定期存款	580	375	373
现金及现金等价物	20862	19905	19939
流动资产合计	49043	46305	44833
资产合计	531490	408932	413142
负债及权益			
流动负债			
短期贷款	6476	9187	20675
一年内到期的长期贷款	10212	11766	10352
应付账款	64043	40523	37620
预提费用及其他应付款	102657	57363	51225
应付所得税	291	353	198
一年内摊销的递延收入	1651	2091	2645
流动负债合计	185330	121283	122715
净流动负债	(136287)	(74978)	(77882)
资产合计扣除流动负债	346160	287649	290427
非流动负债			
长期贷款及应付款	82690	31150	42549
融资租赁应付款	3	—	—
递延收入	1791	2712	3558
递延税项负债	627	1002	1276
非流动负债合计	85111	34864	47383
负债合计	270441	156147	170098
权益			
股本	80932	80932	80932
储备	180117	171853	162112
权益合计	261049	252785	243044
负债及权益合计	531490	408932	413142

4. 合并综合收益表

截至 2012 年 12 月 31 日止年度

（除每股数字外，以百万元列示）

	2012 年人民币	2011 年人民币（重列）
经营收入	283073	245068
经营费用		
折旧及摊销	(49655)	(51233)
网络运营及支撑成本	(66003)	(52925)
销售、一般及管理费用	(63076)	(48746)
人工成本	(42812)	(39167)
其他经营费用	(40341)	(28870)
经营费用合计	(261887)	(220941)
经营收益	21186	24127
财务成本净额	(1564)	(2254)
投资收益	93	40
应占联营公司的收益	78	99
税前利润	19793	22012
所得税	(4753)	(5416)
本年利润	15040	16596
本年其他综合收益		
可供出售股权证券公允价值的变动	(228)	(205)
可供出售股权证券公允价值的变动的递延税项	57	51
换算中国大陆境外附属公司财务报表的汇兑差额	(3)	(103)
税后的本年其他综合收益	(174)	(257)
本年综合收益合计	14866	16339
股东应占利润		
本公司股东应占利润	14925	16500
非控制性权益股东应占利润	115	96
本年利润	15040	16596
股东应占综合收益		
本公司股东应占综合收益	14751	16243
非控制性权益股东应占综合收益	115	96
本年综合收益合计	14866	16339
每股基本净利润	0.18	0.20
股数（百万股）	80932	80932

5. 合并权益变动表

截至 2012 年 12 月 31 日止年度

（以百万元列示）

	本公司股东应占权益									
	股本 人民币	资本公积 人民币	股本溢价 人民币	法定储备 人民币	其他储备 人民币	汇兑储备 人民币	留存收益 人民币	合计 人民币	非控制性权益 人民币	权益合计 人民币
上年度已报告的 2011 年 1 月 1 日余额	80932	16767	10746	62634	438	(715)	74826	245628	496	246124
就第六次收购作出的调整	—	—	—	—	—	—	37	37	—	37
重列后的 2011 年 1 月 1 日余额	80932	16767	10746	62634	438	(715)	74863	245665	496	246161
本年利润（重列）	—	—	—	—	—	—	16500	16500	96	16596
其他综合收益	—	—	—	—	(154)	(103)	—	(257)	—	(257)
综合收益合计（重列）	—	—	—	—	(154)	(103)	16500	16243	96	16339
分配予非控制性权益	—	—	—	—	—	—	—	—	(57)	(57)
取得非控制性权益	—	—	—	—	(1)	—	—	(1)	(1)	(2)
取得第五被收购集团	—	—	—	—	—	—	(19)	(19)	—	(19)
取得附属公司	—	—	—	—	—	—	—	—	264	264
处置附属公司	—	—	—	—	—	—	—	—	(10)	(10)
分配予中国电信集团	—	—	—	—	—	—	(3)	(3)	—	(3)
股息	—	—	—	—	—	—	(5763)	(5763)	—	(5763)
利润分配	—	—	—	1682	—	—	(1682)	—	—	—
重列后的 2011 年 12 月 31 日余额	80932	16767	10746	64316	283	(818)	83896	256122	788	256910
本年利润	—	—	—	—	—	—	14925	14925	115	15040
其他综合收益	—	—	—	—	(171)	(3)	—	(174)	—	(174)
综合收益合计	—	—	—	—	(171)	(3)	14925	14751	115	14866
非控制性权益投入	—	249	—	—	—	—	—	249	131	380
分配予非控制性权益	—	—	—	—	—	—	—	—	(73)	(73)
取得第六被收购业务	—	(48)	—	—	—	—	—	(48)	—	(48)
股息	—	—	—	—	—	—	(5625)	(5625)	—	(5625)
利润分配	—	—	—	1413	—	—	(1413)	—	—	—
其他	—	(380)	—	—	—	—	—	(380)	—	(380)
2012 年 12 月 31 日余额	80932	16588	10746	65729	112	(821)	91783	265069	961	266030

6. 合并现金流量表

截至 2012 年 12 月 31 日止年度

(以百万元列示)

	2012 年人民币	2011 年人民币(重列)
经营活动产生的现金净额	70667	73009
投资活动所用的现金流量		
资本支出	(50028)	(48495)
购买投资支付的现金	—	(6)
预付土地租赁费所支付的现金	(133)	(60)
处置物业、厂房及设备所收到的现金	2696	3234
转让预付土地租赁费所收到的现金	255	487
出售投资所收到的现金	—	1040
处置附属公司导致的现金流出	(116)	—
收回投资所收到的现金	—	10
原限期在三个月以上的定期存款投资额	(2730)	(1804)
原限期在三个月以上的定期存款到期额	1804	1968
取得附属公司所支付的现金	—	(11)
投资活动所用的现金净额	(48252)	(43637)
融资活动所用的现金流量		
取得银行及其他贷款所收到的现金	9702	23876
偿还银行及其他贷款所支付的现金	(24133)	(45329)
支付股息	(5625)	(6174)
取得非控制性权益所支付的现金	—	(1)
支付第五次收购对价所支付的现金	(29)	(27)
支付第六次收购对价所支付的现金	(48)	—
分配予中国电信集团	—	(3)
收到的/(分配予)非控制性权益的现金净额	331	(65)
融资活动所用现金净额	(19802)	(27723)
现金及现金等价物增加净额	2613	1649
于 1 月 1 日的现金及现金等价物	27372	25824
汇率变更的影响	(3)	(101)
于 12 月 31 日的现金及现金等价物	29982	27372

(a)税前利润与经营活动产生的现金净额的调节

	2012 年人民币	2011 年人民币(重列)
税前利润	19793	22012
调整:		
折旧及摊销	49655	51233
呆坏账的减值损失	1612	1367

续表

	2012 年人民币	2011 年人民币（重列）
存货的减值损失	235	96
投资收益	(93)	(40)
应占联营公司的收益	(78)	(99)
利息收入	(591)	(405)
利息支出	2154	2710
未实现的汇兑亏损/（收益）	1	(51)
报废和处置物业、厂房及设备的收益	(2429)	(2436)
营运资金变动前的经营利润	70259	74387
应收账款增加	(2125)	(2546)
存货增加	(1185)	(1763)
预付款及其他流动资产增加	(1025)	(3019)
其他资产减少	484	796
应付账款增加	4987	6323
预提费用及其他应付款增加	6233	6939
递延收入减少	(1360)	(1398)
经营产生的现金	76268	79719
收到的利息	587	396
支付的利息	(2200)	(3084)
取得的投资收益	23	42
支付的所得税	(4011)	(4064)
经营活动产生的现金净额	70667	73009

中国移动通信集团公司2012年发展综述*

中国移动通信集团公司

中国移动有限公司（“本公司”，包括子公司合称为“本集团”）于 1997 年 9 月 3 日在香港成立，并于 1997 年 10 月 22 日和 23 日分别在纽约证券交易所（“纽约交易所”）和香港联合交易所有限公司（“香港交易所”）上市。公司股票在 1998 年 1 月 27 日成为香港恒生指数成份股。本集团是中国内地最大的移动通信服务供货商，拥有全球最多的移动用户和全球最大规模的移动通信网络。2012 年，本公司再次被国际知名《金融时报》选入其“全球 500 强”，被著名商业杂志《福布斯》选入其“全球 2000 领先企业榜”，并再次入选道 · 琼斯可持续发展指数（Dow Jones Sustainability Indexes）。本公司的债信评级目前为穆迪公司评级 Aa3/前景正面和标准普尔公司评级 AA-/前景稳定，分别等同于目前的中国国家主权评级。

本公司全资拥有以下主要子公司：

中国移动通信有限公司（“通信公司”）、中国移动通信集团广东有限公司（“广东移动”）、中国移动通信集团浙江有限公司（“浙江移动”）、中国移动通信集团江苏有限公司（“江苏移动”）、中国移动通信集团福建有限公司（“福建移动”）、中国移动通信集团河南有限公司（“河南移动”）、中国移动通信集团海南有限公司（“海南移动”）、中国移动通信集团北京有限公司（“北京移动”）、中国移动通信集团上海有限公司（“上海移动”）、中国移动通信集团天津有限公司（“天津移动”）、中国移动通信集团河北有限公司（“河北移动”）、中国移动通信集团辽宁有限公司（“辽宁移动”）、中国移动通信集团山东有限公司（“山东移动”）、中国移动通信集团广西有限公司（“广西移动”）、中国移动通信集团安徽有限公司（“安徽移动”）、中国移动通信集团江西有限公司（“江西移动”）、中国移动通信集团重庆有限公司（“重庆移动”）、中国移动通信集团四川有限公司（“四川移动”）、中国移动通信集团湖北有限公司（“湖北移动”）、中国移动通信集团湖南有限公司（“湖南移动”）、中国移动通信集团陕西有限公司（“陕西移动”）、中国移动通信集团山西有限公司（“山西移动”）、中国移动通信集团内蒙古有限公司（“内蒙古移动”）、中国移动通信集团吉林有限公司（“吉林移动”）、中国移动通信集团黑龙江有限公司（“黑龙江移动”）、中国移动通信集团贵州有限公司（“贵州移动”）、中国移动通信集团云南有限公司（“云南移动”）、中国移动通信集团西藏有限公司（“西藏移动”）、中国移动通信集团甘

* 内容全部选自 2012 年中国移动通信集团公司上市财报。

肃有限公司（“甘肃移动”）、中国移动通信集团青海有限公司（“青海移动”）、中国移动通信集团宁夏有限公司（“宁夏移动”）、中国移动通信集团新疆有限公司（“新疆移动”），中国移动通信集团设计院有限公司（“设计院”），中国移动香港有限公司（“香港移动”），及中国移动国际有限公司（“国际公司”），并通过以上子公司在中国内地所有 31 个省、自治区、直辖市以及香港特别行政区提供移动通信服务。

此外，本公司还持有中国移动通信集团终端有限公司（“终端公司”）99.97%的股权，通过北京移动间接持有中国移动通信集团财务有限公司（“财务公司”）92%的股权，以及卓望控股有限公司（“卓望”）66.41%的股权。

于 2012 年 12 月 31 日，本集团的员工总数达 182487 人，客户总数达 7.10 亿户并保持内地市场领先地位。

本公司的主要股东是中国移动（香港）集团有限公司（“移动（香港）集团”）。于 2012 年 12 月 31 日，该集团公司通过其全资拥有的子公司中国移动香港（BVI）有限公司（“移动香港(BVI)”），间接持有本公司约 74.08%的股本权益，余下约 25.92%之股本权益则由公众人士持有。

一、财务摘要

	2012 年	2011 年	2010 年
营运收入（人民币百万元）	560413	527999	485231
EBITDA（人民币百万元）	253646	251025	239382
EBITDA 率	45.3%	47.5%	49.3%
股东应占利润（人民币百万元）	129274	125870	119640
股东应占利润率	23.1%	23.8%	24.7%
每股基本盈利（人民币元）	6.43	6.27	5.96
每股股息－中期（港元）	1.633	1.580	1.417
－末期（港元）	1.778	1.747	1.597
－全年（港元）	3.411	3.327	3.014

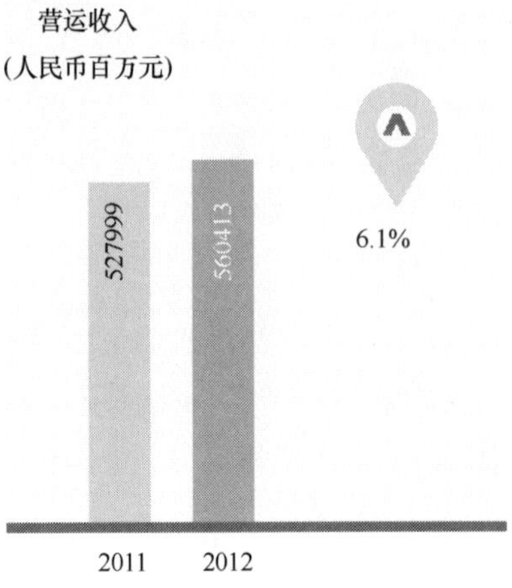

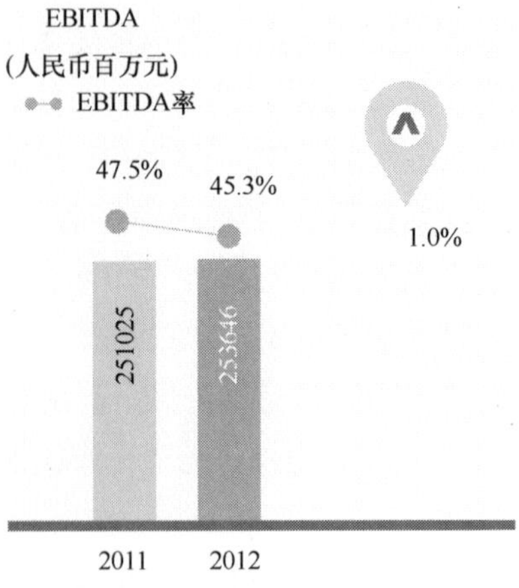

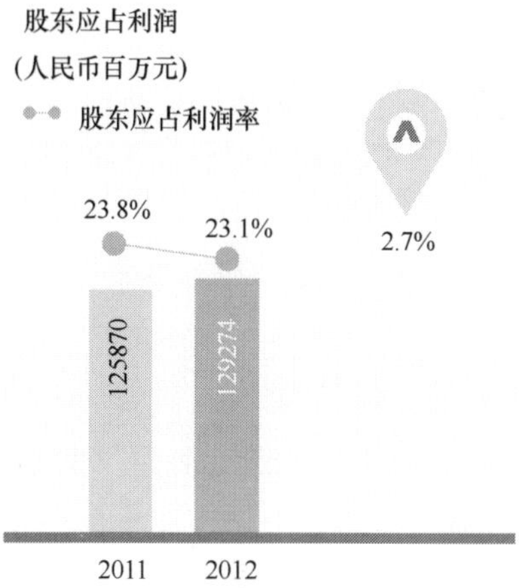

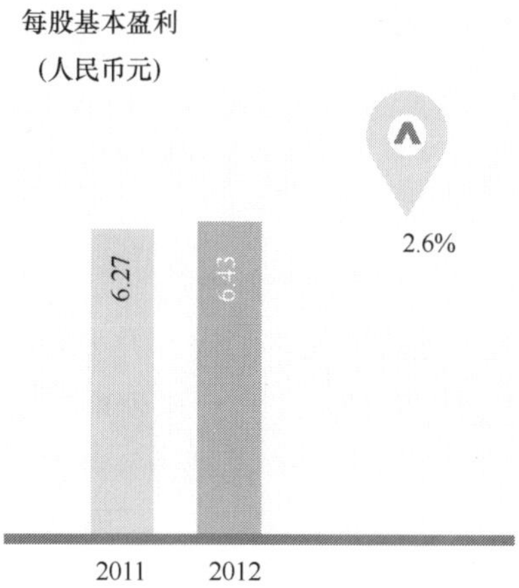

二、业务概览

2012 年，移动通信市场普及率日益提高、运营商同质竞争进一步白热化、互联网业务替代加剧，使本集团面临严峻考验。面对各种挑战，本集团深化实施四网协同、全业务以及移动互联网的发展战略，注重质量、服务、创新，全面增强核心能力，巩固传统市场优势，加强流量经营，努力拓展信息服务，继续保持了规模优势，经营业绩平稳增长，运营管理再上台阶。

截至 2012 年底，本集团客户总数达到 7.10 亿户，比上年增长 9.3%；2012 年，总通话分钟数达到 4.19 万亿分钟，比上年增长 7.8%；数据业务收入达到 1663 亿元，比上年增长 19.4%；数据业务收入占营运收入的比例达到 29.7%，比上年提高 3.3 个百分点；其中，无线上网业务收入达到 683 亿元，比上年增长 53.6%。

本集团主要营运数据

	2012 年	2011 年
客户总数（百万户）	710.3	649.6
净增客户数（百万户）	60.7	65.6
3G 客户总数（百万户）	87.9	51.2
3G 净增客户数（百万户）	36.7	30.5
总通话分钟数（十亿分钟）	4192.3	3887.2
平均每月每户通话分钟数（MOU）（分钟/户/月）	512	525
平均每月每户收入（ARPU）（元/户/月）	68	71
短信使用量（十亿条）	744.5	736.1
无线上网业务流量（十亿 MB）	1039.2	361.4

（一）经营业绩

2012 年，本集团加强存量经营和增量拓展，继续保持了规模优势。截至 2012 年底，本集团客户总数达到 7.10 亿户，全年净增客户数 6073 万户。受普及率提高和市场竞争加剧的影响，净增客户市场份额下降。3G 客户发展加快，客户规模达到 8793 万户。3G 手机销售超过 5600 万部，智能手机占比逾六成。通过整合资费、业务、服务、终端等要素增强客户稳定性，提升客户价值，中高端客户基本稳定。大力推进集团客户经营，截至 2012 年底，集团客户数达到 346 万家，其个人客户数占客户总数的比例达到 34.5%，集团专线累计达到 78.1 万条。

2012 年，本集团进一步挖掘话务需求，以“长途、漫游、闲时、群内”为重点，积极开展话务量营销，进一步激发话务量。总通话分钟数达到 4.19 万亿分钟，比上年增长 7.8%；平均每月每户通话分钟数（MOU）达到 512 分钟；语音业务收入达到 3680 亿元，比上年增长 1.1%。受互联网业务替代的影响，语音业务面临增长瓶颈。

2012 年，本集团数据业务继续快速发展。数据业务收入达到 1663 亿元，比上年增长 19.4%，占营运收入的比例为 29.7%。

其中，无线上网业务高速增长。2012 年，本集团加强流量经营，通过完善适应流量经营的业务流程体系，提升流量的规模和效益，实现业务量和收入同步健康发展。无线上网业务流量达到 1.04 万亿 MB，比上年增长 187.6%。收入达到 683 亿元，比上年增长 53.6%，占营运收入的比例提升至 12.2%，成为拉动收入增长的主要驱动力。

应用及信息服务快速发展。2012 年，收入达到 539 亿元，比上年增长 11.2%。其中，手机邮箱、手机阅读、手机视频和手机游戏等重点业务收入已达到一定规模，增势良好；位置服务、手机动漫等业务也呈现出迅速发展态势。

2012 年，短信及彩信业务收入为 442 亿元，比上年下降 4.8%。受互联网业务替代的影响，点对点短信及彩信业务收入下降较快，集团短信及彩信业务发展势头良好，在一定程度上延缓了整体下滑速度。

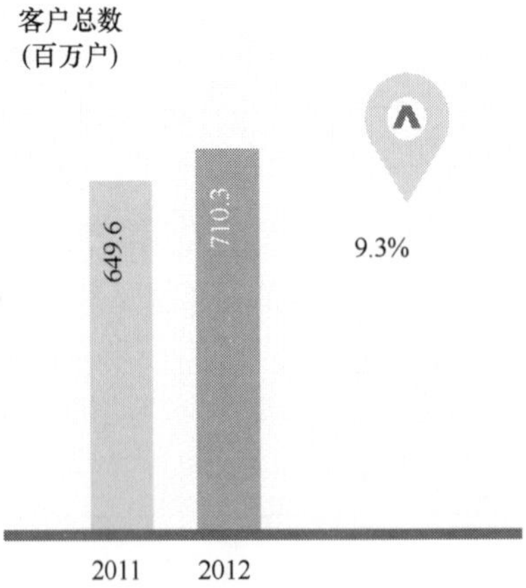

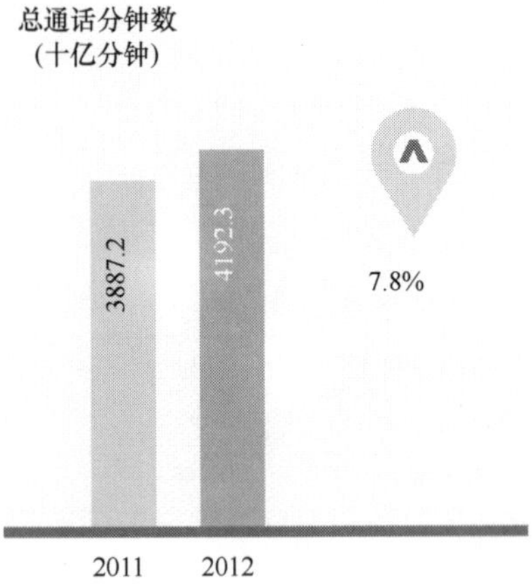

（二）战略转型

为适应行业生态环境的变化，本集团积极实施战略转型，确立了深化四网协同发展、增强基础网络资源能力、拓展移动互联网领域三个发展方向。

本集团通过四网协同发展来保持网络的综合竞争优势，网络能力和覆盖水平持续提升。截至 2012 年底，2G 基站数达到 81 万个，网络利用率保持在合理水平，话音质量持续领先。母公司 3G 基站数达到 28 万个，实现县级以上城市和部分乡镇的覆盖，大中城市实现连续覆盖，利用率比上年提升逾 10 个百分点。WLAN 的无线接入点达到 383 万个，WLAN 流量比上年增长 274.0%。推动 15 个城市 TD-LTE 扩大规模试验，建成约 2 万个基站，TD-LTE 技术性能得到充分验证，客户体验良好。其中，在杭州、广州、深圳建设具备试商用能力的网络。完成多模多频段、手机话音及互操作解决方案，引导 TD-LTE 产业加速发展。在香港推出 TD-LTE/LTE FDD 融合网络服务，为 TD-LTE 国际化发展创造有利条件。

本集团加强基础网络资源规划和布局，提升能力，应对全业务竞争。不断增强城域传送网、公共互联网以及宽带接入网等基础资源储备。加快发展 IDC，引入互联网热点资源，流量本网率提升至 75%。重点面向集团客户发展光纤宽带接入能力。在产品方面，初步形成以集团专线、IDC、融合通信、高端家庭宽带为重点的产品体系。充分发挥与母公司的协同效应，试点推出 100M 家庭宽带产品。

本集团坚持“智能管道、开放平台、特色业务、友好界面”的移动互联网战略，推动实施专业运营，加快移动互联网的布局。截至 2012 年底，移动应用商场（Mobile Market）累计注册客户数达到 2.7 亿户，全年应用下载量达到 6.1 亿次。通过 MM、飞信等对外能力开放，进一步聚合产业链。本集团加强对新领域的拓展，在手机支付、云服务、位置服务、智能语音门户等新领域推出了一批特色移动互联网产品。战略性入股科大讯飞，推出了智能语音门户产品“灵犀”。

本集团继续推动“无线城市”规模发展，使其成为连接政府及各行各业与客户之间的桥梁和纽带。2012 年，“无线城市”累计访问客户数达到 7000 万户。加快建设高水平、集中化的物联网专网，提升物联网公共服务平台能力。宜居通、车联网、二维码等物联网 ICT 产品已成熟，并具备比较优势。

（三）质量和服务

本集团牢固树立“质量是通信企业生命线”的理念。2012 年，继续提升基础网络、数据业务和业务支撑的质量。GSM 话音质量继续保持领先水平，3G 网络覆盖水平和质量稳步提升。推动 WLAN 自动认证系统建设，认证成功率显着提升。加强客户体验和业务质量的测评，强化业务上线前的质量把关和常态化监测。业务支撑能力稳步提升，计费、数据业务订购的业务支撑水平保持优秀。

本集团始终贯彻“客户为根、服务为本”的理念。2012 年，深入开展客户服务质量提升活动。持续推进消费者权益保护工作，加强客户信息安全管理，强化服务质量管理，认真解决客户投诉，百万客户升级申诉率全行业最低，客户满意度稳中有升，继续保持行业领先。积极推进营销体系转型，在自有渠道原有卡号销售和客户服务基础上，不断提升终端销售能力，自营厅年度终端销量比上年提升 50%以上。10086.cn 统一门户网站增强了终端和卡号营销功能，电子渠道业务办理量占比提升至 78%。

（四）创新发展

本集团在深化网络创新、技术创新同时，还不断探索管理创新。通过管理集中化、运营专业化、机制市场化、组织扁平化和流程标准化不断提升经营管理水平。

专业化运营初见成效。终端公司聚合产业链合作伙伴，推动终端机型不断丰富、产品质量不断提升，促进渠道进一步扁平化，产品竞争力和销售业绩大幅提升。2012 年，推出 3G 终端 242 款，其中智能手机 138 款。主流机型实现与竞争制式手机“同时、同质、同价”推出。国际公司快速建立具有后发优势的网络和平台，国际带宽较两年前增长近 4 倍。通过加强与国际运营商谈判，进一步降低国际漫游结算单价，推动国际漫游 1/2/3 元区模式，提升了话务量和客户感知。2012 年，本集团还成立了财务公司、政企客户分公司、物联网公司，并且正在积极筹建移动互联网公司和共享服务中心，逐渐形成专业化运营体系。

集中化管理进一步加强。2012 年，本集团继续推进集中化数据中心、呼叫中心、仓储物流体系的建设，华北、西南、西北大区物流中心开始供货运转。扩大集中采购范围，进一步降低采购成本。推进 IT 支撑系统集中化进程，初步实现互联网客户入口集中，完成统一门户客户端试点上线。通过集中化的管理，发挥规模优势，实现降本增效。

本集团在内部建立市场化的人才管理和薪酬激励机制，激发组织活力。优化组织结构，缩短决策流程，提高响应速度。建立统一规范的制度管理体系和运营管理流程，有效提升企业整体运营效率。

（五）资本开支

本集团面向长远发展，前瞻性规划投资。深化四网协同发展，实现网络能力平衡发展；稳步推进基础资源建设，持续提升传送网络能力；大力发展移动互联网、物联网，培育新的业务增长点；持续推进集中化布局。为了适应新形势下产业发展规律，满足业务增长需求和市场竞争需要，本集团将保持合理且必要的投资规模，以提升综合竞争力，同时也将确保投资效率和效益。

本集团 2012 年资本开支为 1274 亿元，主要用于移动通信网（44%）、传输网（28%）、业务网（6%）、支撑网（8%）以及局房土建（11%）的建设。本集团 2013 年的资本开支计划为 1902 亿元。其中各项投资占比分别为：移动通信网（42%）、传输网（31%）、业务网（6%）、支撑网（6%）以及局房土建（13%）。2013 年移动通信网投资包括 TD-LTE 网络，占资本开支总额 22%；今后 TD-LTE 的投资建设将由本集团负责。

（六）前景展望

展望未来，政府制定的走中国特色新型工业化、信息化、城镇化、农业现代化的道路，将为信息化在各个领域的渗透创造巨大空间。随着移动互联网时代的到来，信息服务已广泛融入个人生活和各行各业，“移动改变生活”正成为现实。同时，全球正加速向新一代移动通信技术演进，智能手机正加快普及，这些都为本集团的发展带来空间和机遇。本集团将把握机遇，积极实施战略转型，加快转变方式，调整结构，推动创业布局和创新发展，实现企业持续健康发展。

三、财务概览

- 营运收入增长 6.1%
- EBITDA 率达到 45.3%
- 股东应占利润率达到 23.1%

2012 年，移动普及率进一步上升，电信市场竞争空前激烈，产业价值链接构变化和互联网业务异质替代的影响更加显现；本集团积极应对各种挑战，坚持效益和价值为核心，实施精细管理，巩固和提升核心竞争力，着力推动战略转型和持续健康发展。

主要财务数据

	2012 年人民币百万元	2011 年人民币百万元	变化%
财务表现			
营运收入	560413	527999	6.1
语音业务	368025	364189	1.1
数据业务	166348	139330	19.4
其他	26040	24480	6.4
营运支出	409891	376700	8.8
电路租费	9909	5188	91.0
网间互联支出	25140	23533	6.8
折旧	100848	97113	3.8
人工成本	31256	28672	9.0
销售费用	104906	96830	8.3
其他营运支出	137832	125364	9.9
营运利润	150522	151299	(0.5)
其他收入净额	2208	2559	(13.7)
应占联营公司利润	5685	4306	32.0
股东应占利润	129274	125870	2.7
EBITDA[1]	253646	251025	1.0
每股基本盈利（元）	6.43	6.27	2.6

续表

	2012 年人民币百万元	2011 年人民币百万元	变化%
财务状况			
流动资产	446593	382685	16.7
非流动资产	605516	569873	6.3
资产总额	1052109	952558	10.5
流动负债	297796	273244	9.0
非流动负债	29004	28895	0.4
负债总额	326800	302139	8.2
非控制性权益	1862	1355	37.4
股东应占总权益	723447	649064	11.5
现金流			
经营业务现金流入净额	230709	226756	1.7
投资业务现金流出净额	(191176)	(169356)	12.9
融资业务现金流出净额	(54897)	(58420)	(6.0)
自由现金流[2]	103306	98208	5.2

[1] 本公司对 EBITDA 的定义为未扣除税项、应占合营公司亏损、应占联营公司利润、融资成本、利息收入、营业外收入净额、折旧及其他无形资产摊销前之本年度利润。

[2] 本公司对自由现金流的定义是以经营业务现金流入净额减去资本开支的年度发生额。

（一）财务业绩概况

得益于客户基础稳固、新增客户规模依然可观、无线上网业务强劲增长、应用及信息服务业务良好发展等的有效推动，本集团 2012 年营运收入达到人民币 5604 亿元（如未特别注明，本财务概览以下金额均以人民币列示），比上年增长 6.1%。为有效支撑客户和业务增长，应对市场竞争，巩固和提升公司在网络、渠道、产品与服务、人力资源等方面的核心竞争力，本集团着眼持续健康发展，不断优化资源分配，在适度加大重点资源投入的同时，努力提升资源使用效率和效益，2012 年营运支出为 4099 亿元，比上年增长 8.8%。本集团盈利水平继续处于同业领先，股东应占利润达到 1293 亿元，比上年增长 2.7%，股东应占利润率达到 23.1%；EBITDA 为 2536 亿元，比上年增长 1.0%，EBITDA 率达到 45.3%；每股基本盈利为 6.43 元，比上年增长 2.6%。

健康稳定的业务增长、科学精细的成本管控、理性高效的资本开支投入以及显著的规模效益令本集团继续保持了强劲的现金流。2012 年本集团经营业务现金流入净额和自由现金流分别达到 2307 亿元和 1033 亿元；总借款占总资本比重（总资本为总借款与股东应占总权益之和）和利息保障倍数（息税前利润与利息支出的比率）均保持良好水平。目前公司拥有穆迪 Aa3/前景正面和标普 AA-/前景稳定的评级，分别保持与中国国家主权评级相同。

本集团一贯稳健的资本结构、雄厚的财务实力和强劲的现金流产生能力为抵御风险、实现持续健康发展奠定稳固基础。

（二）营运收入构成

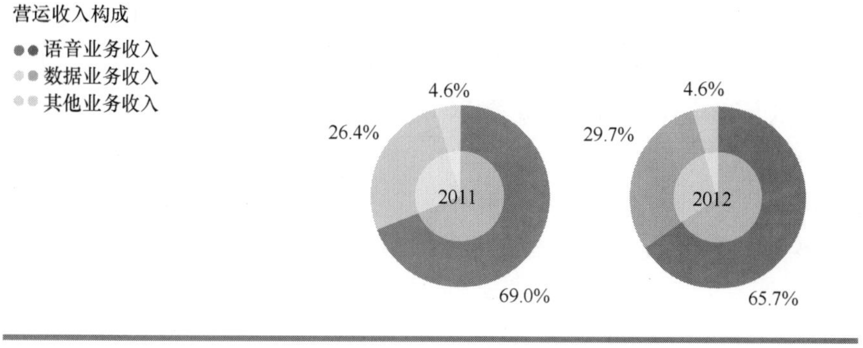

2012 年，本集团客户规模稳步扩大、无线上网业务强劲增长、应用及信息服务业务增势良好，全年营运收入达到 5604 亿元，比上年增长 6.1%。

本集团不断优化客户服务体系，构建差异化竞争优势，深度运营存量客户，积极维系高价值客户，着力拓展集团客户，努力提升客户满意度，2012 年净增客户 6073 万户；3G 市场快速发展，2012 年末 3G 客户达 8793 万户。

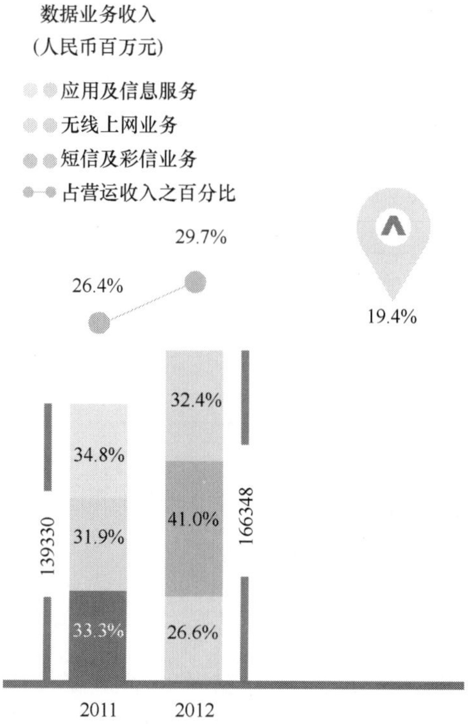

本集团加快推进战略转型，促进业务应用创新，推动在新兴领域的布局和拓展，着力优化业务和收入结构，2012 年数据业务收入达到 1663 亿元，比上年增长 19.4%，占营运收入比重

提升至 29.7%。本集团积极应对新兴互联网业务对传统语音业务的冲击，通过有效的话务量营销，激发话务量增长潜力，保持语音业务总体稳定；加快发展集团短彩信业务，努力减小新兴互联网业务对短彩信替代的影响，2012 年短信及彩信业务收入为 442 亿元，比上年下降 4.8%；发挥四网协同综合优势，促进智能手机快速普及，提升流量疏导效果，推动无线上网业务持续高速增长，2012 年无线上网流量增幅达 187.6%，无线上网业务收入实现 683 亿元，比上年增长 53.6%，占营运收入比重达 12.2%，成为收入增长的首要驱动力；大力促进业务创新，手机邮箱、手机阅读、手机视频、手机游戏等重点业务增势良好，收入规模不断扩大；通过完善营销体系、能力体系和支撑体系，着力拓展集团信息化业务，为持续发展奠定良好基础。

（三）营运支出

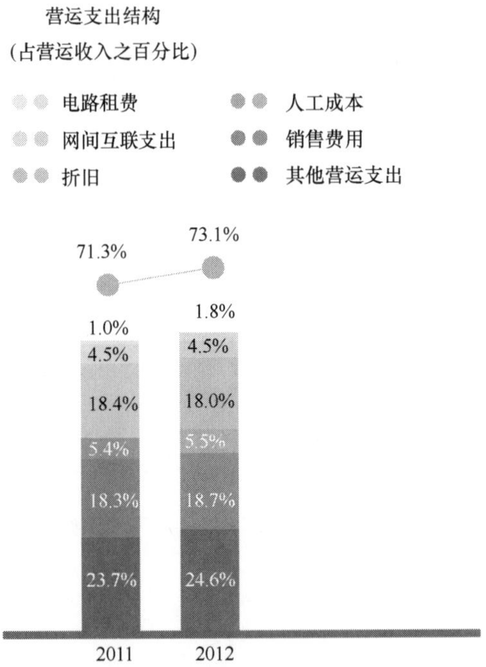

为巩固在移动通信市场的领先地位以及着眼于提升公司未来竞争力，本集团始终坚持前瞻规划、有效配置、理性投入、精细管理的成本资源分配原则，以管理集中化、运营专业化、机制市场化、组织扁平化和流程标准化为目标，不断提升管理效率，优化成本结构，严格控制和压缩非生产性支出，实现低成本高效运营。2012 年营运支出为 4099 亿元，比上年增长 8.8%，占营运收入的比重为 73.1%。本集团将不断强化精细管理，深入开展成本标杆管理，持续优化成本结构，提升成本使用的效率和效益，以实现成本的最佳收益。

1. **电路租费**

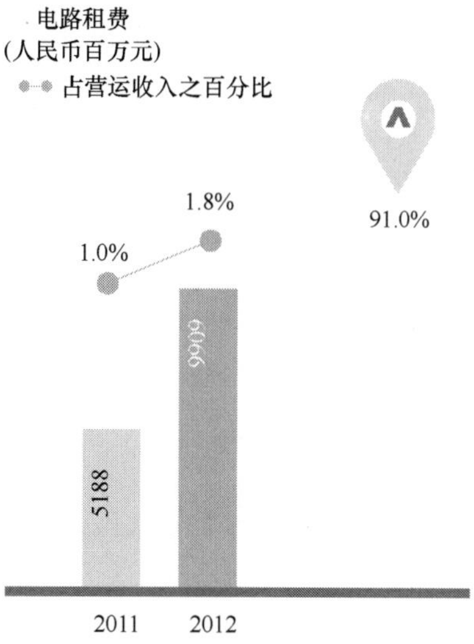

随着 3G 客户规模和 3G 业务快速增长，TD 网络利用率显著提高，本集团按实际 TD 网络占用情况支付给母公司的 TD 无线网络容量租赁费增加较多，2012 年为 25 亿元；并且，互联网端口租赁费也随着移动互联网业务快速发展而增加。2012 年电路租费占营运收入的比重为 1.8%，比上年有所上升。

2. **网间互联支出**

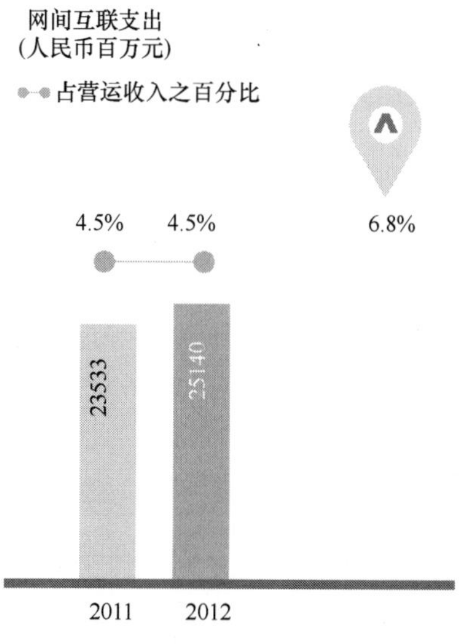

网间互联支出随着网间互联话务量增加而有所增长，2012 年本集团网间互联支出为 251 亿元，比上年增加 16 亿元，占营运收入的比重与上年基本持平。

3. 折旧

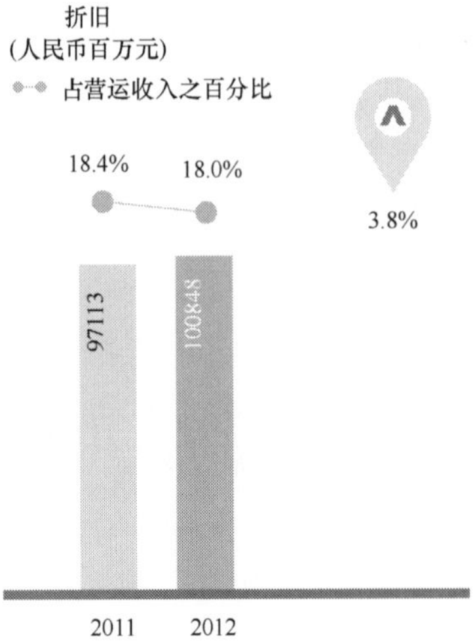

为继续保持网络能力和质量的领先优势，有效支撑客户和业务量增长，促进移动互联网业务快速发展，并为未来持续发展储备一定的资源和能力，本集团持续投入必要的资本开支，以进行相关的网络建设与优化，相应的折旧费用有所增加，本集团 2012 年折旧费用比上年增加 37 亿元。优质的网络为维系和拓展客户、支撑业务健康发展、保持良好的财务业绩提供了根本保障；同时，本集团坚持理性投资，着眼未来持续健康发展，不断优化投资结构，大力推进集中采购，推广最佳实践，认真考虑资本开支投入的成本效益，发挥规模优势，确保取得良好的投资效益。

4. 人工成本

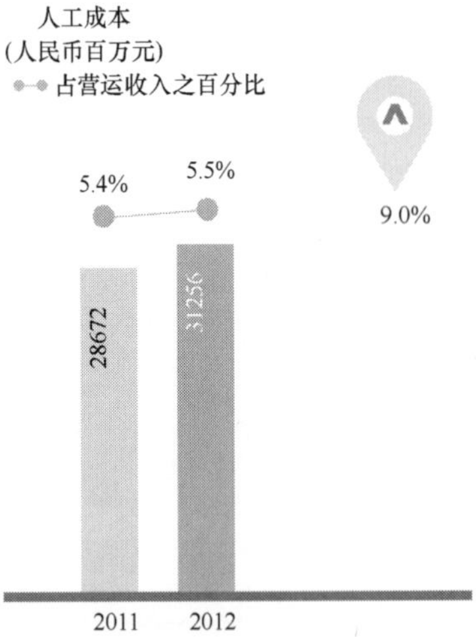

本集团持续强化高效的人才管理和激励机制，促进员工活力和创造力，在继续保持企业人才竞争力的前提下，充分发挥全面预算管理和绩效考核制度的积极作用，合理控制人工成本支出。2012 年，为支撑业务发展和专业化运营，本集团进一步充实各方面人才力量，员工数有所增长，截至 2012 年 12 月 31 日止，本集团共雇用员工 182487 名；2012 年人工成本为 313

亿元，占营运收入比重与上年基本持平。

5. 销售费用

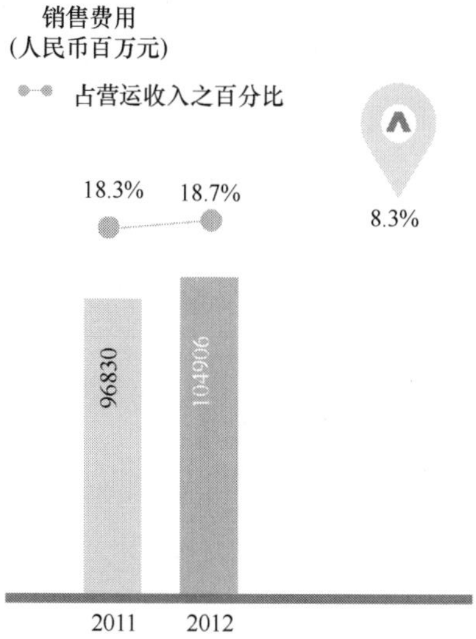

为有效应对市场竞争并着眼于提升未来的竞争力，持续提高客户服务水平和客户满意度，强化存量客户经营，巩固新增市场竞争力，本集团继续加大对营销渠道、终端发展、客户服务等方面的投入，销售费用比上年增加 81 亿元，增幅 8.3%。同时，本集团加强各类营销资源的统筹规划，大力推广电子渠道、客户服务集中管理等低成本高效率的发展模式，优化终端补贴模式并提升补贴效率，销售费用占营运收入比重得到较好控制，2012 年为 18.7%，比上年略有提高；2012 年每客户每月销售费用为 12.8 元，比上年进一步降低，反映出良好的成本效益。

6. 其他营运支出

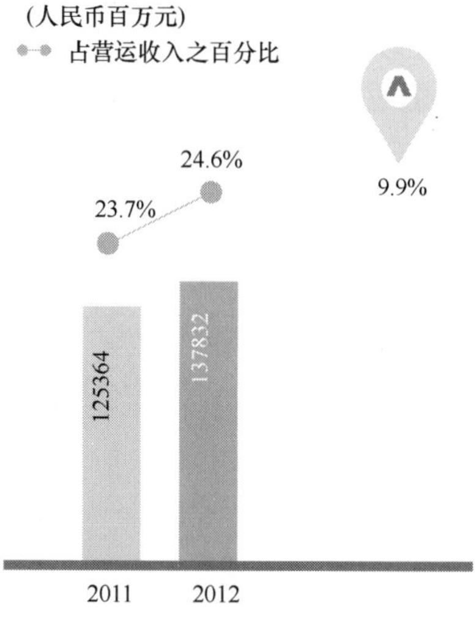

2012 年其他营运支出（主要包括网络维护费、经营租赁费、劳务派遣制用工费用、水电取暖费、坏账、资产注销处置、行政管理及其他）比上年增加 125 亿元。为巩固网络的领先优势、有效支撑客户与业务增长，本集团适度增加了在网络优化、支撑系统和研发等方面的投入；同时，随着资产规模的不断扩大以及租金、能源价格等持续上涨，相应的网络维护费、经营租赁费、水电取暖费等均有所增长。本集团 2012 年底劳务派遣制用工人数达到 334782 名，所支付劳务派遣制用工费用为 239 亿元；同时，本集团高度关注客户信用管理，严格管控客户欠费，2012 年坏账率为 0.80%，保持在良好水平。本集团大力倡导勤俭节约的经营理念，努力压缩行政办公相关支出，推动全员理财，着力打造低成本高效运营体系。

（四）EBITDA、营运利润及股东应占利润

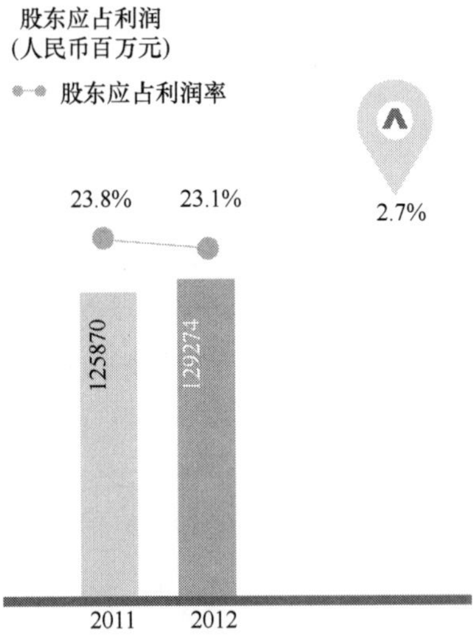

本集团盈利能力继续保持同业较高水平，2012 年股东应占利润率和 EBITDA 率分别达到 23.1%和 45.3%；营运利润达到 1505 亿元；EBITDA、股东应占利润和每股基本盈利分别为 2536 亿元、1293 亿元和 6.43 元。在营运收入增速放缓的情况下，本集团不断优化资源分配，推动管理创新，提升精细管理水平，千方百计增收节支，着力提升集团整体运营效率和盈利能力，不断为股东创造价值。

（五）资金管理、现金流、资本结构及债信评级

1. 资金管理和现金流

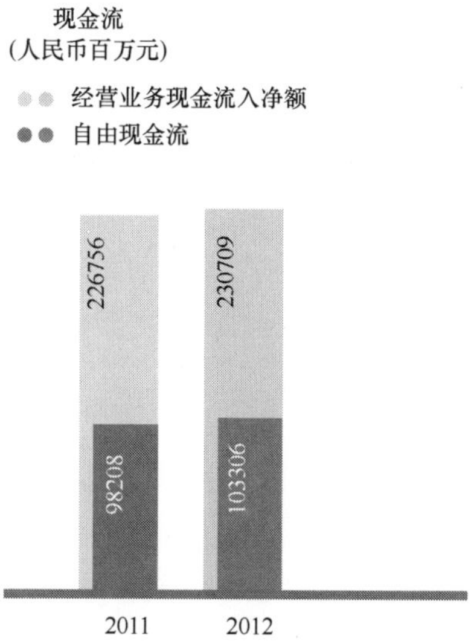

本集团一贯坚持稳健审慎的财务政策和严格的资金管理制度。为进一步保障现金安全、提升资金使用效率并降低资金成本，本集团成立财务公司，继续加大资金集中管理力度，合理调度整体资金，使内部资金得以更加充分有效运用。本集团透过高度集中的投融资管理，严格控制对外投资，确保资金的安全与完整。

2012 年度，本集团继续保持了强劲的现金流，经营业务现金流入净额达到 2307 亿元，自由现金流达到 1033 亿元。截至 2012 年末本集团现金及银行结存余额为 4083 亿元，其中人民币资金占 99.1%，美元资金占 0.2%，港币资金占 0.7%。稳健的资金管理和充裕的现金流为本集团的长远发展奠定了良好的基础。

2. 资本结构

2012 年末，本集团长、短期借款合计为 298 亿元，总借款占总资本的比重为 4.0%，反映出本集团财务状况继续处于十分稳健的水平。总借款中，人民币借款（主要为人民币债券）占 20.8%，美元借款（主要为收购八省、十省的递延对价的结余）占 79.2%。本集团所有借款中 79.4%为浮动利率借款。本集团于 2012 年实际的平均借款利息率约为 1.36%，实际的利息保障倍数约为 408 倍，反映出本集团一贯审慎的财务风险管理政策、强劲的现金流及雄厚的偿债能力。

3. 债信评级

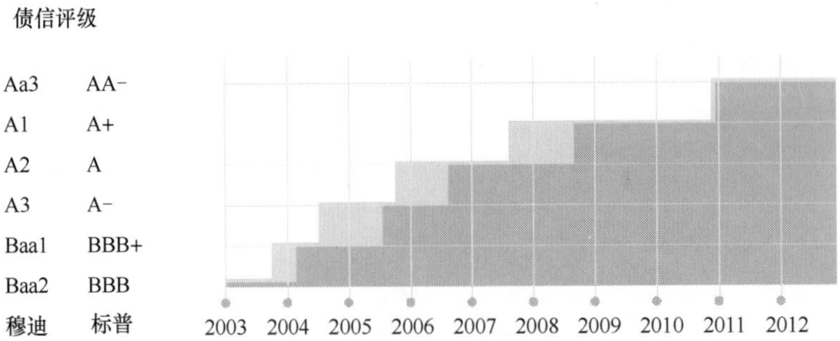

目前本集团拥有穆迪 Aa3/前景正面和标普 AA-/前景稳定的评级，分别保持与中国国家主权评级相同，体现了公司雄厚的财务实力、良好的业务潜力和稳健的财务管理已得到市场更深层次的认可。

（六）公司股息

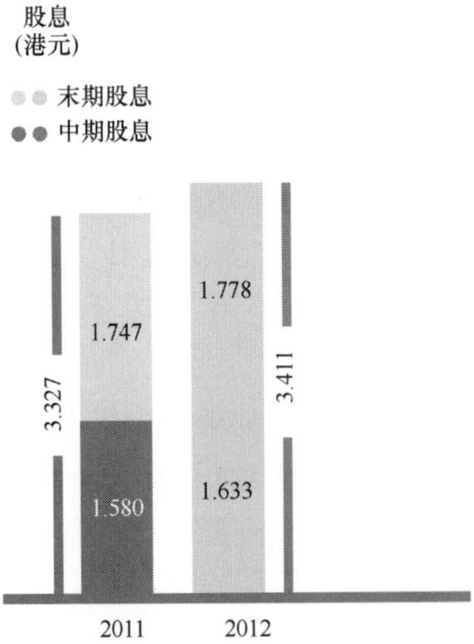

基于 2012 年全年平稳的经营业绩以及考虑到公司未来的长期发展，按照 2012 年全年 43% 的利润派息计划，董事会建议就截至 2012 年 12 月 31 日止的财政年度派发末期股息每股 1.778 港元，连同已派发的中期股息每股 1.633 港元，全年股息每股共 3.411 港元。

2013 年，考虑到各项相关因素，包括公司整体财务状况、现金流产生能力和未来持续发展的需要，本公司计划 2013 年全年的利润派息率为 43%。

董事会相信本公司持续平稳的经营业绩与强劲的现金流产生能力，将为公司未来发展提供充足的支持，同时为股东带来良好的回报。

本集团将继续坚持审慎的财务政策，严密管控财务风险，致力于持续保持领先的盈利能力和强劲的现金流产生能力与保值增值能力，科学配置资源，保持稳健的债务结构和水平，持续为股东创造价值。

附：上市公司主要报表

1. 综合收益表

截至2012年12月31日止年度

（以人民币列示）

	2012年人民币百万元	2011年人民币百万元
营运收入（营业额）		
语音业务	368025	364189
数据业务	166348	139330
其他	26040	24480
	560413	527999
营运支出		
电路租费	9909	5188
网间互联支出	25140	23533
折旧	100848	97113
人工成本	31256	28672
销售费用	104906	96830
其他营运支出	137832	125364
	409891	376700
营运利润	150522	151299
其他收入净额	2208	2559
营业外收入净额	615	571
利息收入	12661	8413
融资成本	(390)	(565)
应占联营公司利润	5685	4306
应占合营公司亏损	(1)	(1)
除税前利润	171300	166582
税项	(41919)	(40603)
本年度利润	129381	125979
本年度其他收益：		
境外企业的财务报表汇兑差额	(6)	(311)
应占联营公司其他综合收益	(16)	(229)
本年度总收益	129359	125439
股东应占利润：		
本公司股东	129274	125870
非控制性权益	107	109
本年度利润	129381	125979
股东应占总收益：		
本公司股东	129252	125332
非控制性权益	107	107
本年度总收益	129359	125439
每股盈利－基本	人民币6.43元	人民币6.27元
每股盈利－摊薄	人民币6.36元	人民币6.20元

2. 综合资产负债表

2012年12月31日

(以人民币列示)

	于2012年12月31日 人民币百万元	于2011年12月31日 人民币百万元
非流动资产		
物业、厂房及设备	430509	408165
在建工程	55507	56235
预付土地租赁费	14244	12798
商誉	36894	36894
其他无形资产	924	818
联营公司权益	48343	43794
合营公司权益	6	7
递延税项资产	13544	10913
受限制的银行存款	5418	122
其他金融资产	127	127
	605516	569873
流动资产		
存货	7195	7944
应收账款	11722	9165
其他应收款	8605	19483
预付款及其他流动资产	15913	12854
应收最终控股公司款项	102	170
预付税款	153	91
受限制的银行存款	—	32
银行存款	331997	246687
现金及现金等价物	70906	86259
	446593	382685
流动负债		
应付账款	123896	116266
应付票据	1159	1616
递延收入	57988	51753
应计费用及其他应付款	103774	92362
应付最终控股公司款项	39	285
应付直接控股公司款项	16	33
融资租赁承担	68	68
税项	10856	10861
	297796	273244
净流动资产	148797	109441
资产总值减流动负债结转	754313	679314
承前资产总值减流动负债	754313	679314
非流动负债		
带息借款	(28619)	(28617)
递延收入(不包括即期部分)	(334)	(261)
递延税项负债	(51)	(17)
	(29004)	(28895)

续表

	于2012年12月31日 人民币百万元	于2011年12月31日 人民币百万元
资产净值	725309	650419
资本及储备		
股本	2142	2140
储备	721305	646924
本公司股东应占总权益	723447	649064
非控制性权益	1862	1355
总权益	725309	650419

3. 资产负债表

2012年12月31日

(以人民币列示)

	于2012年12月31日 人民币百万元	于2011年12月31日 人民币百万元
非流动资产		
物业、厂房及设备	2	3
附属公司权益	476782	476782
合营公司权益	6	34
	476790	476819
流动资产		
应收附属公司款项	15775	56800
其他应收款	7	10
银行存款	223	—
现金及现金等价物	974	919
	16979	57729
流动负债		
应计费用及其他应付款	17	23
应付直接控股公司款项	16	33
	33	56
流动资产净额	16946	57673
资产总值减流动负债	493736	534492
非流动负债		
应付附属公司款项	(4986)	(4984)
带息借款	(23633)	(23633)
	(28619)	(28617)
资产净值	465117	505875
资本及储备		
股本	2142	2140
储备	462975	503735
总权益	465117	505875

4. 综合权益变动表

截至 2012 年 12 月 31 日止年度

（以人民币列示）

	本公司股东应占权益									
	股本 人民币 百万元	股本溢价 人民币 百万元	资本储备 人民币 百万元	一般储备 人民币 百万元	汇兑储备 人民币 百万元	中国法定储备 人民币 百万元	保留利润 人民币 百万元	总计 人民币 百万元	非控制性权益 人民币 百万元	总权益 人民币 百万元
于 2011 年 1 月 1 日	2139	386476	(291980)	72	(1174)	154178	326446	576157	1246	577403
2011 全年的权益变动：										
本年利润	—	—	—	—	—	—	125870	125870	109	125979
其他综合收益	—	—	(229)	—	(309)	—	—	(538)	(2)	(540)
本年度总收益	—	—	(229)	—	(309)	—	125870	125332	107	125439
上年度核准的股息（附注 36（b）（ii））	—	—	—	—	—	—	(26718)	(26718)	—	(26718)
本年度宣布分派的股息（附注 36（b）（i））	—	—	—	—	—	—	(25857)	(25857)	—	(25857)
根据认股权计划发行的股份	1	153	(18)	—	—	—	—	136	—	136
转入中国法定储备（附注 36（b）（iii））	—	—	—	—	—	25058	(25044)	14	—	14
出售子公司部分权益	—	—	—	—	—	—	—	—	2	2
于 2011 年 12 月 31 日	2140	386629	(292227)	72	(1483)	179236	374697	649064	1355	650419
于 2012 年 1 月 1 日	2140	386629	(292227)	72	(1483)	179236	374697	649064	1355	650419
2012 全年的权益变动：										
本年利润	—	—	—	—	—	—	129274	129274	107	129381
其他综合收益	—	—	(16)	—	(6)	—	—	(22)	—	(22)
本年度总收益	—	—	(16)	—	(6)	—	129274	129252	107	129359
上年度核准的股息（附注 36（b）（ii））	—	—	—	—	—	—	(28583)	(28583)	—	(28583)
本年度宣布分派的股息（附注 36（b）（i））	—	—	—	—	—	—	(26842)	(26842)	—	(26842)
根据认股权计划发行的股份（附注 36（b）（ii））	2	554	(25)	—	—	—	—	531	—	531
转入中国法定储备（附注 36（b）（iii））	—	—	—	—	—	32374	(32349)	25	—	25
新子公司的非控制性权益	—	—	—	—	—	—	—	—	400	400
于 2012 年 12 月 31 日	2142	387183	(292268)	72	(1489)	211610	416197	723447	1862	725309

5. 综合现金流量表

截至 2012 年 12 月 31 日止年度

（以人民币列示）

	2012 年人民币百万元	2011 年人民币百万元
经营业务		
除税前利润	171300	166582
调整：		
—物业、厂房及设备折旧	100848	97113
—其他无形资产摊销	68	54
—预付土地租赁费摊销	346	325
—出售物业、厂房及设备亏损	1	3
—物业、厂房及设备注销	2818	5853
—呆账减值亏损	4504	3548
—存货减值亏损	313	87
—利息收入	(12661)	(8413)
—融资成本	390	565
—非上市证券之股息收入	(11)	(13)
—应占联营公司利润	(5685)	(4306)
—应占合营公司亏损	1	1
—未实现汇兑（收益）/亏损净额	(17)	9
营运资金变动前的经营业务现金流	262215	261408
存货减少/（增加）	436	(3492)
应收账款增加	(7063)	(4865)
其他应收款减少/（增加）	82	(258)
预付款及其他流动资产增加	(3403)	(2613)
应收最终控股公司款项减少	68	123
应付账款增加	5443	651
应付票据增加	20	614
递延收入增加	6308	8277
应计费用及其他应付款增加	11432	6719
应付最终控股公司款项（减少）/增加	(246)	270
经营业务现金流入	275292	266834
税项		
—已付香港利得税	(100)	(134)
—已付中国企业所得税	(44483)	(39944)
经营业务现金流入净额结转	230709	226756
承前经营业务现金流入净额	230709	226756
投资业务		
资本开支	(123232)	(123331)

续表

	2012 年人民币百万元	2011 年人民币百万元
预付土地租赁费	(1792)	(1083)
购置其他无形资产所付款项	(174)	(85)
出售物业、厂房及设备所得款项	6	123
银行存款增加	(85310)	(41884)
受限制的银行存款的增加	(5264)	—
新发委托贷款	—	(14000)
收回委托贷款	14000	2700
已收利息	9459	7593
购置子公司所得款项（扣除收购所得现金及现金等价物）	—	140
已收联营公司之股息	1120	458
已收非上市证券之股息	11	13
投资业务现金流出净额	(191176)	(169356)
融资业务		
行使认股权计划发行股份所得款项	531	136
子公司收到非控制股东注资款项	400	—
已付利息	(403)	(651)
已付本公司股东股息	(55425)	(52575)
偿还债券及其他贷款	—	(5330)
融资业务现金流出净额	(54897)	(58420)
现金及现金等价物净减少	(15364)	(1020)
年初现金及现金等价物	86259	87543
外币汇率变动的影响	11	(264)
年末现金及现金等价物	70906	86259

中国联合网络通信集团有限公司 2012年发展综述*

中国联合网络通信集团有限公司

一、公司简介

（一）公司信息

公司的中文名称	中国联合网络通信股份有限公司
公司的中文名称简称	中国联通
公司的外文名称	China United Network Communications Limited
公司的外文名称缩写	China unicom
公司的法定代表人	常小兵

（二）联系人和联系方式

	董事会秘书	证券事务代表
姓名	张健（代行董事会秘书）	杨九英
联系地址	上海市长宁区长宁路 1033 号 29 楼	上海市长宁区长宁路 1033 号 29 楼
电话	021-52732228	021-52732228
传真	021-52732220	021-52732220
电子信箱	zhangjian@chinaunicom-a.com	yangjy@chinaunicom-a.com

（三）基本情况简介

公司注册地址	上海市长宁区长宁路 1033 号 29 楼
公司注册地址的邮政编码	200050
公司办公地址	上海市长宁区长宁路 1033 号 29 楼
公司办公地址的邮政编码	200050
公司网址	www.chinaunicom-a.com
电子信箱	ir@chinaunicom-a.com

* 内容全部选自 2012 年中国联合网络通信集团上市财报。

（四）信息披露及备置地点

公司选定的信息披露报纸名称	中国证券报　上海证券报
登载年度报告的中国证监会指定网站的网址	www.sse.com.cn
公司年度报告备置地点	上海市长宁区长宁路 1033 号 29 楼

（五）公司股票简况

公司股票简况				
股票种类	股票上市交易所	股票简称	股票代码	变更前股票简称
A 股	上海证券交易所	中国联通	600050	不适用

（六）公司报告期内注册变更情况

1. 基本情况

公司报告期内注册情况未变更。

2. 公司首次注册情况的相关查询索引

公司首次注册情况详见 2011 年年度报告的公司基本情况。

3. 公司上市以来，主营业务的变化情况

本公司是根据国务院批准的重组方案，由联通集团以其于联通 BVI 公司 51%的股权投资所对应的经评估的净资产出资，并联合其他四家发起单位以现金出资于 2001 年 12 月 31 日在中华人民共和国（“中国”）成立的股份有限公司，经批准的经营范围为从事国（境）内外电信行业的投资。自 2002 年本公司上市以来，本公司的主营业务一直未发生变化，目前本公司直接持有对联通 BVI 公司的股权投资。

本公司主要通过联通 BVI 公司及其子公司联通红筹公司控股的联通运营公司在中国境内提供综合电信服务，本公司也通过联通红筹公司的中国香港及中国境外的子公司在其当地经营电信互联等通信服务。联通运营公司于本公司上市之初的主营业务包括：

1）在中国的广东、福建、安徽、江苏、浙江、山东、辽宁、河北及湖北 9 个省和北京、上海、天津 3 个直辖市的移动通信业务（包括 GSM 和 CDMA 移动通信业务）；

2）全国的国内及国际长途电话业务，包括利用互联网传输的话音业务（IP 电话）和全国数据及互联网业务和数字寻呼业务。

于 2002 年 12 月 31 日，本公司通过联通红筹公司向联通集团收购了联通新世纪通信有限公司（“联通新世纪”）的全部股权，使本集团的移动通信业务扩大到四川、黑龙江、吉林、河南、江西、广西、新疆、陕西 8 个省、自治区和重庆直辖市。后于 2004 年 7 月 30 日，联通运营公司完成了与联通新世纪的合并，联通新世纪被注销。

于 2003 年 12 月 31 日，本公司与联通集团达成股权转让安排，本公司将全国的寻呼业务出售与联通集团，本集团不再经营寻呼业务。与此同时，本公司还向联通集团收购其持有的联通新世界通信有限公司（“联通新世界”）的全部股权，收购完成后，本集团的移动通信业务扩

大到山西、内蒙古、湖南、海南、云南、宁夏、甘肃、青海和西藏 9 个省、自治区。后于 2005 年 9 月 1 日，联通运营公司完成了与联通新世界的合并，联通新世界被注销。

于 2007 年 12 月 31 日，本公司再次完成联通集团收购其贵州分公司的移动通信业务及相关 GSM 网络资产，使得本集团的移动业务覆盖范围扩大到全国范围（不包括香港特别行政区、澳门特别行政区和台湾地区）。

另外，根据本公司与联通集团及其子公司联通新时空在 2002 年签订的有条件租赁 CDMA 网络容量协议，本集团的 CDMA 移动通信业务一直通过租赁联通新时空拥有的 CDMA 移动通信网络容量进行运营，首个租赁期始于 2002 年 1 月 8 日。

于 2008 年 5 月 24 日，工业和信息化部、发改委和财政部联合发出的《关于深化电信体制改革的通告》，鼓励中国电信收购中国联通 CDMA 网络，中国联通和中国网通合并以深化对中国电信行业的改革。作为对此的回应，于 2008 年 6 月 2 日和 2008 年 7 月 27 日，本公司、联通红筹公司与中国电信分别订立了《关于转让 CDMA 业务的框架协议》和《关于转让 CDMA 业务的协议》，将本集团经营的 CDMA 业务全部出售与中国电信，该交易于 2008 年 10 月 1 日完成，本集团不再经营原有 CDMA 通信业务，亦于同日停止向联通新时空租赁 CDMA 移动通信网络容量。

另外，做为上述中国电信行业改革的一部分，于 2008 年 10 月 15 日，本公司子公司联通红筹公司与网通红筹公司以协议安排通过换股方式完成了两家公司的合并。同时，联通运营公司也对网通红筹公司境内全资子公司中国网通（集团）有限公司（“网通运营公司”）进行了吸收合并，该合并于 2009 年 1 月 6 日完成，合并后联通运营公司存续，网通运营公司注销。至此，本集团的主营业务范围增加了原网通运营公司经营的固定电话通信（“固网业务”）及相关业务。

于 2009 年于 1 月 7 日，在联通集团获得国家颁发的 WCDMA 移动通信（3G）运营牌照后，联通运营公司经联通集团授权在中国境内开始 3G 网络建设，并于 2009 年 10 月正式于全国投入运营。

于 2009 年 1 月 31 日，本公司完成了向联通集团和中国网络通信集团有限公司（原网通集团）收购其在上海市、江苏省、浙江省、安徽省、福建省、江西省、湖北省、湖南省、广东省、广西壮族自治区、海南省、重庆市、四川省、贵州省、云南省、西藏自治区、陕西省、甘肃省、青海省、宁夏回族自治区和新疆维吾尔自治区（“南方 21 省”）的固网业务（不含固网通信资产）及天津本地固话业务和资产、北方一级干线传输资产以及联通兴业等 3 家电信服务子公司股权的交易，并通过向联通新时空租赁其拥有的南方 21 省固网通信资产经营固网业务。于 2012 年 12 月 26 日，本公司通过联通运营公司向联通集团完成收购联通新时空的全部股权，南方 21 省的固网通信资产亦被计入本集团。前述交易使本集团的固话业务经营范围进一步扩大，并向电信增值服务和电信工程设计等相关领域进一步拓展。

此外，本公司还于 2011 年 12 月 1 日完成了向联通集团收购其子公司联通新时讯通信有限公司（“联通新时讯”）的交易。联通新时讯是一家经营电信增值业务的公司。

经过上述一系列的重组与交易，本集团目前的主营业务包括于中国 31 个省（自治区、直辖市）经营的 GSM 移动通信、WCDMA 移动通信业务和增值服务业务；固网语音和增值服务、固网宽带和其他与互联网相关的服务；商务和数据通信服务；全国范围的信息通信技术服务及相关的系统集成、技术开发、技术服务、设备生产、销售及设计施工业务；电子通信器材的销售；技术交流和信息咨询等相关业务。

4. 公司上市以来，历次控股股东的变更情况

联通集团为本公司的控股股东，本公司的实际最终控制人为国务院国有资产监督管理委员会。 本公司控股股东及实际控制人没有变化。

（七）其他有关资料

公司聘请的会计师事务所名称（境内）	名称	普华永道中天会计师事务所有限公司
	办公地址	上海市黄浦区湖滨路 202 号企业天地 2 号楼普华永道中心 11 楼
	签字会计师姓名	胡杰、杨桢

二、会计数据和财务指标摘要

（一）报告期末公司近三年主要会计数据和财务指标

1. 主要会计数据

单位：元　币种：人民币

主要会计数据	2012 年	2011 年	本期比上年同期增减（%）	2010 年
营业收入	256264749435	215518511458	18.9	176243422124
归属于上市公司股东的净利润	2368106789	1412245739	67.7	1234506831
归属于上市公司股东的扣除非经常性损益的净利润	1977238910	1156726060	70.9	1048143849
经营活动产生的现金流量净额	74738405183	69452862906	7.6	68241006456
	2012 年末	2011 年末	本期末比上年同期末增减（%）	2010 年末
归属于上市公司股东的净资产	72297283180	71023802206	1.8	70884609445
资产总额	518357290110	458523843879	13.0	443607667855

2. 主要财务数据

单位：元　币种：人民币

主要财务指标	2012 年	2011 年	本期比上年同期增减（%）	2010 年
基本每股收益（元／股）	0.112	0.067	67.7	0.058
稀释每股收益（元／股）	0.110	0.066	66.6	0.058
扣除非经常性损益后的基本每股收益（元／股）	0.093	0.055	70.9	0.049
加权平均净资产收益率（%）	3.31	1.99	增加 1.3 个百分点	1.73
扣除非经常性损益后的加权平均净资产收益率（%）	2.76	1.63	增加 1.1 个百分点	1.47

（二）非经常性损益项目和金额

单位：千元　币种：人民币

非经常性损益项目	2012 年	2011 年	2010 年
非流动资产处置损益	630983	433465	2784
计入当期损益的政府补助	122836	118004	111674
同一控制下企业合并产生的子公司期初至合并日的当期净损益	—	8941	20356
除上述各项之外的其他营业外收入和支出	794122	458013	618416
少数股东损益影响额	(762805)	(498498)	(363638)
所得税影响额	(394268)	(264409)	(203229)
合计	390868	255516	186363

（三）采用公允价值计量的项目

单位：元　币种：人民币

项目名称	期初余额	期末余额	当期变动	对当期利润的影响金额
子公司持有的西班牙电信股票	6837384523	5441715056	(1395669467)	—
子公司持有的交通银行股票	113721803	125398595	11676792	—
合计	6951106326	5567113651	(1383992675)	—

三、董事会报告

（一）董事会关于公司报告期内经营情况的讨论与分析

2012 年，公司收入增长继续保持行业领先，市场份额进一步扩大，发展结构持续优化，经营效益显著提升。

第一部分：总体经营情况

1. 财务表现

2012 年，公司实现营业收入人民币 2562.6 亿元，同比增长 18.9%（剔除上年同期固话初装费递延收入影响，除非特别说明，全文同上）。其中，主营业务收入人民币 2167.9 亿元，同比增长 13.1%。

在收入快速增长的同时，盈利水平显著提升。EBITDA 达到人民币 729.0 亿元，同比增长 14.6%；EBITDA 占主营业务收入比率为 33.6%，同比提高 0.4 个百分点；净利润达到人民币 70.3 亿元，同比增长 68.4%；基本每股收益人民币 0.112 元；经营现金流为人民币 747.4 亿元，同比增长 7.6%；资本性支出为人民币 997.9 亿元。

基于公司 2012 年财务状况，并考虑到未来移动通信、固网宽带等业务的发展需要，本公司董事会建议派发 2012 年度股息每 10 股人民币 0.399 元。

2. 业务表现（附注 1）

2012 年，公司紧紧围绕扩大规模和提升份额，加快 3G、固网宽带等重点业务发展，收入实现快速增长，主营业务收入同比增幅超出行业平均增幅 4.1 个百分点，市场份额进一步提升；主营业务收入中，移动业务主营收入占比同比提高 4.4 个百分点，占比达到 59.9%，非语音业务收入同比提高 3.9 个百分点，占比达到 53.2%，业务结构持续优化。

2.1　3G 业务快速增长，驱动移动业务发展转型升级

2012 年，公司移动业务继续保持快速增长，移动用户同比增长 19.9%，达到 23931.2 万户；移动业务主营业务收入同比增长 22.1%，达到人民币 1298.1 亿元。移动业务用户与收入结构进一步改善，3G 用户对移动用户渗透率达到 31.9%，同比提高 11.9 个百分点；3G 业务收入对移动业务主营业务收入的贡献达到 47.5%；移动用户 ARPU 同比提高 1.3%，达到人民币 47.9 元，其中，3G 用户 ARPU 为人民币 86.1 元。

2012 年，公司积极发挥产业链优势，强化流量经营，推动 3G 业务规模发展。全年 3G 用户年累计净增 3643.7 万户，达到 7645.6 万户；3G 业务收入同比增长 82.6%，达到人民币 617.1 亿元；手机补贴占 3G 业务收入的比例由上年同期的 17.1%下降至 9.9%，营销资源使用效率进一步提升。GSM 用户全年累计同比增长 2.0%，达到 16285.6 万户；GSM 业务收入为人民币 681.0 亿元，同比下降 6.1%，收入下降主要源于语音、短信等传统业务的下滑。

公司积极加强产业链合作，进一步提升智能终端性价比，持续开展体验营销，实施移动业务融合经营，驱动移动数据业务快速增长，全年移动数据流量同比增长 92.0%。

2.2　固网宽带业务快速增长，带动固网业务平稳发展

2012 年，公司固网业务平稳发展，主营业务收入同比增长 1.9%，达到人民币 860.1 亿元，其中非语音业务收入贡献达到 70.0%，业务结构持续改善。

年内，公司继续实施宽带升级提速，着力提升宽带服务体验。固网宽带用户全年累计同比增长 14.8%，固网宽带业务收入同比增长 11.8%，达到人民币 407.3 亿元，占固网业务收入的比例达到 47.4%。以固网宽带为核心，公司积极推广“沃家庭”融合业务，稳定固网业务发展。截至 2012 年底，“沃家庭”用户在家庭宽带用户中的渗透率达到 28.8%，同比提高 10.2 个百分点。

2.3　重点行业应用规模发展，服务集团客户能力不断增强

2012 年，公司以“智慧城市”建设为契机，着力打造行业应用孵化平台，提升行业应用产品开发及复制能力。同时，借助技术业务优势以及公司在重点行业领域积累的良好口碑，进一步推进战略合作，拓展行业应用用户规模。截至 2012 年底，公司重点行业应用用户达到 2299 万户，在移动办公、汽车信息化、无线监控等应用领域确立了领先地位。

3. 网络建设

2012 年，公司积极打造面向未来的高速宽带网络，网络能力显著提升。全年新增 3G 基站 9.2 万个，达到 33.1 万个，3G 网络覆盖东、中部乡镇和西部发达乡镇；3G 基站全部升级到 HSPA+，下行峰值速率可达 21Mbps，继续保持网络领先优势。加快传输网升级改造，网络传输能力和业务承载能力显著增强。

公司以深入实施宽带升级提速工程为契机，继续推进宽带光纤网建设，提升宽带网络的竞争优势。固网宽带接入端口全年同比增长 23.9%，达到 10646 万个，其中 FTTH/B 端口占比达到 59%，同比提高 14 个百分点。

公司进一步加强基础网络建设，加快传输网升级改造，网络传输能力和业务承载能力显著增强，为数据业务的高速增长提供了保障。

4. 管理变革

2012 年，公司持续推进重点领域的管理变革。进一步优化职能、整合资源，完善以市场为导向和以客户为中心的一体化营销体系，积极探索建立适应电子商务发展的运营管理体制，着力提升销售服务能力；进一步推进 IT 系统的数据集中、统一与专业化管理，提升信息化支撑能力和经营管理透明度；进一步深化基于本地网的全成本评价和对标管理，优化以规模和效益为导向的薪酬激励机制，企业经营活力不断增强。

5. 企业社会责任

公司致力于自身发展与社会责任的和谐统一，积极推动可持续发展，关爱员工，热心公益，竭力回馈社会。大力推广节能技术应用，推进电信基础设施共建共享，推动业务产品与服务电子化，全年移动网单载频能耗同比下降 7.5%。在 2012 年南方洪涝灾害以及云南彝良地震等自然灾害期间，公司以高度的社会责任感，快速响应，确保通信安全与畅通。公司高度重视员工关怀，关注员工身心健康，持续增强员工满意度和归属感。

第二部分：生产经营情况

2012 年，公司加大经营创新力度，建立纵向一体化的市场营销体系，不断提升销售能力，实现 3G 和宽带业务快速发展，收入增速持续领先行业平均水平，市场份额稳步提升。

1. 移动业务

1.1 3G 业务

2012 年，公司发挥终端、渠道与应用的拉动作用，完善产品资费体系，优化合约计划，推出 2G/3G 融合产品，实现了 3G 业务的高速增长。通过战略终端的深度定制和专业化运营，实现了对终端产业链的引领和终端合约用户的规模增长；依托全国统一的电子化销售系统优势，有效扩大实体渠道和电子渠道的规模，实现了销售服务能力的提升；以体验营销培育用户需求，创新流量资费模式，促进流量价值增值，实现了流量规模和收入的双提升。建立 3G 用户全生命周期管理体系，推出 3G 手机流量网龄升级计划，强化用户保有。通过加强互联网应用能力建设，促进应用商店、手机音乐等重点业务推广。公司 3G 用户净增 3643.7 万户，达到 7645.6 万户，其中，无线上网卡用户达到 564.9 万户；3G 手机数据流量达到 939.9 亿 MB，同比增长 185.0%，3G 智能手机用户月户均数据流量达到 256MB，3G 用户 ARPU 为人民币 86.1 元；应用商店、手机音乐注册用户分别达到 1894 万户、2215 万户。

1.2 GSM 业务

2012 年，公司通过渠道集中管理系统的建设，持续推进 GSM 业务渠道扁平化、规范化，保证用户规模稳定与扩大；强化 GPRS 流量经营和组合营销，全网开通 EDGE、AMR 和联合寻呼功能，促进数据流量增长；同时开展了 2G/3G 融合发展，加大了 2G 用户向 3G 网络迁移的力度；对存量用户开展网龄升级计划，提升客户感知。GSM 用户净增 321.5 万户，达到 16285.6 万户。GSM 用户通话总时长达到 4757 亿分钟，同比下降 1.9%，ARPU 为人民币 34.2 元，同比下降 8.6%；手机上网用户净增 1146.7 万户，达到 7506.6 万户，用户渗透率达到 46.1%；GPRS 数据流量同比增长 77.4%。

2. 固网业务

2012 年，公司深入开展宽带普及提速工程，优化固网营销体系，改善客户感知，强化维系保有，提升服务能力，促进固网宽带业务快速发展；充分发挥光纤宽带和移动业务的融合营销优势，引导用户向高价值产品迁移，固网收入结构进一步改善。宽带用户净增 821.8 万户，达到 6386.9 万户；4M 及以上速率宽带用户占比达到 63.8%，同比提高 22.5 个百分点；宽带内容和应用业务用户达到 1905.8 万户，占宽带用户比例达到 29.8%；宽带用户 ARPU 为人民币 54.4 元，同比下降 3.5%；“沃家庭”用户净增 650 万户，带动宽带、固话新入网用户分别为 495 万户、325 万户。

2012 年，公司本地电话用户流失 89.4 万户，用户总数达到 9195.7 万户，其中无线市话用户流失 236.5 万户，用户总数达到 542.2 万户；本地电话用户 ARPU 为人民币 22.6 元，同比下降 12.1%。

3. 网络能力

2012 年，公司网络建设以 3G 为主，快速扩大 3G 广域覆盖，完善城区深度覆盖，审慎进行 2G 网络覆盖和容量建设。同时，加快宽带网络普及提速，网络能力不断增强。全年新增 3G 基站 9.2 万个，基站数量达到 33.1 万个，3G 网络已覆盖全国县级以上城市，乡镇覆盖率提升 44 个百分点，基本覆盖东、中部乡镇及西部发达乡镇。3G 网络全部升级到 HSPA+，继续保持 3G 网络速率领先优势。新增 GSM 基站 3.6 万个，基站数量达到 41.1 万个，除西部部分地区外，GSM 网络基本覆盖了所有乡镇。WCDMA 网络接通率 98.12%、掉话率 0.16%，GSM 网络接通率 96.34%、掉话率 0.23%，整体性能指标良好。全年新增宽带接入端口 2054 万个，达到 10646 万个，其中 FTTH/B 端口占比达到 59%。

公司继续扩大国际网络覆盖范围，优化国际网络布局。截至 2012 年底，互联网国际出口带宽达到 642G，国际海缆总容量达到 2066G，国际陆缆总容量达到 2490G，境外网络节点达到 82 个，国际漫游覆盖达到 247 个国家和地区的 567 家运营商。

4. 市场营销

4.1 品牌策略

2012 年，公司坚持“3G 领先与一体化创新”战略，聚焦 3G 网速快、覆盖广、终端多、应用丰富、国际漫游广，以及智慧城市、光纤网络等差异化优势进行宣传，扩大品牌影响力。通过强化宣传 HSPA+与明星智能终端的完美结合，彰显了中国联通移动互联网高速品质，实现了沃品牌及企业品牌价值的提升。

4.2 营销策略

2012 年，公司持续坚持 3G 六统一营销策略，深化流量经营，根据用户需求，不断创新 3G 产品，优化合约计划，开展 2G/3G 融合营销，深化终端定制，提升产品竞争力；深化体验式营销，推广电子商务营销服务模式，提升销售服务能力；优化“沃家庭”、“沃商务”融合套餐，加大加快光纤接入能力建设与宽带提速营销，提升宽带资源和营销服务能力。

2012 年，公司制定了完善的战略终端产品体系，深化终端产业链的战略合作，通过千元智能机和明星终端的双拉动，提升产品性价比和竞争力；推进各终端品牌协同发展，有效整合厂商渠道资源；优化终端定制策略和销售政策，强化终端专业化运营，确保终端合约用户规模增长和终端运营效益提升。

2012 年，公司继续加强互联网应用的整合，强化线上线下一体化应用能力建设，创新应用，深化重点业务运营，推动 WO+开放体系的实施，促进移动互联网业务快速发展和流量提升。

2012 年，公司以行业应用优秀解决方案为驱动，实施“智慧城市”战略，面向集团客户提供行业信息化工程，形成了行业垂直营销机制；同时以战略协议带动业务发展，有力地提升了在政府、金融、汽车、互联网、传媒等众多行业领域的市场影响力。集团客户服务收入同比增长 24.4%。

4.3 营销渠道

2012 年，公司继续完善面向全业务的营销渠道体系建设，实现产能提升。深入开展体验式营销，强化店面现场管理，提高销售效率，激发销售活力，核心自有营业厅销售产能同比提升 62%；全面实现了与全国级连锁渠道的战略合作，扩大了社会渠道规模，落实了人、店、商对应服务支撑，核心社会渠道单店产能同比提升 65%。适应移动互联网发展趋势，建立电子商务一体化管理体制和运营机制，全面升级网上营业厅，创新网上营销模式推出中国联通官方旗舰店，不断创新手机营业厅功能，加强自助终端布放，提升电子商务销售及服务的承载能力。2012 年电子商务营业额实现 358 亿元，同比增长 55%，服务量承载比例达到 34%。

4.4 客户服务

2012 年，公司通过开展营业服务提升工程，优化业务规则，缩短营业厅用户排队等候时长；开通交通枢纽绿色通道管理系统，提升 VIP 服务能力；加快面向移动互联网的服务转型和流程再造，建立差异化的服务优势，深化微博客服，规模启动网厅在线 3G 客服，服务时间延长至 7×24 小时，日均服务量 12 月底达 33.8 万次，在线客服接通率达到 94%；推进全业务消费提醒服务，规范客户流量争议解决，有效提升客户服务水平。

第三部分：财务情况讨论与分析

1. 概述

2012 年公司营业收入继续保持较快增长，业务结构不断优化，盈利水平稳步提升。

2012 年公司营业收入实现 2562.6 亿元，同比增长 18.9%，实现净利润 70.3 亿元，同比增长 68.4%，其中归属于母公司的净利润 23.7 亿元，基本每股收益（附注 1）为 0.112 元，同比增长 67.7%。

2012 年公司经营活动现金流量净额为 747.4 亿元，资本开支为 997.9 亿元。截至 2012 年底，公司的资产负债率为 59.1%。

2. 营业收入

2012 年公司营业收入实现 2562.6 亿元，其中，主营业务收入为 2167.9 亿元，同比增长

13.1%，销售通信产品收入为 394.8 亿元。

下表反映了公司2012年和2011年主营业务收入构成及各业务收入所占主营业务收入百分比变化情况。

（单位：人民币亿元）	2012 年		2011 年	
	累计完成	所占主营业务 收入百分比	累计完成	所占主营业务 收入百分比
主营业务收入	2167.9	100.0%	1917.6	100.0%
其中：移动业务	1298.1	59.9%	1063.3	55.5%
其中：3G	617.1	28.5%	337.9	17.6%
固网业务	860.1	39.7%	843.8	44.0%
其中：宽带	407.3	18.8%	364.3	19.0%

2.1　移动业务

2012 年公司移动业务主营业务收入为 1298.1 亿元，同比增长 22.1%，其中 3G 业务收入为 617.1 亿元，同比增长 82.6%，所占移动业务主营业务收入的比重由上年的 31.8%上升至 47.5%。

2.2　固网业务

2012 年公司固网业务主营业务收入为 860.1 亿元，同比增长 1.9%，其中固网宽带业务收入为 407.3 亿元，同比增长 11.8%，所占固网业务主营业务收入的比重由上年的 43.2%上升至 47.4%。

3. 成本费用

2012 年公司成本费用（附注 2）合计为 2380.5 亿元，同比增长 17.5%，低于同期营业收入增幅 1.4 个百分点。其中：全年销售通信产品成本发生 450.4 亿元，同期销售通信产品收入为 394.8 亿元，销售通信产品亏损为 55.6 亿元，其中 3G 终端补贴成本为 61.0 亿元。

经调整的成本费用（附注 3）为 1991.2 亿元，同比增长 11.4%，低于同期主营业务收入增幅 1.7 个百分点。下表列出了 2012 年和 2011 年公司经调整的成本费用项目以及每个项目所占主营业务收入的百分比变化情况：

（单位：人民币亿元）	2012 年		2011 年	
	累计发生	所占主营业务收入百分比	累计发生	所占主营业务收入百分比
经调整的成本费用项目合计	1991.2	91.9%	1786.6	93.1%
其中：网间结算成本	186.8	8.6%	163.8	8.5%
折旧及摊销（注 1）	612.8	28.3%	581.9	30.3%
网络运行及支撑成本	325.2	15.0%	294.5	15.4%
人工成本（注 1）	287.8	13.3%	266.0	13.9%
销售费用	350.4	16.2%	287.5	15.0%
3G 终端补贴成本	61.0	2.8%	57.9	3.0%
其他营业成本及管理费用（注 2）	133.0	6.1%	122.6	6.4%
财务费用	34.2	1.6%	12.4	0.6%

注 1：上述“折旧及摊销”和“人工成本”为营业成本和管理费用中相同性质的数据的总额。

注 2：上述“其他营业成本及管理费用”为营业成本和管理费用合计扣除网间结算支出、折旧及摊销、网络运行及支撑成本、人工成本及销售通信产品成本后的数据。

3.1 网间结算成本

2012 年随着公司用户和收入的快速增长，网间去话量同步增长，全年网间结算成本发生 186.8 亿元，同比增长 14.1%，所占主营业务收入的比重由上年的 8.5%变化至 8.6%。

3.2 折旧及摊销

2012 年公司进一步扩大网络覆盖、提升网络质量，增强网络能力，全年资产的折旧及摊销发生 612.8 亿元，同比增长 5.3%，所占主营业务收入的比重由上年的 30.3%下降至 28.3%。

3.3 网络运行及支撑成本

在网络覆盖扩大、网络资产增加及能源、物业租金等基础价格上涨的同时，公司持续加强成本控制，积极开展节能减排，2012 年网络运行及支撑成本发生 325.2 亿元，同比增长 10.4%，所占主营业务收入的比重由上年的 15.4%下降至 15.0%。

3.4 人工成本

2012 年公司坚持人工成本总量与业务收入和经营效益双重挂钩，全年人工成本发生 287.8 亿元，同比增长 8.2%，所占主营业务收入的比重由上年的 13.9%下降至 13.3%。

3.5 销售费用

2012 年公司积极应对市场竞争，加快重点业务发展，并充分发挥渠道与应用对业务发展的拉动作用，全年销售费用发生 350.4 亿元，同比增长 21.9%，所占主营业务收入的比重由上年的 15.0%变化至 16.2%。

3.6 3G 终端补贴成本

2012 年公司持续优化 3G 合约政策，加快扩展合约用户数量，全年 3G 终端补贴成本发生 61.0 亿元，同比增长 5.4%，所占主营业务收入的比重由上年的 3.0%下降至 2.8%，占 3G 业务主营业务收入的比重由上年的 17.1%下降至 9.9%。

3.7 其他营业成本及管理费用

2012 年公司其他营业成本及管理费用发生 133.0 亿元，同比增长 8.6%，所占主营业务收入的比重由上年的 6.4%下降至 6.1%。

3.8 财务费用

2012 年受带息债务增加、汇兑收益减少等因素影响，公司财务费用发生 34.2 亿元，比上年增加 21.8 亿元。

4. 盈利水平

4.1 税前利润

随着业务的快速发展和收入的规模增长，公司盈利状况得到显著改善，2012 年税前利润实现 95.4 亿元，同比增长 69.0%。

4.2 所得税

2012 年公司的所得税为 25.2 亿元，全年实际税率为 26.4%。

4.3 年度盈利

2012 年公司净利润实现 70.3 亿元，其中归属于母公司的净利润 23.7 亿元，同比增长 67.7%，基本每股收益为 0.112 元，同比增长 67.7%。

5. EBITDA（附注 4）

2012 年公司 EBITDA 为 729.0 亿元，同比增长 14.6%，EBITDA 占主营业务收入的百分比为 33.6%，比上年提高 0.4 个百分点。

6. 资本开支及现金流

2012 年公司的各项资本开支合计 997.9 亿元，主要用于移动网络、宽带及数据、基础设施及传送网建设等方面。其中，移动网络资本开支为 409.2 亿元，宽带及数据业务资本开支为 255.2 亿元，基础设施及传送网资本开支为 255.3 亿元。

2012 年公司经营活动现金流量净额为 747.4 亿元，扣除本年资本开支后自由现金流为 −250.5 亿元。

下表列出了公司 2012 年主要资本开支项目情况。

（单位：人民币亿元）	2012 年	
	累计支出	占比
合计	997.9	100.0%
其中：移动网络	409.2	41.0%
宽带及数据	255.2	25.6%
基础设施及传送网	255.3	25.6%
其他	78.2	7.8%

7. 资产负债情况

截至 2012 年底，公司资产总额由上年底的 4585.2 亿元增至 5183.6 亿元，负债总额由上年底的 2499.1 亿元增至 3061.2 亿元，资产负债率由上年底的 54.5%变化至 59.1%。债务资本率由上年底的 77.5%变化至 79.6%；净债务资本率为 74.4%。

截至 2012 年底，公司的流动负债净额（即流动负债减流动资产）由上年底的 1746.2 亿元变化至 2535.7 亿元。考虑到公司经营活动净现金流入保持稳定以及良好的信贷记录，我们相信公司应有足够的运营资金满足生产经营需要。

第四部分：未来展望

新的一年中国宏观经济将继续保持平稳增长，新型工业化、信息化、城镇化、农业现代化“四化”同步发展步伐明显加快，国家实施扩大内需、保障民生等重大举措给信息通信业发展带来新的机遇。移动互联网产业链更加成熟，数据业务需求高速增长，信息化应用向社会各领域加速渗透，3G 和宽带等业务仍处于高速增长期。

2013 年仍是中国联通发展的重要战略机遇期。公司将紧紧抓住重要战略机遇，充分发挥差异化优势，加快规模效益发展。同时高度关注并积极应对 LTE、市场开放、移动通信转售业务试点带来的市场新机会。全年主要发展目标是，收入增长继续保持行业领先，盈利能力得到进一步提升，投资占收比显著下降，继续保持网络领先优势，信息化应用水平明显提升。

围绕实现年度发展目标，公司将继续加快 3G 业务规模效益发展；保持宽带业务快速增长；加快 2G/3G 业务、固网和移动业务融合发展；继续加大行业应用开发和推广力度，实现移动业务持续快速增长，固网业务稳定发展。进一步提升投资效益和各类资源使用效率，提升收入利润率，实现 EBITDA 和净利润持续快速增长。进一步完善 3G 网络覆盖，保持网络领先，提升网络品质和用户感知；加快以 FTTH/B 为主的光纤接入网建设；全面部署分组传送网络，提升传输承载能力，满足未来 LTE 的带宽需求。同时，公司将持续推进管理提升，加快面向移动互联网的销售服务体系转型，不断提升公司在新形势下的市场响应和客户服务能力，不断增强企业发展的内生动力。

附注 1： 全文除归属于母公司的净利润及基本每股收益外，2011 年收入及盈利等其他数据均剔除固话初装费递延收入人民币 0.15 亿元的因素影响，2012 年因固话初装费递延收入已摊销完毕，故无影响。

附注 2： 包括网间结算成本、折旧及摊销、网络运行及支撑成本、人工成本、销售费用、其他营业成本及管理费用、销售通信产品成本、财务费用。

附注 3： 在本年报所载的财务报告中，2012 年人民币 61.0 亿元的 3G 终端补贴成本列支在销售通信产品成本。在这里为了分析目的，将 3G 终端补贴成本、网间结算成本、折旧及摊销、网络运行及支撑成本、人工成本、销售费用、其他营业成本及管理费用、财务费用合计，形成经调整成本费用。

附注 4： EBITDA 反映了加回（减去）财务费用（收入）、所得税、营业成本及管理费用中的折旧及摊销以及减去投资收益的营业利润。由于电信业是资本密集型产业，资本开支和财务费用可能对具有类似经营成果的公司年度盈利产生重大影响。因此，我们认为，对于像我们这样的电信公司而言，EBITDA 有助于对公司经营成果分析。

1. 主营业务分析

1.1 利润表及现金流量表相关科目变动分析表

单位：元　币种：人民币

科目	本期数	上年同期数	变动比例（%）
营业收入	256264749435	215518511458	18.9
营业成本	179108178878	154414023686	16.0
销售费用	35037103692	28750690843	21.9
管理费用	20491250373	18199737712	12.6
财务费用	3416514137	1243082687	174.8
经营活动产生的现金流量净额	74738405183	69452862906	7.6
投资活动产生的现金流量净额	(99233352196)	(82737666617)	−19.9
筹资活动产生的现金流量净额	27647966839	5799986672	376.7
研发支出	255350892	387009164	−34.0

1.2 收入

1.2.1 驱动业务收入变化的因素分析

2012 年公司营业收入实现 2562.6 亿元，其中，主营业务收入为 2167.9 亿元，同比增长

13.1%，销售通信产品收入为 394.8 亿元（详见前述“董事会关于公司报告期内经营情况的讨论与分析”）。

1.2.2 主要销售客户的情况

本集团前五名客户营业收入的总额约人民币 152.67 亿元(2011 年:约人民币 143.60 亿元)，占本集团全部营业收入的比例为 6.0%（2011 年：6.7%）

1.3 成本

1.3.1 成本分析表

单位：百万元 币种：人民币

分行业情况						
分行业	成本构成项目	本期金额	本期占营业成本比例（%）	上年同期金额	上年同期占营业成本比例（%）	本期金额较上年同期变动比例（%）
电信业	网络运行及支撑成本	32516	18.2	29449	19.1	10.4
	网间结算成本	18681	10.4	16380	10.6	14.1
	人工成本	19133	10.7	18088	11.7	5.8
	折旧及摊销	57702	32.2	55216	35.8	4.5
	销售通信产品支出	45040	25.1	29739	19.3	51.5
分产品情况						
分产品	成本构成项目	本期金额	本期占营业成本比例（%）	上年同期金额	上年同期占营业成本比例（%）	本期金额较上年同期变动比例（%）
电信业	网络运行及支撑成本	32516	18.2	29449	19.1	10.4
	网间结算成本	18681	10.4	16380	10.6	14.1
	人工成本	19133	10.7	18088	11.7	5.8
	折旧及摊销	57702	32.2	55216	35.8	4.5
	销售通信产品支出	45040	25.1	29739	19.3	51.5

成本变动原因分析：

- 网络运行及支撑成本：网络覆盖扩大、网络资产增加及能源、物业租金等基础价格上涨所致。
- 网间结算成本：公司用户和收入的快速增长，网间去话量同步增长所致。
- 人工成本：公司坚持人工成本总量与业务收入和经营效益双重挂钩所致。
- 折旧及摊销：公司进一步扩大网络覆盖、提升网络质量，增强网络能力所致。
- 销售通信产品支出:主要是由于本年公司业务特别是 3G 业务的总体增长以及 3G 业务促销活动增加所致。

1.4 费用

报告期内公司财务费用较上年同比上升 174.9%，主要是带息负债增加导致利息支出相应增加以及汇率变动导致的汇兑收益减少所致；报告期内公司所得税费用较上年同比上升 70.7%，主要是由于利润总额增加所致。

1.5　研发支出

1.5.1　研发支出情况表

单位：元　币种：人民币

本期费用化研发支出	255350892
研发支出合计	255350892
研发支出总额占净资产比例（%）	0.1
研发支出总额占营业收入比例（%）	0.1

1.5.2　情况说明

2012年度，本集团研究开发支出共计约人民币2.55亿元，全部计入当期损益。

1.6　现金流

公司经营活动现金流量净额为人民币747.4亿元，扣除本年资本开支后自由现金流为人民币-250.5亿元。为满足公司持续发展需要，实现公司发展战略目标，公司将按照总体投资建设规划和业务发展安排，及时筹措资金，为公司发展提供有力资金保障。公司资金主要来源为自有资金、银行贷款、债券融资等方式。

2. 行业、产品或地区经营情况分析

2.1　主营业务分行业、分产品情况

单位：百万元 币种：人民币

主营业务分行业情况						
分行业	营业收入	营业成本（注1）	毛利率（%）（注3）	营业收入比上年增减（%）	营业成本比上年增减（%）	毛利率比上年增减（%）
电信业	256265	186447	27.2	18.9	16.0	增加1.8个百分点
主营业务分产品情况（注2）						
分产品	营业收入	营业成本（注1）	毛利率（%）（注3）	营业收入比上年增减（%）	营业成本比上年增减（%）	毛利率比上年增减（%）
电信业	256265	186447	27.2	18.9	16.0	增加1.8个百分点

注1：上述资料所列的“营业成本”包括营业税金及附加；

注2：于2012年1月1日之前，移动业务和固网业务被辨别为本集团的主要经营分部，且主要经营决策者以收入及可直接归属于经营分部的成本来评价经营分部的经营成果。随着内部成本管理模式从以业务种类进行管理改变为以职能部门进行管理，以及融合电信业务的深入发展，自2012年1月1日起，主要经营决策者开始将本集团视为一个整体而非以业务的种类进行资源分配和业绩评估，因此，本集团只有一个经营分部。

注3：毛利率＝（营业收入－营业成本－营业税金）/营业收入*100。

2.2 主营业务分地区情况

单位：百万元　币种：人民币

地区	营业收入	营业收入比上年增减（%）
全国范围内	256265	18.9

3. 资产、负债情况分析

3.1 资产负债情况分析表

单位：百万元 币种：人民币

项目名称	本期期末数	本期期末数占总资产的比例(%)	上期期末数	上期期末数占总资产的比例(%)	本期期末金额较上期期末变动比例(%)
其他应收款	5419	1.0	1925	0.4	181.5
固定资产	367281	70.9	325436	71.0	12.9
在建工程	59935	11.6	52329	11.4	14.5
递延所得税资产	5058	1.0	3711	0.8	36.3
短期借款	69175	13.3	32322	7.0	114.0
应付账款	103512	20.0	91139	19.9	13.6
预收款项	43083	8.3	36621	8.0	17.6
一年内到期的非流动负债	32193	6.2	128	0.0	25050.8
应付债券	2000	0.4	33118	7.2	−94.0

资产负债变动原因分析：

- 其他应收款：主要是由于应收合约用户通信终端款的增加所致。
- 固定资产：主要是由于本年资本性支出的增加及联通新时空资产收购转入所致。
- 在建工程：主要是由于本年资本性支出的增加及联通新时空资产收购转入所致。
- 递延所得税资产：主要是由于联通新时空资产收购转入及与可供出售金融资产公允价值变动相关的递延所得税资产增加所致。
- 短期借款：主要是由于本年新增的短期借款金额超过偿还借款的金额所致。
- 应付账款：主要是由于与资本性支出相关的应付工程设备款增加所致。
- 预收款项：主要是由于本年用户预存款增加所致。
- 一年内到期的非流动负债：主要是因为 2008 年公司债券以及 2010 年第一期和第二期中期票据将于 2013 年到期,以及亿迅公司发行的 2010 年可转换债券的债券持有人有权选择于 2013 年 10 月 18 日按本金连同应计而未支付的利息赎回可转换债券，故从应付债券转入一年内到期的非流动负债所致。
- 应付债券：如前述“一年内到期的非流动负债”变动原因分析，主要是因为 2008 年公司债券以及2010年第一期和第二期中期票据及亿迅公司发行的2010年可转换债券从应付债券转入一年内到期的非流动负债所致。

3.2 公允价值计量资产、主要资产计量属性变化相关情况说明

本集团以公允价值计量的资产主要为西班牙电信以及交通银行的股票投资,鉴于上述股票投资有活跃市场报价，其公允价值也能够可靠计量，且本集团并非为短期交易目的而持有上述股票投资，所以本集团将上述股票投资划分为可供出售金融资产。报告期内无重大购买、出售该等资产的情况，于 2012 年度，上述股票投资合计公允价值变动减少约人民币 15.3 亿元，扣

除所得税影响后按持股比例约人民币 3.89 亿元被计入本集团资本公积项下，具体请参见财务报告附注五（8）。

于 2012 年度，本集团资产的计量属性未发生重大变化。

4. 核心竞争力分析

公司拥有一个综合网络系统，对移动及固网业务的综合运营提供支持。GSM 网络使用 900MHz 频段的 2×6MHz 频谱以及 1800MHz 频段的 2×20MHz 频谱。WCDMA 网络使用 2100MHz 频段的 2×15MHz 频谱。

2012 年，公司积极打造面向未来的高速宽带网络，网络能力显著提升。截至 2012 年底，3G 网络基本覆盖到东、中部乡镇和西部发达乡镇；3G 基站全部升级到 HSPA+，下行峰值速率可达 21Mbps，继续保持网络速率领先优势。同时，公司以宽带中国战略的实施为契机，继续推进宽带光纤网建设，提升宽带网络竞争优势。

公司进一步加强基础网络建设，规模引入分组传送网络，网络传输能力和业务承载能力显著增强，为数据业务的高速增长提供了保障。

5. 投资状况分析

5.1　对外股权投资总体分析

5.1.1　持有其他上市公司股权情况

单位：万元　币种：人民币

证券代码	证券简称	最初投资成本	占该公司股权比例（%）	期末账面价值	报告期损益	报告期所有者权益变动	会计核算科目	股份来源
601328	交通银行	5018	0.04	12539.9	—	993	可供出售金融资产	购买

本公司的子公司于报告期持有交通银行股份有限公司于上海证券交易所上市的 A 股普通股股份约 2538 万股，约占交通银行股份有限公司总股份的 0.04%；除上述子公司持有的交通银行股票外，本公司所属联通红筹公司持有的国外的西班牙电信普通股股份约 6420 万股，约占西班牙电信总股份的 1.41%。

5.1.2　持有非上市金融企业股权情况

单位：元　币种：人民币

所持对象名称	最初投资金额	持有数量（股）	占该公司股权比例（%）	期末账面价值	报告期损益	报告期所有者权益变动	会计核算科目	股份来源
广东发展银行	19730271	7356985	0.05	19730271	—	—	长期股权投资	购买

于 2012 年 12 月 31 日，本公司所属子公司中讯邮电咨询设计院有限公司（“中讯设计院”）对被投资单位广东发展银行不具有控制、共同控制或重大影响，且对广东发展银行的长期股权投资不存在活跃市场报价、其公允价值也不能可靠计量，故本集团采用成本法核算对广东发展银行的长期股权投资。

上述“报告期损益”及“报告期所有者权益变动”为本集团所持对上述两家公司的投资对

本集团的影响。

5.2　非金融类公司委托理财及衍生品投资的情况

5.2.1　委托理财情况

本年度公司无委托理财事项。

5.2.2　委托贷款情况

本年度公司无委托贷款事项。

5.3　募集资金使用情况

报告期内，公司无募集资金或前期募集资金使用到本期的情况。

5.4　主要子公司、参股公司分析

公司主要子公司为联通运营公司，详见本章“董事会关于公司报告期内经营情况的讨论与分析”。

公司主要参股公司为西班牙电信，于2012年度，本公司所属子公司联通红筹公司收到西班牙电信宣布派发的约人民币2.66亿元的现金股利以及公允价值约人民币1.46亿元的股票股利。

5.5　非募集资金项目情况

2012年公司的各项资本开支合计997.9亿元，主要用于移动网络、宽带及数据、基础设施及传送网建设等方面。其中，移动网络资本开支为409.2亿元，宽带及数据业务资本开支为255.2亿元，基础设施及传送网资本开支为255.3亿元。

（二）董事会关于公司未来发展的讨论与分析

1. 行业竞争格局和发展趋势

公司将面临行业内其他运营商的竞争，同时，也面临来自电信行业外部的新进入者的竞争。新的一年中国宏观经济将继续保持平稳增长，新型工业化、信息化、城镇化、农业现代化“四化”同步发展步伐明显加快，国家实施扩大内需、保障民生等重大举措给信息通信业发展带来新的机遇。移动互联网产业链更加成熟，数据业务需求高速增长，信息化应用向社会各领域加速渗透，3G和宽带等业务仍处于高速增长期。2013年仍是中国联通发展的重要战略机遇期。公司将紧紧抓住重要战略机遇，充分发挥差异化优势，加快规模效益发展。同时高度关注并积极应对LTE、市场开放、移动通信转售业务试点带来的市场新机会。

2. 公司发展战略

面对公司内外部形势所发生的新变化，中国联通将以“信息生活的创新服务领导者”为愿景，深入实施“3G领先与一体化创新战略”，以“聚焦增长、提升效率”为目标，致力于将公司打造成为“行业领先、业绩突出、运营高效、服务卓越”的国际一流创新型企业。

3. 经营计划

全年主要发展目标是，收入增长继续保持行业领先，盈利能力得到进一步提升，投资占收比显著下降，继续保持网络领先优势，信息化应用水平明显提升。

围绕实现年度发展目标，公司将继续加快 3G 业务规模效益发展；保持宽带业务快速增长；加快 2G/3G 业务、固网和移动业务融合发展；继续加大行业应用开发和推广力度，实现移动业务持续快速增长，固网业务稳定发展。进一步提升投资效益和各类资源使用效率，提升收入利润率，实现 EBITDA 和净利润持续快速增长。进一步完善 3G 网络覆盖，保持网络领先，提升网络品质和用户感知；加快以 FTTH/B 为主的光纤接入网建设；全面部署分组传送网络，满足未来 LTE 的带宽需求。同时，公司将持续推进管理提升，加快面向移动互联网的销售服务体系转型，不断提升公司在新形势下的市场响应和客户服务能力，不断增强企业发展的内生动力。

4. 因维持当前业务并完成在建投资项目公司所需的资金需求

公司 2013 年的主要发展目标是，收入增长继续保持行业领先，盈利能力得到进一步提升，投资占收比显著下降，继续保持网络领先优势，信息化应用水平明显提升。

围绕实现上述目标，考虑到公司经营活动净现金流入保持稳定以及良好的信贷记录，我们相信公司应有足够的运营资金满足生产经营需要。

5. 可能面对的风险

公司将面临行业内其他运营商的竞争，同时，也面临来自电信行业外部的新进入者的竞争。中国政府正在推进“三网融合”、电信业向民营资本开放、携号转网等政策。这些政策在为公司带来了新的发展机遇的同时，也带来新的竞争和挑战。公司将不断创新变革，以 3G 和固网宽带为引领，加快推动以数据业务为核心的创新经营和转型发展，不断提升综合竞争实力，提升市场份额。以外，中国以及世界各地的电信运营商都面临着所提供的技术与服务多样、复杂以及快速变化的挑战。公司需要不断提升技术与服务水平，以适应这些变化。公司将积极参与世界主流国际标准组织工作，深入开展新技术与新业务的研究与试验，持续提高公司技术创新能力和应用能力，从而不断提升公司技术与服务水平，保持竞争实力。

本公司持有以外币计价的资产及负债，人民币汇率变动可能会对本公司的利润产生一定的影响；同时，利率上升可能使本公司以浮动利率计息的带息债务的利息支出上升。公司将持续关注汇率及利率市场变化，合理调整债务结构，加强资金管理，必要时使用金融工具以降低汇率及利率风险。

目前，国家正在推进营业税改征增值税税制改革，若电信行业纳入改革试点范围，可能会对本公司的财务状况及运营管理产生一定影响。公司将密切关注和紧密跟踪国家营改增行业试点改革动态，并积极开展相关准备工作。

（三）董事会对会计师事务所“非标准审计报告”的说明

1．董事会、监事会对会计师事务所“非标准审计报告”的说明

√ 不适用

2．董事会对会计政策、会计估计或核算方法变更的原因和影响的分析说明

√ 不适用

3．董事会对重要前期差错更正的原因及影响的分析说明

√ 不适用

（四）利润分配或资本公积金转增预案

1．现金分红政策的制定、执行或调整情况

根据本公司《公司章程》第 157 条的规定，“本公司应当将自联通红筹公司分红所得的现金在扣除日常现金开支、税费及法律法规规定应当提取的各项基金后以现金方式全额分配给股东。”

公司股东（包括少数股东）目前通过股东投票的渗透机制，参与联通红筹公司的股利分配决策。公司每年均严格按照上述公司的股利分配政策，将每年获得的联通红筹公司派发的现金股利在扣除本公司自身的日常现金开支、税费及按《公司法》应当提取的法定盈余公积后全部分配给公司股东。

本公司 2011 年度利润分配方案为：按本公司 2011 年 12 月 31 日总股本 211.97 亿股计，每 10 股派发现金股息 0.335 元（含税），共计 7.1 亿元。该利润分配方案经 2012 年 5 月 29 日召开的本公司股东大会审议通过后，于 2012 年 7 月 11 日实施。

2．报告期内盈利且母公司未分配利润为正，但未提出现金红利分配预案的，公司应当详细披露原因以及未分配利润的用途和使用计划

√ 不适用

3．公司近 3 年（含报告期）的利润分配方案或预案、资本公积金转增股本方案或预案

单位：元　币种：人民币

分红年度	每 10 股送红股数（股）	每 10 股派息数（元）（含税）	每 10 股转增数（股）	现金分红的数额（含税）	分红年度合并报表中归属于上市公司股东的净利润	占合并报表中归属于上市公司股东的净利润的比率（%）
2012 年	—	0.399	—	845744196	2368106789	35.71
2011 年	—	0.335	—	710085981	1412245739	50.28
2010 年	—	0.26	—	551111506	1234506831	44.64

（五）积极履行社会责任的工作情况

社会责任工作情况

公司 2012 年度社会责任报告详见 2013 年 3 月 22 日上海证券交易所（www.sse.com.cn）和公司网站（www.chinaunicom-a.com）披露的相关报告。

附：上市公司主要报表

1. 合并及公司资产负债表

于2012年12月31日

（除特别注明外，金额单位为人民币元）

资产	2012年12月31日 合并	2011年12月31日 合并	2012年12月31日 公司	2011年12月31日 公司
流动资产				
货币资金	18320075382	15439016285	38308031	28383556
应收票据	73892565	31490161	—	—
应收账款	14299836695	12439244269	—	—
预付款项	4169984192	3689114396	—	—
应收利息	53941	1583338	—	—
应收股利	—	—	551400293	479119262
其他应收款	5418707908	1924610778	1523411	1835991
存货	5803260310	4651374730	—	—
其他流动资产	154280444	696047622	—	—
流动资产合计	48240091437	38872481579	591231735	509338809
非流动资产				
可供出售金融资产	5567113651	6951106326	—	—
长期股权投资	49964427	47465488	38538133791	38538133791
固定资产	367280968600	325436125614	5587415	5960958
在建工程	59934754887	52328892232	—	—
工程物资	1965004362	2337301169	—	—
无形资产	21362042730	20739627902	10503341	10751448
长期待摊费用	8898958739	8100299374	—	—
递延所得税资产	5058391277	3710544195	—	—
非流动资产合计	470117198673	419651362300	38554224547	38554846197
资产总计	518357290110	458523843879	39145456282	39064185006
流动负债				
短期借款	69175125170	32321530000	—	—
应付短期债券	38000000000	38000000000	—	—
应付票据	285077142	1046319417	—	—
应付账款	103512018697	91138684831	—	—
预收款项	43083175709	36620704885	—	—
应付职工薪酬	3916948966	3550320691	—	—
应交税费	1832111706	1233433789	12181648	71267
应付利息	845799827	834595861	—	—

续表

资产	2012年12月31日 合并	2011年12月31日 合并	2012年12月31日 公司	2011年12月31日 公司
应付股利	8940742	8940742	—	—
其他应付款	8959530980	8607473651	2859636	2816515
一年内到期的非流动负债	32193020545	127919616	—	—
流动负债合计	301811749484	213489923483	15041284	2887782
非流动负债				
长期借款	535851778	1383679474	—	—
应付债券	2000000000	33118105681	—	—
长期应付款	331300694	88460997	—	—
其他非流动负债(递延收益)	1411941680	1801330590	—	—
递延所得税负债	32133209	31647601	—	—
非流动负债合计	4311227361	36423224343	—	—
负债合计	306122976845	249913147826	15041284	2887782
股东权益				
股本	21196596395	21196596395	21196596395	21196596395
资本公积	26775590138	27159443685	17111103108	17111103108
盈余公积	824415632	746495256	824415632	746495256
未分配利润	23525010902	21944910470	(1700137)	7102465
外币报表折算差额	(24329887)	(23643600)	—	—
归属母公司股东权益合计	72297283180	71023802206	39130414998	39061297224
少数股东权益	139937030085	137586893847	—	—
股东权益合计	212234313265	208610696053	39130414998	39061297224
负债和股东权益总计	518357290110	458523843879	39145456282	39064185006

2. 2012年度合并及公司利润表

(除特别注明外，金额单位为人民币元)

项目	2012年度合并	2011年度合并	2012年度公司	2011年度公司
一、营业收入	256264749435	215518511458	—	—
减：营业成本	(179108178878)	(154414023686)	—	—
营业税金及附加	(7338782346)	(6351628168)	—	—
销售费用	(35037103692)	(28750690843)	—	—
管理费用	(20491250373)	(18199737712)	(24870195)	(10676612)
财务费用（加：收入）	(3416514137)	(1243082687)	5828981	473714
资产减值损失	(3294126554)	(2771213069)	—	—
加：投资收益	417326751	866240576	798250738	625590662

续表

项目	2012 年度合并	2011 年度合并	2012 年度公司	2011 年度公司
二、营业利润	7996120206	4654375869	779209524	615387764
加：营业外收入	2053188618	1874449694	—	23449
减：营业外支出	(505247938)	(864784747)	(5769)	(9001)
三、利润总额	9544060886	5664040816	779203755	615402212
减：所得税费用	(2518632373)	(1476075431)	—	—
四、净利润	7025428513	4187965385	779203755	615402212
归属于母公司普通股股东净利润	2368106789	1412245739	779203755	615402212
少数股东损益	4657321724	2775719646	—	—
五、同一控制下企业合并中被合并方在合并前实现的净利润	—	8940742	不适用	不适用
六、每股收益（归属于母公司普通股股东）				
基本每股收益	0.1117	0.0666	不适用	不适用
稀释每股收益	0.1099	0.0660	不适用	不适用
七、其他综合损失	(1148741561)	(1990478831)	—	—
八、综合收益总额	5876686952	2197486554	779203755	615402212
归属于母公司普通股股东综合收益总额	1978912008	737787260	779203755	615402212
归属于少数股东的综合收益总额	3897774944	1459699294	—	—

3. 2012 年度合并及公司现金流量表

（除特别注明外，金额单位为人民币元）

项目	2012 年度合并	2011 年度合并	2012 年度公司	2011 年度公司
一、经营活动产生的现金流量				
销售商品、提供劳务收到的现金	243095682578	205738561772	—	—
收到的税款返还	15896336	27664445	—	—
收到其他与经营活动有关的现金	742007719	547931509	—	—
经营活动现金流入小计	243853586633	206314157726	—	—
购买商品、接受劳务支付的现金	(129290641103)	(100918902794)	(8676832)	(10149436)
支付给职工以及为职工支付的现金	(28478883962)	(26443414889)	(3110150)	(2876826)
支付的各项税费	(11345656385)	(9498977137)	—	—
经营活动现金流出小计	(169115181450)	(136861294820)	(11786982)	(13026262)
经营活动产生的现金流量净额（减：支付）	74738405183	69452862906	(11786982)	(13026262)

续表

项目	2012 年度 合并	2011 年度 合并	2012 年度 公司	2011 年度 公司
二、投资活动产生的现金流量				
处置固定资产、无形资产所收回的现金净额	1085829708	1431320599	690	41000
取得投资收益所收到的现金	489491911	1047765284	731802147	570446899
收到其他与投资活动有关的现金	288324452	181172648	—	—
投资活动现金流入小计	1863646071	2660258531	731802837	570487899
购建固定资产、无形资产所支付的现金	(90766178785)	(81817902431)	(5399)	—
投资所支付的现金	—	(3367586262)	—	—
取得子公司及其他营业单位支付的现金净额	(10314455759)	—	—	—
支付的其他与投资活动有关的现金	(16363723)	(212436455)	—	—
投资活动现金流出小计	(101096998267)	(85397925148)	(5399)	—
投资活动产生的现金流量净额(减：支付)	(99233352196)	(82737666617)	731797438	570487899
三、筹资活动产生的现金流量				
子公司吸收少数股东投资所收到的现金	774287	33422359	—	—
发行债券收到的现金	67797255195	61866594907	—	—
取得借款所收到的现金	87111129125	55460955472	—	—
筹资活动现金流入小计	154909158607	117360972738	—	—
偿还债务所支付的现金	(120620855774)	(106305374182)	—	—
分配股利、利润或偿付利息所支付的现金	(6640335994)	(5255611884)	(710085981)	(551172555)
筹资活动现金流出小计	(127261191768)	(111560986066)	(710085981)	(551172555)
筹资活动产生的现金流量净额(减：支付)	27647966839	5799986672	(710085981)	(551172555)
四、汇率变动对现金的影响	—	—	—	—
五、现金及现金等价物净增加（减少）额	3153019826	(7484817039)	9924475	6289082
加：年初现金及现金等价物余额	15134971543	22619788582	28383556	22094474
六、年末现金及现金等价物余额	18287991369	15134971543	38308031	28383556

4. 2012年度合并股东权益变动表

（除特别注明外，金额单位为人民币元）

项目	归属于母公司股东权益					少数股东权益	股东权益合计	其中：同一控制下收购业务对股东权益的影响
	股本	资本公积	盈余公积	未分配利润	外币报表折算差额			
2011年1月1日年初余额	21196596395	27859867254	684955035	21160924580	（17733819）	137439205446	208323814891	143368877
（一）净利润	—	—	—	1412245739	—	2775719646	4187965385	8940742
（二）其他综合收益－直接计入股东权益的损失								
1．可供出售金融资产公允价值变动净额	—	（668548698）	—	—	—	（1304489038）	（1973037736）	—
2．外币报表折算差额	—	—	—	—	（5909781）	（11531314）	（17441095）	—
（三）股东投入和减少的资本								
1．股东投入资本－确认子公司员工行使股份期权所增加的子公司权益影响	—	11324910	—	—	—	22097449	33422359	—
2．股份支付计入股东权益的金额－与股份支付相关的员工薪酬的确认	—	5881018	—	—	—	11475189	17356207	—
3．其他－宽带在线同一控制下收购联通新时讯支付的价款	—	（40926482）	—	（12578971）	—	（104419447）	（157924900）	（157924900）
（四）利润分配								
1．提取盈余公积－法定公积金	—	—	61540221	（61540221）	—	—	—	—
2．向股东分派的普通股股利	—	—	—	（551111506）	—	（1243406810）	（1794518316）	—
3．同一控制下宽带在线所收购的联通新时讯向联通集团分配利润	—	—	—	（3029151）	—	（5911591）	（8940742）	（8940742）

续表

项　　目	归属于母公司股东权益					少数股东权益	股东权益合计	其中：同一控制下收购业务对股东权益的影响
	股本	资本公积	盈余公积	未分配利润	外币报表折算差额			
（五）股东权益的内部结转								
1．其他－因所持子公司股份变化对资本公积的影响	—	(8154317)	—	—	—	8154317	—	—
2011 年 12 月 31 日年末余额	21196596395	27159443685	746495256	21944910470	(23643600)	137586893847	208610696053	(14556023)
（一）净利润	—	—	—	2368106789	—	4657321724	7025428513	—
（二）其他综合收益－直接计入股东权益的利得和损失								
1．可供出售金融资产公允价值变动净额	—	(388508494)	—	—	—	(758207447)	(1146715941)	—
2．外币报表折算差额	—	—	—	—	(686287)	(1339333)	(2025620)	—
（三）股东投入和减少的资本								
1．股东投入资本－确认子公司员工行使股份期权所增加的子公司权益影响	—	262329	—	—	—	511958	774287	—
2．股份支付计入股东权益的金额－与股份支付相关的员工薪酬的确认	—	4851484	—	—	—	9468084	14319568	—
（四）利润分配								
1．提取盈余公积－法定公积金	—	—	77920376	(77920376)	—	—	—	—
2．向股东分派的普通股股利	—	—	—	(710085981)	—	(1558077614)	(2268163595)	—
（五）股东权益的内部结转								
1．其他－因所持子公司股份变化对资本公积的影响	—	(458866)	—	—	—	458866	—	—
2012 年 12 月 31 日年末余额	21196596395	26775590138	824415632	23525010902	(24329887)	139937030085	212234313265	(14556023)

5. 2012 年度公司股东权益变动表

（除特别注明外，金额单位为人民币元）

项　　目	股本	资本公积	盈余公积	未分配利润	股东权益合计
2011 年 1 月 1 日年初余额	21196596395	17111103108	684955035	4351980	38997006518
（一）净利润	—	—	—	615402212	615402212
（二）利润分配					
1．提取盈余公积－法定公积金	—	—	61540221	(61540221)	—
2．向股东分派的普通股股利	—	—	—	(551111506)	(551111506)
2011 年 12 月 31 日年末余额	21196596395	17111103108	746495256	7102465	39061297224
（一）净利润	—	—	—	779203755	779203755
（二）利润分配					
1．提取盈余公积－法定公积金	—	—	77920376	(77920376)	—
2．向股东分派的普通股股利	—	—	—	(710085981)	(710085981)
2012 年 12 月 31 日年末余额	21196596395	17111103108	824415632	(1700137)	39130414998

专题分析

2012年通信行业景气监测与预警分析

一、通信行业景气合成指数分析

2012 年，通信行业一致合成指数呈现连续 12 个月的下降趋势，跌幅处于震荡状态。截至 2012 年 12 月底，一致合成指数为 83.51（2008 年为 100，下同）；先行合成指数连续 8 个月下降，且跌幅不断扩张，先行合成指数为 109.37（2008 年为 100，下同）；滞后合成指数连续 10 个月下降，增幅不断缩小，滞后合成指数为 88.22（2008 年为 100，下同）（见表 1 和图 1 所示）。

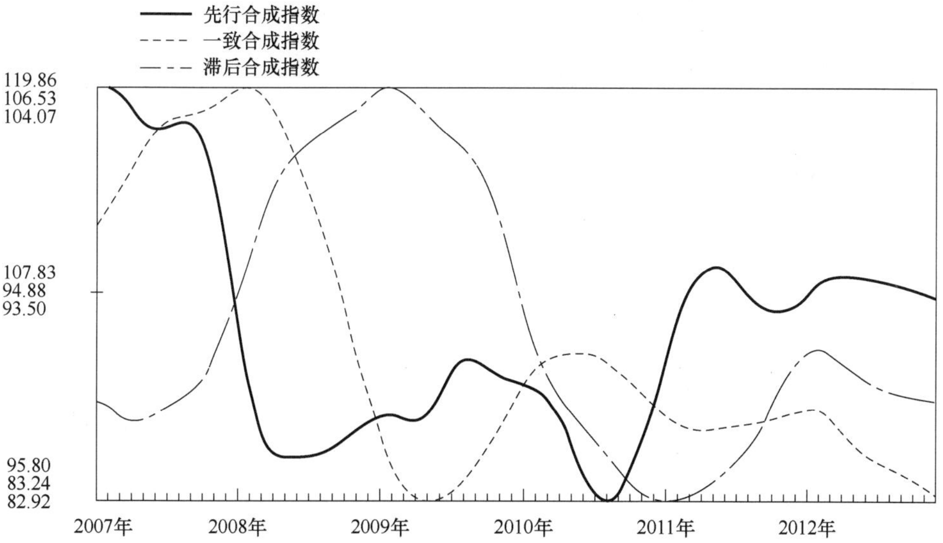

图 1　通信行业先行、一致和滞后合成指数曲线

表 1　2012 年 1—12 月通信行业景气合成指数和预警指数

日期	一致合成指数（2008 年为 100）	先行合成指数（2008 年为 100）	滞后合成指数（2008 年为 100）	预警指数
2012 年 1 月	88.45	107.85	90.55	52
2012 年 2 月	88.33	108.38	90.69	48
2012 年 3 月	87.89	108.75	90.47	44
2012 年 4 月	87.21	108.89	90.02	48

续表

日期	一致合成指数（2008 年为 100）	先行合成指数（2008 年为 100）	滞后合成指数（2008 年为 100）	预警指数
2012 年 5 月	86.49	108.80	89.48	44
2012 年 6 月	85.88	108.64	89.01	44
2012 年 7 月	85.45	108.56	88.72	44
2012 年 8 月	85.14	108.47	88.53	40
2012 年 9 月	84.78	108.31	88.39	44
2012 年 10 月	84.38	108.11	88.27	40
2012 年 11 月	83.92	107.89	88.14	40
2012 年 12 月	83.51	107.65	88.05	40

二、通信行业预警指数变动态势分析

预警指数：2012 年，通信行业预警指数呈现持续走低的态势，截至 12 月底，通信行业预警指数达到 40（见图 2 所示），处于逼近趋冷区间状态，业界人士值得高度重视。（若按 2011 年预警曲线，2012 年应从 2011 年末的趋冷进入正常，再逼近趋冷）

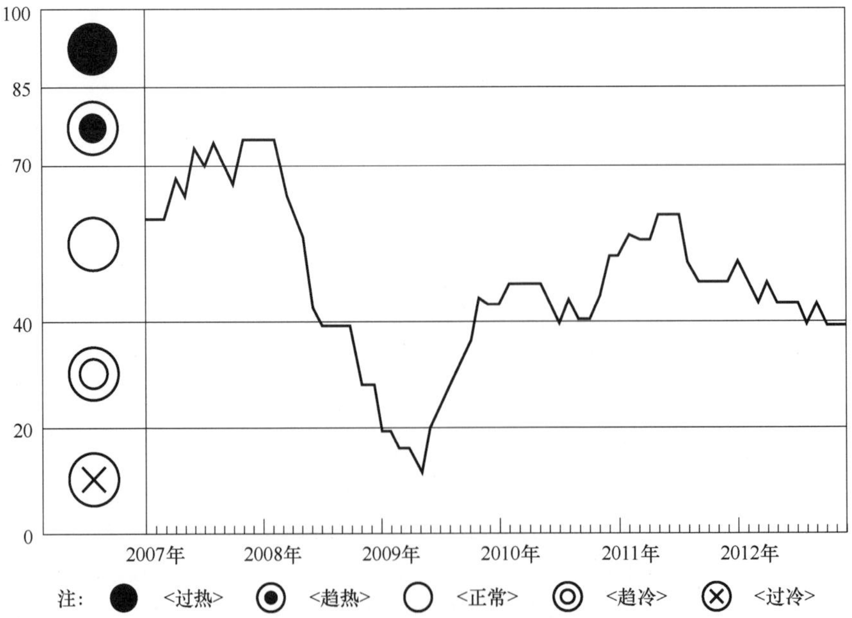

图 2　通信行业预警指数曲线图

预警信号灯：2012 年，预警信号灯出现三种变化方向：

- 正常区间内浮动。主要指标包括电信业务收入、光缆线路长度和电信固定资产投资完成额。电信业务收入自 3 月后转入正常区间；光缆线路长度除在 8—9 月份出现过热状区间，其他月份均处于正常区间；电信固定资产投资完成额一直处于正常区间。

- 由正常转入趋冷。主要指标包括电信业务总量和手机产量。电信业务总量自 5 月份开始趋冷，8 月份转入过冷区间；手机产量有 5 个月份处于正常区间，7 个月份处于趋冷区间。
- 由正常转入趋热。主要指标为利润总额。自 9 月份以后，利润总额由正常区间转为趋热区间。

2012 年各指标的信号灯变化见图 3 所示。

指 标 名 称	2012											
	1	2	3	4	5	6	7	8	9	10	11	12
1.电信业务收入	⊙	⊙	○	○	○	○	○	○	○	○	○	○
2.电信业务总量	○	○	○	○	◎	◎	◎	⊗	⊗	⊗	⊗	⊗
3.利润总额	○	○	○	○	○	○	○	○	⊙	⊙	⊙	⊙
4.光缆线路长度	○	○	○	○	○	○	○	⊙	⊙	○	○	○
5.电信固定资产投资完成额	○	○	○	○	○	○	○	○	○	○	○	○
6.手机产量	○	◎	◎	○	○	○	○	◎	◎	◎	◎	◎
综合判断	○	○	○	○	○	○	○	◎	○	◎	◎	◎
	52	48	44	48	44	44	44	40	44	40	40	40

注：● <过热> ⊙ <趋热> ○ <正常> ◎ <趋冷> ⊗ <过冷>

图 3 通信行业预警信号灯图

截至 2012 年末，构成预警指数的 6 个指标中，1 个指标处于“趋热”——利润总额；3 个指标处于“正常”——即电信业务收入、光缆线路长度和电信固定资产投资完成额；1 个指标处于“趋冷”——手机产量；1 个指标处于“过冷”——电信业务总量。

三、通信行业运行预警分析

（一）重要指标分析

1. 一致指数构成指标分析

结合历史资料，观察电信业务收入与电信业务总量的增速差距变化：一致指数 2007—2008 年在 10～20 个百分点区间震荡，2009 年在 10 个百分点震荡，2010 年在 15 个百分点震荡，2011 年以后，震荡区间缩小至 5～10 个百分点。进入 2012 年，经 X11 季节处理后的电信业务收入和电信业务总量同比增速差距不断缩减，截至 2012 年年末，两者增速分别为 9.26%和 10.19%，剪刀差缩小到 0.009，逼近 0。

在话音业务和非话音业务收入比例接近 1:1 的市场结构下，非话音业务价格弹性日益失效，天花板效应日趋明显，非话音业务同质化竞争激烈，数据业务逐步发挥撬起总体收入增长的杠杆作用，但尚未成为业务发展主力，单纯依靠流量赚利润的数据业务时代终结，亟待运营商借鉴互联网企业经营思路，通过专业化合作及平台整合等方式，创造基于流量衍生的各种商业盈利模式。

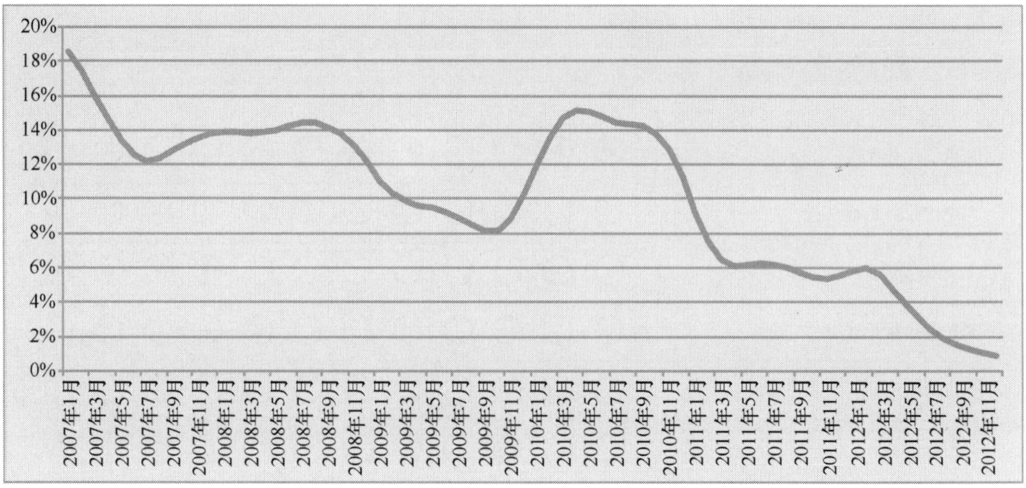

图 4　2007 年 1 月—2012 年 12 月电信业务总量与电信业务收入增速剪刀差

2012 年，普遍使用的终端及业务捆绑营销模式继续为运营商赢得了较高的盈利空间。在剔除季节影响因素后，构成一致指数的电信利润总额保持较好的增长态势，同比增速达到 14.54%，高于电信业务收入增速 5.6 个百分点。

2. 先行指数构成指标分析

2012 年“宽带普及提速工程”对信息网络宽带化升级和城镇光纤到户具有明显的推进作用。电信运营商、广电、房地产商及物业等各方都在暗中角力，光缆线路长度建设力度大幅提升。在构成先行合成指数的指标中，经 X11 季节处理后电信固定资产投资额同比增速为 9.8%；光缆线路长度保持强劲增长势头，增幅高达 23%。

3. 滞后指数构成指标分析

经 X11 季节处理后，构成滞后指数的 2 个逆转指标中，通信消费价格指数增速持续提升，手机产量增速继续放缓，直接拉动滞后指数下降。

4. 小结

自 2007 年以来，通信行业景气指数模型大体呈现先行指数先行于一致指数 6～8 个月，滞后指数对一致指数迟行 8～12 个月进行印证的规律。2011 年以后，受宽带政策影响，投资类指标高速增长导致先行指数波峰高于同期一致和滞后指数的波峰。

（二）综合预警分析

1. 政府陆续出台相关政策，营造安全、健康和内容丰富的信息消费环境

2012 年，电信主管部门相继出台了信息安全和市场开放等方面的管理办法。随着信息消费经济的全面铺开，我国对个人信息的保护工作提到日程上来。十一届全国人大常委会第三十次会议通过《加强网络信息保护决定》，以专门的法律保护公民的个人电子信息，明确了信息安全保障的核心是软硬件实现本土化，我国未来将迎来信息安全产业爆发期；为刺激电信业务的创新，我国重启 IDC 和 ISP 市场准入，增值电信业务市场范围将进一步放开，企业将为用户提供更安全，更丰富的互联网服务。这些管理举措将在 2013 年信息市场安全管理提升及电信市场格局变化起到重要的影响作用。

2. “宽带中国战略”逐步落地，将持续拉动我国网络投资保持较高速度增长

2012 年，我国开始启动“宽带中国战略”。宽带普及提速工程 2012 年的阶段性目标主要包括：新增光纤入户覆盖家庭超过 3500 万户，使用 4M 及以上宽带接入产品的用户超过 50%，新增固定宽带接入互联网家庭超过 2000 万户。运营商纷纷提出各自发展目标：中国电信提出新增光纤入户覆盖家庭 2500 万户，新增固定宽带用户 1600 万，用户规模突破 1 亿；中国联通提出 2012 年新增光纤入户家庭超过 1000 万户，在城市普及 10M～20M 宽带接入能力，年内实现 4M 及以上接入速率的用户占比超过 50%，在联通重点服务的北方 10 省区，行政村光纤通达率提升至 72%。

3. 终端补贴的经营模式给运营商带来经营成本压力

2012 年 8 月，我国智能机出货量超过功能机，3G 手机销量不断攀升，手机市场正经历着从 2G 逐渐过渡到 3G 的转型，引导人们对手机终端的消费观念发生从功能机向智能机的转变。

如若撬动 3G 的利益杠杆，需要终端、渠道、应用等产业链各方的共同努力。运营商一方面采用终端补贴，利用 APP 下载促进流量使用，培养用户的移动互联网业务使用习惯和深度消费；另一方面，以千元终端补贴策略，降低成本、扩大收入来源，通过终端销售公司来强化终端的大规模集中采购，降低终端营销成本，提升盈利空间。

4. 新兴移动互联网数据业务逐步翘起电信业务市场发展

2012 年，全球电信业呈现稳步转型趋势。依靠各类移动宽带应用类业务增长，扭转全球话音业务的下滑态势，全球电信业收入规模处于相对稳定。移动数据业务占总收入比逐年攀升：移动业务收入已达 55%，移动数据业务收入已达 30%，其中非短信类移动数据业务收入在移动数据业务收入中的占比达到 67%。同时，不计流量的移动数据套餐定价模式使得非短信类移动数据业务收入增速放缓，收入同比增速降为 15%，仅高于移动数据业务收入增速 3 个百分点，移动网络运营和盈利模式将面临新的挑战。

我国受微信等 OTT 业务的冲击，电信业务市场传统话音业务出现下滑的同时，短信类传统数据业务增速也出现不同程度下降。为此，运营商集中发力移动互联网业务应用及产业链联盟搭建，不断提升新业务成长能力。中国移动公司重点突破移动支付业务，开通“易充值”业

务；中国联通推出首个手机支付产品，在中国银联 POS 终端上直接刷卡消费；中国电信采取专业化公司运作模式，通过成立云计算公司、天翼视讯、天翼游戏和天翼阅读文化传播有限公司等举措，积极推进智慧管道战略。

可以预见，借移动互联网应用爆发之势，电信运营商将以移动互联网为核心推出各式的应用类业务，与产业链上下游的终端设备提供商和互联网企业保持良好的伙伴关系，为用户提供优质、可靠和安全的移动互联网的业务体验。

2013 年，通信行业将继续运行于健康发展轨道，在移动互联网应用创新方面展现更多业绩。

全球电信运营业2012年运行分析

一、全球电信运营业发展概况

（一）市场总体

1. 市场收入规模低速增长，移动数据业务占比继续提高

预计 2012 年全球电信业务收入将达到 1.64 万亿美元，比 2011 年增长 1.0%。在全球电信行业现有经营模式没有根本性改变的情况下，市场竞争削弱了流量粗放增长所带来的收入提升，低速增长是现阶段的主要特征。

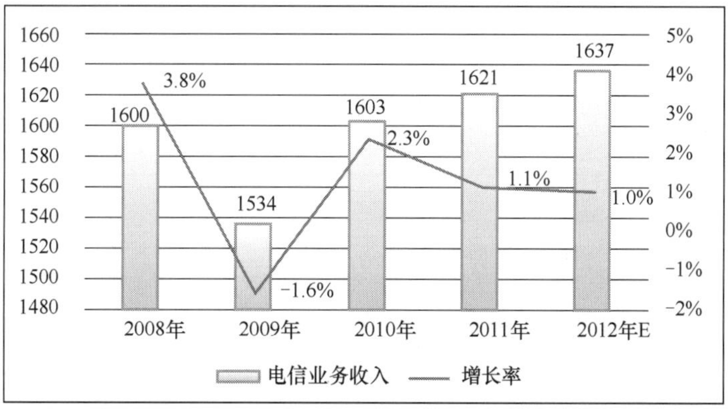

图 1　全球电信市场收入（亿美元）

（数据来源：Gartner）

收入结构继续调整，移动数据业务是最大增长动力。2012 年，智能终端与移动应用的发展显著地拉动了移动业务尤其是移动数据业务的发展，移动业务收入占比从 2011 年的 57.2% 升至 59.4%，移动数据业务收入占移动业务收入的 46%，占全部电信业务收入的 27.3%。北美、西欧发达国家市场的移动数据等新业务收入贡献已接近 50%。

固定宽带业务是另一增长点，收入占比保持稳定增长，2012 年预计达到 18.5%。移动话音和固定话音收入绝对值及占比均继续下降。

各地区发展速度不均衡，亚太、非洲、中东等新兴市场电信业务收入增长强劲，西欧、北

美持续下降。

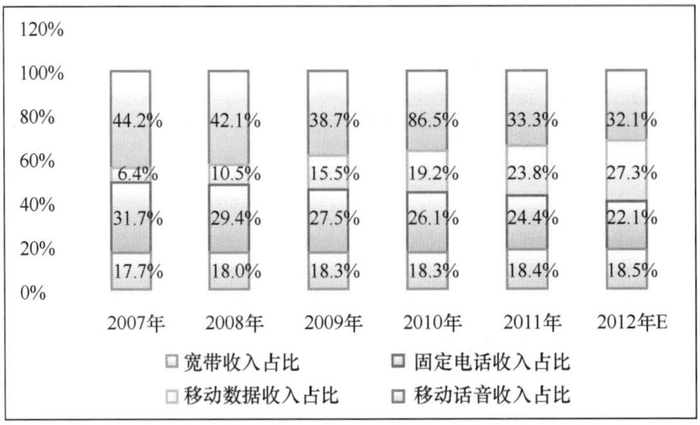

图 2 全球电信市场收入结构及其变化

（数据来源：Informa，ITU）

2. 互联网上市企业收入和市值快速上升

2012 年互联网上市企业的收入和市值分别上升 35%和 15%。相比之下电信服务上市企业呈下滑趋势：电信服务上市企业收入上升 0.6%，市值下降 9.9%。互联网上市企业与电信服务上市企业的差距缩小，二者收入规模比从 2009 年的 1:3.3 变为 1:2.2；市值比从 2009 年的 1:1.9 变为 1:1.1。

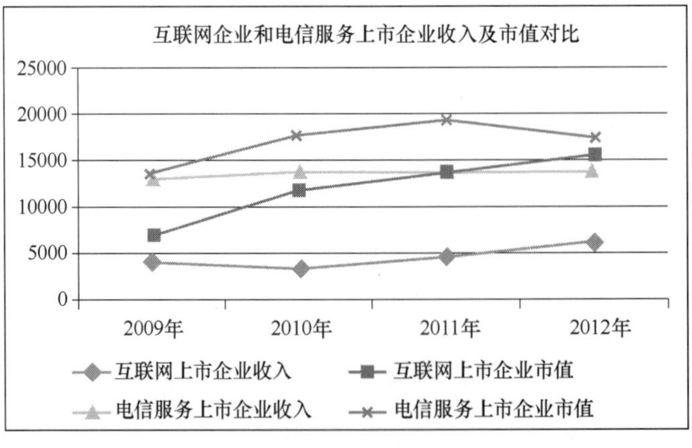

图 3 互联网上市企业和电信服务上市企业收入及市值对比

（数据来源：通信信息所根据 2012 福布斯全球上市公司 2000 强榜单整理）

3. 电信设备投资在 LTE 和固定宽带投资的带动下回升

2012 年全球电信设备投资总规模约为 4083 亿美元，同比增长 10.2%。其中移动通信投资增长 15.9%，主要来自于 LTE 电信设备投资的爆发性增长。固定宽带投资增长 8.8%。HSPA+和 LTE 网络部署成为运营商网络升级的重心。

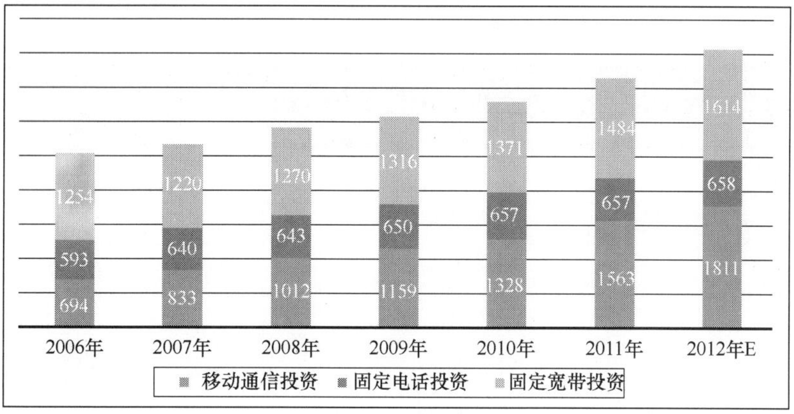

图 4　全球电信设备投资对比（亿美元）

（数据来源：通信信息所）

4. 地域间差距随着通信新业务的发展而拉大

2011 年用 IDI[1]（Information Development Index）指数表示的不同地区和国家的信息化发展水平数据显示，随着宽带业务的发展，除欧洲地区缩小了数字鸿沟外，其他地区间的差距在加大。发达国家和发展中国家间的差距悬殊，前者的 IDI 数值平均高出后者一倍，使用分指数的差距最为严重。分别对六个区域进行的 IDI 分析，凸显了全球和区域内的 ICT 发展差距。

2010—2011 年发展中国家的 IDI 值增长了 20%，高于同期发达国家增长率 10 个百分点。主要是发展中国家移动互联网等业务得到快速应用。2011 年年底表现最活跃的国家来自发展中国家，并涉及所有区域。发展中国家集团走向分化，集团内部的 ICT 水平差距在扩大，而发达国家则相反，ICT 发展情况更加趋同。

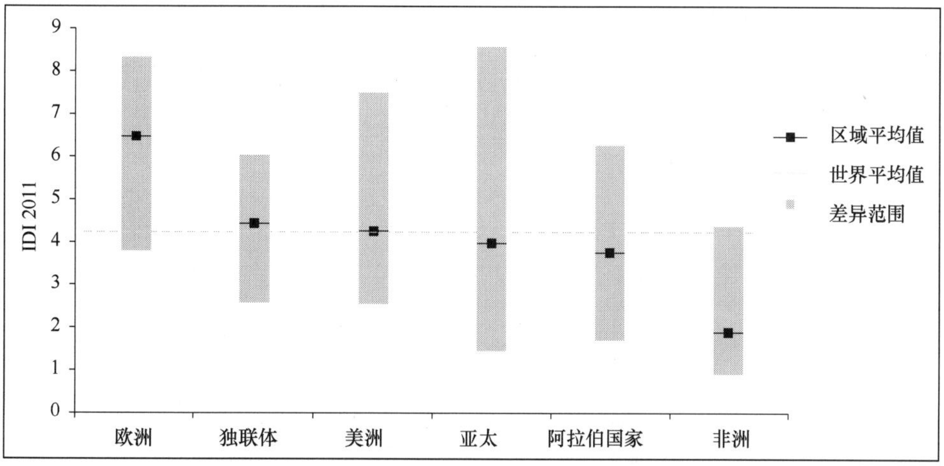

图 5　2011 年按区域划分的 IDI 平均值及其范围

（数据来源：ITU）

[1] IDI 是由 11 个要素合成的一个复合指标，涉及信息化基础设施、信息化使用、知识水平、发展环境与效果和信息消费各个方面。一级指标有接入、使用、技能。

最具活力的国家(前10名)-2010-2011年IDI变化

IDI排名变化		
2011年IDI排名	国家	IDI排名变化
49	哈萨克斯坦	7
60	巴西	7
133	卢旺达	7
47	沙特阿拉伯	6
40	巴林	5
68	阿萨拜疆	5
88	斐济	5
9	英国	5
81	越南	5

IDI值的变化(绝对)		
2011年IDI排名	国家	IDI数值的变化
40	巴林	0.66
47	沙特阿拉伯	0.62
49	哈萨克斯坦	0.61
68	阿萨拜疆	0.57
60	巴西	0.54
46	白俄罗斯	0.54
24	爱沙尼亚	0.49
73	格鲁吉亚	0.45
71	哥斯达黎加	0.45

IDI值的变化(%)		
2011年IDI排名	国家	IDI百分比变化
117	加纳	23
115	津巴布韦	19
68	阿萨拜疆	15
88	斐济	14
49	哈萨克斯坦	13
60	巴西	13
47	沙特阿拉伯	13
40	巴林	13
114	肯尼亚	12

图 6　2011 年 ICT 发展最活跃的国家

（数据来源：ITU）

（二）重点和成长性市场

1. 全球移动用户增长放缓，3G 是发展主流

2012 年底，全球移动用户将达到 65.6 亿户，普及率 92.6%。随着移动普及率的饱和，新增移动用户 2012 年比 2011 年增速放缓趋势更加明显。2012 年新增 5.7 亿移动用户，比 2011 年减少 1 亿户。

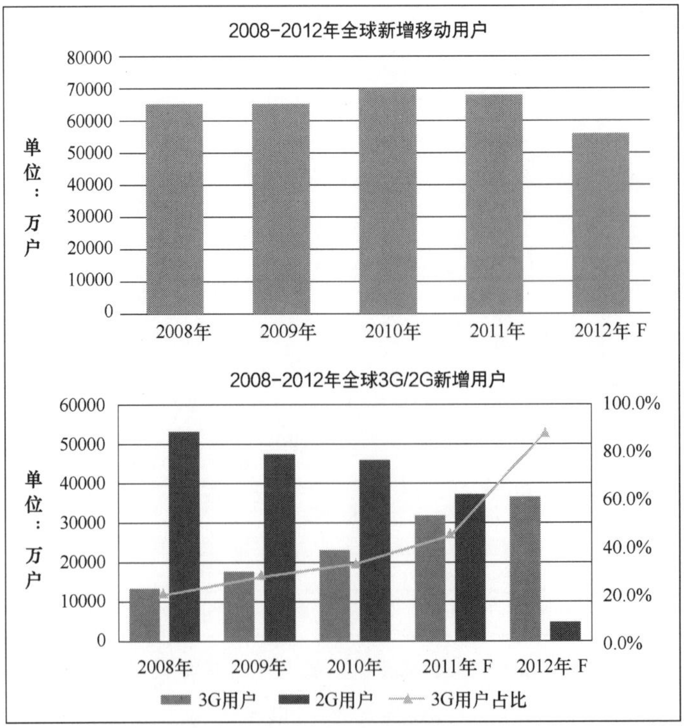

图 7　2008—2012 年全球新增移动用户（万户）

（数据来源：通信信息所根据 Informa，CDG，工业和信息化部整理）

尽管 2G 用户在累积量上仍占绝对优势，但优势地位开始下降。2012 年，新增 3G 用户 3.8 亿，新增 2G 用户 1.9 亿。3G 新增用户数量首次超过 2G 用户，全球 3G 用户将累计达到 15.5 亿户，在总移动用户中占比 23.6%；2G 用户累计达到 50 亿户，占比 76.4%。

2. 移动通信市场规模持续扩大，非短信数据业务收入快速增长

在移动互联网发展的带动下，全球非短信数据业务收入实现快速增长，2012 年 2 季度非短信业务收入突破 577 亿美元，同比增长 15.5%，非短信类移动数据业务收入占移动数据业务收入的比重上升至 67.1%。

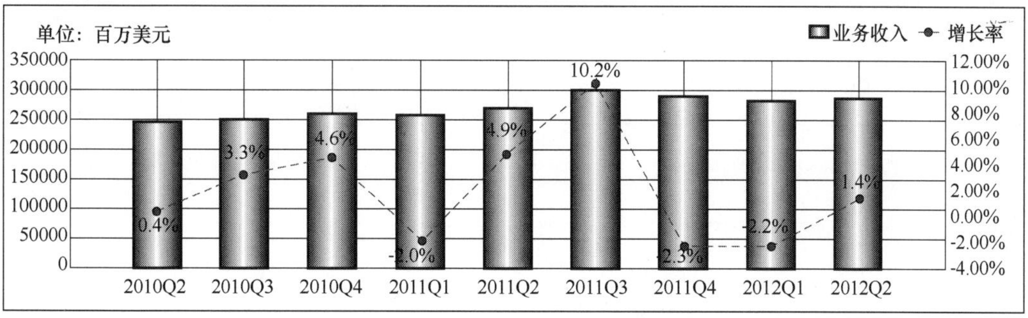

图 8　2010 Q2 至 2012 Q2 全球移动市场业务收入（百万美元）

（数据来源：Informa，ITU）

全球短信业务收入和业务量占比均将在未来五年出现下降趋势。彩信、手机邮箱和移动即时通信的业务收入和业务量份额在未来五年内均将有不同幅度的增长，而短信业务的业务收入份额将从 2011 年的 76%下降至 2016 年的 64.9%，短信业务量份额将从 2011 年的 64.1%下降至 2016 年的 42.1%。

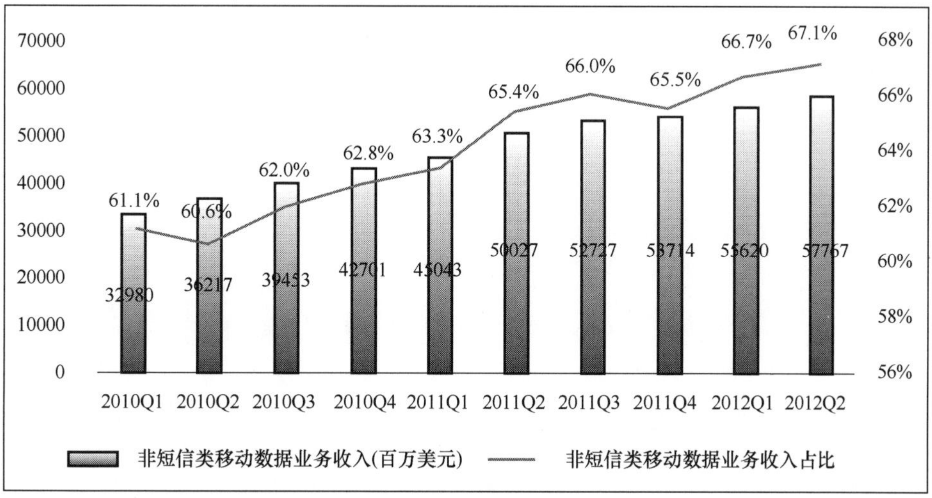

图 9　2010—2012 年非短信类数据收入及其占比的变化

（数据来源：Informa）

3. HSPA+仍是网络部署主流，LTE 网络部署进入快速发展期

截至 2012 年 11 月，HSPA（含 HSPA+）网络数已达到 506 个，其中 HSPA+网络数占 254 个，2012 年新增 HSPA+网络 76 个。42Mbps HSPA+网络成为主流趋势。

2012 年，LTE 商用网络部署速度明显加快，全球有 347 家运营商承诺将在 104 个国家部署 LTE 网络，其中 96 个已经商用，新增网络已达 54 个。2012 年末，全球 LTE 用户将超过 6000 万户，超于 3G 同期水平 8 倍多。LTE 在商用初期的网络发展速度远远超过了当年的 WCDMA。在标准正式出台后，LTE 只用了 3 年半的时间就实现了 2000 万用户的规模。LTE 用户主要集中在美国、韩国、日本三个国家，其 LTE 用户在总 LTE 用户中占 91%。排名前五的运营商 LTE 用户在总移动用户中占比超过 80%。

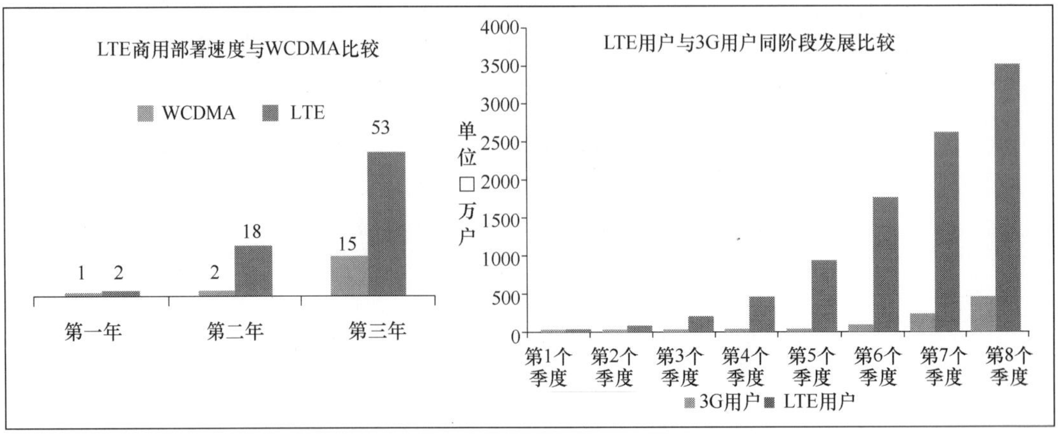

图 10　LTE 用户与 3G 用户同阶段发展比较

（数据来源：CATR）

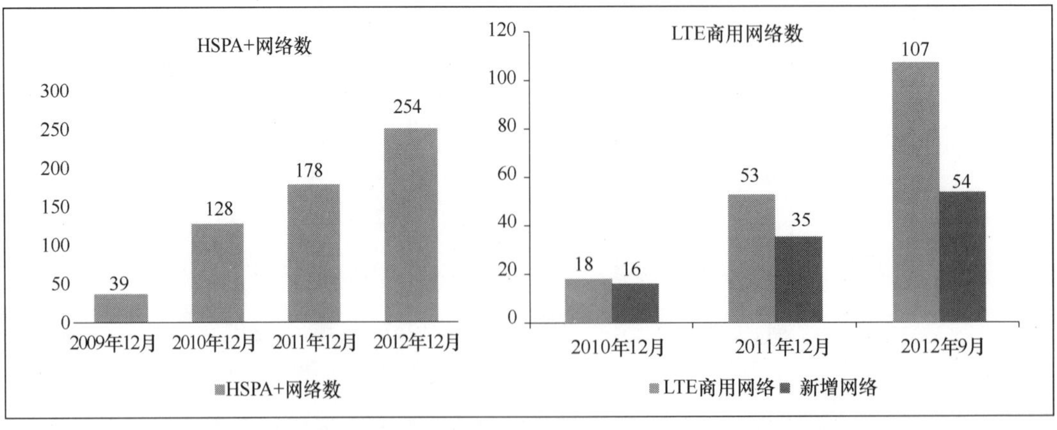

图 11　全球商用的 HSPA+网络数和 LTE 商用网络数（个）

（数据来源：通信信息所）

4. WLAN 战略地位提升，从流量分流到网络协同

伴随着 WLAN 的热点规模和网络质量不断提高，由最初的分流作用转向和 2G/3G/LTE 网络实现有效协同，已成为运营商流量经营战略的重要环节，所承载的数据流量比重在在各类网络中快速上升，运营商建设 WLAN 由被动转向主动，以 NTT DoCoMo 为例，其 WLAN 网络在一年内扩大 4 倍。

至 2012 年底，全球预计将有超过 210 万个公共 Wi-Fi 热点。亚太区的公共 Wi-Fi 热点在 2009 年以后加速增长，构成全球公共 Wi-Fi 热点的 50%以上。

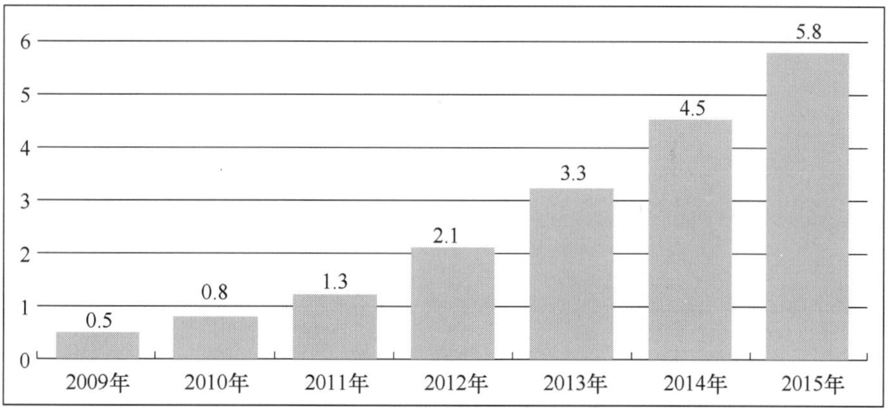

图 12　全球公共 Wi-Fi 热点数量（单位：百万）

（数据来源：Informa、无线宽带联盟 WB）

5. 宽带用户在各国宽带计划激励下持续增长，家庭普及率加速提升

在各国政府宽带计划与激励政策推动下，2012 年全球固定宽带用户继续增长，但增长速率放缓。

截至 2012 年 3 季度，全球宽带接入用户累计达到 6.36 亿，季度增长率为 2.0%，1 季度和 2 季度的季度增长率分别为 2.1%和 2.6%。预计至 2012 年底，全球固定宽带用户规模将达到 6.66 亿，全年新增 5511 万户。东亚和南亚地区是新增用户主要来源。

2012 年 3 季度末，全球宽带人口普及率（宽带接入用户在人口中的百分比）为 10.8%，比 2011 年年底提高了 0.62 个百分点；宽带的家庭普及率为 41%，比 2011 年年底提高了 5 个百分点。列支敦士登是目前宽带接入业务普及率最高的国家，普及率高达 60.19%。全球家庭普及率超过 100%的国家有 9 个。

目前宽带人口普及率最高的十个国家和地区中，除非洲的摩纳哥、亚太的中国香港以外，其余均为西欧经济发达国家。按照家庭普及率来计算，一些西欧国家、富裕的阿拉伯国家以及亚洲发达经济体进入了家庭普及率前十的行列。

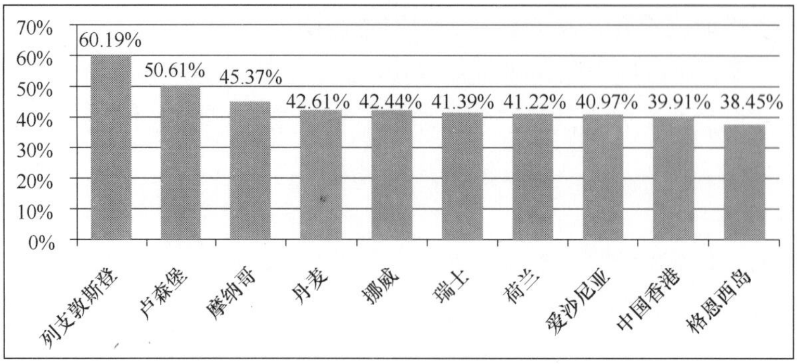

图 13　宽带普及率最高的 10 个国家和地区（按人口计算）

（数据来源：Point Topic）

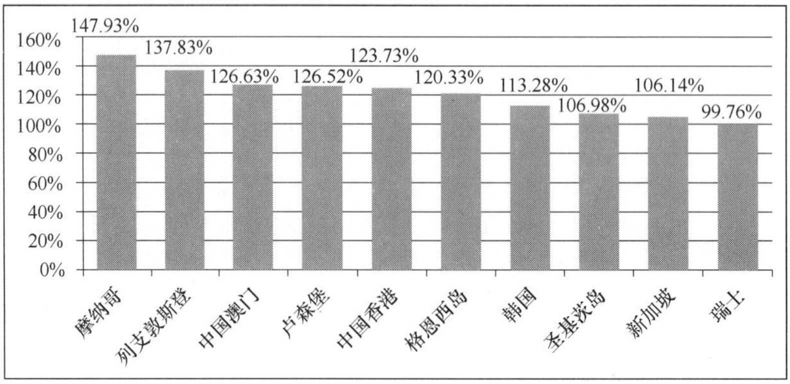

图 14　宽带普及率最高的 10 个国家和地区（按家庭计算）

（数据来源：Point Topic）

我国宽带用户规模、年增长规模均居全球首位。近 5 年来的宽带用户年增长率平均超过 20%，超过全球平均增长率 5 个百分点以上。我国的宽带家庭普及率为 33%，与发达国家还有较大差距。

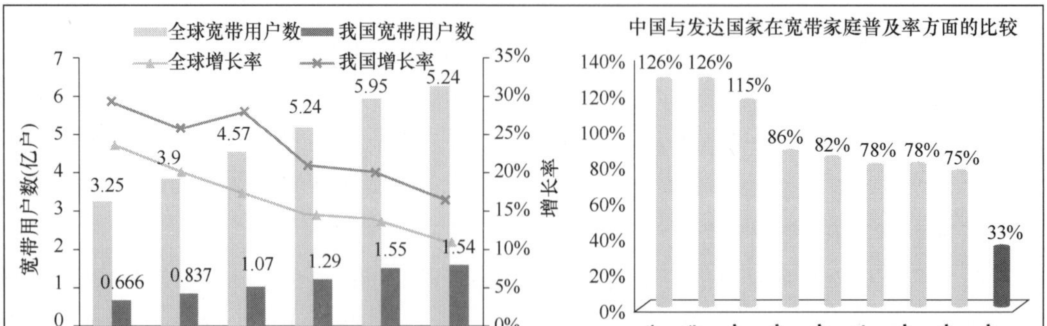

图 15　中国宽带发展在全球所处的位置

（数据来源：Point topic，通信信息所）

6. DSL 仍是当前主流宽带接入技术，FTTx 增长速率最快

截至 2012 年 3 季度末，全球 DSL 用户达到 3.7 亿，季度增长 0.6%；Cable Modem 用户达到 1.21 亿，季度增长 1.5%；FTTx 用户达到 1.25 亿，季度增长 6.5%，相比 2 季度提高了 2 个百分点。从各种技术所占的用户份额看，2012 年 3 季度末 DSL 为 57.7%，比去年同期下降 2.5 个百分点，FTTx 用户份额上升了 2.7 个百分点，Cable Modem 基本保持稳定，下降了 0.3 百分点。

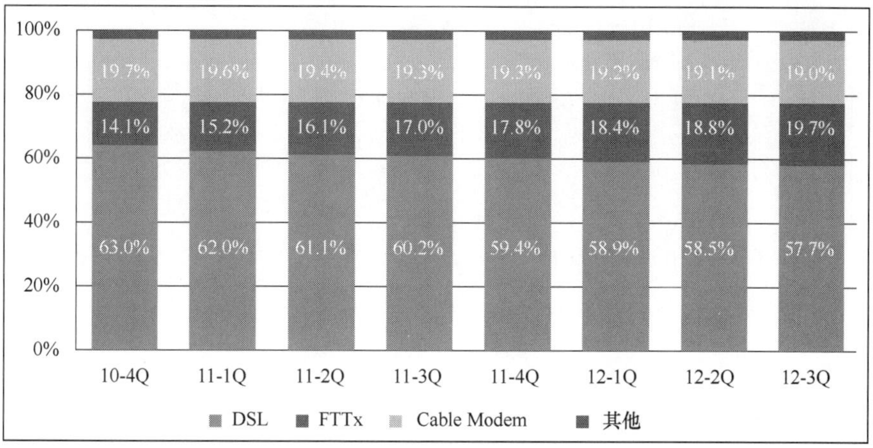

图 16　各类宽带接入技术的用户份额

（数据来源：Point topic，通信信息所）

（三）重点电信运营企业的运营状况

1. 运营商的收入增长主要来源于移动数据和新兴市场

北美运营商收入表现明显好于欧洲地区。AT&T 和 Verizon 移动数据和固定数据业务快速增长，不仅弥补了话音收入下滑，还带动了总收入上升。2012 年 1 季度 AT&T 收入同比增长 1.8%，其中移动数据收入增长 20%，视频和企业客户服务收入分别增长 17%和 19%。Verizon 在 2012 年 1 季度收入同比增长 2.3%，其中移动数据收入增长 21.1%，FiOS 高速宽带与视频服务增长 17.9%。

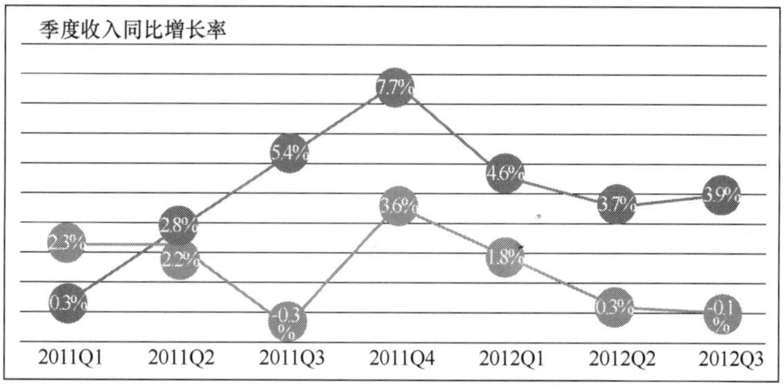

图 17　北美重点运营商季度收入同比增长

（数据来源：运营商报表）

AT&T、Verizon 移动数据业务、Verizon 光纤接入业务 FiOS 的收入同比增速均在 20%左右，远高于公司业务收入平均增长率。

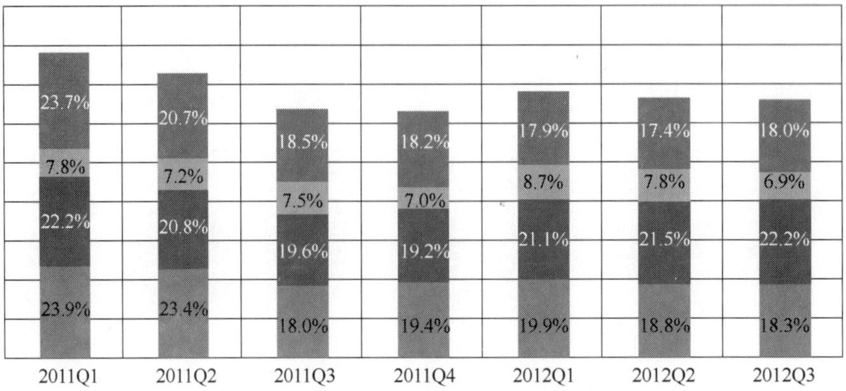

图 18　AT&T 和 Verizon 移动数据和固定数据业务收入快速增长

（数据来源：运营商报表）

西欧运营商：海外市场收入增长难以弥补本地市场收入下降。BT、DT、FT、Telefonica、Vodafone 等西欧重点运营商的收入下降趋势比较明显。西班牙电信在西欧重点运营商中表现相对较好，仅 2 个季度负增长，主要是拉美地区业务收入增长的支撑，拉美地区业务收入占西班牙电信总收入的 47%，2011 年同比增长率高达 15.1%。

欧洲电信服务市场（不包括俄罗斯、乌克兰和格鲁吉亚）收入已连续第 3 年出现下滑。2012 年将再次下降约 0.4%。欧洲在全球电信服务市场的份额目前仅有 25%，较 2005 年的 31%降低 6 个百分点。

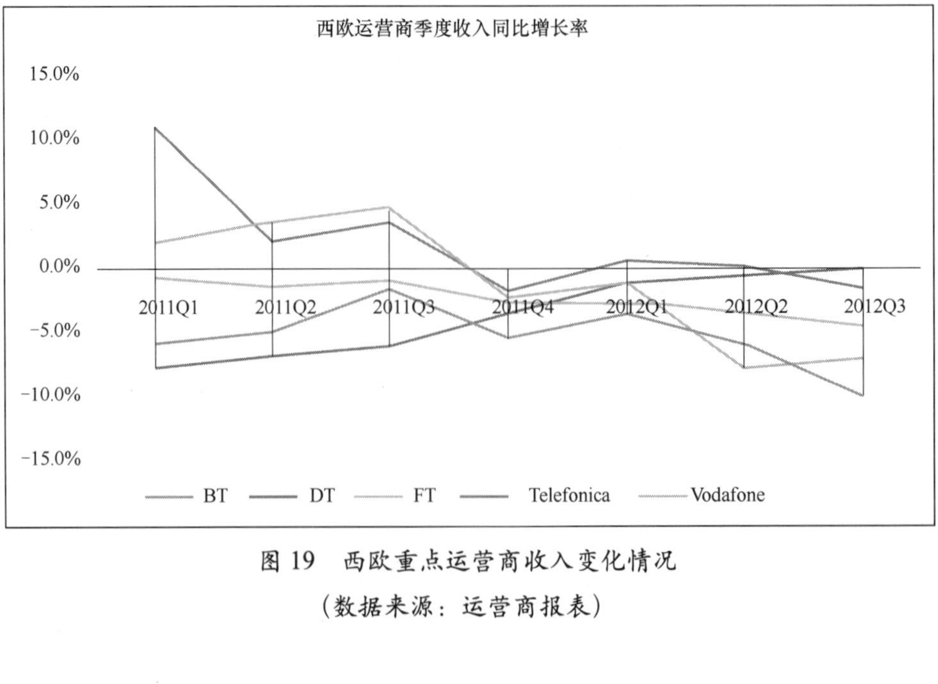

图 19　西欧重点运营商收入变化情况

（数据来源：运营商报表）

新兴市场运营商依赖移动业务支撑快速增长。新兴市场重点运营商的收入增长来自移动业务，包括移动话音和移动数据。移动业务占公司总收入的比重稳步上升，印度 Bharti、俄罗斯 MTS、南非 Vodacom 和马来西亚 axiata 等运营商移动业务收入占比均达到 80%左右。

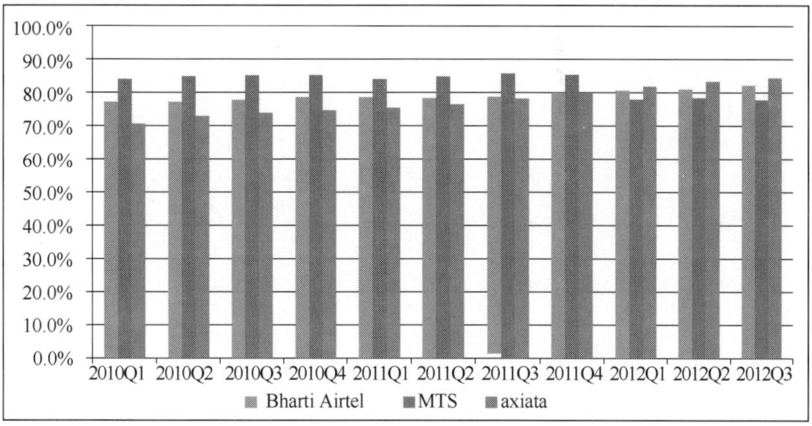

图 20　移动业务在总收入中占比

印度 Bharti、南非 Vodacom 和马来西亚 axiata 等重点运营商 2012 年前三季度的增长率分别为 22.4%、9.4%和 17.0%，显著高于发达地区同行的增速。

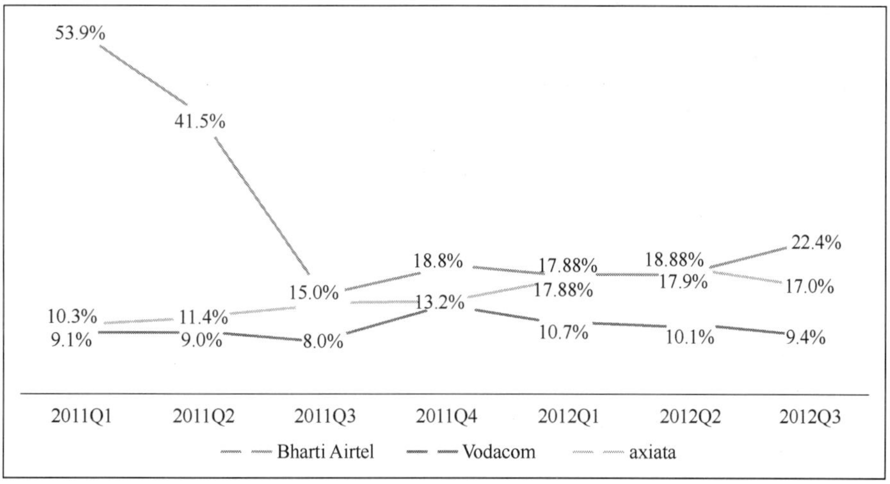

图 21　新兴市场运营商的季度移动业务收入增长变化

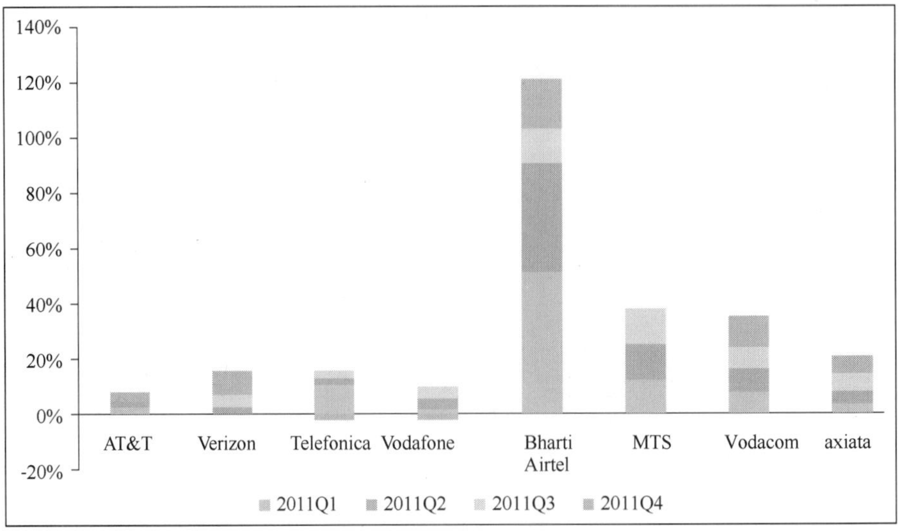

图 22 各地区重点运营商收入增长率比较

（数据来源：运营商报表）

2. EBITDA 率基本稳定，新兴市场运营商显著高于发达市场重点运营商

重点运营商盈利水平总体稳定，EBITDA 率变化不大。新兴市场重点运营商的 EBITDA 率高于发达市场，MTS、Bharti 和 axiata 的 EBITDA 率平均约为 40%，显著高于发达市场重点运营商 31%的平均水平。

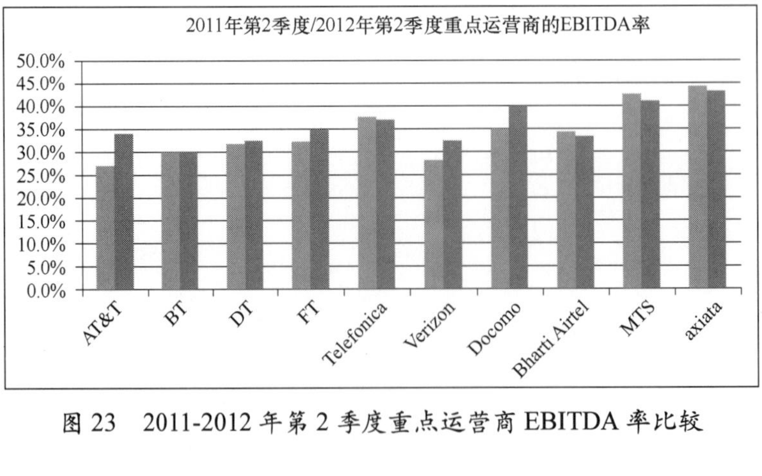

图 23 2011-2012 年第 2 季度重点运营商 EBITDA 率比较

3. 重点运营商的净利润率水平比 2011 下半年有所上升

重点运营商净利润率的上升趋势在 2012 年上半年比较明显。发达市场数据业务规模扩大，运营商取消或降低对终端的补贴，调整资费模式，以用户增长的代价换来了利润的回升。AT&T 第 2 季度净利润达到 39 亿美元，同比上涨 8.7%。Verizon 净利润 18.3 亿美元，同比增长 13%。

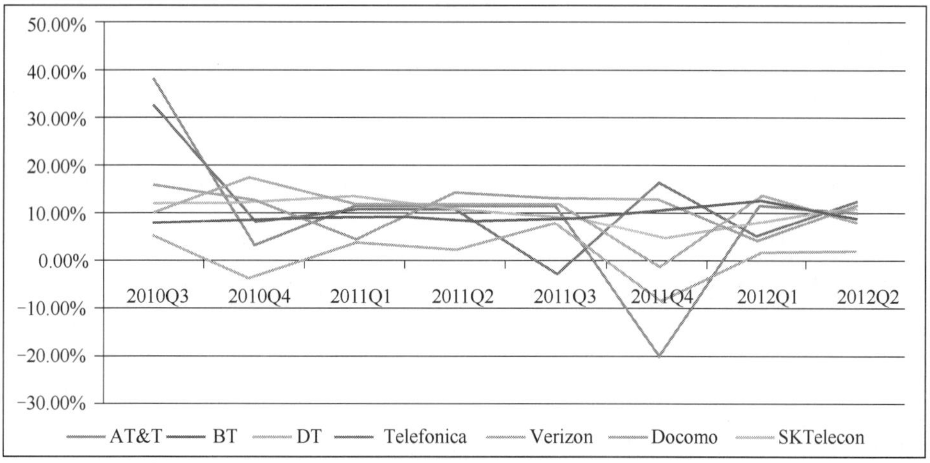

图 24 发达市场重点运营商利润率变化

新兴市场重点运营商利润水平 2012 年保持平稳，略有回落，利润水平总体上仍高于发达市场的重点运营商利润率。发达市场运营商的净利润率平均为 9%左右，新兴市场净利润率平均为 13%。

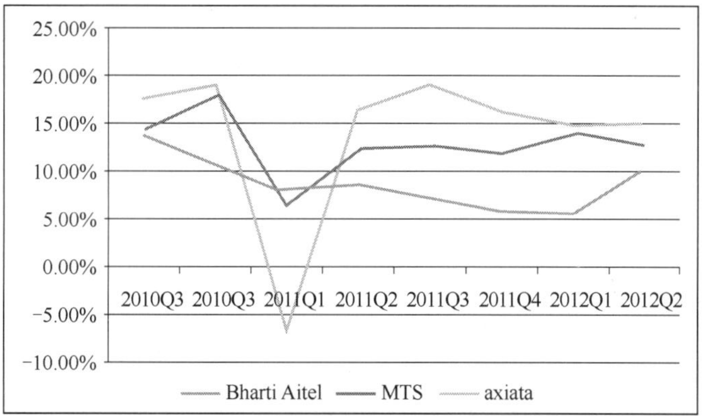

图 25 新兴市场重点运营商利润率变化

（数据来源：运营商报表）

4. 电信运营商在企业综合排行榜中的地位持续下降

电信运营商在 2012 年度“福布斯上市公司 2000 强”、“财富 500 强”、“金融时报 500 强”、“Millward Brown Optimor 企业品牌价值 100 强”等企业综合排行榜中的地位持续下降，电信服务品牌的价值大幅降低。

“福布斯全球上市公司 2000 强”排行榜中，电信运营行业总营收 14378 亿美元，总利润 1305 亿美元，拥有资产 29673 亿美元，总市值达 18623 亿美元，分别占上榜企业总营收、总利润、总资产和总市值的 4%、4.8%、2%和 5.1%。入围的电信运营企业持续减少，且排名整体出现了下降的趋势。各项指标都低于整体水平，北美、西欧主要运营商的利润均出现了大幅度滑坡。2012 年行业排名第一的沃达丰在总榜单中位列第 28 名，2011 年行业排名第 1 的 AT&T 后移至第 14 名。

美国 Millward Brown Optimor 2012 年品牌价值排行榜上，电信运营商的品牌价值和排名大多出现了下降，主要原因是盈利水平或资本市场对企业的估值下降幅度较大。

二、2012 年行业发展热点

（一）政策环境

1. 宽带战略在全球继续推进，新的宽带监管环境建设受到重视

（1）119 个国家出台宽带战略，宽带纳入普遍服务的国家增加

2012 年中期，全球共有 119 个国家制定了相关政策以推动宽带部署，另有 12 个国家和地区计划近期推出国家宽带政策。没有推出任何形式的宽带计划、战略和政策的国家仅有 62 个。

把宽带纳入到普遍服务的国家数量在缓慢增长。40 多个国家将宽带纳入其普遍服务或普遍接入范围，公共部门采取多种手段资助普遍接入。

公共部门资助普遍服务的手段

现金资助	政策扶持
股权投资	税收激励政策
公私合营	频谱许可
USAF 补贴	提供路权
刺激计划或特殊基金	风险保障

（2）欧盟努力建立新的、稳定的宽带监管环境

欧盟 2012 年 12 月出台了鼓励成员国使用公共投资建立超高速宽带网络的新指令，要求公共投资必须有利于公平竞争，且能极大改善现有网络。

欧盟对 2010 年开始实施的“数字议程”优先领域进行调整，将扩大宽带服务作为 ICT 领域今后 2 年工作的重中之重。2013 年的重点工作是建设新的稳定的宽带监管框架，拟采取的 10 项行动包括强化非歧视性网络接入、新的宽带网接入批发成本计算模型（包括本地接入批发、宽带接入批发和租用线批发）、网络中立、普遍服务、减少宽带建设土建成本等。

对主导运营商的监管，欧盟的监管思路从“强迫大型电信运营商低价向小型竞争对手出租网络”转换到“刺激光纤宽带的建设”，2012 年出台了新政策：即在 2020 年之前，运营商不再被强制要求降低铜线宽带接入的价格；对 FTTH 在竞争充分的地区放松价格监管。

2012 年欧盟普遍服务指令明确对宽带普遍服务（UAS）范围进行了界定，颁布了《国家援助指导方针》，把欧洲分为白色（无宽带服务）、灰色（仅一家运营商提供宽带服务）和黑色（至少有 2 家宽带运营商提供服务）区，规定只能向白色和灰色地区提供资金。国家援助条例涵盖了任何形式的公共资助，包括补贴、退税以及在有些情况下的公司公有化。在新规则下，欧委会已经批准了对德国、英国的农村宽带项目的支持。

2. LTE 许可证发放和资源配置加快

2012 年 LTE 许可证发放进程加快。截至 11 月末已有 59 个国家发放了 197 张 LTE 网络建设许可证。各国从 700MHz、800MHz、1700MHz、1800MHz、2.1GHz、2.6GHz 等可能的频段为 LTE 指配商用频段。从牌照地区分布来看，西欧地区分布最多占 33%，亚太地区占 16%，东欧占 13%。

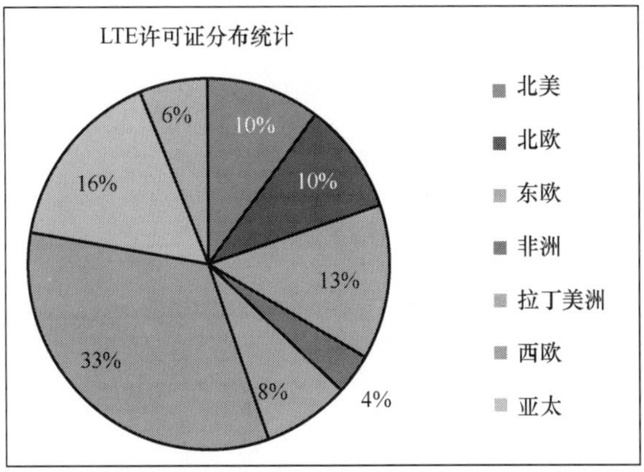

图 26　LTE 许可证分布统计

2012 年 2G 许可证陆续到期，大部分国家允许 2G 牌照持有企业直接在该频段经营基于 3G/3G+技术的网络，对于其他企业用分配其他频段的频谱等方式进行补偿。各国简化 2G 频段再分配过程，使 2G 频段更快地用于新型移动业务。欧盟将预留的 2G 业务频段向 4G 开放。英国明确对原有 2G 频段采用技术中立原则。

3. 创新频率管制政策，促进移动宽带发展

2012 年国际上频谱资源管理和分配机制创新异常活跃，主要表现如下。

全面评估已分配频率的使用效率，建立频率资源数据库。2012 年 2 月 FCC 发布的未来 5 年工作计划中将创建一个频谱划分图（Spectrum Dashboard），为频谱贸易、动态租用等提供便利，其中“白色空间”频段数据库已经于 2011 年 12 月建立完成。英国“白色空间”数据库正在建立中。

采取激励政策促使数字红利频谱快速配置给无线宽带业务。2012 年全球已有 10 多个国家将数字红利频段重新划分给移动宽带业务使用，在未来 3 年内，有 39 个国家计划将数字红利频段分配给移动宽带。欧盟 2012 年基本实现模数转换，并将释放的 790～862MHz“数字红利”

频段用于无线业务。APT 在亚太地区积极推进 700MHz 数字红利频段的重新规划，形成了两个分配建议—全 FDD 和全 TDD。

为了激励空闲或低效数字电视频段释放给无线宽带，美国出台了反向拍卖政策。监管机构通过反向拍卖从原频谱持有者手中收回一定数量的频谱，重新规划后通过前向拍卖将频谱发放给新的使用者，原频谱持有者通过反向拍卖获得出让频段的经济补偿。英国则实行“行政激励定价”，监管者根据某段频谱可能提供的服务产生的价值制定“理想价格”，以此激励频谱所有者或者提高频谱利用率，或者以更少的频段提供与原先相同的服务，归还空闲频谱。

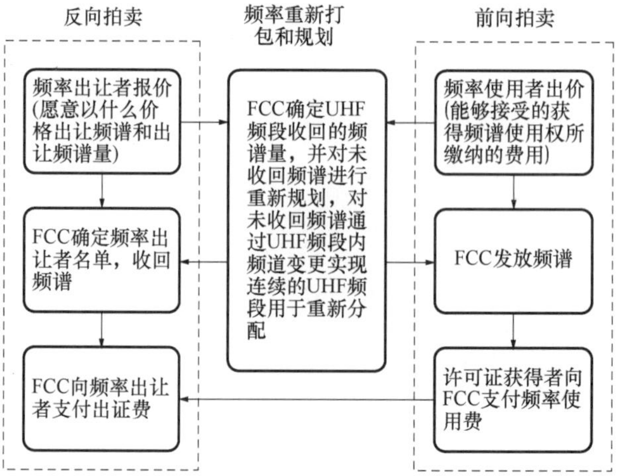

图 27　美国反向拍卖政策示意图

明确白色空间频率使用政策，为 WLAN 应用的发展扩充资源。电视频谱中在特定地区未使用的部分被称为“White Space”或”白色空间”，白色空间频率分布在 470MHz～790MHz 之间，在农村地区宽带接入，无线 M2M 应用方面有很大应用潜力。Wi-Fi 网流量的迅速增加，使白色空间资源的利用受到重视。

美国 2010 年底明确白色空间设备使用规则，2011—2012 年为正式商用做了大量管理政策和手段准备。2012 年 11 月英国公布白色空间无线宽带技术框架性政策，明确白色空间设备在英国免许可证。同期加拿大允许未授权的设备使用白色空间频谱，并计划用这些频率向农村地区提供宽带服务。

平衡公共部门和商业应用的频率资源需求。

公共部门的频率资源需求保障得到管制机构的高度重视。2012 年美国签署了公共安全频率法案，在 763～769/793～799MHz 和 758～763/788～793MHz 建设一个全国性的公共安全宽带网，并成立 FirstNet 具体建设该网，澳大利亚专门在 800MHz 频带划分出 10MHz 频谱用于部署一个全国性公共安全移动宽带网。

考虑到国家宽带战略的整体利益，政府用户主动从最有利于商业的无线业务频段中迁移。

2012 年 5 月 NTIA 完成了对联邦用户 1755～1850MHz 频段使用状况的评估，决定未来 10 年内花费 180 亿美元将联邦用户从该频段迁出，为商用宽带应用释放资源。12 月份英国国防部宣布，军事用户计划释放出 200MHz 空闲频段，给固定宽带业务提供者。

4. 对 OTT 业务监管在摸索中谨慎前行

OTT 语音、短消息和视频业务迅速发展，对现有电信业务冲击加大，新旧市场主体冲突剧烈，对 OTT 业务的监管各国态度各异。

欧洲部分移动运营商基于特殊的合同条款阻断手机上的 VoIP 业务量（如低资费套餐的用户不允许使用等），固网运营商通常使用深层包检测（DPI）技术对大流量数据包进行限流或阻断。对此，监管机构并没有主动推出限制性的政策，更多的是在接收到互联网企业违背"网络中立"的投诉后，以"是否直接侵害用户权益"为判断依据进行监管，体现了监管机构力图在在发展趋势不可逆转性和当前市场实际服务需求之间寻找政策协调的平衡点。

美国对移动宽带业务轻管制，赋予运营者技术和业务模式的选择自由。主要从防止泄露国家机密、保护公民隐私信息两个方面以现有法律法规进行管理和约束。对运营商自行制定合理的互联网业务流量管制措施，比如改变移动数据资费选择性阻断 OTT 业务默许，目前开始探讨 OTT 通信业务是否实现 911 功能。

韩国管制机构介入新旧主体冲突，力图平衡传统电信企业和新兴业务提供者的利益。2012 年 7 月 KCC 批准本国移动运营商针对 KakaoTalk 进行额外收费或对其区别对待。KCC 参与调解三星与 KT 关于切断智能电视网络连接的诉讼，三星与其他电视厂家承担部分扩容费用。

5. 多管齐下推进个人信息保护，应对信息泄露风险

为解决通信信息服务创新与个人隐私保护的矛盾，2012 年国际上在立法层面、行政干预和行业自律方面以及降低个人信息泄露风险方面均进行了有益探索。

一是通过加强个人数据立法，提升采集、使用和管理用户数据的规范性。2012 年 2 月美国通过"消费者权利法案"，对互联网企业可收集的个人数据类型做出合理的限制，明确消费者对被采集数据的知情权和控制权。2012 年 1 月，欧盟提出《总数据保护法规》草案，对 1995 年《数据保护法》进行修订。

二是发挥行政干预在互联网隐私保护中的作用。2012 年 2 月美国政府要求谷歌、"Facebook"等具有影响力的互联网公司建立共同的隐私标准，赋予用户控制个人网上信息的更多权利。在行业自律方面，欧美活跃着众多第三方隐私认证机构和第三方安全评测组织，及时发现并公开报告互联网应用中出现的安全问题，督促企业改正。

三是建立免打扰号码注册制度（Do not call me），遏制商业促销对用户号码信息的滥用。新加坡通过的《个人信息保护法》，实行免打扰来电登记制度，违法发送垃圾信息会被重罚 100 万新元（约 514 万 RMB）；中国香港首次明确《非应邀电子讯息条例》适用于所有电子通信形式，抑制新形式的商业促销电子信息对用户的骚扰。

（二）技术、网络和业务

1. 智能手机在各层次的移动用户中的普及率均显著提升

全球 2012 年移动智能终端的总出货量预估可达 7 亿部。2012 年第三季度智能手机销量达到 1.692 亿部，占全球手机总销量的 39.6%。

2012 年智能手机市场，苹果不再一枝独秀，作为传统手机厂商的三星成功突围，诺基亚、HTC 等精细耕耘，互联网手机厂商异军突起，为高、中、低端市场的用户均提供了充分的选择。中国智能手机已经取代 PC 成为用户连接互联网的主要途径，欧美一些发达国家的移动智能设备在移动用户中的普及率已经过半。

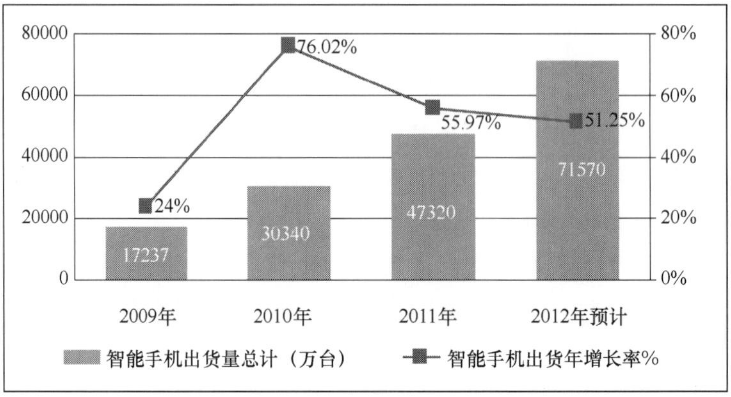

图 28　全球移动智能终端出货量统计

智能手机改变了用户的通信习惯，带来移动数据流量的快速增长，运营商移动数据业务收入占比快速提升。英国 O2 公司 2012 年智能手机用户每天使用时间最长的应用是浏览网页，通话功能排在第 5 位。智能机户均流量远超非智能机 3 倍。

根据爱立信移动报告（Mobility Report），从 2011 年第 3 季度到 2012 年第 3 季度，智能手机销量的增长推动移动数据流量翻了一番，大部分由视频产生，视频在智能手机总流量中占 25%，在平板电脑总流量中占 40%。

2. 新型移动即时通信迅速发展，给运营商现金流业务构成冲击

移动智能终端的普及和移动应用商店的发展，使移动 IM 业务已成为移动互联网创新最为活跃的领域之一，并与大量互联网创新元素深度耦合；除可实现文字、语音、视频交互外，还集成了社交、微博、搜索、游戏、位置服务、电子商务及电子邮件等多种功能。实现了互联网身份与电话号码共享互通，为个人综合信息服务的创新提供了想象的空间，移动 IM 在 2012 年爆炸性发展，全球用户已超过 20 亿。

典型业务	提供商	服务范围	注册用户数
Facebook 信使	Facebook	全球（不包含中国）	突破 2 亿（Facebook 官网）
WhatsApp	WhatsApp	全球用户主要在欧美	突破 1.6 亿；日均消息量约 100 亿条（WhatsApp 官网）
iMessage	苹果公司	全球范围	突破 1.4 亿（苹果公司财报）
KaKaoTalk	韩国 KaKaoTalk 公司	全球，但主要在韩国	韩国国内用户 3600 万，国外 920 万用户（Infonetics）
LINE	日本 NAVER	日本、俄罗斯、中东及东南亚地区	注册用户规模突破 5000 万，其中日本国内用户 2354 万。（日经 BP 社报道）
微信	腾讯	国内	总注册用户数已超过 2 亿，日均在线活跃用户超过 4000 万，日均发送文本消息 10 亿条
米聊	小米科技	国内	注册用户数 2000 万，日均在线用户数约 100 万，日均文本消息约 600 万条
陌陌	陌陌科技	国内	注册用户 600 万左右
Youni	盛大	国内	注册用户 300 万左右

新型移动 IM 是典型的 OTT 业务，绕过运营商直接面向客户，在全球范围内对基础电信业务构成了分流，对短信、彩信的替代尤为明显。随着大量智能手机用户转而使用免费短信应用软件，2012 年底，全球电信运营商将因此损失 230 亿美元短信收入。

西欧电信运营商是受 OTT 短消息/语音应用冲击最早也是影响程度最深的地区之一，美国市场相对较好。原因一是西欧国家普遍恪守网络中立原则，对 OTT 短消息/语音类业务限制较少，二是西欧国家移动市场高度发达，智能终端普及率较高，OTT 短消息/语音类应用普及率较高。亚太地区在 2012 年初影响开始显现，中国台湾、新加坡等地区的短信业务量开始下降。美国 Verizon 的月度人均短信发送量开始下降。

由于受到 OTT 服务等的影响，全球短信业务收入和业务量均将在未来五年出现下降趋势，但短信业务仍将占据移动信息服务的主要收入和业务量份额。首先，短信是用户渗透率最高的移动信息服务，其次短信可以实现不同运营商不同网络之间的互联互通，而移动 OTT 业务目前还无法实现互通。

移动即时通信业务量与业务收入的增长幅度存在较大差异，主要由于 OTT 提供商的移动即时通信业务在未来几年仍将采取以低资费甚至免费换取用户和业务量的策略，业务提供商难以直接获得利润。

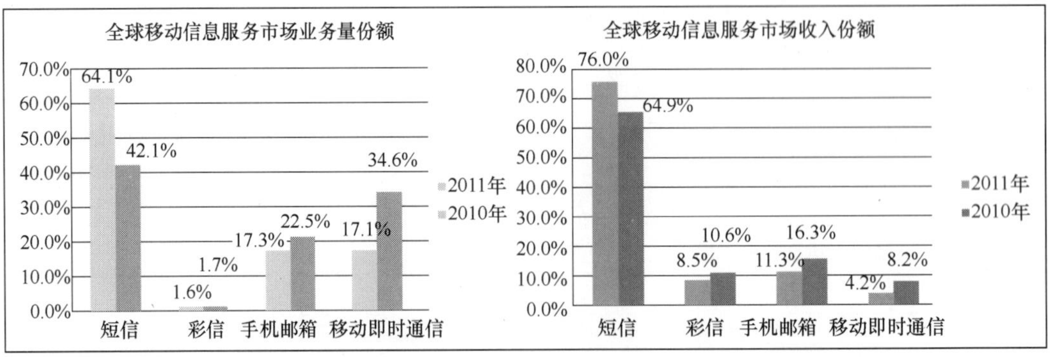

图 29 2010—2011 年全球移动信息服务市场业务量和收入份额

3. 大数据时代来临，海量应用的开发成为热点

大数据通常被认为是一种数据量很大、数据形式多样化的非结构化数据，特征为海量规模（volume）、快速流动（velocity）、类型多样（variety）和单位价值低。

互联网用户的高速增长和用户平均网络使用时间的不断延长，使得用户产生网络数据的行为大增，网络服务从单一的文字形式走向图片、语音和影像等多媒体形式，导致数据量大增；可上网终端的不断丰富，扩充了网络服务的内容和范围，大大增加了数据量。

全球在互联网上新产生的数据年增 40%，有 90%的数字内容属于非结构化内容。全球互联网一天的信息量可以刻满 1.68 亿张 DVD，80 万个硬盘，约为 800Eb。2020 年，全球需要管理的数据量将达到 35ZB，比 2011 年将增长 50 倍。

2012 年全球来自笔记本、智能手机和平板电脑的移动数据流量同比增长 110%。到 2012 年 5 月，移动互联网流量已占到全球互联网流量的 10%。未来 5 年内，全球移动数据流量将接近每年翻番，每个智能手机用户的平均流量将增长 16 倍。

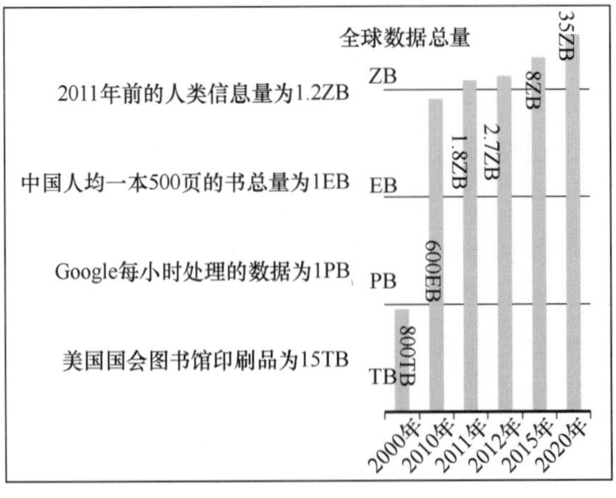

图 30 2000—2020 年全球互联网上产生的数据总量

（数据来源：IDC）

2012 年 3 月 29 日，奥巴马政府宣布“大数据的研究和发展计划（Big Data Research and Development Initiative)”，伦敦奥运会“大数据”也带来了丰富应用。大数据大流量时代的来临，使得通信业供需关系变迁，网络资源稀缺性加剧，ICT 产业要素围绕着智能终端、高速网络和海量应用进行聚集和重组。大数据挖掘和分析用于远程医疗和居家监护、社会管理、电子商务的应用在发达国家蓬勃发展。作为大数据应用的出入口，智能终端由于和消息者的密切关系，控制权的争夺异常激烈。社交网和搜索引擎作为大数据产生的重要源头，成为产业链多个主体新一轮的竞争焦点。

大数据将成为电信运营商发展的核心引擎，给固定宽带和无线宽带经营者带来巨大挑战：数据量爆炸式增长，使得网络压力频现，市场需求结构升级，服务模式随之变迁。用户以联网终端替代人口计算，产品或服务的数量以比特代替时间计算；服务质量部以连接畅通性以及数据的可靠性和准确性计算；客户价值以内容和服务的体验代替时间与带宽来计算；企业竞争优势以市场适应力和客户满意度代替数量规模计算。

4. M2M 迎来快速成长

2012 年物联网应用快速成长，在发达市场 M2M 连接设备成为最重要的新增移动用户来源，AT&T 连接设备已占其新增用户的 48%（包括：电子阅读器、家庭安防监控、车船队管理、智能电表等)。全球 M2M 连接设备每季度净增加 600 万以上，季度增长率超过 5%，预计到年底总数超过 1.45 亿。亚太地区增长最快，2012 年 6 月底 M2M 连接数已经达到 4960 万，西欧为 2880 万，北美和拉美分别是 1980 万和 1200 万，东欧和非洲分别是 1110 万和 750 万。

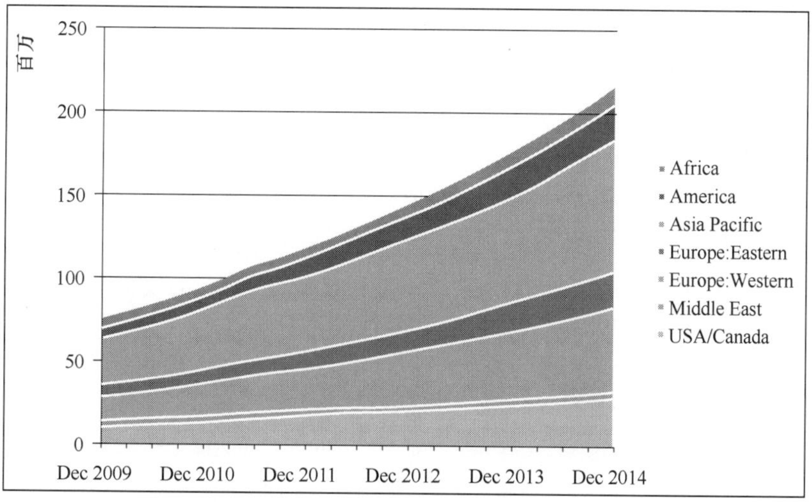

图 31　2009—2014 年全球物联网连接数的增长（百万）

（数据来源：通信信息所，Informa &media）

原定位于行业市场的 M2M 进一步拓展到消费者领域。英国 EE2012 年提供了智能自动贩售机内置 SIM 卡，能让业主远程对存货进行监控，还为业主提供基于位置的广告和移动支付等吸引用户的新手段。

三、2013 年发展展望

（一）市场总体

在不考虑汇率变动因素的情况下，预计 2013 年全球电信市场收入增长 1.1%，比 2012 年略有升高。

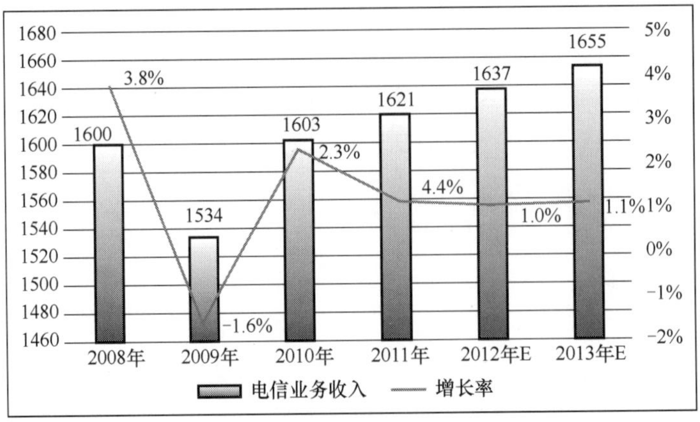

图 32　全球电信市场收入增长（亿美元）

数据流量推动设备投资较快增长。预计 2012—2013 年全球电信业总投资将呈持续快速增长的态势，年均增长 9.2%左右。

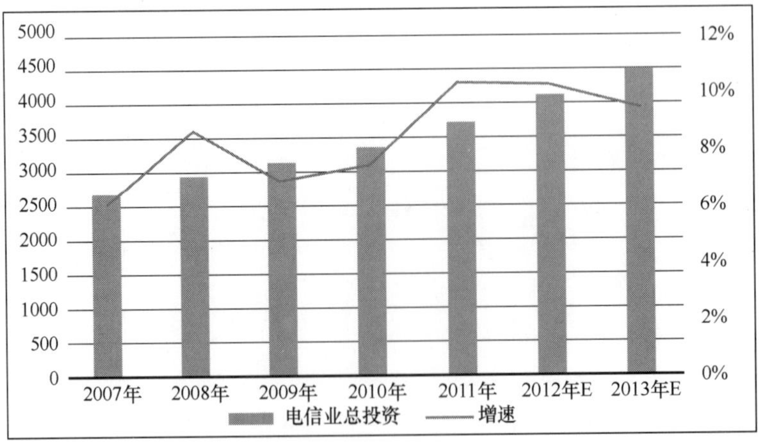

图 33　全球电信设备投资（10 亿美元）

（数据来源：通信信息所）

2013 年，全球移动用户数将达到 65.6 亿，普及率 98.7%。其中全球 3G 用户数将超过 20 亿，在总移动用户中占比近 30%。2017 年，全球 3G 用户数将达到 47.9 亿，在总移动用户中占比超过 50%，成为真正的主流技术。

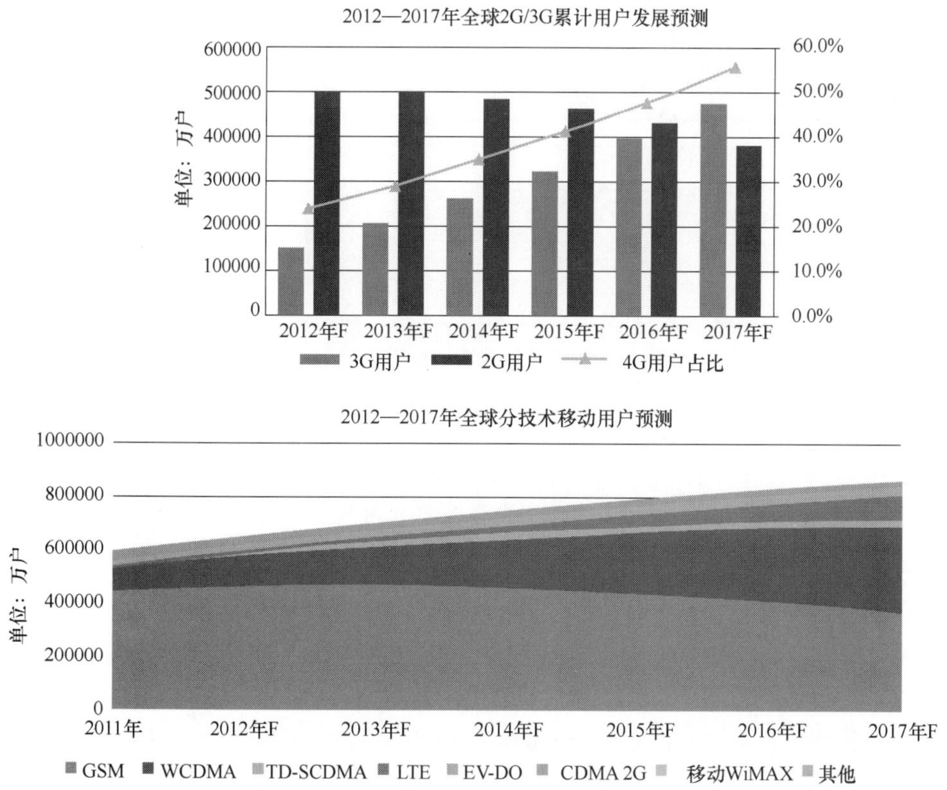

图 34　全球移动用户发展预测

（数据来源：ERICSSION）

欧洲从 2013 年将开始 LTE 网络的规模部署。LTE FDD 智能手机有望在 2013 年逐步成熟，在 2014 年走向大众市场。预计 2013 年全球 LTE 用户将达到 1.4 亿，2017 年将达到 9.2 亿。其中全球 TD-LTE 用户 2013 年将达到 700 万，2017 年将有近 2.5 亿户 TD-LTE 用户。

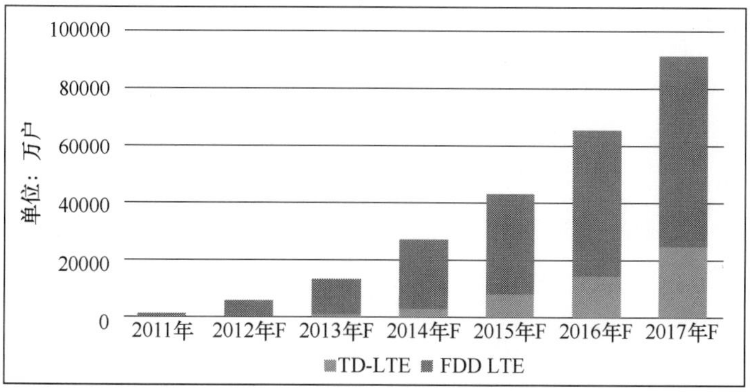

图 35　2011—2017 年全球 LTE 用户预测

随着全球多个国家宽带战略的实施，未来几年全球宽带用户仍将处于高速增长期，预计到

2015 年底，全球宽带接入用户将达到 8.23 亿，我国宽带接入用户占全球宽带用户比将从 2011 年的 26%提高到 2015 年的 34%。

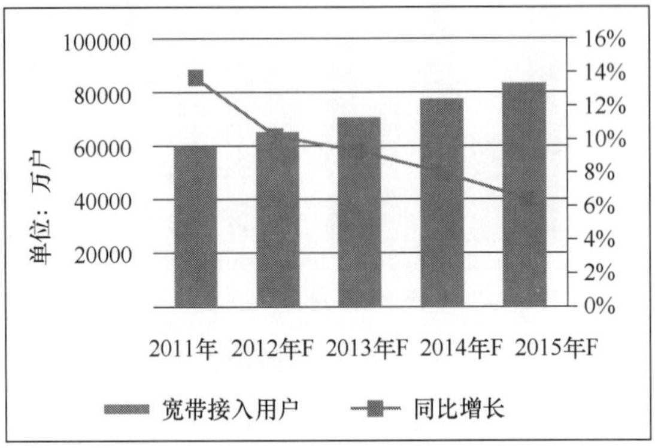

图 36　全球宽带接入用户预测

（数据来源：Point-Topic）

（二）业务发展

1. 2013 年智能手机超过 PC 成为接入互联网的首要选择

LTE 网络在全球的加快部署，以及无线城市在全球的推广，使用大尺寸屏幕智能手持终端的移动用户数不断增加，预计这一用户数将从 2012 年的 2.5 亿增加到 2018 年的 8.5 亿，超过固定宽带用户的数量。手持移动设备成为用户接入互联网的第一大选择。

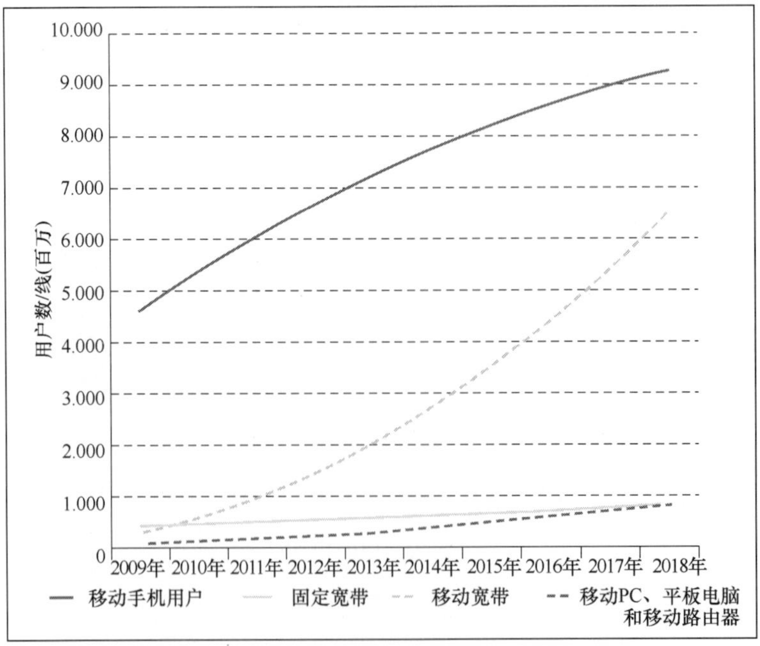

图 37　固定宽带用户、移动宽带用户数量的发展变化

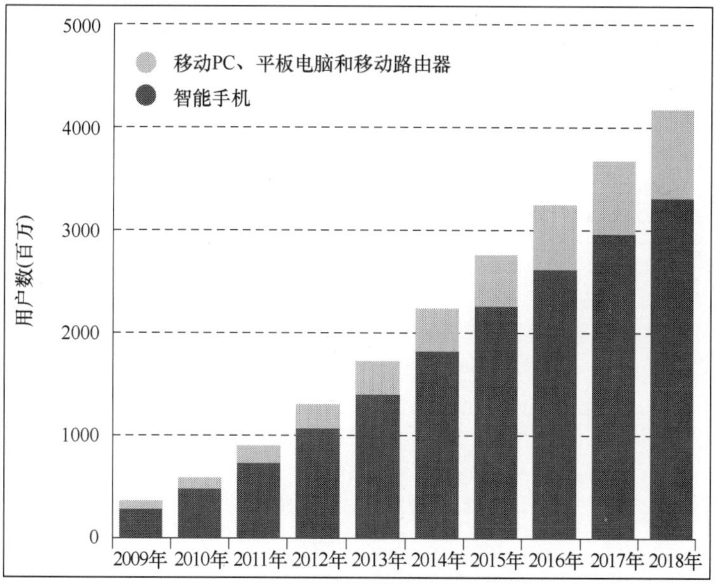

图 38　2009—2018 年使用移动上网设备的用户数发展情况

（数据来源：Ericssion）

2. OTT 视频业务迅速增长，多种发展模式竞争中扩张

视频流量将成为互联网的主流，2012 年视频占全球消费者互联网流量的一半以上，仅 Youtube 每分钟就有 60 小时的节目上载，发生 130 万次观看。全球在线视频用户 8 亿，预计 2015 年全球在线视频用户 15～16 亿，视频流量占总流量的 55%。

在未来五年的时间里，OTT 视频对传统付费电视业务不会带来巨大的冲击。到 2017 年全球在线视频市场规模将达到 370 亿美元。OTT 视频业务主要收入来源是广告、订阅费和交易费，三类收入在总收入中所占比重基本不变。日本、加拿大和巴西由于个性化业务普及以及缺乏广告支撑，订阅费是主要的收入来源。

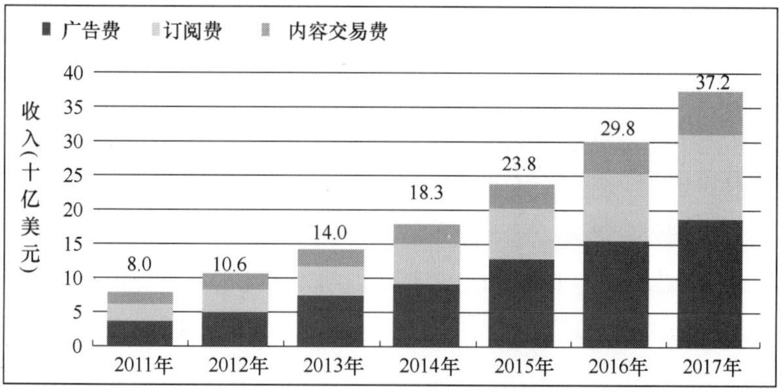

图 39　OTT 视频收入构成

（数据来源：Informa）

美国依然是 OTT 视频收入最高的国家，在全球市场中的份额有所下降。预计 2012 年底，

美国在 OTT 视频市场中的比重约为 75%，到 2017 年将降到 60%，欧洲和亚洲市场规模增长较快。由于广告商更愿意在平板电脑上投放广告，通过平板电脑获得的收入将超过智能电视设备（如互联网电视、智能电视等）。

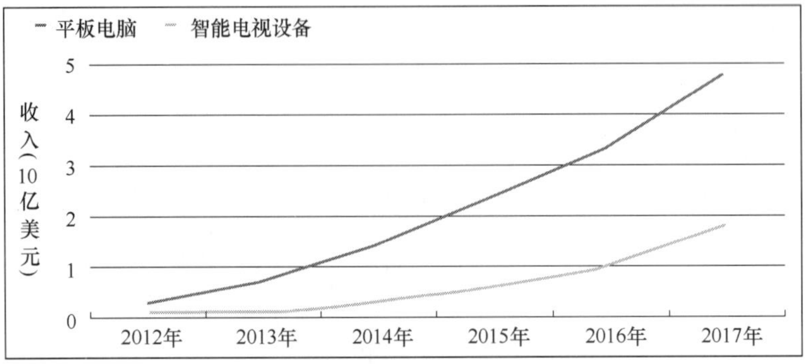

图 40　来自不同终端的 OTT 视频收入

（数据来源：Informa）

全球 OTT 视频处于产业发展初期，美国以互联网公司处于主导地位，欧洲广播电视机构和电信运营商主导，韩国 OTT 视频目前由电视终端厂商引领市场。未来这三种模式的主导者将在竞争中寻求市场，迅速扩张。

3. 国际主流应用商店从移动应用聚合转向面向全球范围的内容服务整合

国际主流应用商店在移动应用领域已经确立了领导地位，为了进一步加强在移动互联网服务入口的控制力，苹果、谷歌等移动应用商店发展重点从移动应用聚合，转向面向全球范围的内容服务整合。

2012 年 12 月，苹果 iTunes Store 业务覆盖范围拓展至全球 119 个国家和地区，苹果 App Store 则已登陆全球 155 个国家和地区；苹果公司预计 iBookstore 服务新增覆盖阿根廷、玻利维亚、巴西等 18 个国家，服务范围累计将增加到 50 个国家。

谷歌应用 Google Play 正整合成为一站式网络内容服务商店。2012 年 3 月，谷歌应用商店与音乐、图书、电影等内容服务整合集成，2012 年 9 月，谷歌与 21 世纪福克斯进行合作，在 Google Play 上联合推出了 600 部电影和多个 TV 频道。

4. 电信业务进入三重服务之后的新捆绑时代

固网运营商三重播放业务陷入同质化竞争之后，积极采取一系列新策略来增强业务的差异性，吸引用户。美国、法国的一些移动运营商通过增加移动话音与移动宽带来增强竞争优势，即所谓的四重播放（Quad-play）。固网运营商大量引入 Wi-Fi 予以对抗，提供一种全新的业务接入平台。

2012 年全球多重捆绑业务用户总数接近 1 亿，同比增长 33.93%。未来几年仍将保持快速增长的势头，预计到 2015 年，多重捆绑业务用户数将达到 2.3 亿，对整个通信和电视基础业务运营市场的影响举足轻重。

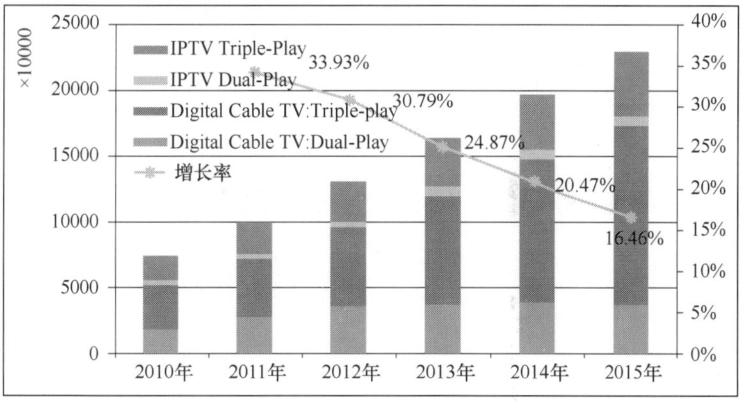

图 41　全球多重业务市场用户发展预测（单位：万）
（数据来源：Point topic、Informa）

（三）运营商发展动向

1. 将智能化管道和智能化运营能力建设作为战略重点

大数据时代来临，网络资源稀缺性凸显，面对 OTT 业务模式的日益流行，运营商更加重视网络智能化改造，构建智能化运营能力，从而提升网络的价值。

2. 通过业务体系调整和引入创新机制，突出重点业务优势

在互联网应用公司强大的业务创新能力压力下，运营商急需突出自身的业务特点和运营优势，以开放的态度与新兴力量合作，调整自己的业务体系，逐渐取得移动互联网环境下的发展主动性。缩短业务战线，与优秀互联网公司进行业务合作，投资初创公司等，将被越来越多的运营商采用。

3. 降低成本、扩大规模效益依然是运营商运营的主题

通过合作并购进行规模扩张，向新兴市场进军，通过网络共享降低成本，实现规模效益，依然是主流运营商，特别是发达市场运营商的经营战略之一。2012 年 10 月日本软银以 201 亿美元收购美国第三大电信运营商 Sprint Nextel 70%的股权，跃居世界第三大移动运营商。下半年拉美 American Movil 将分别入股荷兰 KPN 和奥地利电信，将是运营商的地理多元化战略再现。

4. M2M 领域的国际合作与竞争激烈

M2M 业务国际合作与竞争成为领先运营商的发展重点之一。2012 年 7 月，全球 7 家移动通信运营商成立了 M2M 联盟，包括荷兰 KPN、西班牙电信、日本的 NTT DoCoMo、澳大利亚电信、俄罗斯的 VimpelCom、新加坡电信和加拿大的 Rogers，该联盟为跨国企业提供覆盖多个国家的无缝 M2M 业务。北欧的 TeliaSonera 加入了法国电信与德国电信 M2M 合作阵营。2012 年 9 月，德国电信推出全球首个 M2M 平台，12 月日本的 NTT DoCoMo 也推出了全球 M2M 平台。2012 年沃达丰建立了专门的 M2M 业务部门，旨在推广全球 M2M 业务。预计 2013 年 M2M 业务领域的国际合作与竞争将真正展开。

2012年互联网信息服务收入前百家企业发展报告

2012 年是互联网行业蓬勃发展、新兴业务日益突起的一年。各互联网企业共谋“提升服务品质，改善用户体验，实现企业发展”，积极开发关键技术领域，打造强大的业务平台，开启新兴业务商业化的良好开端，在各自业务领域的市场地位进一步提升。本报告重点关注入围 2012 年互联网信息服务业收入前百家企业（以下简称“互联网百家企业”），主要是以我国境内注册(港、澳、台地区除外)、持有互联网信息服务经营许可证、2011 年度未亏损、互联网信息服务收入为主营、主营业务收入比重超过 50%的企业为标准，根据其规模、效益、结构及贡献等统计指标综合评议发布。

互联网百家企业大都在 2000 年以后创立，成长于互联网行业快速发展时期。截至 2012 年末，承担网络广告业务企业 40 家，网络游戏业务企业 68 家，电子商务企业 18 家，境外上市企业 13 家。

一、百家企业发展特征

（一）增长型企业近七成，整体收入规模扩大

2012 年互联网百家企业获得了收入、市场份额双增长。营业收入同比增长 23.0%，主营业务收入增长 26.5%。增长型企业占据百家企业 67%，收入增长幅度在 10%～40%的企业有 23 家，增长幅度在 40%～80%的企业有 21 家，增长幅度在 80%以上的企业有 13 家。8 家企业一年翻一番，1 家企业一年翻两番，1 家企业一年翻五番。

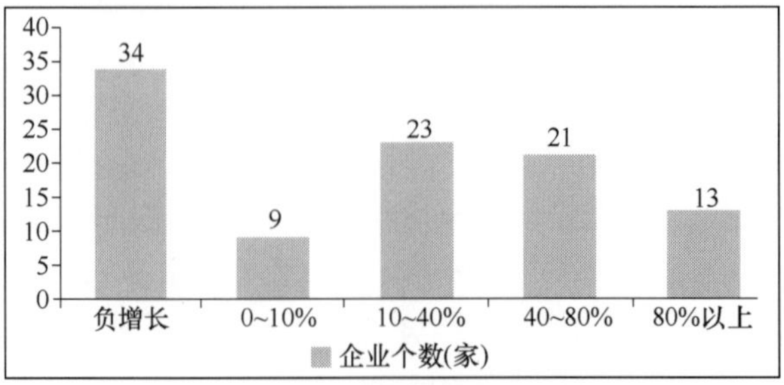

图 1　2012 年百强企业收入增长区间分布

互联网已经成为人们获取信息的重要渠道。2012 年末，我国网民数已达 5.64 亿人，占人口数的 42%，其中，74.4%的网民使用手机上网，70.6%的网民使用台式机上网，45.9%的网民使用笔记本电脑上网。网民人均每周上网时长达到 20.5 小时，比上年提升 1.8 个小时，抢夺用户时间成为各家企业的竞争焦点。互联网信息服务企业的活跃客户、独立用户访问量、平均每个营销客户 ARPU 值均呈增长态势，巨人网络游戏平均每季度每一活跃用户贡献收入 228～238 元，季度同比平均增长幅度在 6%～10%；畅游网络游戏平均每季度每一活跃用户贡献收入 225～219 元，季度同比平均增长幅度在 7%～46%。

旺盛的社会需求激发了互联网信息服务企业的创新动力，掀起互联网新技术推广波澜。微博 3 年前上线，2011 年爆发；微信 2011 年初上线，2012 年 7、8 月起爆发，推广时间缩短 50%。即时通信业务在信息传递、免费服务方面更具吸引力，改变了消费者信息获取方式，加速了社会信息流转，深刻改变了人们的社交生活，随之加速了互联网服务业的大力发展。

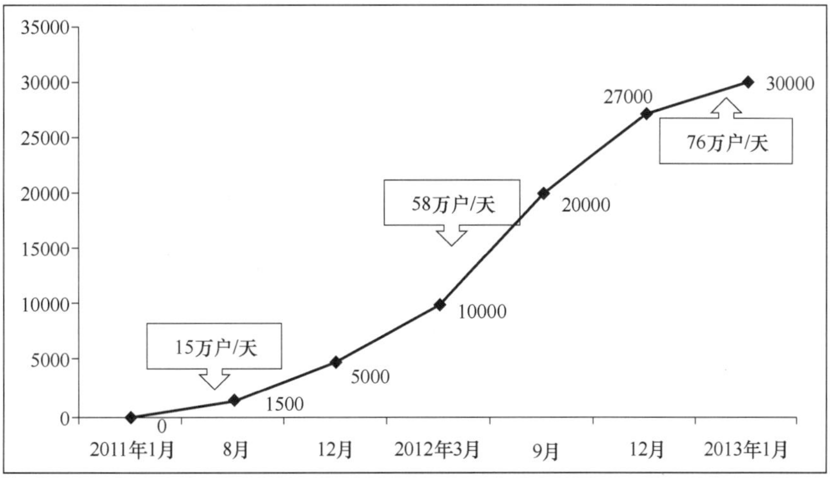

图 2 2011—2012 年微信注册用户发展（万户）

2012 年，百家企业互联网信息服务收入 864.6 亿元，占主营业务收入的 92.5%。百家企业单企业年均营业收入规模达到 9.7 亿元，主营业务收入规模达到 9.3 亿元，互联网信息服务收入规模达到 8.6 亿元。单企业互联网信息服务收入规模达百亿以上企业仍只有腾讯 1 家，收入占百家企业的 40%，提升了 8 个百分点；互联网信息服务收入超过 10 亿元的企业包括网易、百度、搜狐、巨人、完美世界、盛大游戏、优酷、奇虎、新浪、厦门游家、上海邮通科技 11 家，收入占百家企业的 71.8%，提升了 5.5 个百分点。

（二）主导企业份额稳固，巨头左右市场结构

网络游戏、网络广告、电子商务三大业务收入占互联网信息服务收入 91.5%，17 家代表性企业占据了 70%以上三大业务市场份额。

表 1　　2012 年互联网信息服务市场主导企业份额

业　务	企业数（家）	代表企业名称	代表企业占百家份额
网络游戏	42	腾讯、网易、搜狐、巨人、完美世界、盛大游戏、厦门游家、上海邮通	85%
网络广告	41	百度、优酷、腾讯、新浪、奇虎、深圳迅雷、橡网、车之家	76%
电子商务	20	网易、广东塑料交易、快钱支付、号百信息、焦点科技	72%

我国增值电信服务业的商业模式更加成熟。百家企业采取创新策略打赢市场，积极搭建信息发布者与使用者之间桥梁的业务平台，各业务市场均衡度随着份额变动而不断波动。业务市场收入结构与上年相比：网络游戏、电子商务收入占比分别提升 24.3 和 1.7 个百分点，网络广告下降 3.6 个百分点。

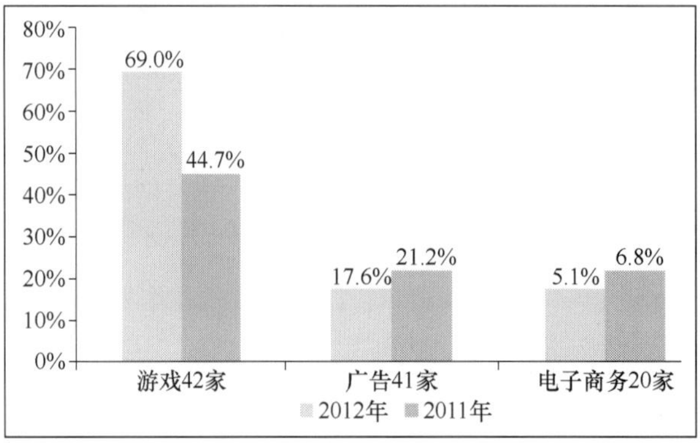

图 3　2012 年互联网信息服务市场结构变化

2012 年腾讯、网易、百度排名前 3 企业与百家另外 97 家企业主营业务收入比仅提升 4.4 个百分点，规模过半发生互换，即 3 家企业占百家企业份额由 47%上升至 51.4%。创收能力最强的腾讯涉足互联网信息服务多个业务市场，在整体市场中稳坐领头羊位置，其互联网信息服务收入增长量占百家企业增长量的 55%。

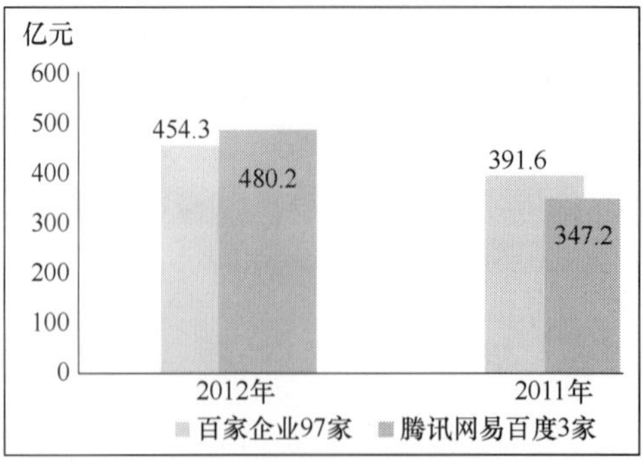

图 4　2012 年互联网信息服务市场结构变化

（三）集中态势蔓延，焕发辐射拉动作用

2012 年百家企业信息服务集中在网络游戏、网络广告、电子商务、搜索引擎、网络视频多元业务领域，网络游戏、网络广告、电子商务三大领域占百家企业互联网信息服务收入的 91.7%，较上年提升 19.2 个百分点。百家企业前 3 强腾讯、网易、百度占据半壁江山，分别主导三大业务领域市场。

2012 年百家企业中，京、沪、粤 3 大经济区域企业占比近 80%，北京入围企业 37 家、上海 27 家、广东 14 家。京、沪、粤入围企业营业收入为 494.1 亿元，占百家企业 51%；三地营业收入分别为 315.4、144.3、399.7 亿元，分别占百家企业总量 33%、15%、41%；京、沪、粤互联网信息服务收入总和 807.9 亿元，占百家企业总量的 93%，分别占百家企业总量的 33%、14%、46%。京、沪、粤 3 大经济区域入围企业依托辐射效应，吸引大批研发设计、生产制造、营销推广、物流运输等领域的中小企业向周边聚集，形成较为完善的产业生态体系，带动了人才、技术等智力资源的汇集，形成了紧密的产、学、研互动体系。百家企业凭借显著的经济辐射与拉动效应，不断推动互联网技术创新与应用推广，极大促进了互联网与传统产业的互动发展，充分发挥了互联网对传统产业改造提升的服务和支撑作用，为促进两化深度融合做出了突出贡献。

（四）资源合作共赢，社会贡献率上升

百家企业通过直接创造产值、纳税及给予就业机会，为行业和社会的经济发展做出了显著贡献。百家企业纳税总额达到 29.7 亿元；从业人数近 7 万人，较 2011 年末增长 22.3%。百家企业在发展 OTT 产业方面，借助基础电信网络，传输应用业务流量，对移动互联网业务流量的贡献迅猛增长，微信等新兴业务对移动用户的渗透率逐步提升。

腾讯微博、微信等即时通信业务在信息传递、免费服务方面更具吸引力，微信自 2011 年年初上线，用短短一年半时间，至 2012 年，用户已达到 3 亿户规模。即时通信产品改变了消费者信息获取方式，加速了社会信息流转，深刻改变了人们的社交生活，加速了互联网业务市场结构调整。网易移动平台越来越受到用户的广泛欢迎。2012 年年末，移动新闻客户端安装量逾 5000 万，日活跃用户超过 2200 万，有道云笔记有效安装量 850 万，有道词典移动客户端有效安装量为 1.28 亿。网易保持中国领先邮箱服务提供商的地位达 15 年，网易邮箱 5.0 版本发布后，新用户数量和用户活跃度大幅攀升，达到 5.3 亿。百度网平均每天有约 695 万次机械设备类信息搜索，1273 万次商务服务类信息搜索，355 万次建筑及装修类信息搜索。

百家企业 2012 年实现营业利润 77.3 亿元，同比下滑 34.7%。营业利润率达到 8%，较上年下降 7 个百分点。营业利润超过 1 亿元的企业有 24 家，营业利润率超过 5%的企业有 66 家，超过 10%的企业 47 家，13 家企业营业利润较上年翻番。腾讯营业利润占百家企业 15%，上升 7 个百分点。百家企业在创造经济利益的同时，坚持经济责任和社会责任的有机统一，积极采取多种方式回馈社会，践行社会责任，为促进社会主义精神文明建设，推动和谐社会构建做出

了突出贡献。

（五）品牌示范效应显现，百家企业排名稳固

互联网信息服务业是我国市场化程度最高的产业之一，市场竞争展现充分，品牌优势加速形成。互联网信息服务企业重视技术人才积蓄，洞察信息需求及创新产品，积极与基础运营商、通信设备商密切合作，不断推出创新策略打赢市场，搭建信息发布者与使用者之间桥梁的业务平台，力求业务平台在即时交流、精准内容、安全方便、信息管家等方面实现用户的完美体验。

腾讯 QQ 的快乐企鹅形象深入人心，百度被网民称之为“中国的谷歌”，新浪微博能将网民的信息一直传递下去。在互联网企业中，百家企业不乏品牌巨人，腾讯、网易、百度、搜狐、盛大、阿里巴巴、完美世界、巨人网络、新浪、奇虎、优酷、人人、世纪佳缘、淘米网等品牌，体现了互联网服务的高端品质，2012 年这些互联网企业既给消费抉择带来诸多方便，又将以骄人的业绩在百家企业榜单上站稳脚跟，继续扮演好传递大众信息的重要角色。

（六）国际竞争力增强，影响面扩大至海外

知名品牌企业大都在境外上市，在上市融资基础上，通过引入风险投资、战略投资者以及并购的方式，获得更加雄厚的资金支持，并展现了良好的运营效果。2012 年进入百家行列的 13 家上市企业主营业务收入达到 628.3 亿元，比上年增长 30%，占百家企业总体的 67.2%，提升了 1.7 个百分点。

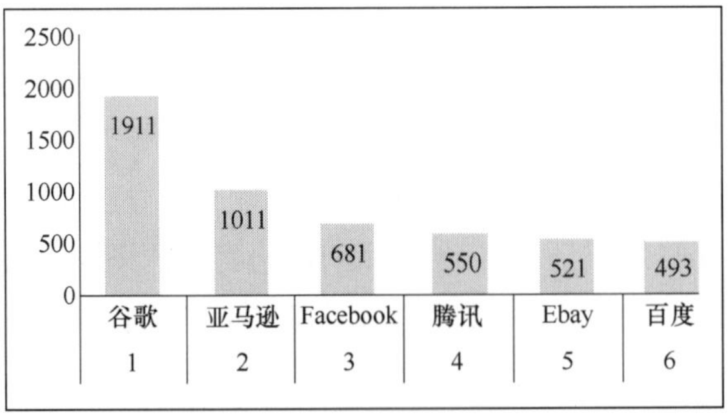

图 5　2012 年腾讯、百度在全球互联网上市公司市值

以百家企业为代表的本土企业在全球知名度也日益提高，腾讯、百度、网易、新浪、阿里巴巴等品牌颇具品牌影响力，除了阿里巴巴暂时退市外，其他企业形成了互联网企业海外上市集群，腾讯已建北美微信团队，多家企业与世界互联网知名企业联手，不乏并购和直接控股国外领先技术的公司，经营服务覆盖面迅速蔓延，对国际互联网市场的竞争力已经显露端倪。腾讯、百度公司在 2012 年全球互联网上市公司市值排名分列第四，第六。优酷网与土豆网宣布以 100%换股合并后，优酷土豆拥有了最庞大视频用户群体、多元化的视频内容、成熟的视频技术平台，由对立竞争融为创收转换能力较强的专业企业，当年收入规模增长 62.4%。

二、2013年前百家企业展望

（一）展望入围企业变动

根据2012年企业的发展业绩，依据2012年排序的规则进行展望：腾讯、网易、百度、搜狐继续位列前四；排列位置变动占五分之三，其中位置前移和下降之比为1:4；榜单企业名称变动将占三分之一，有进有出。可见行业竞争充分，整体地位呈提升态势。

根据2012年百家企业负增长企业比重预计，将有34家新入围企业站到百家企业行列中。新入围企业收入应当呈现快于百家企业平均增长水平的增长表现，24%可能来自互联网接入服务或数据中心企业，18%产生于扭亏企业，20%产生于当年新获取许可证企业。退出百家企业行列的34家企业，估计82%的企业由于收入下滑严重，5%的企业无2012年统计信息资料，3%因为企业集团合并。

（二）展望企业规模变动

2013年新一届百家企业的贡献将大幅提升，主营业务收入预计达到1233亿元，与上届百家企业主营业务收入同比增加32%。

随着互联网信息服务开放力度的不断加大，民间资本进入的步伐不断加快，上届百家企业的竞争力也会受到新进入者的挑战，百家企业榜单无疑将会刷新，结构会有新的调整，我们翘首期待。刚刚跨入百家企业行列的企业能否保持现在的发展势头，持续取得较好收益，值得我们倍加关注。

第二部分　统计数据

公用通信网统计信息

2008—2012 年电信业主要指标发展情况（一）

指 标 名 称	单位	2008 年	2009 年	2010 年	2011 年	2012 年	五年平均增长率(%)
电信综合价格下降水平	%	8.0	9.5	9.3	4.4	1.6	
电信业务总量	亿元	7552.4	8674.6	10181.7	11725.8	12982.4	19.8
电信业务收入	亿元	8148.0	8544.1	9079.1	9880.4	10758.3	9.8
非话音收入所占比重	%	34.53	41.69	42.94	45.73	48.81	
电信固定资产投资	亿元	3068.0	3773.1	3021.6	3382.2	3616.2	
占全社会投资比重	%	1.78	1.68	1.09	1.09	0.97	
全社会固定资产投资	亿元	172828.4	224598.8	278121.9	311485.1	374675.7	
电信增加值	亿元	4557.2	4899.6	4962.7	5433.6	5709.1	5.0
占 GDP 比重	%	1.45	1.44	1.24	1.15	1.10	
GDP	亿元	314045.4	340902.8	401512.8	473104.0	519322.1	
固定电话用户	万户	34035.9	31373.2	29434.2	28509.8	27815.3	−6.6
移动电话用户	万户	64124.5	74721.4	85900.3	98625.3	111215.5	19.4
互联网网民人数	万人	29800.0	38400.0	45700.0	51300.0	56400.0	28.0
女性网民所占比重	%	47.5	45.8	44.2	44.1	44.2	
固定本地电话通话时长	亿分钟				4227.4	3577.7	
固定长途电话通话时长	亿分钟	1655.8	1314.6	1068.9	856.9	700.7	−20.5
移动电话通话时长	亿分钟	29355.6	35351.0	43261.2	50472.6	55444.9	24.5
移动短信业务量	亿条	6996.9	7726.5	8277.5	8790.0	8973.1	10.8
网页长度（总字节数）	GB	438898	1010848	1833476	3160028	4902328	125.6

注：1．电信业务总量按照 2010 年不变单价测算。

2．电信主营业务收入、电信增加值的增长率均为可比口径比较。

3．根据国家统计局编制的《中国统计摘要（2013）》，调整以前年度的全社会固定资产投资和 GDP，并重新计算相应的比重。

4．固定长途电话通话时长和移动电话通话时长中分别包括了从固定和移动电话发起的 IP 电话通话时长。

2008—2012 年电信业主要指标发展情况（二）

指 标 名 称	单位	2008 年	2009 年	2010 年	2011 年	2012 年	五年平均增长率(%)
光缆线路长度	万公里	677.8	829.5	996.2	1211.9	1479.3	26.5
其中：长途光缆线路长度	万公里	79.8	83.1	81.8	84.2	86.8	2.3
固定长途电话交换机容量	万路端	1690.7	1684.9	1641.5	1602.3	1579.7	−2.0
局用交换机容量	万门	50863.2	49265.6	46537.3	43428.4	43749.3	−3.8
移动电话交换机容量	万户	114531.4	144084.7	150284.9	171636.0	184023.8	21.1
移动电话基站数	万个	69.0	111.1	139.8	175.2	206.6	39.5
移动短消息中心容量	万条	338416.2	383352.4	517727.6	561726.5	622055.7	30.1
IPv4 地址数	万个	18127.3	23244.6	27763.7	33044.0	33053.5	25.0
域名数	万个	1682.6	1681.8	865.7	774.8	1341.2	
其中：CN 域名数	万个	1357.2	1345.9	435.0	352.9	750.8	
网站数	万个	287.8	323.2	190.8	229.6	268.1	15.5
互联网国际出口带宽	Mbit/s	640287	866367	1098957	1389529	1899792	50.6
固定电话普及率	部/百人	25.8	23.6	22.1	21.3	20.6	
移动电话普及率	部/百人	48.5	56.3	64.4	73.6	82.5	
互联网普及率	%	22.6	28.9	34.3	38.3	42.1	
城市互联网普及率	%	35.9	45.7	53.4	56.7	59.1	
农村互联网普及率	%	11.6	14.8	17.5	20.2	23.7	
已通电话的行政村比重	%	99.7	99.9	100	100	100	

2012 年电信业务总量、收入、投资、增加值分省情况

	电信业务总量		电信业务收入		电信固定资产投资		电信增加值	
	2012 年(亿元)	比上年(%)	2012 年(亿元)	比上年(%)	2012 年(亿元)	比上年(%)	2012 年(亿元)	比上年(%)
全　国	12982.4	10.7	10758.3	8.9	3616.2	6.9	5709.1	5.1
东　部	7006.9	9.5	6185.9	8.2	1752.1	2.8	3199.9	3.4
北　京	488.9	12.1	506.4	8.1	156.6	23.2	277.3	3.9
天　津	159.3	4.0	158.0	8.5	58.4	5.0	82.7	2.8
河　北	538.7	9.6	456.9	9.7	147.8	5.1	220.4	5.8
辽　宁	473.2	8.9	412.4	6.2	141.9	8.0	203.7	4.7
上　海	447.1	7.7	512.8	8.7	134.8	17.8	260.2	2.1
江　苏	914.6	9.9	821.7	9.6	187.6	−21.2	417.0	5.1
浙　江	809.9	7.9	724.9	8.3	177.4	−5.7	363.3	2.8
福　建	514.2	13.9	423.5	10.3	149.7	28.0	209.4	3.3
山　东	797.5	9.6	616.2	5.4	143.9	−9.3	332.8	2.0
广　东	1766.4	9.2	1466.1	8.0	423.5	4.8	791.9	2.7
海　南	97.1	12.1	86.9	10.6	30.4	6.3	41.2	2.5
中　部	2989.6	11.1	2459.0	10.4	911.3	17.6	1199.1	5.7
山　西	308.5	10.4	255.1	9.1	99.6	21.3	121.6	3.1
吉　林	240.6	9.3	172.8	5.5	74.7	25.2	80.4	−0.6
黑龙江	297.4	7.1	246.7	7.0	96.0	14.1	122.7	4.1
安　徽	372.2	12.0	333.8	13.6	107.2	2.6	169.7	10.0
江　西	278.7	11.0	227.8	12.5	137.3	102.8	107.3	6.1
河　南	610.9	12.9	476.6	11.8	166.6	1.7	235.6	7.3
湖　北	438.7	12.8	372.2	11.6	115.0	13.9	184.3	7.5
湖　南	442.5	10.5	374.0	9.2	115.0	2.6	177.5	3.9
西　部	2985.9	13.2	2388.1	13.4	884.0	5.7	1115.5	8.9
内蒙古	258.5	11.7	215.8	12.7	96.8	3.0	99.4	10.5
广　西	342.2	12.3	263.2	10.8	88.3	5.8	127.4	5.3
重　庆	245.7	12.7	200.7	12.7	72.1	18.0	96.3	9.2
四　川	619.9	12.6	492.2	13.5	157.9	−3.0	234.1	8.6
贵　州	244.1	19.5	187.6	14.0	72.4	8.9	83.4	16.9
云　南	345.2	12.2	274.4	14.4	90.8	10.5	125.4	4.3
西　藏	33.0	38.4	28.5	17.5	19.4	29.1	6.5	0.6
陕　西	355.1	11.1	293.0	13.2	100.4	18.7	143.4	8.7
甘　肃	180.0	11.7	146.1	12.6	59.5	−0.2	69.7	10.8
青　海	54.5	18.7	43.7	17.2	24.1	0.1	19.9	12.4
宁　夏	61.1	13.2	52.5	13.0	19.2	−3.7	25.1	6.5
新　疆	246.6	13.5	190.5	16.2	83.2	0.0	84.9	12.5
总部及直属			−274.8		68.8		194.6	

2008—2012 年电信用户发展情况

指 标 名 称	单位	2008 年	2009 年	2010 年	2011 年	2012 年	2012 年比上年
固定电话用户	万户	34035.9	31373.2	29434.2	28509.8	27815.3	−694.5
其中：公用电话用户	万户	2771.5	2708.8	2595.9	2468.3	2347.1	−121.2
无线市话用户	万户	6893.1	4599.4	2863.2	1785.2	1224.9	−560.3
占固定电话用户比重	%	20.3	14.7	9.7	6.3	4.4	
城市电话用户	万户	23155.9	21190	19658.1	19121.7	18893.4	−228.3
城市住宅电话用户	万户	15588.3	12969.5	11973.4	11411.6	11013.2	−398.4
农村电话用户	万户	10880	10183.2	9776.1	9388.1	8921.9	−466.2
农村住宅电话用户	万户	9612.2	8813.3	8325.0	7861.2	7315.8	−545.4
移动电话用户	万户	64124.5	74721.4	85900.3	98625.3	111215.5	12590.2
其中：3G 移动电话用户	万户		1232.2	4705.1	12842.4	23280.3	10437.9
占移动电话用户比重	%		1.6	5.5	13.0	20.9	
互联网拨号用户	万户	1227.8	754.4	590.1	550.7	569.8	19.1
互联网宽带接入用户	万户	8287.9	10397.8	12629.1	15000.1	17518.3	2518.2
其中：xDSL 用户	万户	6701.7	8378.2	10071.6	11467.7	11474.9	7.2
LAN 用户	万户	1524.5	1865.1	2332.1	3399.8	3939.8	540
其中：城市宽带接入用户	万户			9963.5	11691.4	13442.4	1751
农村宽带接入用户	万户			2475.7	3308.8	4075.9	767.1
卫星移动通信系统用户	户	11395	11633	14663	16362	19933	3571

注：1．互联网拨号、宽带接入用户为基础电信企业合计数。

2．自 2011 年起互联网宽带接入用户不包括 WLAN 用户。

2012年固定电话用户分省情况

单位：万户

	固定电话用户		其中：无线市话用户			固定电话用户中：	
	2012年	比上年	2012年	比上年	所占比重(%)	城市电话用户	农村电话用户
全　国	27815.3	−694.5	1224.9	−560.3	4.4	18893.4	8921.9
东　部	15082.6	−209.0	629.3	−306.2	4.2	10170.1	4912.5
北　京	883.2	−0.6	9.2	−7.7	1.0	705.5	177.7
天　津	353.7	19.8	12.3	−2.9	3.5	349.2	4.5
河　北	1207.7	−35.0	24.2	−23.1	2.0	850.8	356.9
辽　宁	1285.1	−67.0	39.1	−58.3	3.0	861.3	423.8
上　海	902.9	−23.5	36.4	−26.0	4.0	891.9	11.0
江　苏	2387.2	16.3	90.0	−49.4	3.8	1341.0	1046.2
浙　江	1882.5	−65.4	147.6	−32.2	7.8	1127.4	755.0
福　建	1017.3	2.3	29.1	−17.8	2.9	632.8	384.5
山　东	1854.2	−42.4	135.9	−39.9	7.3	1067.4	786.8
广　东	3135.8	−11.3	100.7	−46.2	3.2	2220.9	914.9
海　南	173.0	−2.0	4.6	−2.7	2.7	122.0	51.0
中　部	7021.8	−324.3	407.5	−136.4	5.8	4658.7	2363.1
山　西	685.2	3.0	16.9	−10.5	2.5	482.0	203.2
吉　林	578.8	−0.5	41.5	−22.2	7.2	434.7	144.1
黑龙江	776.1	−17.4	80.0	−16.8	10.3	594.3	181.7
安　徽	1091.4	−152.5	36.1	−8.7	3.3	641.0	450.5
江　西	644.2	−29.8	45.1	−10.9	7.0	405.4	238.8
河　南	1288.7	−52.7	74.5	−29.7	5.8	789.9	498.8
湖　北	1003.6	−16.7	57.2	−18.7	5.7	666.2	337.4
湖　南	953.9	−57.7	56.1	−18.9	5.9	645.2	308.7
西　部	5710.9	−161.2	188.1	−117.7	3.3	4064.6	1646.3
内蒙古	368.3	−11.2	21.3	−8.5	5.8	310.7	57.6
广　西	599.3	−51.6	25.0	−17.2	4.2	376.5	222.8
重　庆	575.7	4.5	11.4	−5.9	2.0	407.3	168.4
四　川	1347.1	−35.7	28.7	−34.0	2.1	927.8	419.4
贵　州	380.4	−23.5	7.5	−3.1	2.0	264.9	115.5
云　南	524.3	−15.8	17.8	−3.8	3.4	364.7	159.6
西　藏	40.5	0.0	7.5	−3.3	18.5	39.1	1.4
陕　西	772.1	−3.4	24.1	−18.1	3.1	541.3	230.8
甘　肃	377.8	−18.7	13.0	−7.7	3.4	272.4	105.3
青　海	102.5	−1.7	5.8	−2.8	5.7	85.6	16.9
宁　夏	105.0	−3.5	1.4	−1.3	1.3	83.3	21.6
新　疆	517.9	−0.4	24.7	−12.1	4.8	391.0	126.9

2012 年移动电话用户分省情况

单位：万户

	移动电话用户		其中：3G 移动电话用户		
	2012 年	比上年	2012 年	比上年	所占比重(%)
全　国	111215.5	12590.2	23280.3	10438.0	20.9
东　部	56101.6	6161.9	12346.2	5219.7	22.0
北　京	3168.0	592.1	855.4	390.7	27.0
天　津	1325.2	89.6	296.4	108.1	22.4
河　北	5513.1	418.6	1077.2	527.2	19.5
辽　宁	4291.3	454.8	893.1	345.5	20.8
上　海	3008.3	387.7	748.2	283.5	24.9
江　苏	7471.4	786.6	1807.6	792.3	24.2
浙　江	6442.6	686.6	1328.8	529.2	20.6
福　建	4049.2	495.9	839.5	390.7	20.7
山　东	7588.9	470.9	1516.8	635.6	20.0
广　东	12468.0	1675.2	2784.3	1124.9	22.3
海　南	775.6	104.0	198.8	92.2	25.6
中　部	28472.3	3298.4	5688.9	2681.0	20.0
山　西	2764.6	317.7	547.6	255.2	19.8
吉　林	2257.0	252.8	391.0	150.4	17.3
黑龙江	2663.9	287.3	471.7	202.9	17.7
安　徽	3609.8	350.4	853.4	411.0	23.6
江　西	2573.4	251.4	507.0	257.7	19.7
河　南	5787.6	725.6	1144.6	596.4	19.8
湖　北	4554.1	600.4	873.9	382.5	19.2
湖　南	4262.0	512.9	899.8	424.8	21.1
西　部	26621.8	3147.0	5225.5	2554.4	19.6
内蒙古	2550.1	234.0	451.3	193.7	17.7
广　西	2884.1	351.5	560.7	282.1	19.4
重　庆	2069.6	268.5	441.8	197.4	21.3
四　川	5498.2	680.3	1062.8	478.3	19.3
贵　州	2321.4	277.1	386.6	200.5	16.7
云　南	2895.8	306.3	571.8	299.5	19.7
西　藏	235.5	39.1	41.7	22.4	17.7
陕　西	3264.8	357.6	805.6	409.8	24.7
甘　肃	1763.5	148.9	308.7	156.0	17.5
青　海	537.2	73.7	90.7	46.5	16.9
宁　夏	591.0	70.6	104.7	51.8	17.7
新　疆	2010.6	339.6	399.1	216.5	19.8

注：移动电话用户、3G 移动电话用户全国数大于分省数之和，是由于部分 3G 上网卡用户不能拆分到省所致。

2012 年互联网宽带接入用户分省情况

单位：万户

	互联网宽带接入用户		其中：xDSL 用户		互联网宽带接入用户中：	
	2012 年	比上年	2012 年	比上年	城市用户	农村用户
全　国	**17518.3**	**2518.1**	**11474.9**	**7.2**	**13442.4**	**4075.9**
东　部	**9495.9**	**1151.1**	**5881.2**	**−392.4**	**6894.8**	**2601.0**
北　京	473.7	−37.1	311.7	−105.3	379.3	94.4
天　津	204.8	18.1	103.1	−16.3	204.3	0.5
河　北	963.9	139.5	740.2	14.2	741.3	222.6
辽　宁	707.9	52.9	514.5	11.6	577.6	130.3
上　海	541.0	47.5	150.8	−108.0	541.0	0.0
江　苏	1350.7	179.7	780.1	−86.8	811.2	539.5
浙　江	1152.6	133.0	577.7	−183.9	664.4	488.2
福　建	738.0	132.7	385.3	−17.9	520.4	217.6
山　东	1364.1	210.0	707.7	36.7	961.3	402.9
广　东	1903.6	259.7	1526.3	56.8	1419.9	483.6
海　南	95.5	15.1	83.8	6.5	74.1	21.4
中　部	**4424.2**	**721.9**	**3158.6**	**285.5**	**3538.0**	**886.2**
山　西	504.8	88.7	306.9	52.1	452.3	52.5
吉　林	364.6	57.1	234.1	1.4	296.5	68.1
黑龙江	435.8	50.4	339.7	32.3	386.9	49.0
安　徽	507.0	74.4	319.7	−11.3	377.3	129.7
江　西	372.0	59.0	278.5	27.9	279.9	92.1
河　南	927.6	143.1	778.5	92.7	672.3	255.3
湖　北	708.0	127.9	483.2	57.4	581.6	126.3
湖　南	604.4	121.3	417.9	32.9	491.2	113.2
西　部	**3598.2**	**645.1**	**2435.1**	**114.0**	**3009.6**	**588.6**
内蒙古	274.8	43.8	201.5	21.9	250.0	24.8
广　西	507.1	92.3	230.3	−8.9	419.4	87.7
重　庆	388.1	68.1	302.4	28.9	336.3	51.8
四　川	823.0	154.6	537.0	7.1	656.8	166.2
贵　州	243.9	39.1	156.3	5.3	207.2	36.7
云　南	375.5	77.5	258.8	28.1	310.3	65.2
西　藏	17.1	4.3	15.0	2.4	17.0	0.0
陕　西	439.6	69.8	293.9	1.8	356.3	83.3
甘　肃	163.3	29.7	139.8	15.8	146.6	16.7
青　海	49.9	8.3	39.9	1.5	47.3	2.6
宁　夏	60.9	8.7	53.8	3.8	53.6	7.3
新　疆	255.0	48.9	206.2	6.3	208.6	46.4

2008—2012 年固定电话用户分省情况

单位：万户

	2008 年	2009 年	2010 年	2011 年	2012 年
全　国	**34035.9**	**31373.2**	**29434.2**	**28509.8**	**27815.3**
东　部	**18274.7**	**16891.9**	**15734.8**	**15291.6**	**15082.6**
北　京	884.9	893.1	885.6	883.9	883.2
天　津	396.6	385.3	366.8	333.9	353.7
河　北	1457.5	1343.9	1251.4	1242.7	1207.7
辽　宁	1604.3	1529.1	1428.0	1352.1	1285.1
上　海	1015.4	935.5	931.8	926.4	902.9
江　苏	2968.3	2662.4	2498.8	2370.9	2387.2
浙　江	2297.6	2130.9	1985.5	1947.9	1882.5
福　建	1431.0	1244.8	1045.7	1015.0	1017.3
山　东	2421.1	2217.3	1992.3	1896.6	1854.2
广　东	3573.3	3366.7	3169.1	3147.1	3135.8
海　南	224.7	182.8	179.8	175.0	173.0
中　部	**8671.1**	**7941.9**	**7600.2**	**7346.1**	**7021.8**
山　西	803.0	758.8	720.7	682.2	685.2
吉　林	621.7	581.3	595.2	579.3	578.8
黑龙江	1028.0	870.2	813.5	793.5	776.1
安　徽	1379.9	1267.3	1231.0	1243.9	1091.4
江　西	846.9	748.5	709.6	673.9	644.2
河　南	1562.4	1460.6	1426.9	1341.4	1288.7
湖　北	1171.8	1088.3	1026.4	1020.3	1003.6
湖　南	1257.3	1166.9	1077.0	1011.6	953.9
西　部	**7090.1**	**6539.4**	**6099.2**	**5872.1**	**5710.9**
内蒙古	462.5	441.6	414.1	379.5	368.3
广　西	848.4	787.6	708.9	650.9	599.3
重　庆	678.9	627.7	582.7	571.3	575.7
四　川	1660.4	1551.2	1419.1	1382.9	1347.1
贵　州	499.6	451.1	431.2	404.0	380.4
云　南	616.3	583.1	562.5	540.1	524.3
西　藏	70.7	53.9	43.9	40.5	40.5
陕　西	881.2	815.0	781.9	775.5	772.1
甘　肃	519.0	453.9	411.9	396.4	377.8
青　海	119.4	109.3	103.2	104.2	102.5
宁　夏	121.5	114.5	111.9	108.5	105.0
新　疆	612.2	550.5	528.0	518.3	517.9

2008—2012年移动电话用户分省情况

单位：万户

	2008年	2009年	2010年	2011年	2012年
全　国	**64124.5**	**74721.4**	**85900.3**	**98625.3**	**111215.5**
东　部	**33720.9**	**38386.3**	**43678.1**	**49939.7**	**56101.6**
北　京	1616.3	1825.5	2129.8	2576.0	3168.0
天　津	865.0	992.5	1089.8	1235.6	1325.2
河　北	3214.1	3783.2	4353.5	5094.5	5513.1
辽　宁	2421.5	2882.1	3341.8	3836.5	4291.3
上　海	1880.9	2113.2	2361.6	2620.6	3008.3
江　苏	3957.0	4940.3	5923.1	6684.8	7471.4
浙　江	3976.7	4456.3	5047.3	5756.0	6442.6
福　建	2368.1	2639.1	3021.8	3553.2	4049.2
山　东	4627.9	5334.5	6190.4	7118.1	7588.9
广　东	8395.7	8923.3	9624.6	10792.8	12468.0
海　南	397.8	496.4	594.3	671.6	775.6
中　部	**15970.2**	**18971.6**	**21806.2**	**25173.9**	**28472.3**
山　西	1698.5	1952.3	2205.2	2446.9	2764.6
吉　林	1362.9	1574.2	1805.4	2004.1	2257.0
黑龙江	1646.3	1865.9	2072.0	2376.6	2663.9
安　徽	1715.1	2154.6	2798.7	3259.4	3609.8
江　西	1277.3	1548.0	1811.3	2322.1	2573.4
河　南	3501.0	3987.2	4402.0	5062.0	5787.6
湖　北	2528.7	3136.9	3454.7	3953.7	4554.1
湖　南	2240.3	2752.4	3257.0	3749.1	4262.0
西　部	**14433.5**	**17326.5**	**20375.4**	**23474.9**	**26621.8**
内蒙古	1344.4	1616.0	2034.0	2316.2	2550.1
广　西	1623.9	1960.1	2214.5	2532.7	2884.1
重　庆	1281.7	1440.9	1664.4	1801.2	2069.6
四　川	2852.3	3466.9	4156.4	4817.9	5498.2
贵　州	1179.0	1453.4	1800.6	2044.3	2321.4
云　南	1635.9	1936.4	2244.5	2589.5	2895.8
西　藏	87.0	124.0	157.6	196.4	235.5
陕　西	1912.2	2337.4	2518.2	2907.2	3264.8
甘　肃	895.3	1194.7	1390.1	1614.7	1763.5
青　海	247.2	301.0	397.8	463.5	537.2
宁　夏	323.3	382.8	437.3	520.5	591.0
新　疆	1051.3	1113.0	1359.9	1670.9	2010.6

注：2009—2012年全国数大于分省数之和，是由于部分3G上网卡用户不能拆分到省所致。

2008—2012 年互联网宽带接入用户分省情况

单位：万户

	2008 年	2009 年	2010 年	2011 年	2012 年
全　国	8287.9	10397.8	12629.1	15000.1	17518.3
东　部	5020.6	6165.1	7244.7	8344.7	9495.9
北　京	382.8	452.0	498.4	510.8	473.7
天　津	138.8	159.4	173.0	186.7	204.8
河　北	388.7	523.3	667.0	824.5	963.9
辽　宁	415.3	502.9	595.6	655.1	707.9
上　海	390.6	451.4	486.7	493.5	541.0
江　苏	717.0	954.7	1048.4	1171.0	1350.7
浙　江	691.9	819.3	869.5	1019.7	1152.6
福　建	289.7	369.7	471.6	605.2	738.0
山　东	621.3	759.3	966.9	1154.1	1364.1
广　东	948.0	1123.9	1400.0	1643.9	1903.6
海　南	36.6	49.2	67.6	80.4	95.5
中　部	1872.9	2436.0	3035.9	3702.3	4424.2
山　西	214.5	280.0	353.1	416.1	504.8
吉　林	176.0	228.1	285.1	307.4	364.6
黑龙江	238.9	277.5	326.1	385.4	435.8
安　徽	185.3	259.5	341.9	432.6	507.0
江　西	180.5	238.7	253.4	313.0	372.0
河　南	374.5	503.9	642.5	784.5	927.6
湖　北	282.5	362.2	459.4	580.1	708.0
湖　南	220.6	286.0	374.5	483.1	604.4
西　部	1394.3	1796.6	2348.5	2953.1	3598.2
内蒙古	114.6	158.5	190.5	231.0	274.8
广　西	182.4	248.3	330.1	414.8	507.1
重　庆	156.2	201.8	263.1	319.9	388.1
四　川	319.2	398.3	521.8	668.4	823.0
贵　州	84.6	113.3	149.7	204.8	243.9
云　南	138.7	174.1	224.1	298.0	375.5
西　藏	7.0	8.8	10.4	12.8	17.1
陕　西	172.9	222.5	308.3	369.8	439.6
甘　肃	66.5	86.6	112.2	133.6	163.3
青　海	21.3	27.9	34.9	41.6	49.9
宁　夏	24.9	34.0	43.0	52.2	60.9
新　疆	106.1	122.5	160.4	206.1	255.0

注：1．互联网宽带接入用户为基础电信企业合计数。

2．自 2011 年起互联网宽带接入用户不包括 WLAN 用户。

2008—2012 年电信业务使用量发展情况

指 标 名 称	单位	2008 年	2009 年	2010 年	2011 年	2012 年	2012 年比上年(%)
固定本地电话通话时长合计	亿分钟			3442.0	4227.4	3577.7	−15.4
区间电话通话时长	亿分钟			379.6	486.3	396.4	−18.5
区内电话及拨号上网通话时长	亿分钟			3062.4	3741.2	3181.3	−15.0
固定长途电话通话时长	亿分钟	1655.8	1314.6	1068.9	856.9	700.7	−18.2
国内长途电话通话时长	亿分钟	1628.7	1293.7	1049.6	839.2	684.3	−18.5
国际电话通话时长	亿分钟	15.8	12.1	11.3	10.4	10.0	−3.9
港澳台电话通话时长	亿分钟	11.3	8.7	8.0	7.3	6.4	−12.3
移动电话通话时长（来去话合计）	亿分钟	29355.6	35351.0	43261.2	50472.6	55444.9	9.9
移动电话去话通话时长	亿分钟	14378.5	17070.3	21129.0	25056.0	27603.5	10.2
非漫游去话通话时长	亿分钟			19762.1	23083.2	24999.7	8.3
国内漫游去话通话时长	亿分钟			1362.8	1967.4	2597.1	32.0
国际漫游去话通话时长	亿分钟			1.8	2.6	3.4	29.9
港澳台漫游去话通话时长	亿分钟			2.3	2.8	3.3	14.1
移动电话来话通话时长	亿分钟	14977.1	18280.7	22132.2	25416.6	27841.4	9.5
移动短信业务量	亿条	6996.9	7726.5	8277.5	8790.0	8973.1	2.1
其中：增值电信企业短信业务量	亿条		1176.2	1451.4	1526.1	1521.3	−0.3
点对点短信业务量	亿条			5451.8	5371.7	5000.2	−6.9
移动彩信业务量	亿条			555.7	599.8	696.6	16.1
其中：增值电信企业彩信业务量	亿条			253.9	309.3	429.3	38.8
点对点彩信业务量	亿条			41.6	45.6	49.5	8.4
固定电话互联互通通话时长	亿分钟	3353.0	3541.1	2977.9	2470.6	2151.2	−12.9
固定电话至固定电话互联互通通话时长	亿分钟	506.6	492.0	409.3	338.8	299.4	−11.6
固定电话至移动电话互联互通通话时长	亿分钟	2846.5	3049.1	2568.6	2131.8	1851.8	−13.1
移动电话互联互通通话时长	亿分钟	4533.8	4698.4	5537.1	6879.3	7756.3	12.7
移动电话至移动电话互联互通通话时长	亿分钟	2175.4	2608.3	3823.9	5350.5	6389.8	19.4
移动电话至固定电话互联互通通话时长	亿分钟	2358.4	2090.0	1713.1	1528.9	1366.5	−10.6
短信互联互通业务量	亿条	1004.9	1083.5	1267.1	1561.0	1505.0	−3.6

注：固定长途电话通话时长和移动电话通话时长中分别包括了从固定和移动电话发起的 IP 电话通话时长。

2012 年固定本地电话通话量分省情况

单位：万分钟

	固定本地电话通话时长		其中：区间电话通话时长		区内电话及拨号上网通话时长	
	2012 年	比上年(%)	2012 年	比上年(%)	2012 年	比上年(%)
全　国	35776867.5	-15.4	3964134.0	-18.5	31812733.5	-15.0
东　部	21212506.0	-12.5	3151392.0	-17.3	18061114.0	-11.6
北　京	1595320.1	-6.8			1595320.1	-6.8
天　津	442120.1	-16.7	243218.1	-15.8	198902.0	-17.7
河　北	1429275.6	-14.8	412525.3	-1.4	1016750.3	-19.2
辽　宁	2504527.3	13.0	47684.3	-20.3	2456843.0	13.9
上　海	2307077.7	-10.4			2307077.7	-10.4
江　苏	2457574.8	-17.8	119229.7	-14.5	2338345.0	-18.0
浙　江	2069449.1	-11.7	63025.1	-10.2	2006424.0	-11.8
福　建	1363068.9	-18.7	38515.9	-15.0	1324553.0	-18.8
山　东	2067678.5	-22.1	225653.1	-46.2	1842025.3	-17.6
广　东	4697473.4	-15.2	1988978.4	-15.5	2708495.0	-15.0
海　南	278940.0	-13.4	12561.6	-10.7	266378.4	-13.5
中　部	7735846.0	-20.8	486316.0	-23.6	7249530.0	-20.6
山　西	378731.5	-27.5	69935.0	-25.8	308796.5	-27.8
吉　林	364494.9	-28.6	52230.4	-24.1	312264.5	-29.3
黑龙江	776277.1	-16.4	42204.4	-23.6	734072.7	-15.9
安　徽	1048857.4	-16.0	20580.2	-13.4	1028277.2	-16.1
江　西	584036.1	-16.3	122804.3	-15.2	461231.8	-16.6
河　南	2225320.3	-26.5	788.5	-98.0	2224531.9	-25.5
湖　北	941633.4	-11.2	138728.5	-11.8	802904.9	-11.1
湖　南	1416494.9	-20.0	39044.3	-27.7	1377450.5	-19.7
西　部	6828516.4	-17.5	326426.7	-21.6	6502089.6	-17.2
内蒙古	216882.6	-20.1	10945.2	-12.6	205937.4	-20.4
广　西	989943.0	-19.3	106748.7	-22.8	883194.3	-18.8
重　庆	759171.5	-14.6	44037.7	-11.4	715133.8	-14.8
四　川	1593467.0	-15.5	31080.0	-16.6	1562387.0	-15.5
贵　州	298017.7	-18.0	13340.1	-19.1	284677.6	-18.0
云　南	624095.4	-16.3	48743.1	-14.6	575352.3	-16.4
西　藏	50399.8	-15.7	10597.2	-10.9	39802.6	-16.8
陕　西	896101.8	-17.7	2890.6	-84.4	893211.1	-16.5
甘　肃	291512.7	-22.7	17517.3	-25.3	273995.4	-22.5
青　海	123940.2	-15.7	9563.2	-16.6	114377.0	-15.6
宁　夏	88743.4	-10.3	1055.0	-56.7	87688.4	-9.1
新　疆	896241.2	-20.0	29908.5	-19.5	866332.8	-20.0

2012 年固定长途电话通话量分省情况

单位：万分钟

	固定长途电话通话时长				
	2012 年	比上年(%)	其　中:		
			国内长途	国际	港澳台
全　国	**7007052.4**	**−18.2**	**6842663.3**	**100361.2**	**64028.0**
东　部	**4574882.7**	**−17.6**	**4423365.2**	**89546.6**	**61970.9**
北　京	439915.4	−11.2	420753.1	13022.8	6139.5
天　津	66699.3	−14.5	65165.4	1268.6	265.3
河　北	211272.2	−14.1	210801.7	373.6	96.9
辽　宁	226581.2	−17.2	217527.3	8355.5	698.4
上　海	601413.2	6.1	554099.0	32364.2	14950.0
江　苏	433597.0	−19.6	426343.4	5100.9	2152.7
浙　江	386258.4	−12.8	380479.2	4265.1	1514.2
福　建	206061.4	−17.5	199073.0	3167.2	3821.1
山　东	278777.8	−13.8	275723.0	2586.2	468.6
广　东	1669195.3	−26.8	1619403.0	18403.2	31389.2
海　南	55111.5	−0.1	53997.1	639.4	475.0
中　部	**1184033.5**	**−19.9**	**1178232.6**	**4709.9**	**1091.1**
山　西	85343.1	−20.5	85254.3	65.0	23.8
吉　林	75289.3	−20.0	72709.9	2465.5	113.8
黑龙江	100441.2	−26.7	100023.3	382.0	35.9
安　徽	188182.7	−15.0	187561.8	496.3	124.6
江　西	118805.0	−15.2	118400.2	224.6	180.1
河　南	218562.0	−22.2	218218.7	248.6	94.6
湖　北	224055.0	−20.4	223354.3	520.2	180.5
湖　南	173355.3	−19.6	172710.0	307.5	337.7
西　部	**1248136.2**	**−19.0**	**1241065.5**	**6104.8**	**966.0**
内蒙古	58756.8	−22.4	58547.5	191.2	18.1
广　西	161259.2	−22.6	160737.0	326.2	196.0
重　庆	73083.7	−5.0	72543.1	382.8	157.8
四　川	248691.4	−17.0	247999.8	435.2	256.5
贵　州	92499.2	−17.0	92404.5	55.8	38.9
云　南	127376.1	−18.6	126857.2	381.4	137.5
西　藏	18065.3	−27.4	18046.4	17.7	1.2
陕　西	142245.2	−20.1	141154.8	982.3	108.2
甘　肃	76883.8	−18.0	76795.1	70.9	17.8
青　海	40738.3	−19.6	40728.3	7.2	2.8
宁　夏	25384.0	−14.8	25361.2	17.8	5.0
新　疆	183153.1	−22.3	179890.7	3236.3	26.1

2012 年移动电话通话量分省情况（一）

单位：万分钟

	移动电话通话时长		其中：			
			去话通话时长		来话通话时长	
	2012 年	比上年(%)	2012 年	比上年(%)	2012 年	比上年(%)
全　国	**554448851.0**	**9.9**	**276034571.0**	**10.2**	**278414280.0**	**9.5**
东　部	**277454838.9**	**8.3**	**140487772.7**	**8.7**	**136967066.2**	**8.0**
北　京	14992700.2	8.6	7852020.9	10.0	7140679.3	7.2
天　津	6490295.0	3.1	3332246.0	2.4	3158049.0	3.9
河　北	25316663.5	7.7	12511067.3	7.2	12805596.2	8.3
辽　宁	20324422.7	9.4	10189274.6	8.8	10135148.1	10.1
上　海	12808651.8	6.3	6633469.9	6.5	6175181.9	6.0
江　苏	34363153.4	7.9	17340645.5	8.2	17022507.9	7.7
浙　江	31942997.6	7.0	16518018.4	6.7	15424979.2	7.4
福　建	20829335.1	8.2	10502614.7	8.5	10326720.3	7.9
山　东	36143364.4	11.2	18068734.9	11.5	18074629.5	10.9
广　东	69373367.8	8.5	35005905.3	9.6	34367462.6	7.3
海　南	4869887.4	9.0	2533775.1	9.6	2336112.3	8.3
中　部	**135567848.8**	**11.0**	**65136200.4**	**11.5**	**70431648.4**	**10.6**
山　西	14514323.4	15.0	7310625.0	14.8	7203698.5	15.1
吉　林	12041872.6	6.7	5920357.0	6.8	6121515.7	6.6
黑龙江	14872905.2	8.3	7233371.8	8.8	7639533.4	7.8
安　徽	15221923.8	13.3	7284949.2	12.9	7936974.5	13.7
江　西	12688607.4	10.1	6116254.4	10.1	6572353.0	10.0
河　南	28794856.1	14.0	13271327.8	16.6	15523528.3	11.8
湖　北	16853369.7	8.3	8133134.6	8.4	8720235.1	8.3
湖　南	20579990.7	10.2	9866180.7	10.2	10713810.0	10.1
西　部	**141426163.3**	**11.8**	**70410597.9**	**12.0**	**71015565.4**	**11.5**
内蒙古	13037432.5	8.4	6591913.0	8.0	6445519.4	8.7
广　西	14533675.6	10.3	7044637.2	10.9	7489038.4	9.7
重　庆	11987943.1	12.1	5911700.3	12.3	6076242.9	11.8
四　川	28761128.1	11.9	14009426.2	12.3	14751701.9	11.5
贵　州	12991639.0	17.3	6454184.7	16.9	6537454.2	17.7
云　南	16327328.9	11.5	8180683.4	11.5	8146645.6	11.6
西　藏	1258694.4	20.4	673468.5	18.9	585225.9	22.1
陕　西	16288684.0	9.3	8294972.6	10.1	7993711.5	8.5
甘　肃	8764493.9	12.7	4288619.1	12.9	4475874.8	12.6
青　海	2372148.1	16.4	1212830.2	15.6	1159317.9	17.2
宁　夏	2848862.7	10.8	1444575.3	10.5	1404287.4	11.1
新　疆	12254132.8	12.7	6303587.4	13.7	5950545.4	11.7

2012 年移动电话通话量分省情况（二）

单位：万分钟

	移动电话去话通话时长中：					
	按本地/长途区分		按漫游地区分			
	本地	长途	非漫游	国内漫游	国际漫游	港澳台漫游
全　国	212241609.2	63792961.8	249997247.9	25970527.0	34273.8	32522.3
东　部	104377860.8	36109911.9	126284396.2	14146947.4	26911.6	29517.3
北　京	5319765.2	2532255.7	7048231.2	798615.4	3620.3	1554.0
天　津	2513899.4	818346.6	3091878.2	238824.7	1133.8	409.3
河　北	10289439.2	2221628.1	11516946.7	993509.9	372.2	238.6
辽　宁	8450550.6	1738724.0	9425559.3	761855.9	1439.3	420.1
上　海	4531012.9	2102457.0	6016323.1	609294.4	7702.0	150.4
江　苏	12842642.5	4498003.0	15634127.6	1702856.4	2164.2	1497.2
浙　江	11740256.3	4777762.1	14898453.1	1613697.7	5007.4	860.2
福　建	7887560.1	2615054.6	9613907.2	886713.8	820.9	1172.8
山　东	14592117.0	3476617.9	16625111.0	1442796.9	562.6	264.3
广　东	24041254.9	10964650.3	29989740.0	4989589.5	3798.7	22777.1
海　南	2169362.6	364412.5	2424118.7	109192.8	290.2	173.4
中　部	51804660.4	13331540.0	58990247.4	6140823.9	3686.1	1443.0
山　西	5874050.4	1436574.6	6668612.9	641675.6	182.9	153.5
吉　林	4925864.6	994492.4	5429219.0	490769.8	255.9	112.3
黑龙江	5908428.6	1324943.1	6721459.8	511326.6	428.6	156.8
安　徽	5654005.9	1630943.3	6537213.5	747516.0	26.9	192.9
江　西	4858339.1	1257915.3	5629556.4	486058.7	453.2	186.2
河　南	10478180.4	2793147.4	11698426.6	1571831.2	686.1	383.9
湖　北	6265498.3	1867636.3	7299627.3	832696.5	729.3	81.6
湖　南	7840293.1	2025887.5	9006132.1	858949.7	923.2	175.7
西　部	56059088.0	14351509.9	64722604.3	5682755.6	3676.0	1562.0
内蒙古	5115895.9	1476017.2	6010938.6	580472.4	345.3	156.8
广　西	5653181.4	1391455.8	6430865.9	612979.3	505.1	286.9
重　庆	5048136.6	863563.7	5586370.1	324857.7	299.6	172.9
四　川	11105037.9	2904388.3	12858479.1	1150224.3	423.7	299.1
贵　州	5058540.7	1395644.1	5948220.8	505523.0	236.9	204.0
云　南	6608918.3	1571765.1	7651115.2	528732.8	652.8	182.7
西　藏	450875.0	222593.5	562763.7	110697.9	5.1	1.8
陕　西	6618640.2	1676332.4	7605728.2	688378.7	621.4	244.2
甘　肃	3374969.6	913649.5	3925201.0	363291.6	118.2	8.3
青　海	859843.0	352987.2	1055146.6	157605.8	77.7	0.2
宁　夏	1076777.3	367798.1	1278708.5	165792.5	72.0	2.4
新　疆	5088272.2	1215315.3	5809066.7	494199.7	318.4	2.6

2012 年移动互联网接入流量分省情况

单位：万 G

	移动互联网接入流量		其中：			
			按上网方式分		按接入网络分	
	2012 年	比上年（%）	无线上网卡	手机上网	2G 网络接入	3G 网络接入
全　国	87926.1	62.6	42861.8	44404.0	36573.0	51353.2
东　部	52755.2	59.1	26075.9	26162.5	22454.5	30300.8
北　京	4958.5	37.2	3527.4	1425.0	1151.7	3806.7
天　津	2221.7	42.5	1737.6	483.4	341.9	1879.8
河　北	2721.9	53.9	960.4	1739.3	1281.9	1440.0
辽　宁	3315.4	61.8	2068.1	1244.6	870.4	2444.9
上　海	3669.7	117.9	2107.4	1554.7	1700.6	1969.2
江　苏	5618.0	44.5	1947.5	3643.0	2693.8	2924.1
浙　江	8386.7	125.2	3746.3	4636.0	5436.3	2950.4
福　建	2925.1	73.3	779.2	2101.7	1600.4	1324.6
山　东	8647.8	26.6	6048.6	2210.7	1680.7	6967.1
广　东	9468.6	60.8	2678.6	6777.2	5445.6	4023.0
海　南	821.9	77.9	474.9	346.9	251.1	570.8
中　部	18197.5	62.8	9340.1	8765.5	6464.4	11733.1
山　西	1849.4	23.3	988.8	859.4	557.8	1291.6
吉　林	1478.2	36.8	918.0	559.1	351.1	1127.1
黑龙江	1421.2	121.0	542.0	875.9	701.6	719.6
安　徽	1820.3	96.2	377.7	1438.3	1194.6	625.7
江　西	1257.0	42.6	363.7	889.1	672.5	584.6
河　南	4617.9	96.7	2829.1	1786.4	1378.2	3239.7
湖　北	3570.6	42.0	2311.5	1197.3	1005.2	2565.4
湖　南	2182.8	69.5	1009.3	1160.2	603.4	1579.4
西　部	16620.0	70.6	7105.2	9463.2	7576.0	9044.1
内蒙古	1449.0	55.8	780.4	636.6	464.4	984.5
广　西	1630.8	87.4	415.9	1214.0	1030.8	599.9
重　庆	1247.1	96.3	448.5	797.0	610.1	637.0
四　川	3261.3	77.0	896.7	2358.1	1931.8	1329.5
贵　州	1122.0	120.4	356.5	764.5	592.1	529.9
云　南	2308.8	36.9	1520.5	786.3	637.5	1671.3
西　藏	249.7	35.9	180.6	69.0	59.2	190.5
陕　西	2153.2	44.4	1009.2	1142.2	722.0	1431.2
甘　肃	921.3	46.1	389.7	529.0	437.6	483.7
青　海	337.8	118.5	168.6	169.0	160.7	177.1
宁　夏	755.7	87.0	549.9	205.2	173.3	582.4
新　疆	1183.5	192.2	388.6	792.3	756.5	427.0

2012年移动短信和彩信业务量分省情况

	移动短信业务量		其中:		移动彩信业务量		
	2012年(万条)	比上年(%)	增值企业短信(万条)	点对点短信(万条)	合计(万条)	增值企业彩信(万条)	点对点彩信(万条)
全　国	89731093.6	2.1	15212953.9	50002353.4	6966460.5	4292686.2	494743.1
东　部	48703764.3	3.1	7370913.5	25659819.8	3892412.5	2623807.9	254535.4
北　京	4478567.4	9.2	584210.0	2190975.4	403957.1	167677.9	24705.8
天　津	1208396.0	−7.2	165145.4	785417.3	41903.6	7455.5	4581.5
河　北	3111952.9	−2.6	309294.6	2193177.7	118233.2	25689.4	23456.3
辽　宁	2411631.9	−7.3	181811.1	1619945.3	179258.2	112495.0	15748.1
上　海	3361104.2	6.2	301850.6	1746252.0	188687.4	123724.1	10376.9
江　苏	6333106.7	−8.2	1079874.0	3667130.8	1232924.6	1114468.9	29549.6
浙　江	7756444.3	5.6	1538427.5	3409555.6	291676.8	125366.6	45262.5
福　建	3876901.2	8.3	226271.3	1564621.6	219540.8	158298.5	12509.8
山　东	4368542.2	−5.1	616553.3	2640468.3	277157.0	92176.2	20125.2
广　东	11173084.9	12.6	2260653.8	5478487.2	876082.2	654356.6	64647.3
海　南	624032.7	13.2	106821.8	363788.6	62991.6	42099.3	3572.4
中　部	19299754.6	−3.8	2146304.9	12561137.0	1470807.3	870571.4	104707.2
山　西	2649297.8	6.1	59748.4	1217643.7	153104.8	73614.0	9477.0
吉　林	1651970.8	−7.2	89887.8	902809.0	78369.4	25419.4	20563.3
黑龙江	1644278.6	−8.5	136650.0	1292589.1	26869.0	9624.0	9000.3
安　徽	2809041.3	−2.6	197825.5	2203915.7	149655.9	58249.0	10445.8
江　西	1678626.5	0.3	191695.0	1129609.3	217893.0	175483.4	6724.7
河　南	3149716.0	−3.9	494807.1	2319341.6	135960.5	38293.2	14729.7
湖　北	2393040.0	−18.3	233994.6	1867891.7	346694.2	239597.7	14228.6
湖　南	3323783.6	3.3	741696.6	1627337.0	362260.6	250290.7	19537.9
西　部	21727574.6	5.6	5695735.4	11781396.7	1603240.7	798307.0	135500.5
内蒙古	1741982.4	−1.9	326520.0	1150618.2	112110.3	63079.5	22189.0
广　西	2100527.5	4.6	424731.6	923593.8	117250.8	85100.1	10304.9
重　庆	1357623.1	−4.9	113021.6	882678.2	136479.2	52841.1	10254.9
四　川	4321347.5	0.3	650063.0	3035073.4	414651.8	122426.9	24686.4
贵　州	1430850.6	10.7	326820.5	773210.2	64430.4	27491.5	8566.9
云　南	3674379.0	18.2	1907959.7	1327544.8	168586.2	80969.8	13647.3
西　藏	180900.9	15.7	54109.0	88234.6	13584.9	4496.7	5590.2
陕　西	2930074.3	11.2	1144868.4	1445025.1	352645.3	265454.9	14368.8
甘　肃	2117086.2	3.6	481437.5	868587.3	96134.4	56953.3	10470.8
青　海	327012.3	−1.5	78937.6	204728.3	21866.2	8957.0	5321.5
宁　夏	541323.5	9.4	76697.6	384686.2	31570.5	12081.6	2533.5
新　疆	1004467.2	0.7	110568.8	697416.6	73930.7	18454.6	7566.2

2012 年互联互通业务量分省情况

	固定电话互联互通通话时长		移动电话互联互通通话时长		短信互联互通业务量	
	2012 年 (万分钟)	比上年 (%)	2012 年 (万分钟)	比上年 (%)	2012 年 (万条)	比上年 (%)
全 国	**21512467.1**	**-12.9**	**77563384.0**	**12.7**	**15050329.9**	**-3.6**
东 部	**12352702.3**	**-12.5**	**37483393.0**	**14.4**	**7645028.2**	**-4.9**
北 京	1096063.9	-11.8	2471565.6	11.3	726782.9	-18.3
天 津	311080.6	-14.2	1120390.3	13.3	223738.7	5.9
河 北	832723.7	0.1	3859818.6	20.1	647586.0	10.0
辽 宁	916439.7	-14.9	2988984.0	8.8	489971.8	-5.0
上 海	1131986.5	-9.5	1866049.2	13.3	612984.7	-15.2
江 苏	1270312.8	-14.0	4866907.1	12.2	1049214.4	0.5
浙 江	1188691.2	-17.1	3909334.8	10.0	815765.5	-13.1
福 建	714682.9	-16.8	3142688.0	15.2	529476.5	7.4
山 东	1306716.9	-10.2	4985262.3	16.0	771748.9	-8.7
广 东	3449464.6	-12.9	7666012.4	17.9	1681689.9	-1.1
海 南	134539.6	-19.4	606380.8	12.5	96069.0	6.3
中 部	**4920811.3**	**-11.4**	**20205748.1**	**18.3**	**4125130.8**	**-9.3**
山 西	392131.7	-23.7	2105227.5	14.2	408262.9	3.4
吉 林	320374.3	76.3	1795170.5	10.0	325872.8	-10.5
黑龙江	457004.1	-13.3	2140915.6	9.3	390241.7	-0.6
安 徽	520445.9	-15.4	2359366.6	19.9	649294.9	8.9
江 西	396236.7	-15.4	1639887.5	20.8	299472.2	5.4
河 南	1430759.2	-13.1	4199780.0	27.3	648267.6	0.7
湖 北	625591.7	-11.6	2865855.2	16.2	725216.1	-30.5
湖 南	778267.7	-12.9	3099545.3	21.2	678502.6	-18.1
西 部	**4238953.5**	**-15.8**	**19874242.9**	**5.0**	**3280171.0**	**8.5**
内蒙古	218720.0	51.9	1715819.6	-57.0	377818.5	10.2
广 西	744654.9	-20.0	2078965.7	14.7	279430.3	10.5
重 庆	411060.6	-15.4	1946287.9	15.3	243824.7	12.0
四 川	773886.0	-17.8	3978878.9	34.7	717917.4	6.9
贵 州	234603.8	-25.4	1556742.2	23.8	211187.6	31.8
云 南	354454.1	-19.1	1511247.4	11.0	267980.9	11.8
西 藏	23574.7	-32.4	168104.7	28.4	27282.4	26.2
陕 西	546394.2	-13.6	2632849.7	17.0	450794.1	6.9
甘 肃	235416.3	-17.2	1291884.9	21.5	273368.0	-14.2
青 海	77529.8	-14.8	436154.3	21.9	86894.2	14.9
宁 夏	70153.1	-11.7	424556.5	25.9	103958.9	26.0
新 疆	548506.0	-16.5	2132751.1	22.8	239713.9	10.6

2008—2012 年电信通信能力发展情况

指标名称	单位	2008 年	2009 年	2010 年	2011 年	2012 年	2012 年比上年(%)
光缆线路长度	万公里	677.8	829.5	996.2	1211.9	1479.3	22.1
长途光缆线路长度	万公里	79.8	83.1	81.8	84.2	86.8	3.1
本地网中继光缆线路长度	万公里	397.6	448.1	535.0	617.0	723.4	17.2
接入网光缆线路长度	万公里	200.5	298.2	379.4	510.7	669.2	31.0
光缆纤芯长度	万芯公里	12761.1	15905.3	19558.4	24175.6	29620.8	22.5
长途光缆纤芯长度	万芯公里	2005.3	2163.3	2074.7	2174.5	2295.0	5.5
本地网中继光缆纤芯长度	万芯公里	7104.9	8454.2	10810.9	12971.3	15527.0	19.7
接入网光缆纤芯长度	万芯公里	3650.9	5287.9	6672.8	9029.8	11798.8	30.7
固定长途电话交换机容量	万路端	1690.7	1684.9	1641.5	1602.3	1579.7	−1.4
局用交换机容量	万门	50863.2	49265.6	46537.3	43428.4	43749.3	0.7
接入网设备容量	万门	25406.4	23984.2	22580.6	20995.1	23371.5	11.3
无线市话设备容量	万门	16987.2	15428.8	14411.6	13150.6	11497.9	−12.6
移动电话交换机容量	万户	114531.4	144084.7	150284.9	171636.0	184023.8	7.2
移动电话基站	万个	69.0	111.1	139.8	175.2	206.6	17.9
其中：3G 基站	万个		28.7	45.9	63.2	82.0	29.7
移动电话话音信道	万个	4062.4	6254.3	7328.8	8706.0	9284.8	6.6
移动短消息中心容量	万条	338416.2	383352.4	517727.6	561726.5	622055.7	10.7
互联网宽带接入端口	万个	10890.4	13835.7	18781.1	23239.4	32108.4	38.2
xDSL 端口	万个	9205.6	11310.7	14013.3	15542.1	15858.3	2.0
地面通信卫星地球站点	个	1265	1262	1238	1237	1230	−0.6
地面通信卫星地球容量	门	31022	36135	34039	34593	31214	−9.8
VSAT 双向小站	个	3445	4002	4371	4344	4365	0.5

注：互联网宽带端口为基础电信企业合计数。

2012 年光缆线路长度分省情况

单位：公里

	光缆线路长度				
	2012 年	比上年(%)	其中：		
			长途光缆	本地网中继光缆	接入网光缆
全　国	**14793300**	**22.1**	**868175**	**7233522**	**6691604**
东　部	**6598091**	**24.8**	**235432**	**2761544**	**3601115**
北　京	187714	27.4	4104	74039	109572
天　津	108956	41.5	3106	33397	72453
河　北	647544	23.4	34280	311383	301882
辽　宁	442168	10.3	24604	263881	153683
上　海	266174	31.7	4758	80700	180716
江　苏	1567817	34.9	32820	549855	985142
浙　江	1017798	27.1	25001	437622	555175
福　建	569906	17.5	21753	223396	324757
山　东	649971	22.6	32641	332517	284813
广　东	1054584	18.7	49065	411341	594177
海　南	85461	27.6	3302	43414	38745
中　部	**4126177**	**19.8**	**234396**	**2437682**	**1454099**
山　西	599659	5.2	27826	465388	106445
吉　林	243389	11.8	22704	152019	68666
黑龙江	398743	15.0	40538	253400	104805
安　徽	607097	20.6	26333	196840	383924
江　西	472608	15.3	21492	330074	121042
河　南	634262	24.5	31398	395090	207774
湖　北	537604	20.3	27686	329145	180773
湖　南	632815	43.5	36419	315726	280671
西　部	**4069033**	**20.1**	**398348**	**2034296**	**1636390**
内蒙古	322219	15.6	56937	171815	93467
广　西	441060	16.7	34846	163283	242931
重　庆	372289	20.3	6102	206043	160144
四　川	835911	20.1	54614	343976	437321
贵　州	341962	23.2	35283	198633	108046
云　南	486971	28.2	40168	312117	134685
西　藏	63145	23.0	30070	21131	11944
陕　西	372691	13.3	27628	189883	155181
甘　肃	299338	17.8	31086	166429	101823
青　海	95984	24.0	33374	45263	17347
宁　夏	66795	31.9	10272	23264	33259
新　疆	370667	21.0	37967	192459	140241

2012年光缆纤芯长度分省情况

单位：芯公里

	光缆纤芯长度				
	2012年	比上年(%)	其中：		
			长途光缆	本地网中继光缆	接入网光缆
全　国	**296207758**	**22.5**	**22950401**	**155269673**	**117987684**
东　部	**154412782**	**19.1**	**7974654**	**75434516**	**71003612**
北　京	8114698	26.4	172858	4623303	3318537
天　津	3498722	33.6	113524	1377807	2007391
河　北	11928609	28.5	1188800	5547575	5192234
辽　宁	10226675	12.8	724858	6930141	2571676
上　海	12485911	29.1	198995	6305951	5980965
江　苏	21602357	-6.2	1149255	7482107	12970995
浙　江	21244318	30.0	935808	10685466	9623044
福　建	12338668	27.5	681591	4754001	6903076
山　东	16073586	16.1	939607	8701077	6432902
广　东	35161367	23.8	1850754	17930025	15380588
海　南	1737872	29.7	18605	1097062	622205
中　部	**70842554**	**25.4**	**6052349**	**41977617**	**22812588**
山　西	7926629	14.4	668834	5498251	1759544
吉　林	4464955	18.3	555336	2760023	1149596
黑龙江	5776317	16.1	952896	3181586	1641835
安　徽	10724359	20.0	751299	3867873	6105187
江　西	8019797	8.9	504573	5716064	1799160
河　南	12526670	31.5	868019	8034912	3623739
湖　北	9643646	24.3	797518	6224224	2621905
湖　南	11760181	63.0	953875	6694684	4111623
西　部	**70952422**	**27.7**	**8923398**	**37857540**	**24171484**
内蒙古	4561709	32.7	913768	2608751	1039190
广　西	7878961	19.0	719332	3302450	3857179
重　庆	6681153	22.9	122227	4396141	2162785
四　川	14104594	31.9	1338984	6969146	5796464
贵　州	6843172	29.9	1457596	3277222	2108355
云　南	7553278	40.3	657972	5157115	1738192
西　藏	1090653	33.2	599895	268992	221766
陕　西	7505494	15.1	819778	4248398	2437319
甘　肃	5414671	25.3	676988	3079826	1657857
青　海	1864745	49.2	709916	748582	406247
宁　夏	1332904	29.0	271589	559662	501654
新　疆	6121087	27.5	635354	3241256	2244478

2012 年固定通信能力分省情况

	固定长途电话交换机容量		局用交换机容量		其中：接入网设备容量		其中：无线市话设备容量	
	2012 年（万路端）	比上年（万路端）	2012 年（万门）	比上年（万门）	2012 年（万门）	比上年（万门）	2012 年（万门）	比上年（万门）
全　国	**1579.7**	**−22.6**	**43749.3**	**320.9**	**23371.5**	**2376.4**	**11497.9**	**−1652.7**
东　部	**794.2**	**−9.8**	**23428.3**	**613.1**	**12544.1**	**1690.3**	**5596.4**	**−836.0**
北　京	55.1	0.0	1586.1	256.4	689.9	356.4	311.1	−18.0
天　津	13.7	0.0	645.9	160.0	399.2	213.0	180.0	0.0
河　北	31.1	−3.2	1757.0	351.4	1095.4	500.0	192.2	−85.9
辽　宁	50.8	7.4	2090.8	233.0	1225.9	387.8	315.9	−112.3
上　海	74.0	−5.1	1380.5	52.5	479.0	91.3	334.0	−2.4
江　苏	109.5	0.0	3768.0	−364.4	1707.9	−226.7	1244.4	−206.5
浙　江	85.2	0.4	2855.4	−130.4	1342.7	−75.9	549.3	−131.2
福　建	61.3	−3.7	1641.6	−105.9	923.5	−77.3	377.3	−81.6
山　东	45.7	0.0	3069.1	597.8	1921.6	682.4	678.0	−83.0
广　东	258.8	−5.7	4360.6	−421.0	2570.8	−144.5	1354.6	−101.9
海　南	9.2	0.0	273.2	−16.4	188.2	−16.1	59.5	−13.3
中　部	**474.4**	**8.4**	**10248.8**	**−6.4**	**5127.1**	**819.2**	**2416.7**	**−333.9**
山　西	30.7	0.0	1070.3	113.1	594.2	166.0	205.5	−34.8
吉　林	22.5	0.0	918.5	125.1	519.9	227.5	262.7	−0.3
黑龙江	41.1	−5.4	1364.8	134.2	723.9	221.7	309.9	−129.3
安　徽	73.7	2.0	1238.0	−205.7	332.9	18.6	216.6	−8.3
江　西	55.5	11.6	852.4	0.6	563.5	7.7	296.5	7.2
河　南	151.2	0.1	1804.2	−53.2	1140.1	168.5	288.5	−126.7
湖　北	49.1	0.0	1571.8	−3.6	728.4	1.6	436.2	−38.7
湖　南	50.6	0.0	1428.8	−116.9	524.2	7.6	400.9	−2.9
西　部	**306.5**	**−21.2**	**10070.3**	**−285.7**	**5700.3**	**−133.1**	**3484.9**	**−482.8**
内蒙古	20.3	0.0	863.5	188.1	615.2	241.8	241.3	−17.4
广　西	58.0	−3.7	1190.2	14.6	788.9	−34.2	417.6	−45.1
重　庆	21.9	0.0	1130.3	29.4	501.6	10.4	353.5	−37.7
四　川	34.3	0.2	1793.5	−161.7	1062.2	−109.5	741.8	−131.2
贵　州	26.7	−1.9	930.1	−60.4	619.4	−68.2	376.3	1.8
云　南	32.1	0.0	889.3	−143.7	526.5	−130.6	278.4	−147.5
西　藏	3.5	0.0	133.6	6.6	93.9	8.1	81.7	−0.2
陕　西	44.2	0.0	1165.3	−50.1	654.5	−21.2	351.7	−18.7
甘　肃	17.8	−15.9	707.6	−76.1	299.6	−45.9	275.5	−38.8
青　海	13.3	0.0	165.0	3.8	59.9	4.0	50.7	−0.8
宁　夏	6.1	0.0	210.9	−9.1	92.3	−4.2	66.1	−12.2
新　疆	28.5	0.0	891.0	−27.2	386.2	16.4	250.4	−35.1
总部及直属	4.6	0.0	2.0	0.0	0.0	0.0	0.0	0.0

2012年移动通信能力分省情况

	移动电话交换机容量		移动电话基站		移动电话话音信道		移动短消息中心容量	
	2012年（万户）	比上年（万户）	2012年（万个）	比上年（万个）	2012年（万个）	比上年（万个）	2012年（万条）	比上年（万条）
全　国	**184023.8**	**12387.8**	**206.6**	**31.4**	**9284.8**	**578.8**	**622055.7**	**60329.3**
东　部	**88437.0**	**4716.6**	**98.0**	**14.0**	**4605.0**	**224.5**	**329642.8**	**28401.4**
北　京	4734.0	260.0	5.3	0.2	264.0	2.8	23148.0	−6597.0
天　津	2045.0	−35.0	2.1	0.4	115.4	17.0	5227.2	216.0
河　北	11205.2	1770.2	8.1	1.1	373.6	−44.6	26496.0	1980.0
辽　宁	6229.8	44.0	7.4	1.0	306.8	24.0	19440.0	165.0
上　海	3973.0	−5.0	4.2	0.5	217.1	10.7	11173.7	0.0
江　苏	9665.7	129.8	14.1	2.6	791.8	94.2	43452.0	3924.0
浙　江	9871.2	266.0	15.5	1.7	605.7	13.2	19992.0	2520.0
福　建	7704.6	524.7	8.8	1.0	312.4	7.4	30147.8	12420.0
山　东	11103.4	281.0	12.6	1.8	551.1	8.0	76338.0	9881.8
广　东	20392.6	1315.9	18.0	3.4	999.9	101.8	69692.0	2589.1
海　南	1512.4	165.0	1.9	0.3	67.3	−10.0	4536.0	1302.5
中　部	**45880.9**	**2121.9**	**53.7**	**8.8**	**2167.3**	**90.1**	**141294.2**	**14338.2**
山　西	4648.9	171.7	6.4	0.9	219.7	14.1	16734.2	3301.2
吉　林	3751.0	201.0	3.8	0.7	174.8	17.9	10281.6	−590.4
黑龙江	5010.8	34.6	4.6	0.7	218.7	12.0	16480.8	720.0
安　徽	7479.9	567.9	6.2	0.9	290.7	25.2	21831.8	170.6
江　西	3945.9	134.9	6.8	1.4	229.8	4.7	28752.6	6024.0
河　南	8550.4	122.0	10.7	2.2	415.5	6.6	18630.0	−18.0
湖　北	6805.7	560.4	7.5	1.0	293.9	−2.7	12480.0	864.0
湖　南	5688.4	329.5	7.7	1.1	324.3	12.4	16103.2	3866.8
西　部	**49705.9**	**5549.3**	**54.9**	**8.7**	**2512.4**	**264.1**	**151118.7**	**17589.6**
内蒙古	5148.3	948.2	4.4	0.6	209.4	31.3	12214.1	1900.1
广　西	3865.5	119.4	6.4	0.7	275.7	9.1	13734.0	0.0
重　庆	3715.0	739.0	4.7	0.9	176.8	8.7	9864.0	−540.0
四　川	13749.2	1556.7	10.6	1.8	551.8	88.0	28740.2	5828.3
贵　州	4473.8	872.6	5.2	0.9	186.7	14.5	9846.4	1368.4
云　南	5182.1	−94.1	7.2	1.0	271.6	4.4	15480.0	360.0
西　藏	342.0	112.0	0.7	0.1	28.4	3.4	1224.0	244.8
陕　西	4924.4	617.7	6.0	1.2	258.5	30.4	28368.0	6408.0
甘　肃	2367.8	133.8	3.5	0.5	162.5	16.1	15264.0	540.0
青　海	848.0	199.0	1.1	0.1	89.2	24.5	2088.0	72.0
宁　夏	967.8	−68.0	1.0	0.1	60.1	10.7	4572.0	936.0
新　疆	4122.0	413.0	4.2	0.6	241.7	22.9	9724.0	472.0

2012 年互联网宽带接入端口分省情况

单位：万个

	互联网宽带接入端口		其中：			
			xDSL 端口		LAN 端口	
	2012 年	比上年	2012 年	比上年	2012 年	比上年
全　国	**32108.4**	**8869.0**	**15858.3**	**316.2**	**4978.5**	**699.1**
东　部	**18107.9**	**5263.9**	**8378.0**	**−198.9**	**2614.0**	**389.8**
北　京	1076.8	275.0	422.4	−92.1	50.9	4.3
天　津	461.7	93.7	135.7	−29.5	3.2	−0.4
河　北	1756.0	605.6	596.7	−56.1	42.5	0.2
辽　宁	1267.5	286.1	607.9	−13.7	125.4	47.1
上　海	1491.5	785.1	374.8	−59.6	241.5	−11.1
江　苏	2892.4	828.2	1493.2	−13.2	497.1	68.4
浙　江	2250.4	792.2	1096.2	40.6	387.3	64.2
福　建	1439.8	529.5	650.5	86.4	318.9	58.7
山　东	2144.9	388.4	737.9	−53.8	613.2	65.7
广　东	3158.1	638.6	2149.8	−9.4	322.5	90.7
海　南	168.9	41.3	113.0	1.5	11.4	2.0
中　部	**7457.1**	**1753.2**	**3775.7**	**183.4**	**1300.3**	**163.8**
山　西	737.4	98.2	336.7	−3.2	113.2	−17.7
吉　林	635.6	136.8	212.0	−22.9	152.3	40.8
黑龙江	771.7	131.1	298.5	−25.1	118.7	21.1
安　徽	1063.8	330.9	524.1	23.2	228.2	22.6
江　西	719.3	157.3	452.4	75.7	134.8	−14.6
河　南	1435.7	331.6	771.3	−11.4	98.7	33.0
湖　北	1023.5	277.5	538.5	69.4	240.4	45.7
湖　南	1070.2	289.8	642.2	77.8	213.9	33.0
西　部	**6543.5**	**1851.9**	**3704.6**	**331.7**	**1064.2**	**145.5**
内蒙古	548.7	139.4	188.6	−14.3	87.3	14.9
广　西	848.0	257.9	353.8	38.5	260.5	36.3
重　庆	648.8	166.1	437.8	32.8	62.3	16.3
四　川	1316.3	337.2	785.5	32.5	129.3	−23.0
贵　州	466.8	39.8	257.5	−26.4	117.0	−16.4
云　南	663.7	9560.8	429.1	87.0	113.1	50.7
西　藏	41.0	14.4	22.3	−3.6	9.0	8.8
陕　西	803.6	182.4	510.7	45.8	165.2	25.1
甘　肃	430.8	179.4	285.0	101.5	66.8	21.8
青　海	105.6	43.6	64.1	9.1	4.2	1.4
宁　夏	122.1	43.0	83.4	10.0	1.7	−0.1
新　疆	548.1	229.0	286.7	18.8	47.8	9.6

2008—2012 年电信财务、投资、服务水平发展情况

指标名称	单位	2008 年	2009 年	2010 年	2011 年	2012 年	2012 年比上年(%)
电信业务收入	万元	81479972	85440902	90791361	98804120	107582895	8.9
其中：增值电信业务收入	万元	17316593	20240472	18346025	20694546	21639505	6.2
固定通信业务收入	万元		28491426	27959621	27057896	28024632	3.6
移动通信业务收入	万元		56949475	62831741	71746225	79558264	10.9
电信业务成本	万元	39416083	41162925	43610150	49801512	52403387	7.4
电信利润总额	万元	17503037	17307092	14584602	16682595	17973112	7.8
电信增加值	万元	45571594	48995846	49626837	54336271	57091147	5.1
电信资产总额	万元	198574319	211690467	221945968	234085228	251773375	7.6
电信固定资产原值	万元	225949427	246608590	266939463	287710839	314555154	9.3
电信固定资产净值	万元	110501288	120864768	127107277	133423230	141195578	5.8
电信固定资产投资完成额	万元	30680134	37731426	30215950	33821538	36162164	6.9
固定通信投资（含无线市话）	万元	1183017	1165616	1291214	1961538	2286540	16.6
移动通信投资	万元	13561370	18283186	12652019	13584886	13754525	1.2
互联网及数据通信投资	万元	2324343	3426855	4058110	4383863	4179085	−4.7
创新及增值平台投资	万元	2196187	2512974	2372558	2442856	1560395	−36.1
业务支撑系统投资	万元	1544641	2095557	1319908	1468161	1546884	5.4
传输投资	万元	4704485	5675374	4622996	5668008	8301250	46.5
局房及营业场所投资	万元	1986185	2573409	1952936	1939842	2014550	3.9
电信其他投资	万元	2995364	1998456	1946210	2372383	2518937	6.2
移动电话漫游国家和地区							
中国电信	个	211	211	220	258	258	
中国移动	个	237	237	237	237	237	
中国联通	个	204	217	239	246	247	
固定电话普及率	部/百人	25.8	23.6	22.1	21.3	20.7	
城市固定电话普及率	部/百人	37.4	33.9	31.2	30.0	27.4	
移动电话普及率	部/百人	48.5	56.3	64.4	73.6	82.6	
互联网普及率	%	22.6	28.9	34.3	38.3	41.9	
已通电话的行政村比重	%	99.7	99.9	100.0	100.0	100.0	
开通互联网宽带业务的行政村比重	%			80.1	84.0	87.9	

注：财务指标的增长率均为可比口径比较。

2012 年电信主要经济效益分省情况（一）

单位：万元

	电信业务收入	其中：增值业务收入	电信业务收入中：		电信业务成本
			固定通信	移动通信	
全　国	**107582895.1**	**21639504.7**	**28024631.5**	**79558263.6**	**52403387.1**
东　部	**61859208.3**	**12538849.7**	**17804599.4**	**44054609.3**	**29545936.7**
北　京	5064017.8	1103034.5	1947635.6	3116382.2	2534770.7
天　津	1579887.8	294262.8	452700.1	1127187.7	839424.1
河　北	4568788.1	822467.1	996337.5	3572450.5	2303116.2
辽　宁	4124067.4	799502.9	1113142.5	3010925.0	2053150.8
上　海	5128232.0	834123.8	2241248.9	2886983.1	2729784.7
江　苏	8217305.7	1904474.8	2194412.5	6022893.4	3571619.4
浙　江	7249025.6	1630083.6	1908026.0	5340999.6	3365317.1
福　建	4235307.1	898116.6	1091590.4	3143716.7	1978986.8
山　东	6161928.6	1285028.5	1500470.3	4661458.3	2830485.4
广　东	14661373.4	2811920.8	4200454.3	10460919.1	6884886.3
海　南	869274.8	155834.3	158581.3	710693.6	454395.3
中　部	**24590149.8**	**4790958.5**	**5186746.1**	**19403404.0**	**12477552.4**
山　西	2550617.5	486041.5	510642.4	2039975.1	1380074.2
吉　林	1728446.8	286529.4	396755.0	1331691.7	1051321.0
黑龙江	2466545.3	368529.4	587086.0	1879459.3	1366875.3
安　徽	3338212.6	622100.4	766809.8	2571402.9	1535039.5
江　西	2277941.2	504640.6	477300.7	1800640.5	1073095.4
河　南	4766286.0	1027742.3	839441.8	3926844.3	2456872.1
湖　北	3721732.7	758063.9	885640.4	2836092.4	1884498.1
湖　南	3740367.8	737311.2	723069.9	3017297.9	1729776.8
西　部	**23881326.0**	**4545454.5**	**4908751.6**	**18972574.5**	**12279157.2**
内蒙古	2157561.8	429947.9	399289.8	1758272.1	1181572.0
广　西	2631573.7	476082.0	592691.7	2038882.0	1333316.8
重　庆	2006706.1	346569.9	507740.3	1498965.8	1071314.3
四　川	4922317.3	922775.8	1061291.6	3861025.7	2451566.5
贵　州	1875790.3	286934.6	338286.0	1537504.2	1023456.0
云　南	2744419.1	644752.5	532459.8	2211959.2	1236585.3
西　藏	285145.0	53660.7	47034.1	238110.9	191729.3
陕　西	2930319.8	600101.4	581775.1	2348544.7	1396827.6
甘　肃	1460679.3	299801.5	272327.7	1188351.6	773685.1
青　海	437449.2	79731.0	95506.9	341942.2	250894.3
宁　夏	524723.5	73268.2	101285.8	423437.8	274244.5
新　疆	1904641.1	331829.0	379062.7	1525578.3	1093965.6
总部及直属	−2747789.0	−235758.2	124534.4	−2872324.1	−1899259.3

2012年电信主要经济效益分省情况（二）

单位：万元

	电信利润总额	增加值	资产总额	固定资产原值	固定资产净值
全　国	17973111.8	57091146.7	251773375.2	314555154.2	141195577.7
东　部	13697434.8	31998986.5	124701393.1	157394637.4	67949436.5
北　京	1206903.7	2773397.8	13844040.8	12171399.6	5285842.3
天　津	281196.5	827452.1	3437426.7	4406056.4	2046972.0
河　北	717539.5	2203539.8	8774185.7	12365737.0	5427902.3
辽　宁	626299.1	2036834.0	7858774.4	12374338.8	5233348.5
上　海	963602.7	2602369.4	9433756.2	13141309.1	5578934.1
江　苏	1841032.1	4169766.3	14159512.6	20109443.6	8693529.8
浙　江	1578070.7	3632682.1	13131783.9	17918282.1	7950583.8
福　建	835054.2	2093901.3	7874644.6	10572593.5	4536076.1
山　东	1358797.7	3327856.8	12184489.8	17246624.8	7388121.3
广　东	4140199.2	7919196.9	32260777.2	34920883.5	14738964.9
海　南	148739.2	411989.9	1742001.3	2167968.9	1069161.3
中　部	3445552.3	11991359.6	47427445.7	67597732.2	30747973.1
山　西	286001.1	1215954.5	4912290.2	7288097.8	3401866.1
吉　林	38126.2	804072.4	3724378.9	6399939.7	2738052.5
黑龙江	218374.7	1226611.0	4943329.9	8867615.7	3749893.8
安　徽	674203.4	1696864.3	6110363.9	8223635.8	4009800.8
江　西	332818.5	1072998.1	4333322.7	5830495.8	2626414.2
河　南	703923.0	2356366.6	9593355.2	12840674.6	5895988.1
湖　北	545382.1	1843213.5	6756604.1	9511483.4	4325336.5
湖　南	646723.5	1775279.3	7053800.9	8635789.3	4000621.0
西　部	2980873.5	11155267.7	44012935.6	62982028.8	29946086.4
内蒙古	183776.8	994126.0	4045930.4	6319549.3	3071506.6
广　西	405788.5	1273547.6	4654831.9	6973632.7	3138950.8
重　庆	324270.0	963308.5	3482226.1	5587092.1	2434733.9
四　川	754988.3	2341123.9	8957887.8	11833028.6	5769661.2
贵　州	214110.2	833544.8	3209369.8	4425312.8	2203529.9
云　南	406689.1	1254428.8	5194357.9	6694525.2	3133223.8
西　藏	−89280.4	64583.0	813215.9	1077916.4	529740.3
陕　西	475301.1	1433971.8	5215950.6	7265662.6	3326048.1
甘　肃	127939.8	697173.2	2770764.7	4401287.5	2167075.7
青　海	231.8	198942.2	1028680.1	1199308.2	657491.3
宁　夏	49927.1	251097.8	1002669.5	1544036.4	724031.8
新　疆	127131.2	849420.2	3637050.9	5660677.1	2790093.2
总部及直属	−2150748.8	1945533.0	35631600.8	26580755.8	12552081.7

2012 年电信固定资

	电信固定资产投资	其		
		固定通信	移动通信	互联网及数据
全　国	**36162164.4**	**2286539.7**	**13754525.0**	**4179084.9**
东　部	**17520947.3**	**1255775.4**	**6327539.3**	**2217305.2**
北　京	1565982.3	27865.0	555704.8	397462.6
天　津	584011.0	14985.3	218944.0	100750.6
河　北	1477955.2	93131.0	614540.4	215037.7
辽　宁	1418779.0	26401.6	555888.4	268391.8
上　海	1347818.1	224403.5	411563.0	129616.8
江　苏	1876494.3	203631.7	714459.9	167643.7
浙　江	1773655.3	157174.7	566752.4	183692.6
福　建	1497463.1	128980.5	477883.6	239971.6
山　东	1439406.2	77923.7	659211.4	95684.9
广　东	4234931.5	278908.0	1411920.9	396789.5
海　南	304451.3	22370.4	140670.4	22263.4
中　部	**9113069.6**	**422962.3**	**3701396.1**	**1203657.8**
山　西	995898.3	27997.1	429619.9	160597.9
吉　林	747250.9	3579.3	251391.5	190911.3
黑龙江	959690.7	28057.9	358881.7	155186.9
安　徽	1072224.3	98228.5	360838.6	121188.9
江　西	1372683.1	61354.1	557788.8	262104.0
河　南	1665530.3	47969.0	803005.0	88454.4
湖　北	1149866.9	51048.9	501010.7	128658.4
湖　南	1149925.2	104727.5	438860.0	96556.1
西　部	**8840189.5**	**607739.5**	**3723797.6**	**758039.7**
内蒙古	968406.4	21590.1	401515.3	123328.0
广　西	883043.0	82543.4	356419.2	67716.8
重　庆	720907.6	48886.6	298640.1	71740.9
四　川	1579182.0	159372.2	669978.3	144695.4
贵　州	724082.0	43718.3	278992.1	34652.8
云　南	907765.5	9961.6	420265.3	102553.5
西　藏	193613.1	7001.1	84570.3	9959.3
陕　西	1003564.4	96225.8	433998.3	90821.9
甘　肃	594660.2	48404.3	231571.5	35595.5
青　海	241451.3	14034.6	103176.4	11724.2
宁　夏	191913.4	15109.1	77084.7	12951.1
新　疆	831600.7	60892.5	367586.3	52300.3
总部及直属	687957.9	62.6	1792.1	82.3

产投资分省情况

单位：万元

中：

创新及增值平台	业务支撑系统	传输投资	局房及营业场所	其他投资
1560394.6	1546884.1	8301250.1	2014550.3	2518936.6
951026.6	753138.6	3965936.2	1036758.4	1013468.7
63781.2	74874.9	310315.6	115991.7	19986.7
29793.4	36168.4	120613.2	40895.3	21860.9
14434.3	52487.8	353414.0	54404.4	80505.6
32136.0	52889.4	352268.2	62542.4	68261.3
139447.8	61799.6	267596.8	65301.6	48088.9
219555.9	71510.9	326623.3	104187.1	68881.8
132360.7	60141.6	401289.8	123809.7	148433.8
74631.2	66696.8	331651.2	71436.4	106212.9
37653.8	40392.0	403548.8	53102.2	71889.4
200024.3	219380.8	1024606.0	338201.5	365100.6
7208.1	16796.6	74009.4	6886.1	14246.9
252557.0	336410.1	2137982.1	545929.6	512174.8
23994.7	42069.7	198375.5	50978.6	62265.0
17392.3	28271.8	150643.1	51235.0	53826.8
25754.9	36486.9	218048.3	89412.0	47862.2
21962.9	38471.5	312057.9	60647.2	58829.0
24621.6	64841.0	285304.3	36520.8	80148.4
43772.1	47488.0	444394.4	119597.5	70850.0
58290.4	40030.0	260040.5	56916.0	53872.1
36768.2	38751.2	269118.3	80622.6	84521.3
338302.0	340883.8	2170349.8	407906.4	493170.6
18308.1	25843.6	249838.8	51319.8	76662.8
25981.3	39666.1	211113.1	42855.6	56747.6
31154.7	24850.1	165773.2	44267.0	35595.2
68345.8	50282.8	366354.9	57697.0	62455.7
26425.6	36200.3	229407.4	40270.9	34414.7
45051.8	40826.5	210779.4	35352.3	42975.1
10834.3	3837.2	53101.1	5489.8	18820.0
45870.1	35112.7	230168.8	22134.1	49232.9
34664.1	19916.6	146890.2	35396.6	42221.5
9497.0	16061.0	57390.0	16369.3	13198.8
4384.1	10785.5	46545.7	11155.7	13897.5
17785.4	37501.5	202987.5	45598.5	46948.7
18508.9	116451.6	26981.9	23955.9	500122.6

2012 年电信通信水平分省情况

	固定电话普及率(部/百人)	城市固定电话普及率(部/百人)	每千人公用电话(部/千人)	移动电话普及率(部/百人)
全　国	**20.6**	**27.4**	**17.4**	**82.5**
东　部	**27.2**	**30.1**	**23.5**	**101.2**
北　京	43.7	40.5	46.3	156.9
天　津	26.1	32.0	21.2	97.8
河　北	16.7	25.8	10.3	76.1
辽　宁	29.3	30.7	21.3	97.9
上　海	38.5	42.6	17.0	128.2
江　苏	30.2	27.4	19.8	94.6
浙　江	34.5	33.1	38.9	117.9
福　建	27.3	29.3	18.8	108.8
山　东	19.2	21.7	16.4	78.7
广　东	29.9	31.8	34.5	118.7
海　南	19.7	27.5	16.2	88.4
中　部	**16.6**	**23.4**	**13.9**	**67.2**
山　西	19.1	27.0	16.8	76.9
吉　林	21.1	29.6	15.1	82.1
黑龙江	20.2	27.4	13.2	69.5
安　徽	18.3	24.0	11.8	60.5
江　西	14.4	19.8	12.3	57.3
河　南	13.7	20.7	13.3	61.6
湖　北	17.4	22.3	16.6	79.1
湖　南	14.5	21.7	13.5	64.6
西　部	**15.8**	**26.1**	**12.6**	**73.5**
内蒙古	14.8	22.1	10.3	102.7
广　西	12.9	19.4	10.0	62.1
重　庆	19.7	25.4	11.0	70.9
四　川	16.7	27.6	11.2	68.3
贵　州	11.0	21.8	9.6	66.9
云　南	11.3	21.4	13.1	62.5
西　藏	13.4	56.7	10.1	77.7
陕　西	20.6	30.6	16.3	87.2
甘　肃	14.7	28.6	18.8	68.8
青　海	18.0	32.6	9.8	94.6
宁　夏	16.4	26.2	10.9	92.5
新　疆	23.4	40.6	19.8	91.0

2008—2012 年固定电话普及率分省情况

单位：部/百人

	2008 年	2009 年	2010 年	2011 年	2012 年
全　国	**25.8**	**23.6**	**22.1**	**21.3**	**20.6**
东　部	**35.3**	**32.3**	**29.8**	**27.8**	**27.2**
北　京	54.2	52.7	50.5	45.0	43.7
天　津	35.6	32.8	29.9	25.7	26.1
河　北	21.0	19.2	17.8	17.3	16.7
辽　宁	37.3	35.4	33.1	30.9	29.3
上　海	54.7	49.5	48.5	40.2	38.5
江　苏	38.9	34.7	32.3	30.1	30.2
浙　江	45.4	41.6	38.3	35.8	34.5
福　建	40.0	34.5	28.8	27.5	27.3
山　东	25.8	23.5	21.0	19.8	19.2
广　东	37.8	35.3	32.9	30.1	29.9
海　南	26.6	21.4	20.8	20.1	19.7
中　部	**20.7**	**18.9**	**18.0**	**17.4**	**16.6**
山　西	23.7	22.2	21.0	19.1	19.1
吉　林	22.8	21.3	21.7	21.1	21.1
黑龙江	26.9	22.8	21.3	20.7	20.2
安　徽	22.6	20.7	20.1	20.9	18.3
江　西	19.4	17.0	16.0	15.1	14.4
河　南	16.7	15.5	15.0	14.3	13.7
湖　北	20.6	19.1	17.9	17.8	17.4
湖　南	19.8	18.3	16.8	15.4	14.5
西　部	**18.0**	**17.9**	**16.6**	**16.3**	**15.8**
内蒙古	19.2	18.3	17.1	15.4	14.8
广　西	17.8	16.4	14.6	14.1	12.9
重　庆	24.1	22.1	20.4	19.8	19.7
四　川	20.4	19.1	17.3	17.2	16.7
贵　州	13.3	11.9	11.4	11.6	11.0
云　南	13.7	12.8	12.3	11.7	11.3
西　藏	24.9	18.8	15.1	13.5	13.4
陕　西	23.5	21.7	20.7	20.8	20.6
甘　肃	19.8	17.3	15.6	15.5	14.7
青　海	21.6	19.7	18.5	18.5	18.0
宁　夏	19.9	18.5	17.9	17.1	16.4
新　疆	29.2	25.8	24.5	23.7	23.4

2008—2012 年移动电话普及率分省情况

单位：部/百人

	2008 年	2009 年	2010 年	2011 年	2012 年
全　国	**48.5**	**56.3**	**64.4**	**73.6**	**82.5**
东　部	**65.1**	**73.4**	**82.8**	**90.7**	**101.2**
北　京	99.0	107.7	121.4	131.3	156.9
天　津	77.6	84.4	88.7	95.1	97.8
河　北	46.3	54.1	61.9	70.8	76.1
辽　宁	56.3	66.8	77.4	87.7	97.9
上　海	101.2	111.9	122.9	113.8	128.2
江　苏	51.9	64.4	76.7	85.0	94.6
浙　江	78.6	87.0	97.4	105.7	117.9
福　建	66.1	73.2	83.3	96.2	108.8
山　东	49.4	56.6	65.4	74.2	78.7
广　东	88.9	93.5	99.9	103.4	118.7
海　南	47.1	58.1	68.8	77.3	88.4
中　部	**38.2**	**45.1**	**51.7**	**59.5**	**67.2**
山　西	50.1	57.2	64.3	68.5	76.9
吉　林	49.9	57.6	65.9	73.0	82.1
黑龙江	43.1	48.8	54.2	62.0	69.5
安　徽	28.0	35.1	45.6	54.7	60.5
江　西	29.2	35.2	40.9	52.0	57.3
河　南	37.4	42.3	46.4	53.8	61.6
湖　北	44.4	54.9	60.4	69.0	79.1
湖　南	35.3	43.1	50.8	57.1	64.6
西　部	**36.7**	**47.4**	**55.5**	**65.1**	**73.5**
内蒙古	55.9	66.9	84.0	93.7	102.7
广　西	34.1	40.7	45.6	54.9	62.1
重　庆	45.5	50.8	58.2	62.4	70.9
四　川	35.1	42.6	50.8	59.9	68.3
贵　州	31.3	38.3	47.4	58.8	66.9
云　南	36.2	42.6	49.1	56.3	62.5
西　藏	30.6	43.2	54.4	65.2	77.7
陕　西	51.0	62.1	66.8	77.8	87.2
甘　肃	34.2	45.5	52.8	63.1	68.8
青　海	44.8	54.3	71.4	82.3	94.6
宁　夏	53.0	61.9	70.0	82.2	92.5
新　疆	50.2	52.2	63.0	76.5	91.0

2012年地（市）电信用户发展情况

	固定电话用户（户）	固定电话普及率(部/百人)	移动电话用户（户）	移动电话普及率(部/百人)	互联网宽带接入用户（户）
北京市	8832203	43.7	31680171	156.9	4736949
天津市	3536669	26.1	13252436	97.8	2047780
河北省	12077088	16.7	55130969	76.1	9639093
石家庄市	1811422	17.6	8948291	87.0	1858213
承德市	423914	12.1	2392885	68.6	406403
张家口市	655696	15.0	3010950	68.8	485971
秦皇岛市	739191	24.6	2931818	97.5	562429
唐山市	1636017	21.4	6679916	87.6	1229011
廊坊市	1078631	24.5	4551394	103.4	771005
保定市	1728562	15.3	7895023	70.0	1413510
沧州市	1259842	17.5	5413680	75.2	737653
衡水市	850546	19.5	3059071	70.1	539059
邢台市	934442	13.1	4040620	56.5	711295
邯郸市	958825	10.4	6207321	67.2	924544
山西省	6852244	19.0	27645571	76.6	5047848
太原市	1489244	35.0	5810012	136.5	1321707
大同市	541076	16.1	2632152	78.4	431785
阳泉市	314117	22.8	1260574	91.4	241273
长治市	632573	18.8	2400684	71.2	390527
晋城市	457261	20.0	1696638	74.0	273983
朔州市	272895	15.7	1194701	68.9	177385
忻州市	453169	14.6	1983564	64.0	311963
晋中市	697869	21.2	2408215	73.3	472095
吕梁市	541736	14.4	2314615	61.4	396314
临汾市	635277	14.5	2880488	66.0	489757
运城市	817027	15.7	3063928	59.0	541059
内蒙古自治区	3682905	14.8	25501306	102.7	2747991
呼和浩特市	717511	24.6	3634161	124.8	417874
包头市	474525	17.6	3318108	123.2	395121
呼伦贝尔市	440186	17.3	2520973	99.3	343756
兴安盟	126749	7.9	1433289	89.0	124663
通辽市	296484	9.5	2719049	86.7	267369

续表

	固定电话用户（户）	固定电话普及率(部/百人)	移动电话用户（户）	移动电话普及率(部/百人)	互联网宽带接入用户（户）
赤峰市	539124	12.5	3017818	69.9	360540
锡林郭勒盟	130277	12.6	1185167	114.7	132034
乌兰察布市	254710	11.9	1822107	85.4	165661
鄂尔多斯市	259637	13.0	2775035	138.8	222040
巴彦淖尔市	259332	15.6	1843717	110.8	180854
乌海市	136147	25.1	853642	157.7	93317
阿拉善盟	48227	20.5	378240	160.7	44762
辽宁省	**12850501**	**29.3**	**42912906**	**97.9**	**7079349**
沈阳市	2764643	38.3	9454563	130.8	1395823
大连市	2563984	43.6	8403079	142.8	1416125
鞍山市	1018889	29.0	3425978	97.5	624760
抚顺市	636655	28.9	1921297	87.3	354602
本溪市	417795	27.1	1416721	91.8	299616
丹东市	835338	34.7	1988671	82.5	359400
锦州市	876537	28.4	2705539	87.8	499643
营口市	599856	25.5	2251069	95.6	371316
阜新市	490022	25.5	1669732	86.9	295586
辽阳市	490626	26.9	1674940	91.8	293464
铁岭市	536812	17.6	2052654	67.3	291646
朝阳市	707259	20.7	2328852	68.3	341148
盘锦市	335596	25.6	1483541	113.0	211760
葫芦岛市	576489	20.5	2136270	75.9	324460
吉林省	**5787964**	**21.1**	**22569602**	**82.1**	**3645579**
长春市	1806882	23.5	7803128	101.6	1180903
吉林市	910554	20.6	3368248	76.3	623123
四平市	503928	14.9	2498761	73.8	328177
辽源市	247089	21.0	983966	83.6	145275
松原市	375317	13.0	2100380	72.9	226813
白城市	373758	18.4	1495049	73.5	229839
通化市	518048	22.3	1618664	69.6	298357
白山市	381863	29.5	974155	75.1	180621
延边朝鲜族自治州	670693	29.5	1727251	76.0	433016
黑龙江省	**7760620**	**20.2**	**26638882**	**69.5**	**4358319**
哈尔滨市	2609184	26.3	9041926	91.0	1559752

续表

	固定电话用户（户）	固定电话普及率(部/百人)	移动电话用户（户）	移动电话普及率(部/百人)	互联网宽带接入用户（户）
齐齐哈尔市	865014	15.2	3048913	53.7	463012
牡丹江市	645933	24.2	2060248	77.1	384554
佳木斯市	573026	22.9	2117697	84.5	309136
大庆市	413554	14.7	2596727	92.2	255046
绥化市	927567	15.9	3136201	53.9	375682
鸡西市	371006	19.6	1406079	74.4	195625
鹤岗市	184036	16.9	959270	88.1	119086
双鸭山市	267715	17.7	1162692	76.9	176061
七台河市	167230	18.0	702074	75.8	110612
伊春市	271586	21.5	805590	63.8	155114
黑河市	336049	19.4	1155771	66.8	178689
大兴安岭地区	128720	24.9	345038	66.8	75950
上海市	**9029044**	**38.5**	**30082973**	**128.2**	**5410208**
江苏省	**23872047**	**30.2**	**74713795**	**94.6**	**13507157**
南京市	3093520	38.1	9269281	114.3	2053238
苏州市	3767898	35.8	13944223	132.6	2522535
无锡市	2408479	37.4	7672225	119.3	1406592
常州市	1620513	34.9	5203412	111.9	1013250
镇江市	1106068	35.3	2996307	95.6	597730
扬州市	1457643	32.7	4190785	93.9	741809
南通市	2556662	35.1	5998260	82.3	1163930
泰州市	1422479	30.7	3735613	80.8	705908
徐州市	1752854	20.4	6551146	76.4	958247
淮安市	995652	20.7	3510750	73.1	477614
盐城市	1739456	24.0	5162507	71.3	825321
连云港市	1097952	25.0	3163396	72.1	589642
宿迁市	852872	17.9	3296030	69.2	451341
浙江省	**18824877**	**34.4**	**64425688**	**117.6**	**11526431**
杭州市	3529082	40.1	12603167	143.2	2267330
宁波市	3092584	40.5	10289145	134.7	1855443
温州市	2624195	28.7	10227795	111.7	1708073
嘉兴市	1488498	32.8	4878271	107.4	953570
湖州市	1071444	36.9	3041521	104.7	577385
绍兴市	1969773	39.8	4773228	96.6	1026606

续表

	固定电话用户（户）	固定电话普及率(部/百人)	移动电话用户（户）	移动电话普及率(部/百人)	互联网宽带接入用户（户）
金华市	1679511	31.1	6471454	119.9	1132124
衢州市	590030	27.8	1706878	80.5	322433
丽水市	548377	25.9	2003797	94.7	304957
台州市	1705705	28.4	7154363	119.1	1122153
舟山市	525677	46.1	1276069	111.9	256358
安徽省	**10914169**	**18.3**	**36098392**	**60.5**	**5070110**
合肥市	1918269	25.5	6387927	84.9	944141
淮北市	354054	16.7	1348367	63.7	209526
亳州市	529834	10.9	2246166	46.0	228309
宿州市	717441	13.4	2787718	52.0	290842
蚌埠市	551903	17.4	1923150	60.5	289706
阜阳市	926900	12.2	3579441	47.0	365116
淮南市	443760	19.0	1557615	66.8	263890
滁州市	698395	17.8	2462116	62.6	327290
六安市	786258	14.0	2717542	48.2	280696
马鞍山市	587750	26.9	1649394	75.4	299452
芜湖市	818725	23.0	2501526	70.1	447843
宣城市	562725	22.1	1708502	67.1	258795
铜陵市	219595	30.0	611935	83.7	138428
池州市	319657	22.6	904694	64.0	143547
安庆市	1077850	20.3	2796797	52.7	417492
黄山市	401053	29.7	915502	67.9	165037
福建省	**10173296**	**27.3**	**40491511**	**108.8**	**7379513**
福州市	2180236	30.3	8670450	120.4	1730023
泉州市	2410120	29.4	9580063	116.7	1600063
厦门市	1490101	41.3	5540077	153.5	1230156
漳州市	1001114	20.7	4250027	87.8	650087
南平市	620085	23.4	2380123	89.8	440073
龙岩市	560253	21.9	2540133	99.2	410035
三明市	580036	23.1	2200121	87.7	380057
宁德市	640055	22.6	2610006	92.2	440006
莆田市	691296	24.8	2720511	97.5	499013
江西省	**6441626**	**14.4**	**25734230**	**57.3**	**3719891**
南昌市	1396591	27.4	4477700	88.0	786600

续表

	固定电话用户（户）	固定电话普及率（部/百人）	移动电话用户（户）	移动电话普及率（部/百人）	互联网宽带接入用户（户）
九江市	850023	17.9	2745287	57.7	439717
上饶市	758763	11.5	3018808	45.6	352294
抚州市	310540	7.9	1797590	45.6	241989
宜春市	616296	11.3	2919831	53.6	322165
吉安市	570179	11.8	2397542	49.5	314682
赣州市	1050508	12.5	4715358	55.9	587068
景德镇市	257845	16.1	1004860	62.8	216383
萍乡市	277168	14.8	1164157	62.3	185187
新余市	190935	16.6	843425	73.3	153977
鹰潭市	162778	14.4	649672	57.5	119829
山东省	**18581624**	**19.3**	**75889184**	**78.7**	**13641180**
济南市	1935807	28.1	8202843	119.1	1668024
青岛市	2534772	28.8	9187501	104.5	2033847
淄博市	1016172	22.3	4042746	88.7	794008
德州市	896037	16.0	3476113	62.0	532714
烟台市	1744997	25.0	6014171	86.2	1219186
潍坊市	1756473	19.2	7071523	77.2	1164282
济宁市	1128623	13.9	5178192	63.7	783241
泰安市	908710	16.5	3544383	64.3	650588
临沂市	1421402	14.1	6995436	69.3	1035539
菏泽市	748932	9.0	4628309	55.6	576156
滨州市	799443	21.2	2743635	72.8	496534
东营市	554130	27.0	2569813	125.1	474576
威海市	786625	28.1	2715341	96.9	600559
枣庄市	699749	18.6	2752266	73.3	445453
日照市	496033	17.6	2071017	73.5	387723
莱芜市	243835	18.7	950461	72.8	185283
聊城市	909884	15.6	3745435	64.1	593467
河南省	**12886787**	**13.7**	**57875530**	**61.6**	**9276176**
郑州市	2465389	27.8	9823843	110.9	2028437
开封市	558185	12.0	2464418	52.9	399909
洛阳市	1255590	19.1	4655846	70.9	837185
平顶山市	559130	11.4	2940711	59.8	434730
安阳市	859230	16.7	3419747	66.4	563630

续表

	固定电话用户（户）	固定电话普及率(部/百人)	移动电话用户（户）	移动电话普及率(部/百人)	互联网宽带接入用户（户）
鹤壁市	289991	18.4	1009957	63.9	188752
新乡市	1162285	20.5	3843369	67.9	661079
焦作市	552327	15.6	2468085	69.9	459542
濮阳市	366618	10.3	2227559	62.6	308735
许昌市	546435	12.7	2658842	61.8	412644
漯河市	286801	11.2	1433780	56.2	263411
三门峡市	305301	13.6	1500257	67.0	247597
南阳市	941643	9.3	4790565	47.3	663915
商丘市	761901	10.4	4040701	54.9	492344
信阳市	680251	11.1	2958235	48.4	420469
周口市	634789	7.1	3875691	43.3	419292
驻马店市	519058	7.3	3236914	45.7	371559
济源市	141863	20.9	527010	77.5	102946
湖北省	**10035826**	**17.4**	**45541130**	**79.1**	**7079847**
武汉市	2966612	29.6	14892992	148.6	2351116
黄石市	496862	20.4	1948963	80.1	329331
鄂州市	195066	18.6	773004	73.5	137376
孝感市	636299	13.2	2648422	54.9	391570
黄冈市	940252	15.1	3177284	51.2	434945
咸宁市	415773	16.8	1796998	72.8	295016
仙桃市	194860	16.5	1056770	89.4	144757
天门市	141315	10.3	516355	37.7	80542
潜江市	108196	11.4	409663	43.2	76991
十堰市	481523	14.4	2181091	65.1	308938
荆州市	766685	13.4	3742890	65.6	631167
宜昌市	676543	16.6	3329211	81.8	535113
襄樊市	863689	15.6	3464583	62.7	588301
荆门市	403977	14.0	1994445	69.3	274458
恩施土家族苗族自治州	382583	11.6	2416543	73.3	259309
随州市	352414	16.2	1236054	57.0	233910
神农架林区	13171	17.3	43125	56.5	6702
湖南省	**9538768**	**14.5**	**42619924**	**64.6**	**6043933**
长沙市	2131520	30.1	9717544	137.0	1278762
株洲市	751304	19.4	2951463	76.1	519587

续表

	固定电话用户（户）	固定电话普及率(部/百人)	移动电话用户（户）	移动电话普及率(部/百人)	互联网宽带接入用户（户）
湘潭市	483124	17.5	2308465	83.5	342226
衡阳市	935260	13.1	3609307	50.4	534099
邵阳市	761136	10.7	2887608	40.6	413577
岳阳市	781840	14.3	3556533	64.8	475651
常德市	687706	12.0	3108207	54.2	480637
张家界市	191038	12.8	909024	61.0	165175
益阳市	477770	11.1	2316739	53.7	284968
郴州市	619445	13.5	3071757	66.7	369429
永州市	423362	8.1	2138592	41.0	324375
怀化市	552105	11.6	2578732	54.3	318333
娄底市	492148	13.0	2368142	62.4	340543
湘西土家族苗族自治州	251010	9.8	1097811	42.8	196571
广东省	**31358017**	**29.9**	**124679925**	**118.7**	**19033574**
广州市	5907492	46.3	23673933	185.7	3692341
深圳市	5703809	54.5	24644254	235.4	3250046
珠海市	829434	52.9	2907531	185.5	596471
惠州市	1292392	27.9	4770400	103.0	842992
东莞市	3167427	38.4	17185805	208.2	2004757
中山市	1159321	36.9	5475544	174.3	909079
江门市	1326842	29.7	3920873	87.8	792741
佛山市	2782418	38.5	10506817	145.3	1874053
肇庆市	783921	19.8	2646433	67.0	465501
汕头市	1379178	25.5	5007501	92.4	831753
汕尾市	433991	14.7	1529729	51.8	178733
潮州市	702008	26.2	2065468	77.0	341826
揭阳市	956715	16.2	3012945	50.9	463579
阳江市	493858	20.2	1573525	64.4	287762
湛江市	773698	10.9	3881256	54.9	560934
茂名市	834666	14.2	2758067	46.9	417893
韶关市	600907	21.1	1894131	66.5	341692
河源市	527374	17.7	1400358	47.0	259666
梅州市	711992	16.7	2202144	51.6	353773
清远市	559377	15.0	2408448	64.4	331417
云浮市	431197	18.1	1214763	51.1	236565

续表

	固定电话用户（户）	固定电话普及率（部/百人）	移动电话用户（户）	移动电话普及率（部/百人）	互联网宽带接入用户（户）
广西壮族自治区	**5992809**	**12.9**	**28841272**	**62.1**	**5070960**
南宁市	1168748	17.4	5964494	88.6	1437582
崇左市	177520	8.8	1262849	62.8	131164
柳州市	582932	15.4	2862468	75.4	590890
来宾市	161385	7.6	1164135	55.0	135724
桂林市	725996	15.2	3274820	68.4	605705
梧州市	306429	10.5	1471963	50.6	241488
贺州市	162813	8.3	1004904	51.0	149095
玉林市	768409	13.9	2731950	49.3	418324
贵港市	471318	11.3	1842407	44.3	243848
百色市	390502	11.2	1852379	53.0	272877
河池市	338203	10.0	1797659	53.0	260644
钦州市	335970	10.8	1548095	49.8	217720
北海市	272498	17.5	1280961	82.4	249744
防城港市	130086	14.8	782188	89.0	116771
海南省	**1730095**	**19.7**	**7756150**	**88.4**	**955348**
海口市	711111	33.9	2749697	131.1	429564
三亚市	236106	33.5	1027153	145.6	124235
五指山市	17106	16.4	89922	86.2	11522
琼海市	115795	23.8	396516	81.4	57753
儋州市（含洋浦经济开发区）	115907	12.3	594850	63.1	61789
文昌市	100008	18.5	414643	76.8	43900
万宁市	86190	15.7	345041	62.9	40545
东方市	44298	10.8	254400	62.0	21293
定安县	31069	10.9	173950	61.0	18032
屯昌县	25053	9.7	149900	58.2	14462
澄迈县	44752	9.5	306660	65.2	24244
临高县	39004	9.1	223400	51.8	16629
白沙黎族自治县	18914	11.2	109760	65.3	10448
昌江黎族自治县	33778	15.1	156845	69.9	19073
乐东黎族自治县	38012	8.3	287140	62.4	19687
陵水黎族自治县	34257	10.7	246526	76.8	19506
保亭黎族苗族自治县	18870	12.8	110862	75.4	11238
琼中黎族苗族自治县	19865	11.4	116896	67.1	11428

续表

	固定电话用户（户）	固定电话普及率(部/百人)	移动电话用户（户）	移动电话普及率(部/百人)	互联网宽带接入用户（户）
西沙群岛					
重庆市	**5757119**	**19.7**	**20696476**	**70.9**	**3880711**
四川省	**13471427**	**16.1**	**54981794**	**68.3**	**8230215**
成都市	4215645	30.0	16563947	117.7	2674631
自贡市	492233	18.3	1607654	59.9	287163
攀枝花市	336574	27.6	1050700	86.1	202200
泸州市	550293	13.0	2508793	59.4	321616
德阳市	548388	15.3	2633533	73.3	455705
绵阳市	786171	17.0	3536096	76.5	574283
广元市	412954	16.6	1696156	68.1	218477
遂宁市	358271	11.0	1516930	46.5	232785
内江市	601696	16.2	1803527	48.6	258468
乐山市	699697	21.6	2375609	73.2	376633
南充市	769812	12.2	2982872	47.5	476084
眉山市	452849	15.3	1813773	61.3	268033
宜宾市	602380	13.5	2737249	61.4	371060
广安市	367730	11.5	1650515	51.4	219179
达州市	658992	12.0	2595976	47.3	373921
雅安市	250043	16.5	1016010	67.0	167298
巴中市	344318	10.4	1583123	48.0	161474
资阳市	402873	11.1	1848618	50.9	221784
阿坝藏族羌族自治州	108438	12.0	577249	64.0	71694
甘孜藏族自治州	90055	8.2	578129	52.6	60724
凉山彝族自治州	403488	8.9	2305335	50.8	230645
贵州省	**3804232**	**11.0**	**23213580**	**66.9**	**2439285**
贵阳市	1019794	23.2	6004832	136.8	807689
遵义市	758368	12.4	4097666	67.2	449357
安顺市	211252	9.3	1319212	57.9	113823
黔南布依族苗族自治州	337294	10.5	1837939	57.3	188166
黔东南苗族侗族自治州	397003	11.5	2063843	59.6	244516
铜仁地区	253314	8.2	1569894	51.0	142778
毕节地区	353947	5.4	2714260	41.6	205818
六盘水市	278287	9.8	1865423	65.5	151312
黔西南布依族苗族自治州	194973	7.0	1652697	59.0	135826

续表

	固定电话用户（户）	固定电话普及率(部/百人)	移动电话用户（户）	移动电话普及率(部/百人)	互联网宽带接入用户（户）
云南省	**5242916**	**11.4**	**28957811**	**63.0**	**20576795**
昆明市	1743424	27.1	8012557	124.6	5552232
曲靖市	380077	6.5	3097554	52.9	1995040
昭通市	223638	4.3	1931824	37.1	1478311
红河哈尼族彝族自治州	424500	9.4	2365827	52.6	1688495
文山壮族苗族自治州	304346	8.7	1683417	47.9	1190580
大理白族自治州	403813	11.7	1864156	53.9	1433977
楚雄彝族自治州	238706	8.9	1344100	50.1	918934
普洱市	266581	10.5	1458344	57.3	985364
保山市	175289	7.0	1358161	54.2	875256
临沧地区	189885	7.8	1229781	50.6	822556
玉溪市	231952	10.1	1513762	65.7	1090634
丽江市	170548	13.7	806903	64.8	649843
德宏傣族景颇族自治州	205234	16.9	1043455	86.2	675440
西双版纳傣族自治州	194879	17.2	1049254	92.5	824047
怒江傈僳族自治州	49480	9.3	287118	53.8	195206
迪庆藏族自治州	40564	10.1	282554	70.6	200879
西藏自治区	**405206**	**13.4**	**2354889**	**77.7**	**170578**
拉萨市	191199	37.6	884058	173.8	78336
日喀则地区	60671	8.3	382554	52.5	25844
山南地区	44331	12.8	234028	67.8	14745
林芝地区	32373	6.7	261421	54.3	14966
昌都地区	36037	18.2	204896	103.4	17980
那曲地区	24845	26.8	125880	135.6	11258
阿里地区	15750	2.3	262052	38.7	7449
陕西省	**7720686**	**20.6**	**32647663**	**87.2**	**4395866**
西安市	3138181	36.9	13225007	155.4	1893919
铜川市	136191	16.3	560095	66.8	72817
宝鸡市	709583	19.0	2423366	65.0	344475
咸阳市	637275	13.0	3344832	68.1	424053
渭南市	858333	16.2	3149547	59.4	505825
汉中市	570819	16.7	1999412	58.5	296362
安康市	390900	14.9	1521661	57.8	228046
商洛市	310768	13.3	1064082	45.6	135537

续表

	固定电话用户（户）	固定电话普及率（部/百人）	移动电话用户（户）	移动电话普及率（部/百人）	互联网宽带接入用户（户）
延安市	385906	17.6	2164600	98.7	208735
榆林市	582730	17.4	3195060	95.3	286097
甘肃省	**3777656**	**14.7**	**17635481**	**68.8**	**1632998**
兰州市	1084149	29.9	3915956	107.9	536242
嘉峪关市	101689	43.4	334276	142.7	63643
金昌市	103367	22.1	414927	88.8	59660
白银市	239741	13.9	1066711	62.0	105512
天水市	380706	11.6	1681052	51.2	128532
武威市	254437	14.0	1086096	59.6	95634
酒泉市	209332	19.0	1004828	91.0	98770
张掖市	292483	24.2	941695	78.0	121053
定西市	211844	7.7	1499209	54.1	76598
陇南地区	178886	7.0	1452848	56.5	75110
平凉市	211733	10.2	1166519	56.0	91229
庆阳市	260115	11.7	1522372	68.6	105562
临夏回族自治州	174518	8.8	1081365	54.7	50195
甘南藏族自治州	74656	10.8	467627	67.5	25258
青海省	**1025068**	**18.1**	**5372227**	**94.6**	**499201**
西宁市	629501	28.5	2316992	104.8	302972
海东地区	151875	10.9	1067066	76.2	56927
海北藏族自治州	31532	11.7	274483	101.7	17363
黄南藏族自治州	20624	7.9	215784	83.0	12593
海南藏族自治州	44160	10.0	428011	97.3	23788
果洛藏族自治州	16631	9.2	161463	89.7	8507
玉树藏族自治州	12265	3.2	296122	77.9	9622
海西蒙古族藏族自治州	56299	15.4	312283	85.6	31849
格尔木市	62181	49.7	300023	240.0	35580
宁夏回族自治区	**1049550**	**16.4**	**5910455**	**92.4**	**609079**
银川市	520779	25.7	2707619	133.7	300767
石嘴山市	158558	21.6	713105	97.1	94609
吴忠市	145693	11.3	1034321	79.9	94684
固原市	106246	8.5	708390	56.8	49642
中卫市	118274	10.8	747020	68.4	69377
新疆维吾尔自治区	**5179492**	**23.4**	**20105503**	**91.0**	**2550217**

续表

	固定电话用户（户）	固定电话普及率(部/百人)	移动电话用户（户）	移动电话普及率(部/百人)	互联网宽带接入用户（户）
乌鲁木齐市	1445796	58.1	4475046	180.0	748934
克拉玛依市	101207	36.1	532542	190.0	72181
吐鲁番地区	172087	27.3	626042	99.4	56368
哈密地区	187391	32.2	747597	129.0	103106
昌吉回族自治州	422886	30.4	1684377	121.0	211185
博尔塔拉蒙古自治州	137294	28.0	516863	105.5	72587
巴音郭楞蒙古自治州	391868	28.6	1480102	108.0	213495
阿克苏地区	379747	15.9	1761492	73.7	186089
克孜勒苏柯尔克孜自治州	70234	12.8	367204	66.7	28666
喀什地区	415387	10.1	2056317	50.2	155208
和田地区	158668	11.6	1217945	88.9	59723
伊犁哈萨克自治州	588986	28.3	2382615	115.0	279398
塔城地区	218115	21.0	658328	63.3	122480
阿勒泰地区	210471	31.4	635673	94.9	101007
石河子市	278355	50.5	943183	172.0	139858

注：部分省（区）的地市用户数之和不等于全省总数，是由于个别公司无法将用户数拆分到地市一级所致。

增值电信业务统计信息

2008—2012 年增值电信业务主要指标发展情况

指 标 名 称	单位	2008 年	2009 年	2010 年	2011 年	2012 年
增值电信企业个数	个	20195	19558	20071	21291	20815
其中：国有控股企业	个			1418	1615	1455
外商投资企业	个			40	34	39
民营控股企业	个			17298	19199	18436
港澳、台投资企业	个				12	2
其中：互联网数据中心业务(IDC)企业	个	269	268	270	279	244
呼叫中心业务企业	个	1061	1176	1431	1648	1099
互联网接入服务业务(ISP)企业	个	1204	1216	1200	1168	914
信息服务业务企业	个	18516	18462	19089	20297	14216
其中：移动网信息服务企业	个			8699	9290	5618
互联网信息服务企业	个			13061	13962	9238
增值电信业务收入	万元	6404679.1	8642295.1	12235867.7	18138694.0	25107201.4
其中：互联网数据中心业务(IDC)收入	万元	181256.4	223441.8	314973.2	493337.5	512216.7
呼叫中心业务收入	万元	297277.9	589766.0	625786.8	776705.3	1088713.6
互联网接入服务业务(ISP)收入	万元	502256.3	611143.4	722925.5	1206164.4	1160932.8
信息服务业务收入	万元	4583321.3	6662607.9	9458457.1	14674003.1	18999352.6
其中：固定网信息服务收入	万元	36664.5	68074.8	45889.0	102421.2	20623.9
移动网信息服务收入	万元	2099577.6	2930749.7	2827809.1	3291304.9	3346652.2
其中：SMS 短信业务收入	万元		1722687.3	1930096.2	2176176.8	1940597.3
个性化回铃音业务收入	万元		283240.9	214757.6	133957.2	159176.0
互联网信息服务收入	万元	2439730.3	3648863.5	6582642.5	11267697.8	15649342.4
其中：网络广告业务收入	万元		1403650.9	1634583.3	2187648.0	2556807.6
网络游戏业务收入	万元		993911.8	2162764.0	3689857.3	6741159.5
搜索引擎业务收入	万元					192192.5
网络视频业务收入	万元					17540.9
电子商务收入	万元					3369045.3
增值电信企业从业人数	人	490731	591121	763548	771988	788256

2012 年全国增值电信业务发展情况

指 标 名 称	单位	2012 年	比上年	同比增长（%）
增值电信企业个数	个	20815	−476	−2.2
其中：国有控股企业	个	1455	−160	−9.9
外商投资企业	个	39	5	14.7
民营控股企业	个	18436	−763	−4.0
港澳、台投资企业	个	2	−10	−83.3
其中：互联网数据中心业务(IDC)企业	个	244	−35	−12.5
呼叫中心业务企业	个	1099	−549	−33.3
互联网接入服务业务(ISP)企业	个	914	−254	−21.7
信息服务业务企业	个	14216	−6081	−30.0
其中：移动网信息服务企业	个	5618	−3672	−39.5
互联网信息服务企业	个	9238	−4724	−33.8
增值电信业务收入	万元	25107201.4	6968507.4	38.4
其中：互联网数据中心业务(IDC)收入	万元	512216.7	18879.2	3.8
呼叫中心业务收入	万元	1088713.6	312008.3	40.2
互联网接入服务业务(ISP)收入	万元	1160932.8	−45231.6	−3.8
信息服务业务收入	万元	18999352.6	4325349.5	29.5
其中：固定网信息服务收入	万元	20623.9	−81797.3	−79.9
移动网信息服务收入	万元	3346652.2	55347.2	1.7
其中：SMS 短信业务收入	万元	1940597.3	−235579.6	−10.8
个性化回铃音业务收入	万元	159176.0	25218.9	18.8
互联网信息服务收入	万元	15649342.4	4381644.6	38.9
其中：网络广告业务收入	万元	2556807.6	369159.5	16.9
网络游戏业务收入	万元	6741159.5	3051302.2	82.7
搜索引擎业务收入	万元	192192.5	236.5	0.1
网络视频业务收入	万元	17540.9	43.2	0.2
电子商务收入	万元	3369045.3	−382284.0	−10.2
增值电信企业从业人数	人	788256	16268	2.1

2012年跨地区增值电信业务发展情况

指标名称	单位	2012年	比上年	同比增长（%）
增值电信企业个数	个	1970	−139	−6.2
其中：国有控股企业	个	118	9	8.3
外商投资企业	个	24	0	0.0
民营控股企业	个	1828	−148	−7.0
港澳、台投资企业	个	0	−8	−100.0
其中：互联网数据中心业务(IDC)企业	个	12	−4	−25.0
呼叫中心业务企业	个	284	7	2.5
互联网接入服务业务(ISP)企业	个	61	−10	−14.1
信息服务业务企业	个	1758	−208	−10.6
其中：移动网信息服务企业	个	1732	−222	−11.4
互联网信息服务企业	个	10	−15	−60.0
增值电信业务收入	万元	4227257.3	1098308.8	35.1
其中：互联网数据中心业务(IDC)收入	万元	181520.7	−64596.2	−26.2
呼叫中心业务收入	万元	535193.5	303321.6	130.8
互联网接入服务业务(ISP)收入	万元	269560.8	38633.2	16.7
信息服务业务收入	万元	3086863.8	849492.4	38.0
其中：固定网信息服务收入	万元	3379.5	1687.9	99.8
移动网信息服务收入	万元	2172618.9	403919.2	22.8
其中：SMS短信业务收入	万元	1262603.0	131409.5	11.6
个性化回铃音业务收入	万元	115378.7	43464.8	60.4
互联网信息服务收入	万元	848007.7	381027.6	81.6
其中：网络广告业务收入	万元	92522.0	60681.1	190.6
网络游戏业务收入	万元			
搜索引擎业务收入	万元			
网络视频业务收入	万元			
电子商务收入	万元	632221.0		
增值电信企业从业人数	人	164472	13968	9.3

2012 年省内增值电信业务发展情况

指标名称	单位	2012 年	比上年	同比增长（%）
增值电信企业总数	个	18845	−337	−1.8
其中：国有控股企业	个	1337	−169	−11.2
外商投资企业	个	15	5	50.0
民营控股企业	个	16608	−615	−3.6
港澳、台投资企业	个	2	−2	−50.0
其中：互联网数据中心业务（IDC）企业	个	232	−31	−11.8
呼叫中心业务企业	个	815	−556	−40.6
互联网接入服务业务（ISP）企业	个	853	−244	−22.2
信息服务业务企业	个	12458	−5873	−32.0
其中：移动网信息服务企业（SP）	个	3886	−3450	−47.0
互联网信息服务企业（ICP）	个	9228	−4709	−33.8
增值电信业务收入	万元	20879944.0	5870198.6	39.1
其中：互联网数据中心业务（IDC）收入	万元	330696.0	83475.4	33.8
呼叫中心业务收入	万元	553520.1	8686.7	1.6
互联网接入服务业务（ISP）收入	万元	891372.0	−83864.8	−8.6
信息服务业务收入	万元	15912488.7	3475857.1	27.9
其中：固定网电话信息服务收入	万元	17244.4	−83485.2	−82.9
移动网信息服务收入	万元	1174033.2	−348572.0	−22.9
其中：SMS 短信业务收入	万元	677994.2	−366989.1	−35.1
个性化回铃音业务收入	万元	43797.3	−18245.9	−29.4
互联网信息服务收入	万元	14801334.7	4000617.0	37.0
其中：网络广告业务收入	万元	2464285.6	308478.4	14.3
网络游戏业务收入	万元	6741159.5	3051302.2	82.7
搜索引擎业务收入	万元	192192.5		
网络视频业务收入	万元	17540.9		
电子商务收入	万元	2736824.3		
增值电信从业人数	人	623784	2300	0.4

2012年省内增值电信业务主要指标分省情况

	增值电信企业个数		增值电信业务收入		增值电信从业人数	
	2012年（个）	比上年（个）	2012年（万元）	比上年（万元）	2012年（人）	比上年（人）
全　国	**18845**	**-337**	**20879944.0**	**5870198.6**	**623784**	**2300**
东　部	**14160**	**739**	**19370772.2**	**5662216.1**	**509198**	**6008**
北　京	5015	820	5296208.7	1658961.9	146930	26964
天　津	154	-39	275295.5	113167.3	3859	-1529
河　北	612	133	111681.3	-29241.6	12627	4716
辽　宁	480	-305	141814.2	37433.6	13728	-1864
上　海	798	54	3436634.6	852518.6	54637	-70367
江　苏	1251	89	840463.5	-148101.5	53480	16786
浙　江	1358	-107	1630453.0	885668.8	40204	-538
福　建	511	-40	529692.2	157355.2	24637	-1959
山　东	754	-79	261943.5	75556.1	28958	12456
广　东	3100	214	6772831.9	2025880.2	127158	21048
海　南	127	-1	73753.8	33017.6	2980	295
中　部	**2313**	**-832**	**598656.3**	**93514.2**	**53254**	**-7930**
山　西	175	-4	15307.8	2351.8	1913	-485
吉　林	214	-365	48460.5	44136.2	10649	3663
黑龙江	342	-189	30847.9	-1649.4	3256	-13480
安　徽	282	1	113903.7	12426.6	8685	551
江　西	144	-210	12582.1	-14019.8	1723	-591
河　南	338	32	103177.7	18930.7	8232	755
湖　北	372	-117	142923.0	25307.9	8499	117
湖　南	446	20	131453.7	6030.4	10297	1540
西　部	**2372**	**-244**	**910515.5**	**114468.3**	**61332**	**4222**
内蒙古	103	-49	14998.2	-2553.3	2778	-515
广　西	246	-28	57534.5	18777.9	5082	645
重　庆	235	-77	199856.4	93964.1	14466	3320
四　川	798	151	420068.7	-37237.7	18379	3071
贵　州	226	-72	53516.4	9863.7	5351	138
云　南	236	10	55306.7	10279.6	4847	-8
西　藏	1	-16	35.0	-1030.0	4	-192
陕　西	220	-117	68458.6	14700.6	6379	-907
甘　肃	68	-28	10038.5	529.2	946	-400
青　海	27	-1	1919.6	445.9	312	-729
宁　夏	60	-9	4121.5	844.5	578	-41
新　疆	152	-8	24661.4	5883.8	2210	-160

专用通信网统计信息

2012年专用通信网电信业务量分省情况

	固定电话用户(户)	其中：住宅电话用户(户)	互联网拨号用户(户)	宽带接入用户(户)
全　国	**3894236**	**1593084**	**21738**	**1823444**
东　部	**1243526**	**617000**	**18923**	**485224**
北　京	128348	66801	500	54145
天　津	114121	67243		43914
河　北	114915	87635	16365	71063
辽　宁	311445	125654	1734	171704
上　海				
江　苏	90898	25010		42
浙　江	103605	11943		200
福　建				
山　东	299776	200871		113657
广　东	80137	31788	324	30486
海　南	281	55		13
中　部	**1496732**	**680706**	**2295**	**799830**
山　西	124764	83856	1203	83949
吉　林	230662	162709	142	137068
黑龙江	630271	188156	600	368447
安　徽	113691	42849		18619
江　西				
河　南	289700	143993	340	118508
湖　北	107644	59143	10	73239
湖　南				
西　部	**1153978**	**295378**	**520**	**538390**
内蒙古	33992	18050		4416
广　西				
重　庆				
四　川	659333	12132		368079
贵　州				
云　南	22947	16352		57
西　藏				
陕　西				
甘　肃	134110	86739		43634
青　海				
宁　夏	42526	24517		13326
新　疆	261070	137588	520	108878

2012 年专用通信网通信能力分省情况

	长途光缆线路长度（公里）	本地网中继光缆线路长度（公里）	接入网光缆线路长度（公里）	长途电话交换机容量（路端）	本地电话交换机容量（门）
全　国	**132161**	**108807**	**25406**	**476772**	**6171653**
东　部	**55550**	**42328**	**9463**	**341606**	**1846006**
北　京		298	3634		181000
天　津	424	454	660		180616
河　北	1174	485	1223	3240	174000
辽　宁	41204	2398	1075	58	582832
上　海					
江　苏	600	92	62	6300	123488
浙　江	3466	36807		316000	25000
福　建					
山　东	199	1471	1465	1846	435948
广　东	8483	287	1295	14162	140562
海　南		36	49		2560
中　部	**36253**	**44324**	**11207**	**35742**	**2549536**
山　西		1127	450		266152
吉　林	8332	1537	958		302104
黑龙江	27659	12302	4968	13742	1198487
安　徽		874	692		169384
江　西					
河　南	50	26910	2368	22000	444049
湖　北	212	1573	1771		169360
湖　南					
西　部	**40358**	**22155**	**4735**	**99424**	**1776111**
内蒙古		86	200	1200	62000
广　西					
重　庆					
四　川	4164	4237	1827	61388	974754
贵　州					
云　南	17204	1057		1044	90201
西　藏					
陕　西					
甘　肃	7463	5883	1348	16080	199159
青　海					
宁　夏	481	3382	20	3840	77121
新　疆	11046	7510	1341	15872	372876

2012年专用通信网基本情况分省情况

	固定资产原值（万元）	固定资产净值（万元）	固定资产投资完成额（万元）	通信从业人员（人）
全　国	**36941665.2**	**1833516.2**	**347746.3**	**29445**
东　部	**35538395.0**	**1376333.6**	**108342.2**	**10796**
北　京	12782.0	4084.0	647.0	650
天　津	103304.6	42974.6	9748.9	978
河　北	34145037.0	1057094.5	2192.0	1476
辽　宁	392197.2	146162.0	37596.1	3430
上　海				
江　苏	1210.0	987.0	1185.0	325
浙　江	615890.0	1874.0	37320.0	541
福　建				
山　东	74983.2	35162.5	16763.2	2111
广　东	187741.0	87995.0		1234
海　南	5250.0		2890.0	51
中　部	**794819.0**	**318488.0**	**77294.0**	**12604**
山　西	77028.0	42286.0	24118.0	754
吉　林	266296.0	60346.0	17297.0	944
黑龙江	222754.0	110474.0	21045.0	5838
安　徽	35130.0	25550.0	6270.0	1257
江　西				
河　南	143515.0	62218.0	6152.0	2758
湖　北	50096.0	17614.0	2412.0	1053
湖　南				
西　部	**608451.2**	**138694.6**	**162110.0**	**6045**
内蒙古	16921.1	7026.1	72.4	1107
广　西				
重　庆				
四　川	304761.0	3980.0	136403.1	1193
贵　州				
云　南	124194.5	56921.8	15374.4	523
西　藏				
陕　西				
甘　肃	32504.2	14464.1		1271
青　海				
宁　夏	39272.6	21737.6	7321.6	398
新　疆	90797.7	34565.1	2938.5	1553

互联网统计信息

2008—2012 年互联网主要指标发展情况

指 标 名 称	单位	2008 年	2009 年	2010 年	2011 年	2012 年
互联网网民数	万人	29800	38400	45700	51300	56400
其中：手机网民数	万人	11760	23300	30300	35600	41997
手机网民所占比重	%	39.5	60.8	66.2	69.4	74.5
#男性网民所占比重	%	52.5	54.2	55.8	55.9	55.8
#女性网民所占比重	%	47.5	45.8	44.2	44.1	44.2
##城市网民所占比重	%	71.6	72.2	72.7	73.5	72.4
##农村网民所占比重	%	28.4	27.8	27.3	26.5	27.6
互联网普及率	%	22.6	28.9	34.3	38.3	42.1
城市互联网普及率	%	35.9	45.7	53.4	56.7	59.1
农村互联网普及率	%	11.6	14.8	17.5	20.2	23.7
IPv4 地址数	万个	18127.3	23244.6	27763.7	33044.0	33053.5
域名数	万个	1682.6	1681.8	865.6	774.8	1341.2
其中：CN 域名数	万个	1357.2	1345.9	435.0	352.9	750.8
网站数	万个	287.8	323.2	190.8	229.6	268.1
其中：CN 下网站数	万个	221.6	250.1	113.4	95.2	103.7
网页总数	万个	1608637	3360173	6000806	8658230	12274682
静态网页	万个	789139	1899824	3190874	5936498	6037935
动态网页	万个	819498	1460349	2809932	2721732	6236747
网页长度（总字节数）	GB	438898	1010848	1833476	3160028	4902328
互联网国际出口带宽	Mbit/s	640287	866367	1098957	1389529	1899792

2012 年互联网主要指标分省情况

	域名数(个)	其中：CN 域名数(个)	网站数(个)	网页数(万个)	网页长度（总字节数）(GB)
全 国	13412079	7503733	2680702	12274681.7	4902327.8
东 部	**10813786**	**6242471**	**2002863**	**9998135.6**	**4076392.7**
北 京	1255887	472405	398462	3809450.2	1524826.8
天 津	117168	29585	36742	275989.1	99971.1
河 北	272654	58502	86452	260005.9	111670.6
辽 宁	228795	90419	64369	182183.2	83543.8
上 海	843503	260263	270327	1081481.8	503864.1
江 苏	522351	178443	170810	823366.4	296254.0
浙 江	3429977	2810016	195546	958898.5	463899.8
福 建	815661	353235	188992	469872.8	151640.4
山 东	468980	129154	142863	292335.8	133468.6
广 东	2815805	1848602	435864	1787385.3	687467.9
海 南	43005	11847	12436	57166.7	19785.4
中 部	**934890**	**310975**	**307235**	**1616446.9**	**593107.8**
山 西	71069	21032	21739	41326.8	22116.1
吉 林	66827	18115	21091	40642.3	12140.2
黑龙江	73258	28582	20258	54211.2	20390.1
安 徽	119306	43309	34547	247603.2	85906.2
江 西	77075	26518	21545	193304.9	55561.0
河 南	228049	63124	79301	596860.3	241201.0
湖 北	156517	58910	60296	259235.0	98085.8
湖 南	142789	51385	48458	183263.3	57707.5
西 部	**774559**	**247164**	**225459**	**660099.2**	**232827.3**
内蒙古	39254	12663	12946	13143.4	3524.5
广 西	70328	27829	18067	61402.5	22963.6
重 庆	109230	34312	31437	45029.4	16074.9
四 川	261186	71341	82942	286437.2	97193.4
贵 州	33002	12919	7941	13889.8	4456.6
云 南	60920	24233	13291	48543.7	20698.8
西 藏	4798	1210	972	348.7	109.2
陕 西	112627	36002	39484	117966.1	43532.5
甘 肃	23794	8973	6228	33190.0	10055.2
青 海	12396	2054	2356	2437.5	1144.7
宁 夏	14577	3813	4098	8622.4	4306.6
新 疆	32447	11815	5697	29088.4	8767.3
其 他	888844	703123	145145		

注：CN 下域名总数不含.EDU.CN 下网站。

2008—2012年互联网网民数分省情况

单位：万人

	2008年	2009年	2010年	2011年	2012年
全　国	**29800.0**	**38400.0**	**45700.0**	**51300.0**	**56400.0**
东　部	**17371.0**	**20994.0**	**24117.0**	**27414.0**	**29394.0**
北　京	980.0	1103.0	1218.0	1379.0	1458.0
天　津	485.0	564.0	648.0	719.0	793.0
河　北	1334.0	1842.0	2197.0	2597.0	3008.0
辽　宁	1138.0	1595.0	1916.0	2092.0	2199.0
上　海	1110.0	1171.0	1239.0	1525.0	1606.0
江　苏	2084.0	2765.0	3306.0	3685.0	3952.0
浙　江	2108.0	2452.0	2786.0	3052.0	3221.0
福　建	1379.0	1629.0	1848.0	2102.0	2280.0
山　东	1983.0	2769.0	3332.0	3625.0	3866.0
广　东	4554.0	4860.0	5324.0	6300.0	6627.0
海　南	216.0	244.0	303.0	338.0	384.0
中　部	**6624.0**	**9443.0**	**11667.0**	**12897.0**	**14481.0**
山　西	819.0	1064.0	1250.0	1405.0	1589.0
吉　林	520.0	726.0	882.0	966.0	1062.0
黑龙江	620.0	912.0	1127.0	1206.0	1329.0
安　徽	723.0	1069.0	1392.0	1585.0	1869.0
江　西	610.0	790.0	950.0	1088.0	1267.0
河　南	1283.0	2007.0	2417.0	2582.0	2856.0
湖　北	1050.0	1469.0	1902.0	2129.0	2309.0
湖　南	999.0	1406.0	1747.0	1936.0	2200.0
西　部	**5822.0**	**7972.0**	**9946.0**	**11000.0**	**12525.0**
内蒙古	385.0	575.0	747.0	854.0	965.0
广　西	734.0	1030.0	1226.0	1353.0	1586.0
重　庆	598.0	803.0	990.0	1068.0	1195.0
四　川	1103.0	1635.0	1998.0	2229.0	2562.0
贵　州	433.0	573.0	751.0	840.0	991.0
云　南	548.0	844.0	1021.0	1140.0	1321.0
西　藏	47.0	53.0	81.0	90.0	101.0
陕　西	790.0	995.0	1295.0	1429.0	1551.0
甘　肃	327.0	535.0	655.0	700.0	795.0
青　海	130.0	154.0	188.0	208.0	238.0
宁　夏	102.0	141.0	175.0	207.0	258.0
新　疆	625.0	634.0	819.0	882.0	962.0

2008—2012 年互联网普及率分省情况

单位：%

	2008 年	2009 年	2010 年	2011 年	2012 年
全　国	22.6	28.9	34.3	38.3	42.1
北　京	60.0	65.1	69.4	70.3	72.2
天　津	43.5	48.0	52.7	55.6	58.5
河　北	19.2	26.4	31.2	36.1	41.5
辽　宁	26.5	37.0	44.4	47.8	50.2
上　海	59.7	62.0	64.5	66.2	68.4
江　苏	27.3	36.0	42.8	46.8	50.0
浙　江	41.7	47.9	53.8	56.1	59.0
福　建	38.5	45.2	50.9	57.0	61.3
山　东	21.2	29.4	35.2	37.8	40.1
广　东	48.2	50.9	55.3	60.4	63.1
海　南	25.6	28.6	35.1	38.9	43.7
山　西	24.1	31.2	36.5	39.3	44.2
吉　林	19.0	26.6	32.2	35.2	38.6
黑龙江	16.2	23.9	29.5	31.5	34.7
安　徽	11.8	17.4	22.7	26.6	31.3
江　西	14.0	18.0	20.2	24.4	28.5
河　南	13.7	21.3	25.5	27.5	30.4
湖　北	18.4	25.7	33.3	37.2	40.1
湖　南	15.7	22.0	27.3	29.5	33.3
内蒙古	16.0	23.8	30.8	34.6	38.9
广　西	15.4	21.4	25.2	29.4	34.2
重　庆	21.2	28.3	34.6	37.0	40.9
四　川	13.6	20.1	24.4	27.7	31.8
贵　州	11.5	15.1	19.8	24.2	28.6
云　南	12.1	18.6	22.3	24.8	28.5
西　藏	16.4	18.6	27.9	29.9	33.3
陕　西	21.1	26.5	34.3	38.3	41.5
甘　肃	12.5	20.4	24.8	27.4	31.0
青　海	23.6	27.7	33.6	36.9	41.9
宁　夏	16.6	22.8	28.0	32.8	40.3
新　疆	27.1	27.5	37.9	40.4	43.6

国际电信统计信息（国际电联统计数据）

2008—2012 年全球电信业主要指标发展情况（一）

指标名称	单位	2008 年	2009 年	2010 年	2011 年	2012 年
（固定）电话主线运营数	百万线	1249	1253	1228	1204	1186
其中：发达国家	百万线	544	562	552	542	531
发展中国家	百万线	705	691	676	662	655
其中：非洲	百万线	11	12	12	11	11
阿拉伯国家	百万线	35	34	35	35	35
亚太地区	百万线	567	571	553	536	525
独联体国家	百万线	73	73	74	73	73
欧洲	百万线	261	267	263	258	250
美洲	百万线	287	277	273	272	271
蜂窝移动电话用户数	百万户	4030	4640	5320	5962	6411
其中：发达国家	百万户	1325	1383	1418	1475	1538
发展中国家	百万户	2705	3257	3901	4487	4872
其中：非洲	百万户	246	298	365	438	501
阿拉伯国家	百万户	213	263	310	348	374
亚太地区	百万户	1773	2165	2628	3034	3290
独联体国家	百万户	312	355	377	411	444
欧洲	百万户	714	717	724	745	768
美洲	百万户	741	809	882	952	998
互联网网民数	百万人	1556	1747	2023	2273	2497
其中：发达国家	百万人	750	773	830	875	913
发展中国家	百万人	807	974	1193	1398	1584
其中：非洲	百万人	48	60	80	101	120
阿拉伯国家	百万人	55	68	90	107	124
亚太地区	百万人	612	721	868	999	1133
独联体国家	百万人	54	66	95	114	130
欧洲	百万人	367	387	411	428	443
美洲	百万人	403	424	458	502	542
固定（有线）互联网宽带接入用户数	百万户	411	468	527	588	638
其中：发达国家	百万户	251	271	291	306	322
发展中国家	百万户	159	197	236	282	316
其中：非洲	百万户	1	1	1	2	2
阿拉伯国家	百万户	4	6	7	8	10
亚太地区	百万户	151	183	214	251	275
独联体国家	百万户	12	17	23	27	32
欧洲	百万户	125	136	145	154	161
美洲	百万户	111	120	131	141	152

注：数据来自 ITU，根据最新发布数据对往年数据进行调整。

2008—2012 年全球电信业主要指标发展情况（二）

指标名称	单位	2008 年	2009 年	2010 年	2011 年	2012 年
每百人（固定）电话主线运营数	线/百人	18.5	18.4	17.8	17.3	16.9
其中：发达国家	线/百人	44.5	45.7	44.7	43.7	42.7
发展中国家	线/百人	12.8	12.4	12.0	11.5	11.3
其中：非洲	线/百人	1.5	1.6	1.5	1.4	1.4
阿拉伯国家	线/百人	10.2	9.9	9.8	9.6	9.4
亚太地区	线/百人	14.9	14.9	14.2	13.7	13.2
独联体国家	线/百人	26.1	26.3	26.4	26.3	25.9
欧洲	线/百人	42.8	43.7	42.8	41.6	40.2
美洲	线/百人	31.5	30.1	29.4	29.0	28.6
每百人蜂窝移动电话用户数	户/百人	59.8	68.1	77.2	85.5	91.2
其中：发达国家	户/百人	108.3	112.5	115.0	119.0	123.6
发展中国家	户/百人	49.1	58.3	69.0	78.3	84.3
其中：非洲	户/百人	32.4	38.4	45.7	53.6	59.8
阿拉伯国家	户/百人	63.0	76.2	87.7	96.4	101.6
亚太地区	户/百人	46.6	56.3	67.7	77.3	83.1
独联体国家	户/百人	112.2	127.5	135.1	147.0	158.9
欧洲	户/百人	117.2	117.0	117.6	120.1	123.3
美洲	户/百人	81.5	88.0	95.0	101.4	105.3
每百人互联网网民数	%	23.2	25.7	29.5	32.7	35.7
其中：发达国家	%	61.3	62.9	67.3	70.5	73.4
发展中国家	%	14.7	17.5	21.2	24.5	27.5
其中：非洲	%	6.4	7.8	10.1	12.4	14.3
阿拉伯国家	%	16.1	19.8	25.5	29.8	33.7
亚太地区	%	16.2	18.9	22.5	25.6	28.8
独联体国家	%	19.5	23.8	34.0	40.9	46.4
欧洲	%	60.2	63.2	66.9	69.0	71.2
美洲	%	44.2	46.1	49.3	53.4	57.2
每百人固定（有线）互联网宽带接入用户数	户/百人	6.1	6.9	7.6	8.4	9.1
其中：发达国家	户/百人	20.5	22.0	23.6	24.7	25.9
发展中国家	户/百人	2.9	3.5	4.2	4.9	5.5
其中：非洲	户/百人	0.1	0.1	0.2	0.2	0.3
阿拉伯国家	户/百人	1.3	1.6	1.9	2.1	2.6
亚太地区	户/百人	4.0	4.7	5.5	6.4	6.9
独联体国家	户/百人	4.5	6.1	8.2	9.8	11.3
欧洲	户/百人	20.6	22.2	23.6	24.8	25.8
美洲	户/百人	12.2	13.1	14.1	15.0	16.0

注：数据来自 ITU，根据最新发布数据对往年数据进行调整。

2008—2012 年主要国家每百人电话主线数
Main telephone lines per 100 inhabitants

单位：线/百人

国家和地区	2008 年	2009 年	2010 年	2011 年	2012 年
中国	25.62	23.50	21.95	21.16	20.60
日本	38.27	52.78	51.86	51.12	50.84
韩国	51.03	56.07	59.24	60.90	61.95
印度尼西亚	12.93	14.30	17.06	15.84	15.52
菲律宾	4.52	4.47	3.58	3.75	4.08
泰国	10.83	10.49	10.02	9.58	9.14
新加坡	39.31	38.94	39.24	38.88	37.85
马来西亚	16.41	16.19	16.23	15.67	15.65
印度	3.18	3.07	2.87	2.63	2.47
巴基斯坦	2.64	3.60	3.50	3.24	3.22
沙特阿拉伯	15.67	15.56	15.18	16.50	16.73
伊朗	34.31	35.28	34.90	37.12	38.03
埃及	15.13	12.94	11.86	10.56	10.19
南非	8.97	8.68	8.43	8.18	7.94
德国	60.99	65.17	64.15	63.05	61.84
英国	55.88	54.39	53.85	53.27	52.57
法国	56.52	56.69	56.22	55.92	61.92
意大利	36.80	37.58	37.10	36.36	35.52
俄罗斯	31.81	31.72	31.42	30.91	30.06
荷兰	44.34	43.82	43.53	42.80	42.40
波兰	24.74	22.21	20.03	17.89	15.99
西班牙	45.58	44.36	43.86	42.77	41.09
瑞典	57.79	55.20	50.48	47.48	45.51
瑞士	63.75	61.73	60.69	59.84	56.66
土耳其	24.68	23.01	22.27	20.66	18.60
乌克兰	28.65	28.49	28.47	28.06	27.11
美国	53.37	49.68	48.22	45.84	44.02
加拿大	54.76	55.55	54.07	52.99	51.94
墨西哥	18.52	17.41	17.56	17.19	17.41
巴西	21.53	21.47	21.62	21.88	22.34
阿根廷	24.53	24.38	24.74	24.87	24.31
澳大利亚	43.55	48.89	47.71	46.77	45.69
新西兰	40.91	43.26	43.04	42.59	42.14

注：数据来自 ITU，根据最新发布数据对往年数据进行调整。

2008—2012 年主要国家（固定）电话主线运营数
Main telephone lines in operation

单位：万线

国家和地区	2008 年	2009 年	2010 年	2011 年	2012 年
中国	34035.9	31373.2	29438.3	28511.5	27885.9
日本	4842.7	6679.4	6561.9	6466.9	6427.3
韩国	2435.8	2691.4	2854.3	2946.9	3009.9
印度尼西亚	3037.8	3480.7	4092.9	3861.7	3798.3
菲律宾	407.6	410.0	333.5	355.6	393.9
泰国	739.4	720.5	692.5	666.1	639.1
新加坡	187.6	193.1	199.6	201.8	199.0
马来西亚	451.4	452.4	461.0	452.3	458.9
印度	3790.0	3706.0	3509.0	3268.5	3108.0
巴基斯坦	441.7	614.4	607.9	572.2	580.3
沙特阿拉伯	410.0	417.1	416.6	463.3	480.2
伊朗	2480.0	2580.4	2581.5	2776.7	2875.8
埃及	1185.3	1031.3	961.8	871.4	855.7
南非	442.5	432.0	422.5	412.7	403.1
德国	5030.0	5370.0	5290.0	5180.0	5070.0
英国	3419.2	3350.6	3340.9	3325.2	3301.0
法国	3510.0	4093.4	4062.2	4004.3	3929.0
意大利	2203.9	2264.3	2246.6	2210.5	2165.6
俄罗斯	4553.9	4538.0	4491.6	4415.1	4290.2
荷兰	731.7	725.6	723.2	713.3	708.6
波兰	945.4	849.3	766.7	685.3	612.5
西班牙	2057.6	2024.4	2021.0	1986.7	1922.0
瑞典	533.8	514.0	473.4	448.2	432.1
瑞士	482.8	470.4	465.2	460.9	438.2
土耳其	1750.2	1653.4	1620.1	1521.1	1386.0
乌克兰	1317.7	1302.6	1294.1	1268.1	1218.2
美国	16276.3	15287.3	14965.2	14352.5	13900.0
加拿大	1825.0	1870.8	1839.4	1820.1	1801.0
墨西哥	2049.1	1950.4	1991.9	1973.1	2021.8
巴西	4123.5	4149.7	4214.1	4302.6	4430.5
阿根廷	974.3	976.8	980.0	990.0	999.7
澳大利亚	937.0	1070.9	1062.5	1057.3	1047.1
新西兰	175.0	187.0	188.0	188.0	188.0

注：数据来自 ITU，根据最新发布数据对往年数据进行调整。

2008—2012 年主要国家移动电话用户数
Mobile cellular subscribers

单位：万户

国家和地区	2008 年	2009 年	2010 年	2011 年	2012 年
中国	64124.5	74721.4	85900.3	98625.3	111215.5
日本	11039.5	11629.5	12328.7	13276.1	13836.3
韩国	4560.7	4794.4	5076.7	5250.7	5362.4
印度尼西亚	14057.8	16367.7	21129.0	24980.6	28196.4
菲律宾	6811.7	7558.7	8315.0	9419.0	10300.0
泰国	6183.7	6595.2	7162.4	7760.5	8407.5
新加坡	641.5	688.5	738.5	779.4	806.3
马来西亚	2771.3	3014.4	3385.9	3666.1	4132.5
印度	34689.0	52509.0	75219.0	89386.2	86472.0
巴基斯坦	8802.0	9434.2	9918.6	10889.5	12015.1
沙特阿拉伯	3600.0	4486.4	5156.4	5370.6	5301.2
伊朗	4300.0	5255.5	5405.2	5604.3	5815.8
埃及	4128.7	5535.2	7066.1	8342.5	9679.9
南非	4500.0	4643.6	5037.2	6400.0	6839.4
德国	10552.3	10500.0	10456.0	10870.0	10765.8
英国	7673.5	8025.5	8111.5	8161.2	8210.9
法国	5797.2	5791.8	5778.5	5981.6	6228.0
意大利	9034.1	9003.3	9366.6	9604.1	9722.6
俄罗斯	19952.2	23050.0	23768.9	25611.7	26188.6
荷兰	2062.7	2014.9	1917.9	1982.9	1964.3
波兰	4392.6	4480.7	4695.2	5016.0	5084.0
西班牙	4962.3	5105.3	5138.9	5259.8	5066.3
瑞典	1001.4	1044.0	1099.2	1145.4	1164.3
瑞士	889.7	932.3	964.4	1008.3	1046.0
土耳其	6582.4	6278.0	6177.0	6532.2	6768.1
乌克兰	5568.1	5494.3	5392.9	5556.7	5934.4
美国	26130.0	27430.0	28511.8	29829.3	31000.0
加拿大	2209.3	2381.2	2582.5	2738.7	2626.3
墨西哥	7530.3	8319.4	9138.3	9458.3	10078.6
巴西	15064.1	16938.6	19693.0	23435.8	24832.4
阿根廷	4650.9	5248.3	5730.0	5500.0	5859.9
澳大利亚	2212.0	2220.0	2250.0	2449.0	2433.8
新西兰	462.0	470.0	471.0	482.0	492.2

注：数据来自 ITU，根据最新发布数据对往年数据进行调整。

2008—2012 年主要国家每百人移动电话用户数
Mobile cellular subscribers per 100 inhabitants

单位：户/百人

国家和地区	2008 年	2009 年	2010 年	2011 年	2012 年
中国	48.28	55.97	64.04	73.19	81.26
日本	87.24	91.90	97.43	104.95	109.43
韩国	95.54	99.96	105.36	108.50	110.36
印度尼西亚	59.83	68.94	88.08	102.49	115.20
菲律宾	75.54	82.43	89.16	99.30	106.77
泰国	90.58	95.99	103.62	113.16	120.29
新加坡	134.42	139.21	145.18	150.24	153.40
马来西亚	100.77	107.85	119.22	127.04	140.94
印度	29.13	43.48	61.42	72.00	68.72
巴基斯坦	52.57	55.33	57.14	61.61	66.77
沙特阿拉伯	137.58	167.35	187.86	191.24	184.68
伊朗	59.48	71.86	73.07	74.93	76.92
埃及	52.71	69.44	87.11	101.08	115.29
南非	91.24	93.34	100.48	126.83	134.80
德国	127.95	127.42	127.04	132.30	131.30
英国	125.24	130.17	130.76	130.75	130.75
法国	93.36	92.75	92.03	94.76	98.14
意大利	150.84	149.44	154.69	157.99	159.48
俄罗斯	139.37	161.12	166.26	179.31	183.52
荷兰	124.99	121.68	115.45	118.99	117.52
波兰	114.93	117.14	122.67	130.97	132.68
西班牙	109.92	111.86	111.53	113.22	108.32
瑞典	108.41	112.12	117.19	121.33	122.62
瑞士	117.48	122.32	125.83	130.91	135.25
土耳其	92.81	87.38	84.90	88.70	90.84
乌克兰	121.07	120.19	118.66	122.96	132.05
美国	85.68	89.14	91.86	95.28	98.17
加拿大	66.29	70.71	75.92	79.73	75.74
墨西哥	68.07	74.26	80.57	82.39	86.77
巴西	78.65	87.65	101.02	119.17	125.19
阿根廷	117.11	131.00	132.88	134.92	142.51
澳大利亚	102.82	101.36	101.04	108.34	106.19
新西兰	108.00	108.73	107.83	109.19	110.33

注：数据来自 ITU，根据最新发布数据对往年数据进行调整。

2008—2012 年主要国家每百人互联网网民数
Internet users per 100 inhabitants

单位：%

国家和地区	2008 年	2009 年	2010 年	2011 年	2012 年
中国	22.60	28.90	34.30	38.30	42.30
日本	75.40	78.00	78.21	79.05	79.05
韩国	80.99	81.60	83.70	83.80	84.10
印度尼西亚	7.92	6.92	10.92	12.28	15.36
菲律宾	6.22	9.00	25.00	29.00	36.24
泰国	18.20	20.10	22.40	23.70	26.50
新加坡	69.00	69.00	71.00	71.00	74.18
马来西亚	55.80	55.90	56.30	61.00	65.80
印度	4.38	5.12	7.50	10.07	12.58
巴基斯坦	7.00	7.50	8.00	9.00	9.96
沙特阿拉伯	36.00	38.00	41.00	47.50	54.00
伊朗	10.24	11.07	16.00	21.00	26.00
埃及	18.01	25.69	31.42	39.83	44.07
南非	8.43	10.00	24.00	33.97	41.00
德国	78.00	79.00	82.00	83.00	84.00
英国	78.39	83.56	85.00	86.84	87.02
法国	70.68	71.58	80.10	79.58	83.00
意大利	44.53	48.83	53.68	56.80	58.00
俄罗斯	26.83	29.00	43.00	49.00	53.27
荷兰	87.42	89.63	90.72	92.30	93.00
波兰	53.13	58.97	62.32	64.88	65.00
西班牙	59.59	62.40	65.80	67.60	72.00
瑞典	90.00	91.00	90.00	94.00	94.00
瑞士	79.20	81.30	83.90	85.20	85.20
土耳其	34.37	36.40	39.82	43.07	45.13
乌克兰	11.00	17.90	23.30	28.71	33.70
美国	74.00	71.00	74.00	77.86	81.03
加拿大	76.70	80.30	80.30	83.00	86.77
墨西哥	21.71	26.34	31.05	34.96	38.42
巴西	33.83	39.22	40.65	45.00	49.85
阿根廷	28.11	34.00	45.00	51.00	55.80
澳大利亚	71.67	74.25	76.00	79.50	82.35
新西兰	72.03	79.70	83.00	86.00	89.51

注：数据来自 ITU，根据最新发布数据对往年数据进行调整。

2008—2012 年主要国家固定（有线）互联网宽带接入用户数

Fixed broadband Internet subscribers

单位：万户

国家和地区	2008 年	2009 年	2010 年	2011 年	2012 年
中国	8287.9	10397.8	12629.1	15000.1	17562.5
日本	3011.8	3285.2	3401.6	3486.6	3529.6
韩国	1547.4	1634.8	1719.4	1785.9	1825.2
印度尼西亚	98.2	186.4	228.0	273.6	298.3
菲律宾	104.6	172.2	172.2	179.1	214.7
泰国	179.3	229.6	318.9	373.8	435.7
新加坡	102.4	117.1	126.9	133.0	137.1
马来西亚	131.9	154.2	183.6	213.8	246.0
印度	528.0	774.6	1099.0	1335.0	1430.6
巴基斯坦	14.8	30.3	53.2	73.8	92.7
沙特阿拉伯	104.8	134.3	157.7	160.8	196.6
伊朗	30.0	40.0	96.2	177.3	307.6
埃及	77.0	104.6	145.0	184.4	228.7
南非	42.6	48.1	74.3	90.7	110.7
德国	2264.4	2489.2	2609.0	2718.6	2790.7
英国	1727.4	1785.9	1913.4	2044.0	2137.1
法国	1783.0	1985.2	2133.7	2274.9	2396.0
意大利	1127.6	1208.2	1306.2	1343.2	1348.3
俄罗斯	928.0	1290.0	1570.0	1742.3	2065.8
荷兰	580.7	612.9	632.9	649.8	659.2
波兰	398.5	479.8	496.1	562.2	637.3
西班牙	905.4	970.7	1053.6	1104.8	1134.5
瑞典	289.9	294.2	299.7	303.5	305.6
瑞士	255.6	273.9	291.2	307.6	323.7
土耳其	575.0	644.3	708.8	755.5	785.8
乌克兰	160.0	190.7	295.5	316.9	364.3
美国	7570.7	7834.9	8275.8	8563.0	8852.0
加拿大	984.2	998.0	1047.8	1093.2	1140.6
墨西哥	742.7	928.4	1104.9	1186.8	1271.7
巴西	968.0	1129.6	1326.6	1685.5	1818.7
阿根廷	318.5	347.4	386.2	422.1	447.5
澳大利亚	515.0	509.2	537.5	541.2	574.3
新西兰	91.5	98.0	105.0	114.0	124.0

注：数据来自 ITU，根据最新发布数据对往年数据进行调整。

第三部分　附　录

统计指标解释

一、公用通信网

电信业务总量

是以货币形式表示的电信企业为社会提供各类电信服务的总数量，是用于观察电信业务发展变化总趋势的综合性总量指标。计量单位：元。

电信业务总量是以各类业务的实物量分别乘以相应的不变单价，求出各类业务的货币量加总求得。

不变单价是一定时期内计算业务总量的同度量因素，是根据基年各类电信业务量与相对应的电信业务收入测算的平均单价。不变单价的作用是在一定时期内保持电信业务总量不受价格变动的影响，能够比较准确地综合反映电信业务的发展情况。电信主管部门根据国家统一规定先后制定过七次全国不变单价，基本为10年一次。2010年电信业务总量根据最新制定的2010年电信业务不变单价计算。

固定电话用户

是指报告期末在电信企业营业网点办理开户登记手续并已接入固定电话网上的全部电话用户。包括普通电话用户、无线市话用户、公共电话用户、窄带综合业务数字网（N-ISDN）用户、集中用户交换机(CENTREX)用户、模拟中继线用户等。计量单位：户。

固定电话用户按行政区划分为城市电话用户和农村电话用户。

城市电话用户是指按行政区划属于中央直辖市、省辖市、地级市、县级市的市区、市郊区及县城区范围内的电话用户数。包括分布在农村地区但以县团级以上建制的独立工矿区、林区、驻军的电话用户。

农村电话用户是指按行政区划属于城市范围以外的乡（镇）、村电话用户。

住宅电话用户是指私人付费或安装在居民住宅并按照私人或住宅电话用户登记注册和收费的各类电话用户。

无线市话用户是指在本电信运营企业营业网点办理开户登记手续，利用无线接入话机，采用PHS/PAS制式，通过无线通信方式接入公众电话网，占用固定电话号码资源的电话用户，即通常所说的小灵通用户。

公用电话用户是指装设在街道、宾馆、机场、车站等公共场所以及电信营业厅等地，供人民群众共同使用，并按照公用电话登记注册和收费的电话用户。包括安装在街道等公共场所的智能网专用接入终端用户。

移动电话用户

是指报告期末在电信企业营业网点办理开户登记手续，通过移动电话交换机进入移动电话网，占用移动电话号码的各类电话用户。包括各类签约用户、智能网预付费用户、无线上网卡用户。计量单位：户。

3G 移动电话用户是指在计费系统拥有使用信息，占用 3G 网络资源的在网用户。

互联网拨号用户

是指报告期末通过 PSTN、N-ISDN 等，采用拨号方式接入公众互联网的用户。包括已在电信企业营业网点（或代理商及与电信企业合作经营的 ISP、ICP）办理开户登记手续的、使用个人账号接入公众互联网的全部注册拨号用户；使用公用账号拨通上网特服号接入公众互联网的全部主叫电话号码用户；使用电信企业发行的各种上网储值卡、（银行与本电信企业签有协议的）银行卡等接入公众互联网的全部卡式用户。计量单位：户。

互联网宽带接入用户

是指报告期末在电信企业登记注册，通过 xDSL、FTTx+LAN、FTTH/O 以及其他宽带接入方式和普通专线接入公众互联网的用户。计量单位：户。

xDSL **用户**是指在电信企业登记注册通过 xDSL 方式接入公众互联网的用户，包括 xDSL 虚拟拨号用户和 xDSL 专线用户。

LAN 用户是指在电信企业登记注册，通过 FTTx+LAN 方式接入公众互联网的用户，包括 FTTx+LAN 业务终端方式用户、FTTx+LAN 业务专线方式用户。

城市宽带接入用户是指行政区划属于中央直辖市、省辖市、地级市、县级市的市区、市郊区及县城区范围内的宽带接入用户，还包括分布在农村地区的县团级以上建制的独立工矿区、林区、驻军的宽带接入用户。

农村宽带接入用户是指行政区划属于城市范围以外的乡（镇）、村宽带接入用户。

卫星移动通信系统用户

是指报告期末在电信企业已办理注册登记手续，通过移动电话交换机进入卫星移动电话网，占用卫星移动电话号码的电话用户。计量单位：户。

固定电话通话量

本地电话通话时长是指电信企业固定电话用户作主叫，拨打本地网内的所有去话通话时长，包括拨打本地网内本电信企业或其他电信企业的固定或移动电话用户，经本电信企业或其他电信企业固定或移动本地电路接续的全部去话通话时长。包括本地网内区间电话通话时长、本地网内区内电话通话时长和本地网内拨号上网通话时长。计量单位：分钟。

本地网内区间电话通话时长是指固定电话用户作主叫，与本地网内不同营业区用户之间发生的通话时长。

本地网内区内及拨号上网电话通话时长是指固定电话用户作主叫，与本地网内同一营业区用户之间发生的通话时长，以及拨号接入互联网所发生的本地通话时长。

本地电话通话量按计费通话时长统计。计费时长前三分钟按 180 秒统计，不足三分钟按三分钟统计，后每一分钟按 60 秒统计，不足一分钟按一分钟算，累计后折合为分钟数统计；拨打区间和上网通话业务时，计费时长以一分钟为一个计费单元，不足一分钟计为一分钟。

固定长途电话通话时长是指电信企业固定电话用户作主叫，拨打本地网以外的所有去话通话时长，包括国内长途电话通话时长、国际电话去话通话时长和港澳台电话去话通话时长，包括固定 IP 电话通话时长。计量单位：分钟。

“分钟”按计费通话时长（6 秒为一个计费单元）累计后折合为分钟数统计。

国内长途电话通话时长是指电信企业的固定电话用户作主叫，拨打本地网以外的所有去话通话时长。包括拨打本地网以外本电信企业或其他电信企业的固定（或移动）电话用户，经本电信企业或其他电信企业长途电路接续的全部去话通话时长。

国际及港澳台电话通话时长是指本电信企业固定电话用户作主叫，拨打国外、港澳台地区的所有去话通话时长。包括经本电信企业或其他电信企业国内长途电路和国际及港澳台电路接续通话的国际及港澳台去话通话时长。

移动电话通话量

是指移动电话用户在移动电话网上发生的所有通话量。包括移动电话用户在非漫游和漫游出访状态下发生的本地、国内长途、国际及港澳台的主、被叫通话量。计量单位：分钟。

“分钟”按计费通话时长（本地电话 1 分钟为一个计费单元；国内长途、国际及港澳台电话 6 秒为一个计费单元）累计后折合为分钟数统计。

移动电话去话通话时长是指电信企业移动电话用户作主叫，在非漫游、漫游出访状态下拨打其他电话用户的所有去话通话时长。漫游来访的异地移动电话用户去话通话时长由计收话费的电信企业统计。根据漫游状态的不同分为移动非漫游去话通话时长、移动国内漫游去话通话时长、移动国际漫游去话通话时长、移动港澳台漫游去话通话时长。

移动电话来话通话时长是指电信企业移动电话用户在非漫游、漫游出访状态下接听其他电话用户的所有来话通话时长。

移动短信业务量

是指移动电话用户通过移动通信网络短信平台使用短信业务的通信量。计量单位：条。

增值电信企业短信量是指接入电信企业网络短信平台的各增值电信企业在报告期内发送和接收的 SMS 短信业务量之和，包括全国和本地增值电信企业的短信量。

点对点短信量是指电信企业移动电话用户经过短消息中心发送成功的点对点短信条数。包括本电信企业移动电话用户成功发送给本电信企业或其他电信企业移动电话用户和无线市话用户的短信息业务量。

移动彩信业务量

是指电信企业移动电话用户通过移动通信网络彩信平台使用移动彩信业务的通信量。计量单位：条。

增值电信企业彩信量是指接入电信企业网络彩信平台的各增值电信企业在报告期内发送和接收的 MMS 短信业务量之和，包括全国和本地增值电信企业的彩信量。

点对点彩信量是指电信企业移动电话用户经过彩信网关发送成功的点对点彩信条数。包括电信企业移动电话用户成功发送给本电信企业或其他电信企业移动电话用户的彩信业务量。

固定电话互联互通通话时长

是指从电信企业固定电话网内发起的经网间关口局疏通的去往其他电信企业固定或移动电话网的电话通话时长。计量单位：分钟。

移动电话互联互通通话时长

是指从本电信企业移动电话网内发起的经网间关口局疏通的去往其他电信企业固定或移动电话网的通话时长。计量单位：分钟。

移动短信互联互通业务量

是指本电信企业固定或移动电话用户发起，通过短信互通网关发送到其他电信企业固定或移动电话用户的各类短信通信量。计量单位：条。

长途光缆

是指由一定数量的光纤按照一定方式组成缆心，外包有护套，用以实现光信号传输的一种用于长途通信的通信线路，包括架空、直埋、管道、水底、海底的光缆。分别按长途光缆线路长度、长途光缆纤芯长度统计。

长途光缆线路长度是指长途光缆线路的实际长度，架空的光缆按实际杆路长度统计，埋设地下、水底、海底的光缆按沟长统计。计量单位：公里。

长途光缆纤芯长度是指长途光缆纤芯数与长途光缆长度的乘积。计量单位：芯公里。

本地网中继光缆

是指本地网内各业务节点（如局用交换机、远端模块、数据通信节点机等）之间的光缆，包括本地电话网内本地电话交换机至长途电话交换机之间、各本地电话交换机之间及各业务节点之间的架空、直埋、管道、水底等光缆。分别按本地网中继光缆线路长度、本地网中继光缆纤芯长度统计。

本地网中继光缆线路长度是指本地网内各业务节点之间从起点至终点所经由的光缆线路实际长度。架空光缆按实际杆路长度统计，埋设地下、水底的光缆按埋设光缆的沟长统计。计量单位：公里。

本地网中继光缆纤芯长度是指本地网光缆纤芯数与光缆长度的乘积。计量单位：芯公里。

接入网光缆

是指本地网内各业务节点（如局用交换机，远端模块，数据通信节点机等）至用户节点（光终端设备）之间的光缆。分别按接入网光缆线路长度、接入网光缆纤芯长度统计。

接入网光缆线路长度是指本地网内各业务节点至用户节点之间的光缆杆路或沟长的实际长度。计量单位：公里。

接入网光缆纤芯长度是指接入网光缆纤芯数与光缆长度的乘积。计量单位：芯公里。

长途电话交换机容量

是指电信企业用于接入长途电话网的电话交换机的设备额定容量。计量单位：路端。

局用交换机容量

是指安装在电信企业内用于接续本地固定电话的电话交换机容量，包括接入网设备容量（安装在电信运营企业用于连接语音用户的远端节点的设备容量）。计量单位：门。

移动电话交换机容量

是指移动电话交换机根据一定话务模型和交换机处理能力计算出来的最大同时服务用户的数量。按报告期末已割接入网正式投入使用的设备实际容量统计。计量单位：户。

移动电话基站

是指为小区服务的无线收发信设备，处理基站与移动台之间的无线通信，在移动交换机与移动台之间起中继作用，监视无线传输质量的全套设备。计量单位：个。

3G 基站数是指报告期末本电信企业 3G 移动通信网络上实际使用的 Node-B 数量。

移动电话话音信道数

是指基站发射和接收移动电话信号的无线传输通道数。按报告期末已割接入网投入使用的设备实际信道数统计。计量单位：个。

移动短消息中心容量

是指本电信企业短消息中心一小时内，处理短信息最大条数。计量单位：条。

互联网宽带接入端口

是指用于接入互联网用户的各类实际安装运行的接入端口的数量，包括xDSL用户接入端口、LAN接入端口、FTTH/O端口及其他类型接入端口等，不包括窄带拨号接入端口。计量单位：个。

电信业务收入

是指电信企业经营基础电信业务和增值电信业务所取得的资费收入，以及电信企业之间网间互联电信业务的结算收入。计量单位：元。

电信业务成本

是指电信企业在通信生产过程中实际发生的与通信生产直接相关的各项费用支出。包括直接从事通信生产人员的工资、职工福利费、折旧费、修理费、低值易耗品摊销、业务费、电路及网元租赁费等，不包括管理人员和营销人员工资。计量单位：元。

电信利润总额

是指电信企业在生产经营过程中，通过销售过程将商品卖给购买方，实现收入，收入扣除当初的投入成本以及其他一系列费用，再加减非经营性质的收支及投资收益，即为企业的利润总额。计量单位：元。

统计方法：利润总额＝营业利润＋投资收益（减投资损失）＋补贴收入＋营业外收入－营业外支出。

增加值

是指电信行业在核算期内从事生产经营或劳务的最终成果，即电信行业在核算期内为国家和社会新创造的价值总额。电信行业增加值采用“收入法”计算。计量单位：元。

资产总额

是指过去的交易或事项形成并由电信企业拥有或控制的所有资源，该资源预期会给企业带来经济利益，按其流动性分为流动资产和非流动资产。计量单位：元。

固定资产原值

是指电信企业在建造、购置、安装、改建、扩建、技术改造某项固定资产时所支出的全部货币总额。它一般包括买价、包装费、运杂费和安装费等。计量单位：元。

固定资产净值

是指固定资产原值扣除历年已提折旧额后的净额。计量单位：元。

固定资产投资完成额

是指以货币形式表现的在一定时期内建造和购置固定资产的工作量以及有关的费用总称。包括用于电信通信枢纽以及电信房屋、设备及线路等建设的投资。主要分为如下几部分。

固定通信投资是指专门用于固定通信网络建设的投资。包括无线市话网投资，不包括数据通信网投资。

移动通信投资是指专门用于移动通信网络建设的投资。

互联网及数据通信投资是指用于互联网和数据业务网络的投资。包括 IP 数据网投资和基础数据网投资，包括核心路由器、边缘路由器、服务路由器（SR）和 BAS 的投资和其他投资。

创新及增值平台投资是指用于承载网、业务网和增值平台等方面的投资。

业务支撑系统投资是指用于信令网、智能网、同步网、BOSS、MIS、OA 等网络的设备和软件投资。

传输投资是指专门用于传输网建设的投资。如管道、光缆、传输系统及其他投资，包括传输设备、光缆线路、微波投资。

局房及营业场所投资是指用于生产用房、办公经营用房和营业厅的投资。

电信其他投资是指用于管理、共用等不属于上述方面的其他投资。

移动电话漫游国家和地区

是指在移动电话用户出国（境）时，可以用原有的手机和 SIM 卡，并且沿用在中国的电话号码，在当地继续接听来电并随时随地打出电话的国家和地区，即统计期末所有与本企业签署漫游协议，提供漫游服务的国家和地区。计量单位：个。

固定电话普及率

是指报告期行政区域总人口中，平均每百人拥有的固定电话用户数（不包括专用通信网电话和接入用户交换机的电话）。计量单位：部/百人。

计算公式：

$$\text{固定电话普及率}=\frac{\text{固定电话话机总数（部）}}{\text{行政区域总人口数（人）}}\times 100$$

注：人口数取自国家统计局统计资料。

城市固定电话普及率

是指报告期城市行政区域总人口中，平均每百人拥有的固定电话用户数（不包括专用通信网电话和接入用户交换机的电话）。计量单位：部/百人。

计算公式：

$$城市固定电话普及率=\frac{城市固定电话话机总数（部）}{城市辖区内人口总数（人）}\times 100$$

注：人口数取自公安部公布的人口资料。

移动电话普及率

是指报告期行政区域总人口中，平均每百人拥有的移动电话数。计量单位：部/百人。

计算公式：

$$移动电话普及率=\frac{移动电话用户总数（部）}{行政区域总人口数（人）}\times 100$$

注：人口数取自国家统计局统计资料。

二、增值电信业务

增值电信企业

是指在中国大陆境内经营全国或区域性增值电信业务的服务商。计量单位：个。

国有控股企业是指在企业全部资本中，国家资产投资或持股比例超过百分之五十，且以国有控股企业性质注册增值电信业务经营许可的企业。包括国有独资企业。

外商投资企业是指外国投资者同中国投资者在中国境内依法以中外合资经营形式，共同投资设立的企业，且以外商投资企业性质注册增值电信业务经营许可的企业。

民营控股企业是指除国有控股、外商投资增值电信企业以外，以民营控股企业性质注册增值电信业务经营许可的企业。

港、澳、台投资企业是指企业工商登记注册类型为港、澳、台商投资的增值电信企业。包括与港澳台商合资经营、合作经营，港澳台商独资经营以及港澳台商投资股份有限公司的企业。

互联网数据中心业务（IDC）企业是指利用相应的机房设施，以外包出租的方式为用户的服务器等互联网或其他网络的相关设备提供放置、代理维护、系统配置及管理服务以及提供数据库系统或服务器等设备的出租及其存储空间的出租、通信线路和出口带宽的代理租用和其他应用服务的服务商。

存储转发类业务企业是指利用存储转发机制为用户提供信息发送业务的服务商。存储转发类业务包括语音信箱、X.400 电子邮件、传真存储转发等业务。

呼叫中心业务企业是指受企事业单位委托，利用与公用电话网或互联网连接的呼叫中心系统和数据库技术，经过信息采集、加工、存储等建立信息库，通过固定网、移动网或互联网等公众通信网络向用户提供有关该企事业单位的业务咨询、信息咨询和数据查询等服务的服务商。呼叫中心业务还包括呼叫中心系统和话务员座席的出租服务。

互联网接入服务业务（ISP）企业是指利用接入服务器和相应的软硬件资源建立业务节点，并利用公用电信基础设施将业务节点与互联网骨干网相连接，为各类用户提供接入互联网服务的服务商。互联网接入服务业务包括为互联网信息服务业务(ICP)经营者等利用互联网从事信息内容提供、网上交易、在线应用等提供接入互联网服务，以及为普通上网用户等需要上网获得相关服务的用户提供接入互联网的服务。

信息服务业务企业是指通过信息采集、开发、处理和信息平台的建设，通过固定网、移动网或互联网等公众通信网络直接向终端用户提供语音信息服务(声讯服务)或在线信息和数据检索等信息服务业务的服务商。信息服务的类型主要包括内容服务、娱乐/游戏、商业信息和定位信息等服务。面向的用户可以是固定通信网络用户、移动通信网络用户、互联网用户或其他数据传送网络的用户。

(1) 统计范围：根据《电信业务分类目录》，增值电信业务企业包括在线数据处理与交易处理业务企业、国内多方通信服务业务企业、国内互联网虚拟专用网业务企业、互联网数据中心业务企业等第一类电信增值业务企业；存储转发类业务企业、呼叫中心业务企业、互联网接入服务业务企业、信息服务业务企业等第二类增值电信业务企业；无线寻呼业务企业、国内甚小口径终端地球站（VSAT）通信业务企业等比照增值电信业务管理的基础电信业务企业。

(2) 注意事项：a．增值电信企业包括在工业和信息化部电信管理局领取跨地区经营许可证的增值电信企业和在省（区、市）通信管理局领取本省（区、市）内经营许可证的增值电信企业。不包括同时经营增值电信业务的三家基础电信企业；b．在统计增值电信企业总数时，对于一个企业拥有多项增值电信业务经营许可的情况，只计算为一个企业，不重复计算。增值电信企业总数应小于或等于各分类业务的企业数量之和；c．各分类业务的企业数的统计，按拥有该分类业务经营许可的情况计算。对于拥有同一个业务分类中的多项业务经营许可的情况，只计算为一个企业，不重复计算。

增值电信业务收入

是指增值电信企业经营各项增值电信业务所获得的业务收入总和。计量单位：元。

注意事项：不包括增值电信企业从事非增值电信业务所获得的收入。

互联网数据中心业务（IDC）收入是指增值电信企业经营互联网数据中心业务所获得的业务收入。计量单位：万元。

呼叫中心业务收入是指增值电信企业经营呼叫中心业务所获得的业务收入。

存储转发类业务收入是指增值电信企业经营存储转发类业务所获得的业务收入。

互联网接入服务业务（ISP）收入是指增值电信企业经营互联网接入服务所获得的业务收入。

信息服务业务收入是指增值电信企业经营信息服务业务所获得的业务收入。包括固定网信息服务业务收入、移动网信息服务业务收入和互联网信息服务业务收入。

其中，**SMS 短信业务收入**是指增值电信企业经营 SMS 短信业务所获得的业务收入。

其中，**WAP 业务收入**是指增值电信企业经营 WAP 业务所获得的业务收入。

其中，**个性化回铃音业务收入**是指增值电信企业经营个性化回铃音业务所获得的业务收入。

其中，**网络广告业务收入**是指增值电信企业经营网络广告业务所获得的业务收入。

其中，**网络游戏业务收入**是指增值电信企业经营网络游戏业务所获得的业务收入。

其中，**搜索引擎业务收入**是指增值电信企业对互联网上的信息资源进行搜集整理，为用户提供互联网上信息检索服务所获得的收入。包括搜索引擎广告收入、网址导航收入、提供搜索引擎技术服务所获得的收入等。

其中，**网络视频业务收入**是指增值电信企业在运营的视频网站上，向互联网用户提供在线视频服务所取得的收入。包括点播、下载、包月等各项业务收费所得收入。

增值电信企业从业人数

是指增值电信企业中直接从事增值电信业务的员工数。计量单位：人。

注意事项：不包括增值电信企业中从事非增值电信业务的员工。

三、专用通信网

本地电话用户

是指在报告期末接入区域专用电话网上的电话用户。

住宅电话用户是指安装在居民住宅并按照私人或住宅电话用户管理的各类电话用户。

注意：a.普通电话按正机数统计；b.住宅电话用户不包括安装在居民住宅，属于经营性的电话用户。

互联网拨号用户

是指在报告期末通过本专用通信网接入国内、国际互联网，享用互联网上的丰富资源和各种服务的用户。

统计范围：包括报告期末在本专用网上连接的所有用户。

宽带接入用户

是指在报告期末通过 xDSL、FTTX+LAN、WLAN 等方式接入本专用宽带网上的用户。

统计范围：包括报告期末在本专用网上连接的所有用户。

长途光缆线路

长途光缆线路是指由一定数量的光纤按照一定方式组成的缆心，外包有护套，用以实现光信号传输的一种用于长途通信的通信线路，包括架空、直埋、管道、水底的光缆。

长途光缆线路长度是指长途光缆线路的实际长度。架空的光缆按实际杆路长度统计，埋设地下、水底的光缆按沟长统计。

本地线路

本地网中继光缆线路长度是指区域网(本地网)内各业务节点之间起点至终点所经由的光缆线路实际长度。

接入网光缆线路长度是指区域网(本地网)内各业务节点至用户节点之间的光缆杆路或沟长的实际长度。

统计范围：a.区域网(本地网)中继光缆包括专用电话网内本地电话交换机至长途电话交换机之间、各本地电话交换机之间及各业务节点之间的架空、直埋、管道、水底等光缆。b.接入网光缆包括本地网内各业务节点(如局用交换机，远端模块，数据通信节点机等)至用户节点(光终端设备)之间的光缆，分为有线接入和无线接入两种。

本地电话交换机容量

是指安装在本专用网上用于接续本地固定电话的电话交换机容量。

统计范围：a.包括人工或自动交换机(含远端模块)以及接入网局用交换机的全部容量；b.包括虽没有建立固定资产账户但已经交付业务部门使用的局用交换机，不包括工程虽已竣工但尚未交付业务部门使用的局用交换机；c.不包括仅作汇接用，不向用户开放的交换机容量；d.分期投产的设备，按实际交付使用的用户设备容量统计；拆去或加装用户设备的交换机，按实际设备用户容量统计；e.与长途电话交换机合用的交换机，产权明确的，按产权归属统计，产权不明确的，按主要用途统计。

注意：a.程控交换机按用户板容量统计；b.人工电话交换机按空塞或号牌统计；c.机械式自动交换机容量按用户机键统计。

固定资产原值

是指专用网在建造、购置、安装、改建、扩建、技术改造某项固定资产时所支出的全部货币总额。它一般包括买价、包装费、运杂费和安装费等。

固定资产净值

是指固定资产原值扣除历年已提折旧额后的净额。

通信从业人员

是指在报告期末专用网内从事通信的在岗职工人数。

固定资产完成投资额

固定资产投资是指为了建造、购置或更新改造固定资产而进行的经济活动。

固定资产投资完成额是以货币形式表现的在一定时期内建造和购置固定资产的工作量以及有关的费用总称。它是固定资产投资统计的主要指标，是反映固定资产投资规模、结构和发展速度的综合指标，也是观察工程进度和考核投资效果的重要依据。

四、国际电联统计指标

电话主线运营数

是指将用户终端设备与公众交换网进行连接的并在电话交换设备上拥有专门端口的（固定）电话线。该术语与通信文件中常用的主站或直接交换线（DEL）为同义词术语。电话主线可能不同于接入线或用户线。该指标中涵盖综合业务数字网（ISDN）通道的数量。固定无线用户也应包括其中。

蜂窝移动电话用户数

是指使用蜂窝技术向公众交换电话网（PSTN）提供接入的公众移动电话业务的便携式电话签约付费用户，其中可以包括模拟和数字蜂窝系统。这些用户还包括 IMT-2000（第三代，3G）用户。公众移动数据业务或无线寻呼业务的用户不应包括其中。

互联网网民数

是指通过定期调查进行估算的互联网上网人数。互联网网民指的是过去半年内使用过互联网的 6 周岁及以上中国居民。

中华人民共和国 2012年国民经济和社会发展统计公报[1]

中华人民共和国国家统计局

2013 年 2 月 22 日

2012 年，面对复杂严峻的国际经济形势和艰巨繁重的国内改革发展稳定任务，全国各族人民在党中央、国务院的正确领导下，坚持以科学发展为主题，以加快转变经济发展方式为主线，按照稳中求进的工作总基调，认真贯彻落实加强和改善宏观调控的各项政策措施，国民经济运行总体平稳，各项社会事业取得新的进步，为全面建成小康社会奠定了良好基础。

一、综合

初步核算，全年国内生产总值[2] 519322 亿元，比上年增长 7.8%。其中，第一产业增加值 52377 亿元，增长 4.5%；第二产业增加值 235319 亿元，增长 8.1%；第三产业增加值 231626 亿元，增长 8.1%。第一产业增加值占国内生产总值的比重为 10.1%，第二产业增加值比重为 45.3%，第三产业增加值比重为 44.6%。

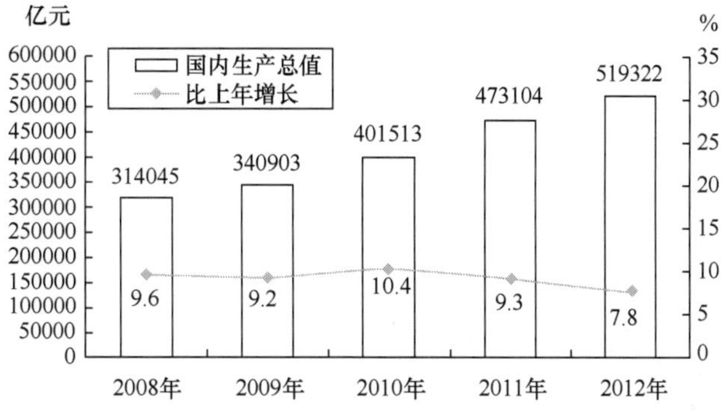

图 1　2008—2012 年国内生产总值及其增长速度

全年居民消费价格比上年上涨 2.6%，其中食品价格上涨 4.8%。固定资产投资价格上涨 1.1%。工业生产者出厂价格下降 1.7%。工业生产者购进价格下降 1.8%。农产品生产者价格[3]上涨 2.7%。

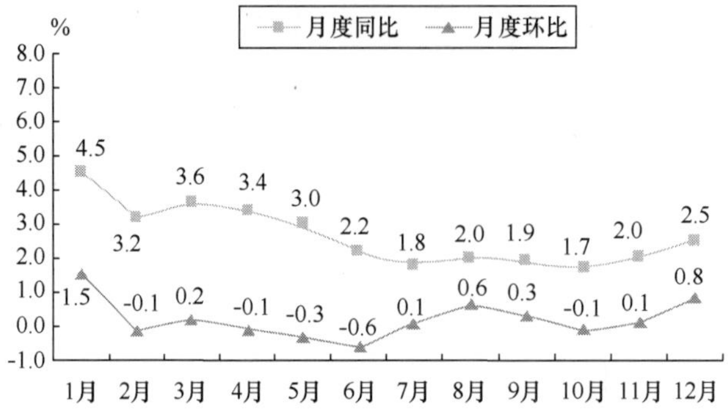

图 2　2012 年居民消费价格月度涨跌幅度

表 1　2012 年居民消费价格比上年涨跌幅度

单位：%

指　　标	全　国	城　市	农　村
居民消费价格	2.6	2.7	2.5
其中：食　品	4.8	5.1	4.0
烟酒及用品	2.9	2.9	2.7
衣　着	3.1	2.9	3.8
家庭设备用品及维修服务	1.9	2.1	1.5
医疗保健和个人用品	2.0	2.0	2.1
交通和通信	−0.1	−0.3	0.6
娱乐教育文化用品及服务	0.5	0.4	1.0
居　住	2.1	2.2	1.9

70 个大中城市新建商品住宅销售价格月环比上涨的城市个数年末为 54 个。

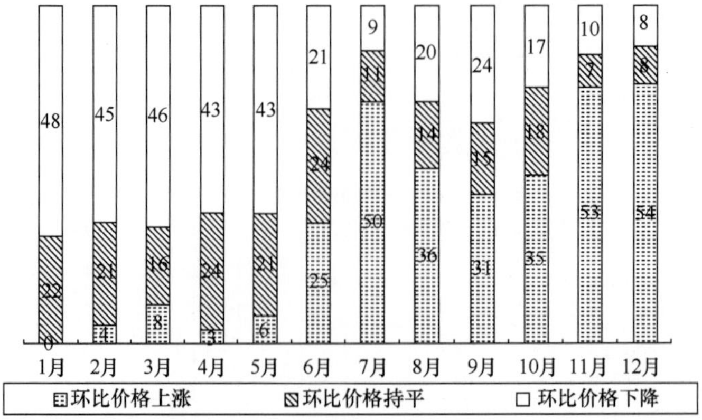

图 3　2012 年新建商品住宅月环比价格下降、持平、上涨城市个数变化情况

年末全国就业人员 76704 万人，其中城镇就业人员 37102 万人。全年城镇新增就业 1266 万人。年末城镇登记失业率为 4.1%，与上年末持平。全国农民工 [4] 总量为 26261 万人，比上年增长 3.9%。其中，外出农民工 16336 万人，增长 3.0%；本地农民工 9925 万人，增长 5.4%。

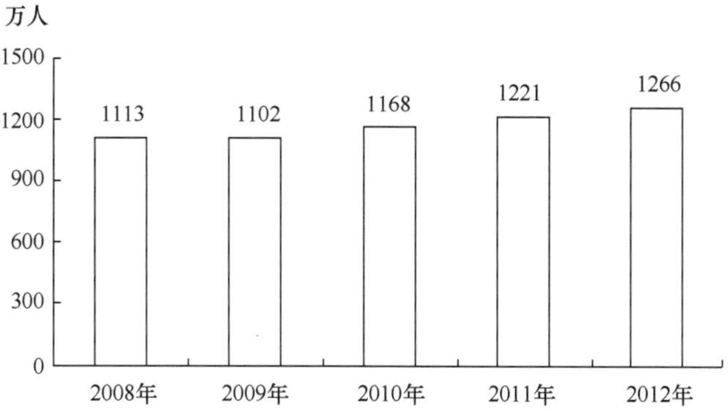

图 4　2008—2012 年城镇新增就业人数

年末国家外汇储备 33116 亿美元，比上年末增加 1304 亿美元。年末人民币汇率为 1 美元兑 6.2855 元人民币，比上年末升值 0.25%。

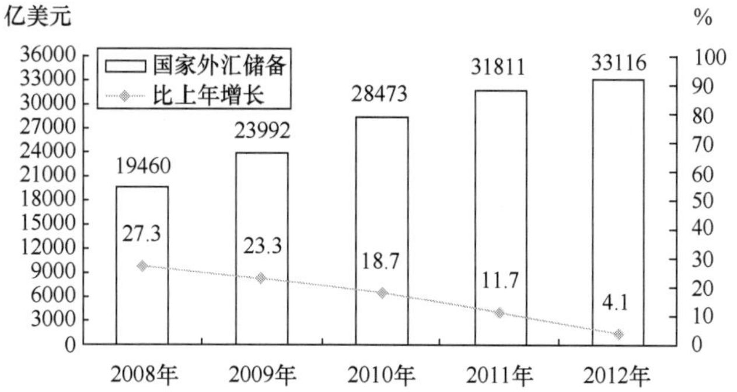

图 5　2008—2012 年年末国家外汇储备及其增长速度

全年全国公共财政收入 [5] 117210 亿元，比上年增加 13335 亿元，增长 12.8%；其中税收收入 100601 亿元，增加 10862 亿元，增长 12.1%。

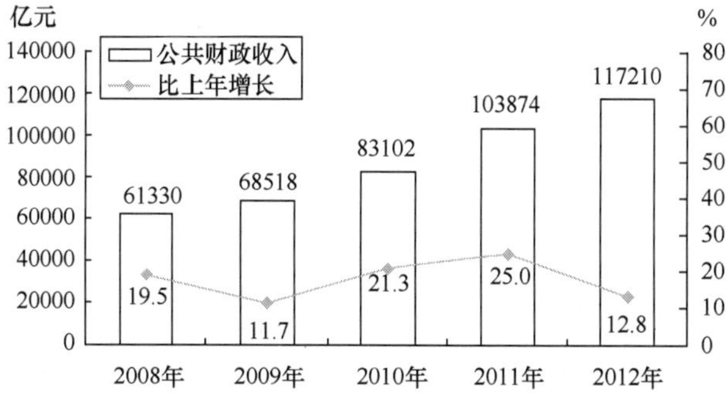

图 6　2008—2012 年公共财政收入 [6] 及其增长速度

二、农业

全年粮食种植面积 11127 万公顷，比上年增加 69 万公顷；棉花种植面积 470 万公顷，减少 34 万公顷；油料种植面积 1398 万公顷，增加 12 万公顷；糖料种植面积 203 万公顷，增加 9 万公顷。

全年粮食产量 58957 万吨，比上年增加 1836 万吨，增产 3.2%。其中，夏粮产量 12995 万吨，增产 2.8%；早稻产量 3329 万吨，增产 1.6%；秋粮产量 42633 万吨，增产 3.5%。其中，主要粮食品种中，稻谷产量 20429 万吨，增产 1.6%；小麦产量 12058 万吨，增产 2.7%；玉米产量 20812 万吨，增产 8.0%。

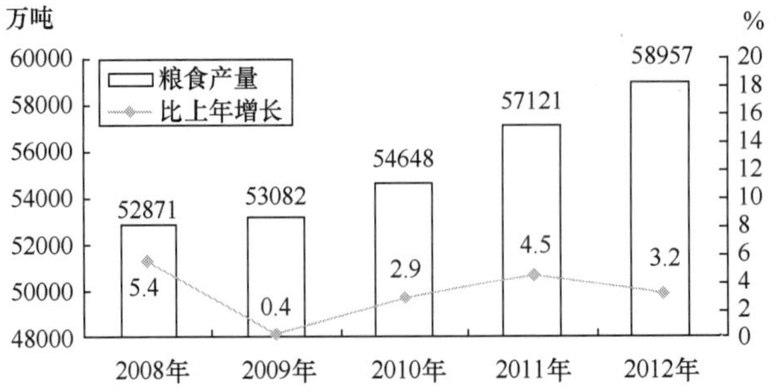

图 7　2008—2012 年粮食产量及其增长速度

全年棉花产量 684 万吨，比上年增产 3.8%。油料产量 3476 万吨，增产 5.1%。糖料产量 13493 万吨，增产 7.8%。烤烟产量 320 万吨，增产 11.5%。茶叶产量 180 万吨，增产 11.2%。

全年肉类总产量 8384 万吨，比上年增长 5.4%。其中，猪肉产量 5335 万吨，增长 5.6%；牛肉产量 662 万吨，增长 2.3%；羊肉产量 401 万吨，增长 2.0%；禽肉产量 1823 万吨，增长 6.7%。年末生猪存栏 47492 万头，增长 1.6%；生猪出栏 69628 万头，增长 5.2%。禽蛋产量 2861 万吨，增长 1.8%。牛奶产量 3744 万吨，增长 2.3%。

全年水产品产量 5906 万吨，比上年增长 5.4%。其中，养殖水产品产量 4305 万吨，增长 7.0%；捕捞水产品产量 1601 万吨，增长 1.3%。

全年木材产量 8088 万立方米，比上年下降 0.7%。

全年新增有效灌溉面积 172 万公顷，新增节水灌溉面积 235 万公顷。

三、工业和建筑业

全年全部工业增加值 199860 亿元，比上年增长 7.9%。规模以上工业增加值增长 10.0%。在规模以上工业中，国有及国有控股企业增长 6.4%；集体企业增长 7.1%，股份制企业增长 11.8%，外商及港澳台商投资企业增长 6.3%；私营企业增长 14.6%。轻工业增长 10.1%，重工业增长 9.9%。

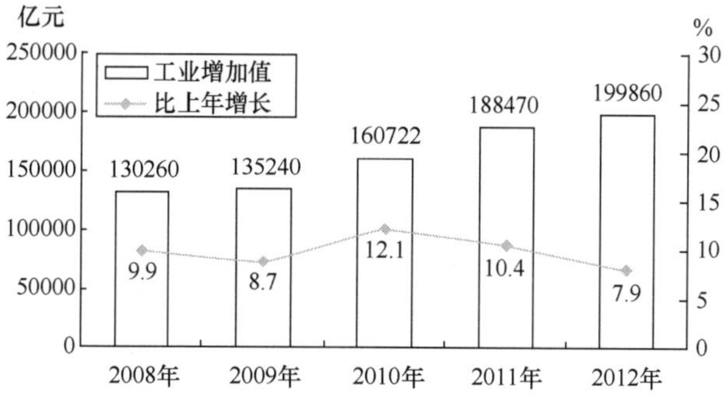

图 8 2008—2012 年全部工业增加值及其增长速度

全年规模以上工业[7]中，农副食品加工业增加值比上年增长 13.6%，纺织业增长 12.2%，通用设备制造业增长 8.4%，专用设备制造业增长 8.9%，汽车制造业增长 8.4%，计算机、通信和其他电子设备制造业增长 12.1%，电气机械和器材制造业增长 9.7%。六大高耗能行业[8]增加值比上年增长 9.5%，其中，非金属矿物制品业增长 11.2%，化学原料和化学制品制造业增长 11.7%，有色金属冶炼和压延加工业增长 13.2%，黑色金属冶炼和压延加工业增长 9.5%，电力、热力生产和供应业增长 5.0%，石油加工、炼焦和核燃料加工业增长 6.3%。高技术制造业增加值比上年增长 12.2%。

表 2　　2012 年主要工业产品产量及其增长速度

产品名称	单位	产量	比上年增长%
纱	万吨	2984.0	9.8
布	亿米	840.8	3.3
化学纤维	万吨	3800.0	12.1
成品糖	万吨	1406.8	18.5
卷　烟	亿支	25160.9	2.8
彩色电视机	万台	12823.3	4.8
其中：液晶电视机	万台	11418.3	10.9
家用电冰箱	万台	8427.0	-3.1
房间空气调节器	万台	13281.1	-4.5
一次能源生产总量	亿吨标准煤	33.3	4.8
原　煤	亿吨	36.5	3.8
原　油	亿吨	2.07	2.3
天然气	亿立方米	1072.2	4.4
发电量	亿千瓦小时	49377.7	4.8
其中：火电	亿千瓦小时	38554.5	0.6
水电	亿千瓦小时	8608.5	23.2
核电	亿千瓦小时	973.9	12.8
粗　钢	万吨	71716.0	4.7
钢　材[9]	万吨	95317.6	7.6

续表

产品名称	单位	产量	比上年增长%
十种有色金属	万吨	3672.2	6.9
其中：精炼铜（电解铜）	万吨	574.0	9.5
原铝（电解铝）	万吨	1985.8	12.3
氧化铝	万吨	3769.6	10.3
水　泥	亿吨	22.1	5.3
硫　酸	万吨	7686.3	2.7
纯　碱	万吨	2408.8	5.0
烧　碱	万吨	2696.1	9.0
乙　烯	万吨	1486.8	−2.7
化　肥（折 100%）	万吨	7296.0	10.1
发电机组（发电设备）	万千瓦	13005.6	−9.7
汽　车	万辆	1927.7	4.7
其中：基本型乘用车（轿车）	万辆	1077.1	6.4
大中型拖拉机	万台	46.3	15.3
集成电路	亿块	823.1	14.4
程控交换机	万线	2826.3	−6.8
移动通信手持机	万台	118154.3	4.3
微型计算机设备	万台	35411.0	10.5

全年规模以上工业企业实现利润 55578 亿元，比上年增长 5.3%，其中国有及国有控股企业 14163 亿元，下降 5.1%；集体企业 819 亿元，增长 7.5%；股份制企业 32867 亿元，增长 7.2%；外商及港澳台商投资企业 12688 亿元，下降 4.1%；私营企业 18172 亿元，增长 20.0%。

全年全社会建筑业增加值 35459 亿元，比上年增长 9.3%。全国具有资质等级的总承包和专业承包建筑业企业实现利润 4818 亿元，增长 15.6%，其中国有及国有控股企业 1236 亿元，增长 21.9%。

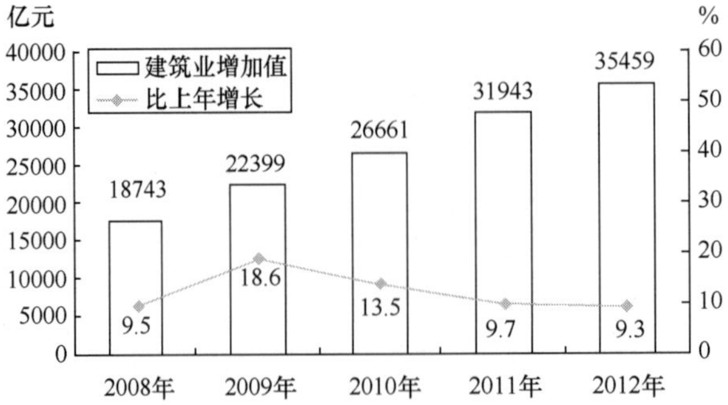

图 9　2008—2012 年建筑业增加值及其增长速度

四、固定资产投资

全年全社会固定资产投资 374676 亿元，比上年增长 20.3%，扣除价格因素，实际增长 19.0%。其中，固定资产投资（不含农户）364835 亿元，增长 20.6%；农户投资 9841 亿元，增长 8.3%。东部地区投资[10] 151742 亿元，比上年增长 16.5%；中部地区投资 87909 亿元，增长 24.1%；西部地区投资 88749 亿元，增长 23.1%；东北地区投资 41243 亿元，增长 26.3%。

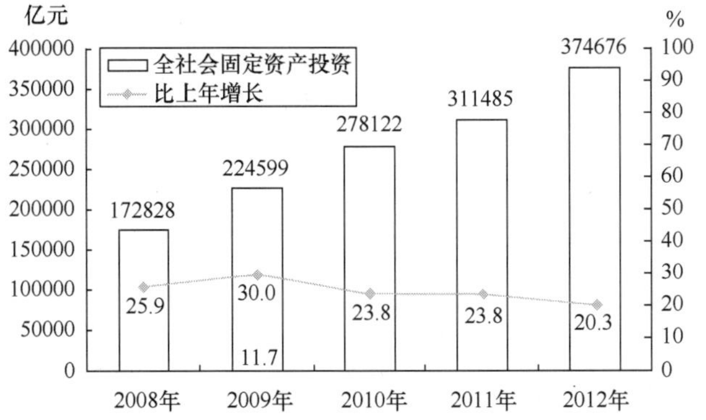

图 10　2008—2012 年全社会固定资产投资及其增长速度

表 3　2012 年分行业固定资产投资（不含农户）及其增长速度

单位：亿元

行　业	投资额	比上年增长%
总　计	364835	20.6
农、林、牧、渔业	9004	32.2
采矿业	13129	11.8
制造业	124971	22.0
电力、热力、燃气及水的生产和供应业	16536	12.8
建筑业	4036	24.6
批发和零售业	9816	33.0
交通运输、仓储和邮政业	30296	9.1
住宿和餐饮业	5102	30.2
信息传输、软件和信息技术服务业	2834	30.6
金融业	932	46.2
房地产业[11]	92357	22.1
租赁和商务服务业	4645	37.4
科学研究和技术服务业	2176	27.8
水利、环境和公共设施管理业	29296	19.5
居民服务、修理和其他服务业	1718	26.0
教育	4679	20.3
卫生和社会工作	2645	23.0
文化、体育和娱乐业	4299	36.2
公共管理、社会保障和社会组织	6363	9.2

在固定资产投资（不含农户）中，第一产业投资 9004 亿元，比上年增长 32.2%；第二产业投资 158672 亿元，增长 20.2%；第三产业投资 197159 亿元，增长 20.6%。

表 4　　2012 年固定资产投资新增主要生产能力

指　　标	单　位	绝对数
新增发电机组容量	万千瓦	8020
新增 220 千伏及以上变电设备	万千伏安	18208
新建铁路投产里程	公里	5382
其中：高速铁路[12]	公里	2723
增建铁路复线投产里程	公里	4763
电气化铁路投产里程	公里	6054
新建公路	公里	58672
其中：高速公路	公里	9910
港口万吨级码头泊位新增吞吐能力	万吨	49522
新增光缆线路长度	万公里	267

全年房地产开发投资 71804 亿元，比上年增长 16.2%。其中，住宅投资 49374 亿元，增长 11.4%；办公楼投资 3367 亿元，增长 31.6%；商业营业用房投资 9312 亿元，增长 25.4%。

全年新开工建设城镇保障性安居工程住房 781 万套（户），基本建成城镇保障性安居工程住房 601 万套。

表 5　　2012 年房地产开发和销售主要指标完成情况及其增长速度

指　　标	单　　位	绝对数	比上年增长%
投资额	亿元	71804	16.2
其中：住宅	亿元	49374	11.4
其中：90 平方米及以下	亿元	16789	21.9
房屋施工面积	万平方米	573418	13.2
其中：住宅	万平方米	428964	10.6
房屋新开工面积	万平方米	177334	−7.3
其中：住宅	万平方米	130695	−11.2
房屋竣工面积	万平方米	99425	7.3
其中：住宅	万平方米	79043	6.4
商品房销售面积	万平方米	111304	1.8
其中：住宅	万平方米	98468	2.0
本年资金来源	亿元	96538	12.7
其中：国内贷款	亿元	14778	13.2
其中：个人按揭贷款	亿元	10524	21.3
本年土地购置面积	万平方米	35667	−19.5
本年土地成交价款[13]	亿元	7410	−16.7

五、国内贸易

全年社会消费品零售总额 210307 亿元，比上年增长 14.3%，扣除价格因素，实际增长 12.1%。按经营地统计，城镇消费品零售额 182414 亿元，增长 14.3%；乡村消费品零售额 27893 亿元，增长 14.5%。按消费形态统计，商品零售额 186859 亿元，增长 14.4%；餐饮收入额 23448 亿元，增长 13.6%。

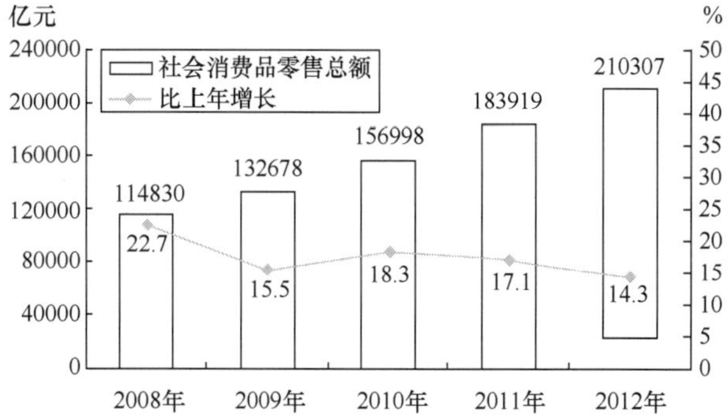

图 11　2008—2012 年社会消费品零售总额及其增长速度

在限额以上企业商品零售额中，汽车类零售额比上年增长 7.3%，粮油类增长 19.9%，肉禽蛋类增长 18.0%，服装类增长 17.7%，日用品类增长 17.5%，文化办公用品类增长 17.7%，通讯器材类增长 28.9%，化妆品类增长 17.0%，金银珠宝类增长 16.0%，中西药品类增长 23.0%，家用电器和音像器材类增长 7.2%，家具类增长 27.0%，建筑及装潢材料类增长 24.6%。

六、对外经济

全年货物进出口总额 38668 亿美元，比上年增长 6.2%。其中，出口 20489 亿美元，增长 7.9%；进口 18178 亿美元，增长 4.3%。进出口差额（出口减进口）2311 亿美元，比上年增加 762 亿美元。

表 6　　2012 年货物进出口总额及其增长速度

单位：亿美元

指　　标	绝对数	比上年增长%
货物进出口总额	38668	6.2
货物出口额	20489	7.9
其中：一般贸易	9880	7.7
加工贸易	8628	3.3
其中：机电产品	11794	8.7
高新技术产品	6012	9.6
其中：国有企业	2563	−4.1

续表

指　　标	绝对数	比上年增长%
外商投资企业	10227	2.8
其他企业	7699	21.1
货物进口额	18178	4.3
其中：一般贸易	10218	1.4
加工贸易	4812	2.4
其中：机电产品	7824	3.8
高新技术产品	5068	9.5
其中：国有企业	4954	0.3
外商投资企业	8712	0.8
其他企业	4512	17.2
进出口差额（出口减进口）	2311	—

表 7　　　2012 年主要商品出口数量、金额及其增长速度

商 品 名 称	单位	数量	比上年增长%	金额（亿美元）	比上年增长%
煤（包括褐煤）	万吨	926	−36.8	16	−41.6
钢材	万吨	5573	14.0	515	0.5
纺织纱线、织物及制品	——	—	—	958	1.2
服装及衣着附件	——	—	—	1591	3.9
鞋类	——	—	—	468	12.2
家具及其零件	——	—	—	488	28.7
自动数据处理设备及其部件	万台	183275	−0.1	1853	5.1
手持或车载无线电话	万台	101447	15.9	810	29.1
集装箱	万个	248	−23.5	84	−26.1
液晶显示板	万个	316650	29.7	363	22.9
汽车（包括整套散件）	万辆	99	20.1	127	27.5

表 8　　　2012 年主要商品进口数量、金额及其增长速度

商 品 名 称	数量（万吨）	比上年增长%	金额（亿美元）	比上年增长%
谷物及谷物粉	1398	156.7	48	134.2
大豆	5838	11.2	350	17.6
食用植物油	845	28.7	97	25.6
铁矿砂及其精矿	74355	8.4	956	−15.0
氧化铝	502	165.1	18	133.3
煤（包括褐煤）	28851	29.8	287	20.2
原油	27102	6.8	2207	12.1
成品油	3982	−1.9	330	0.6
初级形状的塑料	2370	2.9	462	−2.2
纸浆	1646	14.0	110	−7.5
钢材	1366	−12.3	178	−17.5
未锻造的铜及铜材	465	14.1	386	4.9

表 9　　2012 年对主要国家和地区货物进出口额及其增长速度

单位：亿美元

国家和地区	出口额	比上年增长%	进口额	比上年增长%
美国	3518	8.4	1329	8.8
欧盟	3340	−6.2	2121	0.4
中国香港	3235	20.7	180	15.9
东盟	2043	20.1	1958	1.5
日本	1516	2.3	1778	−8.6
韩国	877	5.7	1686	3.7
印度	477	−5.7	188	−19.6
俄罗斯	441	13.2	441	9.2
中国台湾	368	4.8	1322	5.8

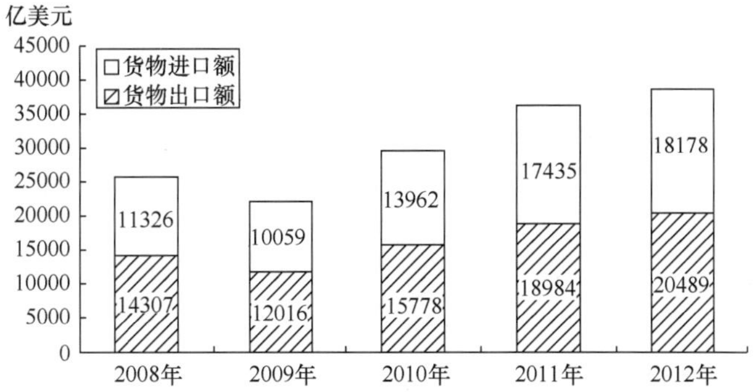

图 12　2008—2012 年货物进出口总额

全年非金融领域新批外商直接投资企业 24925 家，比上年下降 10.1%。实际使用外商直接投资金额 1117 亿美元，下降 3.7%。

表 10　　2012 年非金融领域外商直接投资及其增长速度

行　业	企业数（家）	比上年增长%	实际使用金额（亿美元）	比上年增长%
总　计	24925	−10. 1	1117. 2	−3. 7
其中：农、林、牧、渔业	882	2.0	20.6	2.7
制造业	8970	−19.3	488.7	−6.2
电力、燃气及水的生产和供应业	187	−12.6	16.4	−22.6
交通运输、仓储和邮政业	397	−3.9	34.7	8.9
信息传输、计算机服务和软件业	926	−6.8	33.6	24.4
批发和零售业	7029	−3.2	94.6	12.3
房地产业	472	1.3	241.2	−10.3
租赁和商务服务业	3229	−8.2	82.1	−2.0
居民服务和其他服务业	192	−9.4	11.6	−38.2

全年非金融类对外直接投资额 772 亿美元，比上年增长 28.6%。

全年对外承包工程业务完成营业额 1166 亿美元，比上年增长 12.7%；对外劳务合作派出各类劳务人员 51.2 万人，增长 13.3%。

七、交通、邮电和旅游

全年货物运输总量 412 亿吨，比上年增长 11.5%。货物运输周转量 173145 亿吨公里，增长 8.7%。全年规模以上港口完成货物吞吐量 97.4 亿吨，比上年增长 6.8%，其中外贸货物吞吐量 30.1 亿吨，增长 8.8%。规模以上港口集装箱吞吐量 17651 万标准箱，增长 8.1%。

表 11　　2012 年各种运输方式完成货物运输量及其增长速度

指　标	单位	绝对数	比上年增长%
货物运输总量	亿吨	412.1	11.5
铁路	亿吨	39.0	-0.7
公路	亿吨	322.1	14.2
水运	亿吨	45.6	7.0
民航	万吨	541.6	-2.0
管道	亿吨	5.3	-7.8
货物运输周转量	亿吨公里	173145.1	8.7
铁路	亿吨公里	29187.1	-0.9
公路	亿吨公里	59992.0	16.8
水运	亿吨公里	80654.5	6.9
民航	亿吨公里	162.2	-6.8
管道	亿吨公里	3149.3	9.1

全年旅客运输总量 379 亿人次，比上年增长 7.6%。旅客运输周转量 33369 亿人公里，增长 7.7%。

表 12　　2012 年各种运输方式完成旅客运输量及其增长速度

指　标	单位	绝对数	比上年增长%
旅客运输总量	亿人次	379.0	7.6
铁路	亿人次	18.9	4.8
公路	亿人次	354.3	7.8
水运	亿人次	2.6	4.3
民航	亿人次	3.2	9.2
旅客运输周转量	亿人公里	33368.8	7.7
铁路	亿人公里	9812.3	2.1
公路	亿人公里	18468.4	10.2
水运	亿人公里	77.4	3.9
民航	亿人公里	5010.7	10.4

年末全国民用汽车保有量达到 12089 万辆（包括三轮汽车和低速货车 1145 万辆），比上年末增长 14.3%，其中私人汽车保有量 9309 万辆，增长 18.3%。民用轿车保有量 5989 万辆，增长 20.7%，其中私人轿车 5308 万辆，增长 22.8%。

全年完成邮电业务总量[14] 15022 亿元，比上年增长 13.0%。其中，邮政业务总量 2037 亿元，增长 26.7%；电信业务总量 12985 亿元，增长 11.1%。邮政业全年完成邮政函件业务 70.74 亿件，包裹业务 0.69 亿件，快递业务量 56.85 亿件。电信业全年局用交换机容量新增 478 万门，总容量 43906 万门；新增移动电话交换机容量[15] 11234 万户，达到 182870 万户。年末固定电话用户 27815 万户，其中，城市电话用户 18893 万户，农村电话用户 8922 万户。新增移动电话用户 12590 万户，年末达到 111216 万户，其中 3G 移动电话用户[16] 23280 万户。年末全国固定及移动电话用户总数达到 139031 万户，比上年末增加 11896 万户。电话普及率达到 103.2 部/百人。互联网上网人数 5.64 亿人，其中宽带上网人数 5.30 亿人。互联网普及率达到 42.1%。

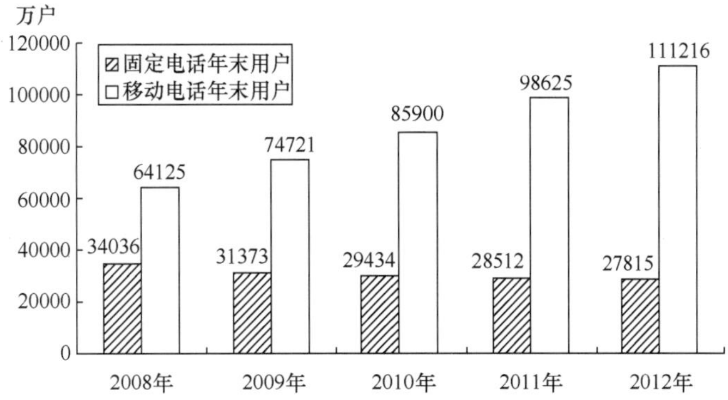

图 13　2008—2012 年年末电话用户数

全年国内出游人数 29.6 亿人次，比上年增长 12.1%；国内旅游收入 22706 亿元，增长 17.6%。入境旅游人数 13241 万人次，下降 2.2%。其中，外国人 2719 万人次，增长 0.3%；香港、澳门和台湾同胞 10521 万人次，下降 2.9%。在入境旅游者中，过夜旅游者 5772 万人次，增长 0.3%。国际旅游外汇收入 500 亿美元，增长 3.1%。国内居民出境人数 8318 万人次，增长 18.4%。其中因私出境 7706 万人次，增长 20.2%，占出境人数的 92.6%。

八、金融

年末广义货币供应量（M2）余额为 97.4 万亿元，比上年末增长 13.8%；狭义货币供应量（M1）余额为 30.9 万亿元，增长 6.5%；流通中现金（M0）余额为 5.5 万亿元，增长 7.7%。

年末全部金融机构本外币各项存款余额 94.3 万亿元，比年初增加 11.6 万亿元，其中人民币各项存款余额 91.8 万亿元，增加 10.8 万亿元。全部金融机构本外币各项贷款余额 67.3 万亿元，增加 9.1 万亿元，其中人民币各项贷款余额 63.0 万亿元，增加 8.2 万亿元。全年社会融资规模[17]为 15.8 万亿元，按可比口径计算，比上年多 2.9 万亿元。

表 13　　2012 年年末全部金融机构本外币存贷款余额及其增长速度

单位：亿元

指　　标	年末数	比上年末增长%
各项存款余额	943102	14.1
其中：住户存款	410201	16.6
其中：人民币	406192	16.7
非金融企业存款	345124	9.9
各项贷款余额	672875	15.6
其中：境内短期贷款	268152	23.3
境内中长期贷款	363894	9.0

年末主要农村金融机构（农村信用社、农村合作银行、农村商业银行）人民币贷款余额 78320 亿元，比年初增加 11544 亿元。全部金融机构人民币消费贷款余额 104357 亿元，增加 15656 亿元。其中，个人短期消费贷款余额 19367 亿元，增加 5826 亿元；个人中长期消费贷款余额 84990 亿元，增加 9830 亿元。

全年上市公司通过境内市场累计筹资 5841 亿元，比上年减少 939 亿元。其中，首次公开发行 A 股 154 只，筹资 1034 亿元，减少 1791 亿元；A 股再筹资（包括配股、公开增发、非公开增发[18]、认股权证）2093 亿元，减少 155 亿元；上市公司通过发行可转债、可分离债、公司债筹资 2713 亿元，增加 1006 亿元。全年公开发行创业板股票 74 只，筹资 351 亿元。

全年发行公司信用类债券[19] 3.7 万亿元，比上年增加 1.4 万亿元。

全年保险公司原保险保费收入[20] 15488 亿元，比上年增长 8.0%，其中寿险业务原保险保费收入 8908 亿元；健康险和意外伤害险业务原保险保费收入 1249 亿元；财产险业务原保险保费收入 5331 亿元。支付各类赔款及给付 4716 亿元，其中寿险业务给付 1505 亿元；健康险和意外伤害险赔款及给付 395 亿元；财产险业务赔款 2816 亿元。

九、教育、科学技术和文化

全年研究生教育招生 59.0 万人，在学研究生 172.0 万人，毕业生 48.6 万人。普通高等教育本专科招生 688.8 万人，在校生 2391.3 万人，毕业生 624.7 万人。各类中等职业教育招生 761.0 万人，在校生 2120.3 万人，毕业生 673.6 万人。全国普通高中招生 844.6 万人，在校生 2467.2 万人，毕业生 791.5 万人。全国初中招生 1570.8 万人，在校生 4763.1 万人，毕业生 1660.8 万人。普通小学招生 1714.7 万人，在校生 9695.9 万人，毕业生 1641.6 万人。特殊教育招生 6.6 万人，在校生 37.9 万人，毕业生 4.9 万人。幼儿园在园幼儿 3685.8 万人。

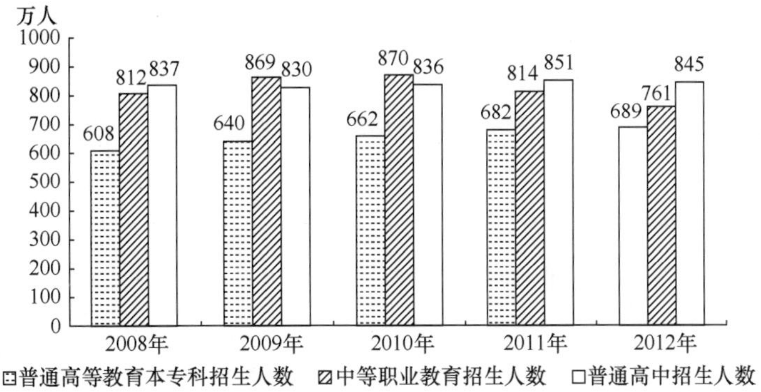

图 14　2008—2012 年普通高等教育、中等职业教育及普通高中招生人数

全年研究与试验发展（R&D）经费支出 10240 亿元，比上年增长 17.9%，占国内生产总值的 1.97%，其中基础研究经费 498 亿元。全年国家安排了 1701 项科技支撑计划课题，1165 项“863”计划课题。累计建设国家工程研究中心 130 个，国家工程实验室 128 个。累计建设国家地方联合工程研究中心 149 个，国家地方联合工程实验室 180 个。国家认定企业技术中心达到 887 家。省级企业技术中心达到 8137 家。实施新兴产业创投计划[21]，累计支持设立 102 家创业投资企业，资金总规模近 290 亿元，投资了创业企业 238 家。全年受理境内外专利申请 205.1 万件，其中境内申请 188.6 万件，占 91.9%。受理境内外发明专利申请 65.3 万件，其中境内申请 52.3 万件，占 80.1%。全年授予专利权 125.5 万件，其中境内授权 114.4 万件，占 91.1%。授予发明专利权 21.7 万件，其中境内授权 13.7 万件，占 63.2%。截至年底，有效专利 350.9 万件，其中境内有效专利 289.9 万件，占 82.6%；有效发明专利 87.5 万件，其中境内有效发明专利 43.5 万件，占 49.7%。全年共签订技术合同 28.2 万项，技术合同成交金额 6437.1 亿元，比上年增长 35.1%。全年成功发射卫星 19 次。神舟九号载人飞船与天宫一号目标飞行器顺利实现首次空间交会对接，北斗二号卫星导航系统完成区域组网并正式提供运行服务，“蛟龙”号载人深潜器海试成功突破 7000 米。

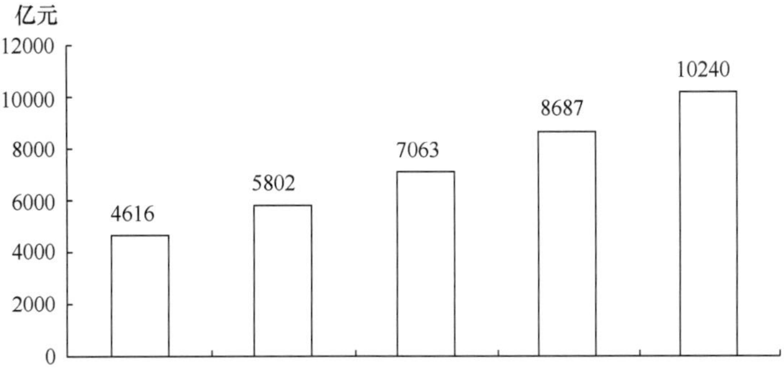

图 15　2008—2012 年研究与实验发展（R & D）经费支出

年末全国共有产品检测实验室 28128 个，其中国家检测中心 509 个。全国现有产品质量、

体系认证机构 173 个，已累计完成对 105224 个企业的产品认证。全国共有法定计量技术机构 3496 个，全年强制检定计量器具 6267 万台（件）。全年制定、修订国家标准 1986 项，其中新制定 1375 项。全年中央气象台和省级气象台共发布气象预警信号 5123 次，警报 4049 次。全国共有地震台站 1687 个，区域地震台网 32 个。全国共有海洋观测站 79 个。测绘地理信息部门公开出版地图 1662 种。

年末全国文化系统共有艺术表演团体 2089 个，博物馆 2838 个，全国共有公共图书馆 2975 个，文化馆 3286 个。各类广播电视播出机构共有 2579 座。有线电视用户 2.14 亿户，有线数字电视用户 1.43 亿户。年末广播节目综合人口覆盖率为 97.5%；电视节目综合人口覆盖率为 98.2%。全年生产电视剧 506 部 17703 集，电视动画片 222838 分钟。全年生产故事影片 745 部，科教、纪录、动画和特种影片[22] 148 部。出版各类报纸 476 亿份，各类期刊 34 亿册，图书 81 亿册（张）。年末全国共有档案馆 4107 个，已开放各类档案 11662 万卷（件）。

全年我国运动员在 24 个运动大项中获得 107 个世界冠军，共创 14 项世界纪录。在伦敦奥运会上，我国运动员共获得 38 枚金牌，奖牌总数 88 枚，位列奥运会金牌榜和奖牌榜第二位。在伦敦残奥会上，我国运动员共获得 95 枚金牌，蝉联金牌榜和奖牌榜第一位。

十、卫生和社会服务

年末全国共有医疗卫生机构 961830 个，其中医院 23005 个，乡镇卫生院 37128 个，社区卫生服务中心（站）33646 个，诊所（卫生所、医务室）179644 个，村卫生室 663355 个，疾病预防控制中心 3506 个，卫生监督所（中心）3037 个。卫生技术人员 650 万人，其中执业医师和执业助理医师 252 万人，注册护士 242 万人。医疗卫生机构床位 557 万张，其中医院 403 万张，乡镇卫生院 106 万张。全年甲、乙类法定报告传染病发病人数 321.7 万例，报告死亡 16721 人；报告传染病发病率 238.76/10 万，死亡率 1.24/10 万。

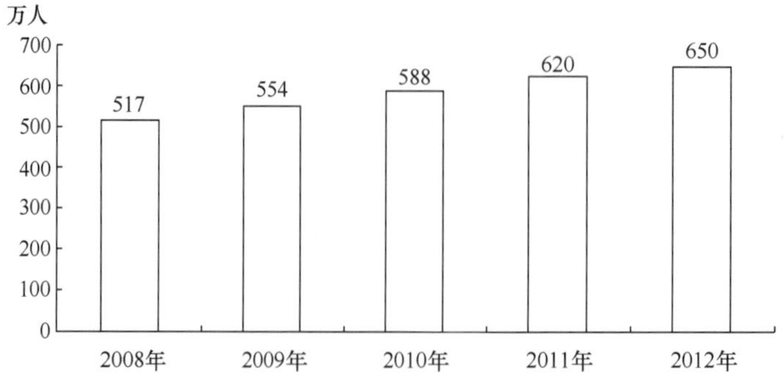

图 16　2008—2012 年卫生技术人员人数

年末全国共有各类提供住宿的社会服务机构[23] 4.7 万个，床位 429.8 万张，收养救助各类人员 296.7 万人。其中，养老服务机构 4.2 万个，床位 381.0 万张，收养各类人员 262.0 万人。

年末共有社区服务中心 1.6 万个，社区服务站 7.2 万个。年末全国共有 2142.5 万人纳入城市居民最低生活保障，5340.9 万人纳入农村居民最低生活保障，545.9 万人纳入农村五保供养[24]。全年救助城市医疗困难群众 666.4 万人次，救助农村医疗困难群众 1908.4 万人次；资助 1158.9 万城镇困难群众参加城镇医疗保险，资助 3915.1 万农村困难群众参加新型农村合作医疗。

十一、人口、人民生活和社会保障

年末全国大陆总人口为 135404 万人，比上年末增加 669 万人，其中城镇人口为 71182 万人，占总人口比重为 52.6%，比上年末提高 1.3 个百分点。全年出生人口 1635 万人，出生率为 12.10‰；死亡人口 966 万人，死亡率为 7.15‰；自然增长率为 4.95‰。出生人口性别比为 117.70。0～14 岁（含不满 15 周岁）人口 22287 万人，占总人口的 16.5%，比上年末提高 0.01 个百分点；15～59 岁（含不满 60 周岁）劳动年龄人口 93727 万人，比上年末减少 345 万人，占总人口的 69.2%，比上年末下降 0.60 个百分点；60 周岁及以上人口 19390 万人，占总人口的 14.3%，比上年末提高 0.59 个百分点。全国人户分离的人口[25]为 2.79 亿人，其中流动人口[26]为 2.36 亿人。

表 14　　2012 年年末人口数及其构成

单位：万人

指　　标	年末数	比重%
全国总人口	135404	100.0
其中：城镇	71182	52.6
乡村	64222	47.4
其中：男性	69395	51.3
女性	66009	48.7
其中：0～14 岁（含不满 15 周岁）	22287	16.5
15～59 岁（含不满 60 周岁）	93727	69.2
60 周岁及以上	19390	14.3
其中：65 周岁及以上	12714	9.4

全年农村居民人均纯收入 7917 元，比上年增长 13.5%，扣除价格因素，实际增长 10.7%；农村居民人均纯收入中位数[27]为 7019 元，增长 13.3%。城镇居民人均可支配收入 24565 元，比上年增长 12.6%，扣除价格因素，实际增长 9.6%；城镇居民人均可支配收入中位数为 21986 元，增长 15.0%。农村居民食品消费支出占消费总支出的比重为 39.3%，城镇为 36.2%。

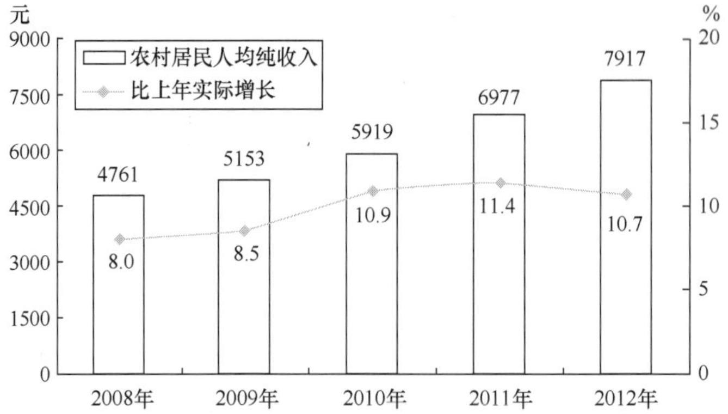

图 17　2008—2012 年农村居民人均纯收入及其实际增长速度

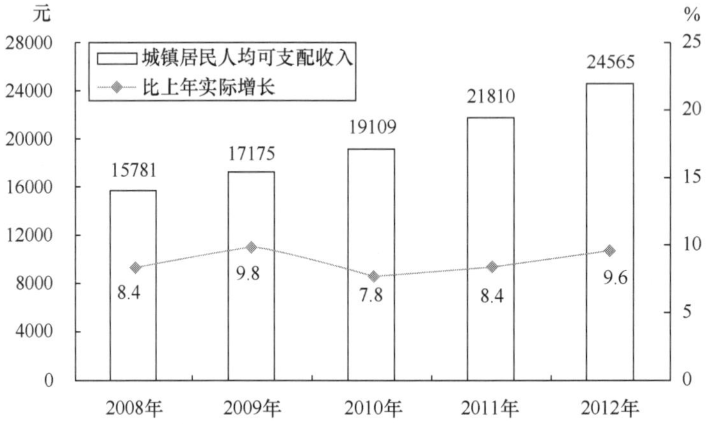

图 18　2008—2012 年城镇居民人均可支配收入及其实际增长速度

年末全国参加城镇职工基本养老保险人数 30379 万人，比上年末增加 1988 万人。其中，参保职工 22978 万人，参保离退休人员 7401 万人。全国参加城乡居民社会养老保险人数 48370 万人，增加 15187 万人。其中享受待遇人数 13075 万人。参加城镇基本医疗保险的人数 53589 万人，增加 6246 万人。其中，参加城镇职工基本医疗保险[28]人数 26467 万人，参加城镇居民基本医疗保险人数 27122 万人。参加城镇基本医疗保险的农民工 4996 万人，增加 355 万人。参加失业保险的人数 15225 万人，增加 908 万人。年末全国领取失业保险金人数 204 万人。参加工伤保险的人数 18993 万人，增加 1297 万人，其中参加工伤保险的农民工 7173 万人，增加 345 万人。参加生育保险的人数 15445 万人，增加 1553 万人。年末，2566 个县（市、区）开展了新型农村合作医疗工作，新型农村合作医疗参合率 98.1%；1～9 月新型农村合作医疗基金支出总额[29]为 1717 亿元，受益 11.5 亿人次。2012 年，按照农村扶贫标准年人均纯收入 2300 元（2010 年不变价），年末农村贫困人口为 9899 万人，比上年末减少 2339 万人。

十二、资源、环境和安全生产

全年全国国有建设用地供应总量[30] 69.0 万公顷，比上年增长 17.5%。其中，工矿仓储用地 20.3 万公顷，增长 5.6%；房地产用地[31] 16.0 万公顷，下降 4.2%；基础设施等其他用地 32.7 万公顷，增长 43.4%。

全年水资源总量 28410 亿立方米。全年平均降水量 676 毫米。年末全国 422 座大型水库蓄水总量 2120 亿立方米，比上年末多蓄水 164 亿立方米。全年总用水量 6110 亿立方米，与上年基本持平。其中，生活用水增长 3.2%，工业用水下降 0.8%，农业用水下降 0.5%，生态补水增长 7.2%。万元国内生产总值用水量[32] 129 立方米，比上年下降 7.2%。万元工业增加值用水量 76 立方米，下降 8.0%。人均用水量 452 立方米，下降 0.4%。

全年完成造林面积 601 万公顷，其中人工造林 410 万公顷。林业重点工程完成造林面积 274 万公顷，占全部造林面积的 45.6%。截至年底，自然保护区达到 2640 个，其中国家级自然保护区 363 个。新增水土流失治理面积 4.2 万平方公里，新增实施水土流失地区封育保护面积 2.6 万平方公里。截至年底，已确权集体林地面积为 18000 万公顷，其中发放林权证的面积为 17187 万公顷。

全年平均气温为 9.4℃，共有 7 个台风登陆。

初步核算，全年能源消费总量 36.2 亿吨标准煤，比上年增长 3.9%。煤炭消费量增长 2.5%；原油消费量增长 6.0%；天然气消费量增长 10.2%；电力消费量增长 5.5%。全国万元国内生产总值能耗下降 3.6%。

七大水系的 571 个水质监测断面中，Ⅰ～Ⅲ类水质断面比例占 63.9%，劣Ⅴ类水质断面比例占 12.4%。七大水系水质总体为轻度污染，水质保持基本稳定。

近岸海域 301 个海水水质监测点中，达到国家一、二类海水水质标准的监测点占 69.4%，三类海水占 6.6%，四类、劣四类海水占 23.9%。

在监测的 316 个城市中，城市区域声环境质量好的城市占 3.5%，较好的占 75.9%，轻度污染的占 20.3%，中度污染的占 0.3%。

年末城市污水处理厂日处理能力达 11858 万立方米，比上年末增长 4.9%；城市污水处理率达到 84.9%，提高 1.3 个百分点。城市集中供热面积 49.2 亿平方米，增长 3.8%。建成区绿地率达到 35.5%，提高 0.2 个百分点。

全年农作物受灾面积 2496 万公顷，下降 23.1%，其中绝收 183 万公顷，下降 36.9%。全年因洪涝地质灾害造成直接经济损失 1661 亿元，上升 31.8%。全年因旱灾造成直接经济损失 244 亿元，下降 73.7%。全年因低温冷冻和雪灾造成直接经济损失 61 亿元，下降 79.0%。全年因海洋灾害造成直接经济损失 155 亿元，上升 150%。全年大陆地区共发生 5 级以上地震 16 次，成灾 11 次，造成直接经济损失 83 亿元。全年共发生森林火灾 3966 起，下降 28.5%。

全年各类生产安全事故共死亡 71983 人，比上年下降 4.7%。亿元国内生产总值生产安全事故死亡人数为 0.142 人，下降 17.9%；工矿商贸企业就业人员 10 万人生产安全事故死亡人数为 1.64 人，下降 12.8%；道路交通万车死亡人数为 2.5 人，下降 10.7%；煤矿百万吨死亡人数为 0.374 人，下降 33.7%。

注释：

1 本公报中数据均为初步统计数。各项统计数据均未包括香港特别行政区、澳门特别行政区和台湾省。部分数据因四舍五入的原因，存在着与分项合计不等的情况。

2 国内生产总值、各产业增加值绝对数按现价计算，增长速度按不变价格计算。

3 农产品生产者价格是指农产品生产者直接出售其产品时的价格。

4 年度农民工数量包括年内在本乡镇以外从业 6 个月以上的外出农民工和在本乡镇内从事非农产业 6 个月以上的本地农民工两部分。

5 公共财政收入是指政府凭借国家政治权力,以社会管理者身份筹集以税收为主体的财政收入。

6 图中 2008 年至 2011 年数据为公共财政收入决算数，2012 年为执行数。

7 2012 年起，国家统计局执行新的国民经济行业分类标准，工业行业大类由原来的 39 个调整为 41 个，固定资产投资（不含农户）行业分类也按新的标准进行了调整。

8 六大高耗能行业分别为：化学原料和化学制品制造业、非金属矿物制品业、黑色金属冶炼和压延加工业、有色金属冶炼和压延加工业、石油加工炼焦和核燃料加工业、电力热力生产和供应业。

9 钢材产量数据中含部分使用钢材加工成其他钢材的重复计算因素。

10 固定资产投资按东部、中部、西部和东北地区计算的合计数据小于全国数据，是因为有部分跨地区的投资未计算在地区数据中。其中，东部地区是指北京、天津、河北、上海、江苏、浙江、福建、山东、广东和海南 10 省（市）；中部地区是指山西、安徽、江西、河南、湖北和湖南 6 省；西部地区是指内蒙古、广西、重庆、四川、贵州、云南、西藏、陕西、甘肃、青海、宁夏和新疆 12 省（区、市）；东北地区是指辽宁、吉林和黑龙江 3 省。

11 房地产业投资除房地产开发投资外，还包括建设单位自建房屋以及物业管理、中介服务和其他房地产投资。

12 高速铁路是指最高营运速度达到 200 公里/小时及以上的铁路。

13 本年土地成交价款是指房地产开发企业进行土地使用权交易活动的最终金额，与土地购置费不同。

14 邮电业务总量按 2010 年不变价格计算。

15 移动电话交换机容量是指移动电话交换机根据一定话务模型和交换机处理能力计算出来的最大同时服务用户的数量。

16 3G 是指第三代蜂窝移动通信系统（3rd-generation，简称 3G），3G 移动电话用户是指报告期末在计费系统拥有使用信息、占用 3G 网络资源的在网用户。

17 社会融资规模是指一定时期内实体经济从金融体系获得的资金总额，是增量概念。

18 非公开增发又叫定向增发，不含资产认购部分。

19 公司信用类债券包括非金融企业债务融资工具、企业债券以及公司债、可转债等。

20 原保险保费收入是指保险企业确认的原保险合同保费收入。

21 新兴产业创投计划是指中央财政专项资金通过与地方政府资金、社会资本共同发起设立创业投资企业，或以股权投资模式直接投资创业企业等方式，培育和促进新兴产业发展的活动。

22 特种影片是指那些采用与常规影院放映在技术、设备、节目方面不同的电影展示方式，如巨幕电影、立体电影、立体特效（4D）电影、动感电影、球幕电影等。

23 提供住宿的社会服务机构除收养性机构外，还包括救助类机构、社区类机构以及军休所、军供站等机构。

24 农村五保供养是指老年、残疾和未满16周岁的村民，无劳动能力、无生活来源又无法定赡养、抚养、扶养义务人，或者其法定赡养、抚养、扶养义务人无赡养、抚养、扶养能力的村民，在吃、穿、住、医、葬方面得到的生活照顾和物质帮助。

25 人户分离的人口是指居住地与户口登记地所在的乡镇街道不一致且离开户口登记地半年以上的人口。

26 流动人口是指人户分离人口中不包括市辖区内人户分离的人口。市辖区内人户分离的人口是指一个直辖市或地级市所辖区内和区与区之间，居住地和户口登记地不在同一乡镇街道的人口。

27 人均收入中位数是指将所有调查户按人均收入水平从低到高顺序排列，处于最中间位置的调查户的人均收入。

28 城镇职工基本医疗保险人数包括参保职工和参保退休人员。城镇居民基本医疗保险的参保对象是不属于城镇职工基本医疗保险覆盖范围的城镇非从业人员。

29 按卫生部统计制度规定，新型农村合作医疗基金支出总额和受益人次目前仅统计到1～9月份。

30 国有建设用地供应总量是指报告期市、县人民政府根据年度土地供应计划依法以出让、划拨、租赁等方式将国有建设用地使用权提供给单位或个人使用的国有建设用地总量。

31 房地产用地是指商服用地和住宅用地的总和。

32 万元国内生产总值用水量、万元工业增加值用水量和万元国内生产总值能耗按2010年不变价格计算。

资料来源：本公报中城镇新增就业、登记失业率、社会保障数据来自人力资源社会保障部；外汇储备和汇率数据来自外汇局；财政数据来自财政部；水产品产量数据来自农业部；木材产量、林业、森林火灾数据来自林业局；灌溉面积、水资源数据来自水利部；新增发电机组容量、新增220千伏及以上变电设备数据来自中电联；新建铁路投产里程、增建铁路复线投产里程、电气化铁路投产里程、铁路运输数据来自铁道部；新建公路、港口万吨级码头泊位新增吞吐能

力、公路运输、水运、港口货物吞吐量数据来自交通运输部；新增光缆线路长度、新增移动电话交换机容量、电话用户、上网人数等通信数据来自工业和信息化部；保障性住房、城市污水处理、城市集中供热面积、建成区绿地率数据来自住房城乡建设部；货物进出口数据来自海关总署；外商直接投资、对外直接投资、对外承包工程、对外劳务合作等数据来自商务部；民航数据来自民航局；管道数据来自中石油、中石化；民用汽车、交通事故数据来自公安部；邮政业务数据来自邮政局；旅游数据来自旅游局、公安部；货币金融、公司信用类债券数据来自人民银行；上市公司数据来自证监会；保险业数据来自保监会；教育数据来自教育部；安排科技计划课题、技术合同等数据来自科技部；国家工程研究中心、企业技术中心、新兴产业创投等数据来自发展改革委；专利数据来自知识产权局；发射卫星数据来自国防科工局；质量检验、国家标准制定修订数据来自质检总局；气象预警、平均气温、登陆台风数据来自气象局；地震数据来自地震局；测绘数据来自测绘局；海洋观测站、海洋灾害造成直接经济损失数据来自海洋局；艺术表演团体、博物馆、公共图书馆、文化馆数据来自文化部；广播电视、电影数据来自广电总局；报纸、期刊、图书数据来自新闻出版总署；档案数据来自档案局；体育数据来自体育总局；残奥会数据来自中国残联；卫生、新农合数据来自卫生部；社会服务、低保和五保供养数据、农作物受灾面积、洪涝地质灾害造成直接经济损失、旱灾造成直接经济损失、低温冷冻和雪灾造成直接经济损失来自民政部；国有建设用地供应数据来自国土资源部；自然保护区、环境监测数据来自环境保护部；安全生产数据来自安全监管总局；其他数据均来自国家统计局。